Eine Arbeitsgemeinschaft der Verlage
Böhlau Verlag · Wien · Köln · Weimar
Verlag Barbara Budrich · Opladen · Toronto
facultas.wuv · Wien
Wilhelm Fink · Paderborn
A. Francke Verlag · Tübingen
Haupt Verlag · Bern
Verlag Julius Klinkhardt · Bad Heilbrunn
Mohr Siebeck · Tübingen
Nomos Verlagsgesellschaft · Baden-Baden
Ernst Reinhardt Verlag · München · Basel
Ferdinand Schöningh · Paderborn
Eugen Ulmer Verlag · Stuttgart
UVK Verlagsgesellschaft · Konstanz, mit UVK / Lucius · München
Vandenhoeck & Ruprecht · Göttingen · Bristol
vdf Hochschulverlag AG an der ETH Zürich

Rudi F. Wagner
Dipl.-Psych., Dr. phil., habil. ist Professor an der Pädagogischen Hochschule Ludwigsburg und verbindet als Psychotherapeut, Kinder- und Jugendlichenpsychotherapeut, Lehrtherapeut und Supervisor seit über 20 Jahren praktische Beratungstätigkeit mit wissenschaftlicher Forschung.
Arnold Hinz
Dipl.-Psych., M.A., PD Dr. phil. habil. ist Akademischer Oberrat für Pädagogische Psychologie an der Pädagogischen Hochschule Ludwigsburg.
Adly Rausch
Dipl.-Psych., Dr. phil. Dr. rer. biol. hum. Dr. phil. habil. ist Professorin für Pädagogische Psychologie an der Pädagogischen Hochschule Ludwigsburg.
Brigitte Becker
Dipl.-Psych., Dr. rer. soc. ist Akademische Oberrätin für Pädagogische Psychologie an der Pädagogischen Hochschule Ludwigsburg, Supervisorin (DGSv), Lehrsupervisorin und Balintgruppenleiterin.

Rudi F. Wagner
Arnold Hinz
Adly Rausch
Brigitte Becker
(Hrsg.)

Modul Pädagogische Psychologie

2., überarbeitete und erweiterte Auflage

Verlag Julius Klinkhardt
Bad Heilbrunn • 2014

Online-Angebote oder elektronische Ausgaben zu diesem Buch sind erhältlich unter www.utb-shop.de

Die Deutsche Bibliothek – CIP-Einheitsaufnahme
Die Deutsche Nationalbibliothek verzeichnet diese Publikation in der Deutschen Nationalbibliografie; detaillierte bibliografische Daten sind im Internet über http://dnb.d-nb.de abrufbar.

Einbandgestaltung: Atelier Reichert, Stuttgart.
Druck und Bindung: Friedrich Pustet, Regensburg.
Printed in Germany 2014.
Gedruckt auf chlorfrei gebleichtem alterungsbeständigem Papier.

UTB-Band-Nr.: 3190
ISBN 978-3-8252-4147-6

Inhaltsverzeichnis

Kapitel 1:
Einleitung – Gegenstandsbereiche der Pädagogischen Psychologie, Menschenbilder, Theorie und Praxis

Rudi F. Wagner, Arnold Hinz, Adly Rausch & Brigitte Becker

Kapitel 2:
Lernen und Motivation

Rudi F. Wagner

Kapitel 5:
Beratung
Rudi F. Wagner und Arnold Hinz

Kapitel 1: Einleitung – Gegenstandsbereiche der Pädagogischen Psychologie, Menschenbilder, Theorie und Praxis

Rudi F. Wagner, Arnold Hinz, Adly Rausch und Brigitte Becker

1. Einführung

Dieses Buch beruht auf der Grundlage unserer langjährigen Erfahrungen in wissenschaftlicher Forschung, universitärer Lehre und praktischer Tätigkeit in den Bereichen Schule, Beratung, Supervision und Psychotherapie. Von den vielen möglichen Themen, die unter den Begriff *Pädagogische Psychologie* zu subsumieren sind, haben wir jene ausführlicher dargestellt, die eine besondere Relevanz für die praktische Tätigkeit haben. Diese Themen stellen eine Art Wegbeschreibung dar, die dem Leser (und der Leserin; im Buch wird die männliche und weibliche Form – außer, wenn dies besonders betont wird – für beide Geschlechter verwendet) helfen soll, sich ein Bild von der Pädagogischen Psychologie zu machen; dieses kann und soll die Tätigkeit im beruflichen Alltag erleichtern und unterstützen. So, wie es im Kapitel *Lernen und Motivation* unter dem Konzept der *Tiefenverarbeitung* dargestellt wird, ist es auch bei der Lektüre des Buches unerlässlich, dass die Leser von dem vorgegebenen Weg immer wieder abweichen, sich über die Inhalte des Buches eigene Gedanken machen, die genannte weiterführende Literatur nutzen und so den individuellen Aneignungsprozess gestalten. Auf diese Weise entsteht im Leser eine individuelle, kognitive Struktur der Pädagogischen Psychologie, die sich durch die Auseinandersetzung mit der Welt weiter differenzieren und verändern kann. Damit dies möglichst gut gelingt, empfehlen wir parallel zum Studium des Buches den Austausch mit anderen Personen: Reden Sie mit Ihren Freunden und Bekannten oder mit Personen, die sich ebenfalls in die Pädagogische Psychologie einarbeiten möchten, über einzelne Themen des Buches und erproben Sie die Praxisrelevanz für den Alltag.

2. Gegenstandsbereiche

Wir werden Sie bei der Entwicklung einer individuellen Struktur der Pädagogischen Psychologie jedoch nicht allein lassen (was wir tun würden, wenn wir auf diese Einleitung ganz verzichteten). Es ist nämlich gar nicht so einfach zu erfassen, was Pädagogische Psychologie ist. Sowohl in der nationalen als auch in der internationalen Forschung wird immer wieder darauf hingewiesen, dass die Pädagogische Psychologie hinsichtlich Gegenstand und Profil unklar ist (Spiel & Reimann, 2005).

Einigkeit herrscht darin, dass die Pädagogische Psychologie als empirische Wissenschaft zu verstehen und dem Fach Psychologie zuzurechnen ist (Krapp, Prenzel & Weidenmann, 2001, S. 18; Wagner, 2012). Gerrig und Zimbardo (2008) definieren Psychologie „als die wissenschaftliche Untersuchung des Verhaltens von Individuen und ihren mentalen Prozessen“ (S. 2). Pädagogische Psychologie ist demnach die wissenschaftliche Untersuchung des Verhaltens von Individuen in pädagogischen Situationen unter Einbezug der mentalen Prozesse. Pädagogische Situationen sind alle Situationen, die etwas mit Erziehungs-, Lern- oder Bildungsprozessen (auch selbstständige Weiterbildung) zu tun haben. Die Pädagogische Psychologie stellt somit jenen Teil der Psychologie dar, der sich mit Fragen der Erziehung, des (lebenslangen) Lernens und der Bildung beschäftigt.

Lassen sich Gegenstand und Profil des Faches also doch einfach benennen? Die oben angesprochenen Schwierigkeiten haben damit zu tun, dass die Pädagogische Psychologie stärker als jede andere Teildisziplin der Psychologie sowohl inter- als auch intradisziplinär angelegt ist. Außerhalb der Psychologie hat sie enge Verbindungen zu verschiedenen Bereichen der Pädagogik (Empirische Bildungsforschung, Schulpädagogik, Sonderpädagogik, Grundschuldidaktik, Erwachsenenbildung, Medienpädagogik), der Soziologie (Bildungssoziologie), der Medizin und der Biologie (Gesundheitserziehung) sowie zu den verschiedenen Fachdidaktiken. Entscheidender für die Schwierigkeiten bei der Profilbildung sind aber die Berührungspunkte und Überschneidungen mit den anderen Teildisziplinen der Psychologie, so bei den Grundlagengebieten mit der Allgemeinen Psychologie (Lernpsychologie, Denk- und Gedächtnispsychologie, Motivationspsychologie, Wahrnehmungspsychologie), der Entwicklungspsychologie und der Persönlichkeitspsychologie und bei den Anwendungsgebieten mit der Sozialpsychologie sowie mit der Klinischen Psychologie und Psychotherapie inklusive Diagnostik, Intervention und Beratung sowie Prävention und Gesundheitsförderung. Im Fächerkanon der Psychologie zählt die Pädagogische Psychologie zu den Anwendungsfächern (im Unterschied zu den Grundlagenfächern, deren Erkenntnisstreben nicht primär auf Bezug zum Alltag ausgerichtet ist). Somit lässt sich die Pädagogische Psychologie auch als Anwendung von Erkenntnissen der Psychologie auf Bildungs- und Erziehungsprozesse definieren. Eine solche Definition greift jedoch zu kurz, da die Pädagogische Psy-

chologie zwar anwendungsbezogen ist, zugleich aber auch originäre Grundlagenforschung im Bereich pädagogischer Situationen betreibt (vgl. Wagner, 2012).
Ein Blick in die Geschichte der Pädagogischen Psychologie zeigt, dass die Frage nach ihrem Forschungsgegenstand schon häufig gestellt wurde. Es gab immer wieder Bemühungen bei der Suche nach einem Forschungsgegenstand, der ausschließlich zur Pädagogischen Psychologie gehören sollte. So wurde mit dem Begriff *Instruktionspsychologie* der Versuch unternommen, sich auf schulische Lehr- und Lernprozesse zu konzentrieren, wodurch Themen wie elterliche Erziehung, schulische Verhaltensauffälligkeiten, Schultests, schulische Prävention und Intervention, Sozialpsychologie der Schule und der Schulklasse etc. aus der Pädagogischen Psychologie ausgeschlossen wurden. Dieser Versuch konnte sich deshalb ebenso wenig durchsetzen wie der Vorschlag einer *Bildungspsychologie* (Spiel & Reimann, 2005), bei dem der Bereich der Erziehung vernachlässigt würde. Hintergrund dieser Vorschläge ist vermutlich zum einen das Bedürfnis nach einer stärkeren Abgrenzung von der Pädagogik, die bei ihrer gegenwärtigen Umorientierung hin zur empirischen Forschung in Konkurrenz zur Pädagogischen Psychologie tritt, und zum anderen das Bedürfnis nach einer stärkeren Angleichung an die im angloamerikanischen Sprachraum zu findende *Educational Psychology*, die sich zumeist als Unterrichtspsychologie einschränkt auf Themen wie Schülereigenschaften, Lernen und Motivation im Unterricht, Unterrichtsmethoden und Unterrichtspraxis, Messen und Bewerten im pädagogischen Kontext etc. (s. Gage & Berliner, 1996). Eine solche Einschränkung entspricht aber weder der Tradition des Faches noch den Wünschen, die von Lehrern, Erziehern, Diplom-Pädagogen, Sozial-Pädagogen, Trainern oder auch Eltern an die Pädagogische Psychologie herangetragen werden.
Die ersten Lehrstühle für Pädagogische Psychologie wurden zu Beginn des 20. Jahrhunderts auf Betreiben von Lehrervereinen eingerichtet. Aus der zunächst stark pädagogisch-psychologisch orientierten Kinder- und Jugendpsychologie entwickelte sich später die moderne Entwicklungspsychologie. Eine stärkere Verbreitung der Pädagogischen Psychologie und auch eine Erhöhung ihrer Forschungsaktivitäten erfolgte Mitte der 1960er Jahre im Zusammenhang mit dem „Sputnikschock" sowie der so genannten „Bildungskatastrophe". Zuletzt führte die PISA-Studie auf nationaler Ebene zwar nicht zu einer Ausweitung der Pädagogischen Psychologie, wohl aber zu einer Erhöhung des Renommees der pädagogisch-psychologischen Forschung (Krapp, Prenzel & Weidenmann, 2001).

3. Vorurteile

Das Ansehen der Pädagogischen Psychologie in der Öffentlichkeit hat auch mit allgemeinen Stereotypen über Psychologen, Psychotherapeuten, Psychoanalytikern, Psychiatern etc. zu tun. Leider wird in der Öffentlichkeit kaum unterschieden zwischen Psychologen (Diplom-Psychologen), Psychotherapeuten (Psychologen oder Ärzte mit Psychotherapieausbildung), Psychoanalytikern (Ärzte oder Psychologen mit einer Psychotherapieausbildung in Psychoanalyse) und Psychiatern (Fachärzte für Psychiatrie). In der Bewertung findet sich zum einen eine extreme Überschätzung der Möglichkeiten der Psychologie und zugleich eine extreme Abwertung, was beides miteinander zu tun haben kann (Sydow & Reimer, 1997). So herrscht in der Öffentlichkeit das Bild, dass Psychologen bereits mit einem Blick, aufgrund weniger gehörter Sätze oder mit Hilfe der als gefährlich wahrgenommenen Testverfahren Menschen durchschauen könnten. Hinter der gleichzeitig zu findenden extremen Abwertung von Psychologen („haben selber `ne Macke") können auch irrationale Ängste vor einem Durchschautwerden stecken. Solche Stereotypen, Ängste und Abwehrmechanismen spielen im Bereich der Pädagogischen Psychologie sowohl bei der Tätigkeit von Schulpsychologen als auch von Psychologen im Bereich der Lehrerfort- und -ausbildung eine Rolle. Während es selbstverständlich ist, bei einem Beinbruch den Arzt aufzusuchen, so ist es keineswegs eine Selbstverständlichkeit, beispielsweise bei einer Depression oder einer Angststörung einen Psychotherapeuten aufzusuchen. Auch Lehrer sind eher bereit, bei sich selbst ein Burnout-Syndrom zu diagnostizieren als etwa eine Depression oder eine Suchterkrankung (Sosnowsky, 2007).

4. Pädagogische Psychologie als Wissenschaft

Beim Blick auf die Praxis wird oft übersehen, dass Psychologie vor allem eine empirisch forschende Wissenschaft ist. Die Aufgabe der Wissenschaft ist es, Theorien zu entwickeln, die den untersuchten Phänomenbereich beschreiben, erklären und vorhersagen. Bei Wissenschaftsdisziplinen, die – wie die Psychologie – den Menschen zum Gegenstand haben, wird die Forderung der Vorhersage relativiert auf die Anforderung technologische Ableitungen zu ermöglichen, so dass die Forderung an psychologische Theorien lautet, menschliches Erleben und Verhalten zu beschreiben, zu erklären und Möglichkeiten zu entwickeln, um Erleben und Verhalten zu beeinflussen. Theorie und Praxis bilden somit keine Gegensätze, sondern stehen in einem unmittelbaren, sinnhaften Zusammenhang. Um es mit Immanuel Kant zu sagen: Eine gute Theorie ist die beste Praxis! In diesem Sinne werden in diesem Buch wichtige Theorien aus verschiedenen Teilbereichen der Psychologie vorgestellt, die eine hohe Relevanz für die Anwendung im pädagogischen Alltag aufweisen.

5. Menschenbildannahmen

Für Leser, die sich neu oder nur teilweise mit den Gebieten der Psychologie auseinandersetzen, erscheint dabei die Vielzahl von Theorien oftmals verwirrend. Hier wollen wir durch einen Sprung auf die Metaebene eine Systematik vorstellen, die in den verschiedenen Kapiteln des Buches ihre ordnende Kraft entfaltet (ausführlich in den Kapiteln *Lernpsychologie und Motivation* und *Beratung*). Ein Sprung auf die Metaebene bedeutet, dass wir den Gegenstand von einer höheren Warte aus betrachten: So wie der Blick von einem Berg den vor uns im Tal liegenden Ort klarer erkennen lässt, so wollen wir die Vielzahl wissenschaftlicher Ansätze und Theorien von einem erhöhten Standpunkt aus betrachten. Dabei sollten wir uns bewusst machen, dass Theorien selbst schon einen übergeordneten Standpunkt einnehmen. Sie wollen meist nicht nur über eine Person in einer bestimmten Situation etwas aussagen, sondern generell etwas über die Entwicklung oder über das Lernen etc. des Menschen. Machen wir nun diesen Sprung, so kommen wir auf die Ebene der Metatheorie, die gemeinsam mit der Ebene der Methodologie sowie der Theorie- und Methodenebene zu den vier Bereichen der Wissenschaftstheorie zählt. Wie die Psychologie das Erleben und Verhalten des Menschen, so hat die Wissenschaftstheorie die Wissenschaft selbst zum Gegenstand. Innerhalb der Wissenschaftstheorie besteht ein Konsens, dass wissenschaftliche Theorien nicht nur aus einem System von Aussagen bestehen, die man exakt überprüfen bzw. falsifizieren kann. Diese frühere Auffassung, die als statement-view (Aussagen-Konzeption) von Theorien bezeichnet wird, ist heute durch den sogenannten non-statement-view von Theorien ersetzt (Stegmüller, 1986). Dieser besagt, dass Theorien nicht nur aus falsifizierbaren Aussagen, sondern auch aus einem Theoriekern bestehen. In diesem Theoriekern befinden sich grundsätzliche Annahmen über das, was Wissenschaft ausmacht (z.B. Annahmen darüber, was als wissenschaftliche Methode akzeptiert wird oder generelle Aussagen über die Natur des Forschungsgegenstandes). Diese, im Theoriekern befindlichen, Grundannahmen sind jedoch – im Unterschied zu den expliziten Aussagen einer Theorie – gegenüber Erfahrung und damit gegenüber Falsifikation immun. Diese Vorstellungen über Wissenschaft und – bei psychologischen Theorien – über den Menschen (Menschenbildannahmen) beeinflussen jedoch das wissenschaftliche Vorgehen, indem sie den Blick auf bestimmte Methoden und Betrachtungsweisen richten und dadurch andere vernachlässigen. Innerhalb der Wissenschaftstheorie wird dieser Zusammenhang als Gegenstands-Methodik-Interaktion bezeichnet (vgl. Erb, 1997). Aus unserer übergeordneten Ebene können wir die Vielfalt von Theorien dadurch sinnvoll ordnen, dass wir Theorien mit ähnlichen Vorstellungen über den Menschen (qua anthropologischen Kernannahmen) zu einer Einheit zusammenfassen. Für die Psychologie wurde ein solches System von Groeben (1986) entwickelt, und zwar im Rahmen eines Versuchs der Integration von (qualitativ-)hermeneutischer und (quantitativ-)erklärender Wissenschafts-

tradition. Groeben benennt dabei drei wissenschaftstheoretische Gegenstandseinheiten, unter die sich psychologische Theorien subsumieren lassen, die jeweils von gleichen oder ähnlichen Menschenbildannahmen ausgehen. Diese drei Einheiten nennt er *Handeln*, *Tun* und *Verhalten*.
Unter die Einheit des *Verhaltens* lassen sich jene Theorien subsumieren, in denen der Mensch in Parallelität zu kognitiv begrenzten (z.B. tierischen) Organismen modelliert wird. Der Mensch wird so auf ein Objekt reduziert, das in vorhersagbarer Weise auf Außenreize reagiert. Besonders im Behaviorismus (behavior = Verhalten) wurden viele Theorien und pädagogische Maßnahmen entwickelt, die dieses reduktive Menschenbild implizieren. Zu nennen sind hier vor allem Methoden und Ansätze, die auf den Theorien des klassischen und operanten Konditionierens basieren (genauer dargestellt werden diese Theorien im Kapitel *Lernen und Motivation*). Gemeinsam ist den Theorien der Verhaltens-Einheit, dass innere Prozesse wie z.B. Reflexionen, Planungen und Überlegungen außer Acht gelassen werden. Dieses Menschenbild wird daher auch als Black-Box-Modell bezeichnet: Was im Innern des Menschen passiert, wird als nicht-wissenschaftlich ausgeklammert. Durch eine unreflektierte technologische Anwendung von Verfahren, die auf diesen Prinzipien beruhen, besteht jedoch die Gefahr, dass die geistigen Fähigkeiten des Menschen nicht nur nicht gefördert, sondern – durch technologische Anwendungen im Alltag – auch langfristig unterdrückt werden. Andererseits ist die Kenntnis dieser Theorien und Verfahren für die Pädagogische Psychologie sehr wichtig, da es einige Phänomene im menschlichen Dasein gibt, die mit Hilfe dieser Theorien nicht nur gut beschrieben und erklärt, sondern auch effektiv verändert werden können: So existieren heute z.B. in der Beratung und Psychotherapie viele Verfahren, die eine effiziente Behandlung von Problemen erlauben und dabei Bezug auf Konditionierungstheorien nehmen. Ganz generell muss man anerkennen, dass behavioristische Theorien den Blick für die Relevanz von Umweltbedingungen für das menschliche Erleben und Verhalten sehr deutlich aufgezeigt haben (vgl. Wagner, 1997).
Unter die Einheit des *Tuns* lassen sich Theorien subsumieren, die den Menschen als Objekt unbewusster Strebungen und Triebe ansehen. Theorien und Modelle der Tuns-Einheit sehen eine Diskrepanz zwischen dem Erklärungsmodell, das der Mensch selbst für seine Aktivitäten aufstellt, und dem Erklärungsmodell des außen stehenden (objektiveren) Beobachters: Was nach Meinung des Menschen die Ursache für sein Tun ist, stellt sich nach Theorien der Tuns-Einheit als Pseudo-Erklärung heraus, hinter der die eigentlichen, tiefer liegenden Gründe verborgen bleiben. Kennzeichnend für diese Theorien ist somit ein Auseinanderfallen von subjektiver Intention und objektiver Motivation: Das, was die Person selbst als Ursache für ihr Tun ansieht, stellt sich unter „objektiver" Betrachtung als falsch heraus. Die paradigmatische Theorie für die Tuns-Einheit stellt die Psychoanalyse dar (s. Kapitel *Beratung*). Aber auch viele Theorien aus der Sozialpsychologie (s. Kapitel *Sozialpsychologie*), wie z.B. die Theorie der kognitiven Dissonanz, lassen sich un-

ter die Tuns-Einheit subsumieren. Das Bild des Menschen, das in diesen Theorien implizit vermittelt wird, verdeutlicht Freud mit der Eisberg-Metapher: Wie beim Eisberg der größte Teil unter der Meeresoberfläche nicht sichtbar ist, so sei auch der größte Teil unserer menschlichen Aktivität im Unbewussten – und damit unserem Bewusstsein nicht zugänglich. Ein klassisches Beispiel stellt Freuds Erklärung der Agoraphobie dar: Diese Form der Angst tritt häufig bei Frauen auf und manifestiert sich darin, dass die betroffene Person starke Ängste vor öffentlichen Plätzen (Agora – griechisch: Marktplatz) erlebt und diese daher meidet. Freud sieht diese Angst als Resultat des unbewussten Konfliktes zwischen dem (unbewussten) sexuellen Wunsch, sich dem sexuellen Kontakt mit vielen Männern hinzugeben (wie ein „Mädchen von der Straße", eine Prostituierte) und strengen, übernommenen Werthaltungen, die sexuelle Wünsche und Phantasien verbieten. Die Angst, öffentliche Plätze aufzusuchen, ist nach Ansicht Freuds der Ausdruck dieses Konflikts. Während Theorien der Verhaltens-Einheit den Menschen auf ein Objekt reduzieren, das auf Außenreize reagiert, findet in Theorien der Tun-Einheit eine Reduktion des Menschen auf unbewusste Triebe und Prozesse statt. Wir wissen heute, dass es viele Bereiche des menschlichen Lebens gibt, in denen wir von unbewussten Motiven beeinflusst werden. Ebenso läuft ein großer Teil der menschlichen Reizverarbeitung unbewusst ab. Eine unreflektierte Generalisierung auf alle Bereiche menschlichen Erlebens stellt jedoch eine unzulässige Verallgemeinerung und somit eine Reduktion des Menschen um jene Anteile dar, in denen der Mensch bewusst und reflektiert handelt.

Theorien, die unter die Gegenstandseinheit des *Handelns* subsumiert werden, sehen den Menschen als bewusst handelndes Individuum an. Hier werden die bewussten Überlegungen und Reflexionen als zentrale Aspekte des Menschen in den Mittelpunkt gerückt. Ein Beispiel hierfür wäre das planvolle Handeln eines Studenten, der sich zu Beginn des neuen Semesters überlegt, welche Leistungsnachweise er in diesem Semester erwerben muss und aufgrund verschiedener, individueller Kriterien jene Lehrveranstaltungen aufsucht, in denen er die gewünschten Scheine erhalten kann. Als paradigmatischer Vertreter der Gegenstandseinheit des Handelns kann das Forschungsprogramm Subjektive Theorien gesehen werden (Groeben & Scheele, 2010). Dieses Forschungsprogramm geht vom epistemologischen Subjektmodell aus, welches den Menschen als reflexions-, kommunikations-, rationalitäts- und handlungsfähiges Subjekt ansieht. Im Unterschied zu Theorien der Verhaltens- und der Tuns-Einheit existiert hier kein Unterschied im Menschenbild des erforschten Menschen und dem Menschenbild, das die Forscherin bzw. der Forscher von sich selbst hat: Beide werden strukturell parallel modelliert. So wie Wissenschaftler ihre wissenschaftlichen Theorien entwickeln und diese durch Erfahrung und Reflexion verändern, so entwickeln Menschen nach diesem Menschenbild auch im Alltag ihre (subjektiven) Theorien, mit denen sie sich die Welt erklären und entsprechend handeln. In diesem Bild vom Menschen werden dessen

geistige Fähigkeiten hervorgehoben und in den Mittelpunkt des Forschungsinteresses gestellt.
Im Kapitel *Beratung*, in dem es auch um die Vielfalt von Beratungstheorien und ihre unterschiedlichen Annahmen geht, werden diese anthropologischen Kernannahmen und ihre ethischen Implikationen wieder aufgegriffen. Wie wir aus der kurzen Beschreibung des Forschungsprogramms Subjektive Theorien (unter der Gegenstandeinheit des Handelns) gesehen haben, sind Theorien nicht nur auf den Bereich der Wissenschaft beschränkt, sondern bestimmen als subjektive Theorien auch unseren Alltag. Sie sind notwendige Orientierungshilfen, mit denen der Einzelne in einer zunehmend komplexer werdenden Umwelt sein Denken und Handeln wahrnimmt, einschätzt, interpretiert und zielgerichtet organisiert. Bereits 1985 hat Dietrich in einer Untersuchung des elterlichen Erziehungsverhaltens nachgewiesen, dass die von Eltern vertretene subjektive Erziehungstheorie wesentlich differenzierter ist, als lange Zeit angenommen wurde. In dieser Studie waren Fragen leitend wie „Auf welche Bedingungen führen Eltern ihren Erziehungserfolg oder -misserfolg zurück?“ „Wie erklären sich Eltern das Erziehungsverhalten selbst?“. Eine Beantwortung dieser Fragen verlässt die mit negativen Aspekten versehene Einschätzung von Alltagstheorien. Zu dieser gehören die Auffassungen, dass subjektive Theorien zu Verzerrungen führen, sich in der Erklärung auf nur wenige Faktoren beziehen, zu Vereinfachungen und Generalisierungen neigen. Eine realistische Sichtweise vom Wert subjektiver Theorien belegt jedoch, dass diese ein „individuelles Grundmuster“ verkörpern, das es einem reflexiv handelnden Menschen ermöglicht, ein für sich konsistentes Erklärungssystem zu entwickeln (vgl. Wagner, 2014).

6. Pädagogische Psychologie als anwendungsorientierte Wissenschaft

Dieses ist auch Ihre Ausgangsbasis, die aktiviert wird, wenn Sie sich mit den verschiedenen Themen der Pädagogischen Psychologie beschäftigen. Sie werden dabei in die wesentlichen Bereiche einer anwendungsorientierten Disziplin eingeführt. Die von Ihnen anzueignenden Kenntnisse und die vorgestellten theoretischen Erklärungsmodelle ermöglichen, dass Sie sich von der Plausibilität der einen oder anderen Annahme überzeugen lassen und diese in Ihrem eigenen Kenntnis- und Erkenntnissystem vielleicht in Zukunft begründet favorisieren werden. Den Spagat zwischen Theorie und Praxis zu überbrücken, ist Ihre eigene Aufgabe. Sie erhalten von der Pädagogischen Psychologie theoretische Konzeptionen, empirisch abgesichertes Wissen und anwendungsbezogene Fakten. Diese gilt es für die eigenen praktischen Tätigkeiten in einer individuell vertretbaren Weise umzusetzen. Dieser Weg macht deutlich, dass es die generelle Handlungsanweisung (z.B. für effektives

Lernen, eine optimale Erziehung, den richtigen Unterricht, die Behebung von Verhaltensauffälligkeiten, zufriedenstellende Beratungssituationen) nicht geben kann. Es können lediglich Handlungsempfehlungen allgemeiner Art vermittelt werden. Die eigentliche Arbeit leistet die den Bereich der Pädagogischen Psychologie nutzende Person – also Sie – selbst: die Umsetzung und die Anwendung auf den konkreten Einzelfall.

7. Vorstrukturierung

Dazu stellen wir Ihnen in den folgenden Kapiteln die wichtigsten Teilgebiete der Pädagogischen Psychologie vor.
Wir beginnen mit dem zentralen Bereich *Lernen und Motivation.* Hier werden psychologische Theorien vorgestellt, die das Lernen beschreiben und erklären. Sie lassen sich in die beiden Gruppen der behavioristischen und der kognitiven Lerntheorien aufteilen. Durch Beispiele wird die praktische Relevanz dieser wissenschaftlichen Theorien für den Alltag aufgezeigt. Einen großen Einfluss auf das Lernen hat die Motivation: Die Ausprägung unserer Leistungsmotivation entscheidet häufig schon allein darüber, ob wir uns mit einer Lernaufgabe überhaupt auseinandersetzen. Verschiedene Motive, die für das Lernen relevant sind, werden in diesem Kapitel vorgestellt und Möglichkeiten zur Selbst- und Fremdmotivierung aufgezeigt. Die Berücksichtigung von Erkenntnissen der Lernpsychologie und der Motivationspsychologie erlauben eine gezielte Optimierung von Lernprozessen. Dies wird besonders am Ende des Kapitels mit Beispielen aus dem Alltag verdeutlicht.
Sodann geht es um den Aspekt der *Entwicklung* im Kontext der Pädagogischen Psychologie. Zwar bildete sich die Entwicklungspsychologie aus der Pädagogischen Psychologie zu einer eigenständigen Disziplin heraus, sie behielt aber eine bedeutsame Funktion für Theorie und Praxis pädagogisch-psychologischen Handelns. Dargestellt werden Begriffe, Bereiche und Abschnitte sowie die Theorien der Entwicklung, wobei besonders die genetischen Einflüsse auf die Entwicklung erörtert werden. Zudem wird die für die Schule besonders wichtige kognitive Entwicklung genauer erörtert. Man kann Entwicklung auch gesondert nach Lebensabschnitten betrachten. Dies erfolgt in diesem Buch exemplarisch am Beispiel des Jugendalters.
Im Kapitel *Verhaltensauffälligkeiten* wird dem Leser deutlich, dass die im Alltagssprachgebrauch auftretenden Probleme (wie z.B. individuelle Variabilität und Unsicherheit) bei der Beschreibung, was ein auffälliges, ein störendes bzw. ein problembelastetes Verhalten ist, sich auch in einer Vielzahl von wissenschaftlichen Positionen widerspiegeln. Je nach dem wissenschaftlichen Fundament und der dadurch bedingten theoretischen Ausrichtung des Betrachtenden ergeben sich unterschiedliche Beschreibungen und Klassifikationen. Um diese Möglichkeiten kennenzulernen, wird in den Ausführungen ein Einblick in verschiedene

Forschungsentwicklungen gegeben. Dabei werden sechs Varianten gebündelt und exemplarisch vorgestellt. Angesichts der aktuellen Forderung nach einem Umgang mit Heterogenität sowie nach Inklusion sind Kenntnisse über den Umgang mit Verhaltensauffälligkeiten für alle Lehrenden von grundlegender Bedeutung.

Das Kapitel *Beratung* will dem Leser das notwendige Wissen vermitteln, um (sich selbst und anderen) beim Auftreten von Problemen und/oder in schwierigen Lebenssituationen adäquate Hilfe zukommen zu lassen. Nach einer Begriffsklärung werden verschiedene Phasen des Beratungsprozesses erläutert. Die oftmals verwirrende Vielfalt von Beratungsansätzen wird durch Bezug zu den Menschenbildern, die den einzelnen Beratungsansätzen zu Grunde liegen, systematisiert. Nach einer Charakterisierung der bekanntesten Beratungsansätze wird ein integrativer Ansatz vorgestellt. Die unterschiedlichen Stellen, in denen Beratung stattfindet, werden erläutert, bevor gegen Ende des Kapitels ethische Aspekte, die in der Beratung eine besondere Rolle spielen, betrachtet werden.

Da pädagogische Tätigkeiten nahezu immer als zwischenmenschliches Geschehen beschrieben werden können, ist in diesem Buch auch ein Kapitel zur *Sozialpsychologie* zu finden. Aus der Fülle von Themen, die dieses Fach zu bieten hat, werden solche ausgewählt, die für den pädagogischen Alltag besonders relevant erscheinen, nicht ohne den thematischen Umfang und die spezifischen forschungsmethodischen Probleme dieser Disziplin vorab zu umreißen. Es werden Forschungen zu Themen der sozialen Wahrnehmung (Personwahrnehmung, Attribution) und zur sozialen Einflussnahme durch Führung und Gruppen dargestellt und im Hinblick auf deren Relevanz im pädagogischen Alltag diskutiert. Auch eine Frage, die bisher noch wenig beforscht wurde, nämlich die Schulklasse als Einflussfaktor für die Persönlichkeitsentwicklung, wird in diesem Kapitel erörtert.

Da die Pädagogische Psychologie auch eine Disziplin mit eigenständiger *Forschung* ist und nicht nur die Anwendung psychologischen Wissens auf Schule, Unterricht, Erziehung und Bildungsprozesse, gehört zu diesem Modul Pädagogische Psychologie auch eine Darlegung ihrer Forschungsmethoden. Dieses Kapitel soll helfen, Qualitätsmerkmale als auch häufige Fehler pädagogisch-psychologischer Forschung zu erkennen. Es soll dafür sensibilisieren, neue Sichtweisen, Unterrichtsmethoden oder Interventionsprogramme nicht gleich als gesichert anzusehen, nur weil wenige oder qualitativ schlechte Studien als Beleg angeführt werden. Studierende als auch Praktiker können anhand dieses methodischen Wissens leichter beurteilen, was vom jeweiligen Modetrend bei der Sicht auf Unterricht, auf Verhaltensauffälligkeiten, auf Schule und auf Schulsysteme etc. zu halten ist.

Unsere Einführung in die Pädagogische Psychologie ist breiter angelegt als das angloamerikanische Verständnis der *Educational Psychology* oder als die Reduktion auf die *Instruktionspsychologie*. Trotzdem finden Sie auch in unserem Überblick nicht alle Themen, die im Kontext der Pädagogischen Psychologie behandelt wurden. So finden sie beispielsweise nichts über das Thema Lehrerpersönlichkeit (früher:

Lehrertypologien), was damit zu tun hat, dass sich die Hoffnung, den „guten" Lehrer anhand seiner Persönlichkeitsmerkmale finden zu können, nicht erfüllt hat. Auch das früher stark beforschte Gebiet der Erziehungsstile hat keinen Eingang in unser Buch gefunden. Unser Ziel ist es, eine berufsorientierte Einführung in die Pädagogische Psychologie zu erstellen, die Grundlagenwissen vermittelt. Wir verbinden damit die Hoffnung, dass ihre Lektüre die vertiefte Beschäftigung mit der Pädagogischen Psychologie erleichtert. Vor allem aber wollen wir erreichen, dass das in der Pädagogischen Psychologie erworbene Wissen kein *träges Wissen* bleibt, sondern Eingang in Ihr alltägliches Handeln findet.

8. Literatur

Dietrich, G. (1985). Erziehungsvorstellungen von Eltern. Ein Beitrag zur Aufklärung der subjektiven Theorie der Erziehung. Göttingen: Hogrefe.

Erb, E. (1997). Gegenstands- und Problemkonstituierung: Subjekt-Modelle (in) der Psychologie. In N. Groeben (Hrsg.), Zur Programmatik einer sozialwissenschaftlichen Psychologie, Band I, Metatheoretische Perspektiven (S. 139-239). Münster: Aschendorff.

Gage, N. L. & Berliner, D. C. (1996). Pädagogische Psychologie (5. Aufl.). Weinheim: Psychologie Verlags Union.

Gerrig, R. J. & Zimbardo, P. G. (2008). Psychologie (18. Auflage). München: Pearson.

Groeben, N. (1986). Handeln, Tun, Verhalten als Einheiten einer verstehend-erklärenden Psychologie. Tübingen: Francke.

Groeben, N. & Scheele, B. (2010). Das Forschungsprogramm Subjektive Theorien. In G. Mey & K. Mruck (Hrsg.), Handbuch Qualitative Forschung in der Psychologie (S. 151-165). Wiesbaden: VS Verlag für Sozialwissenschaften.

Krapp, A., Prenzel, M. & Weidenmann, B. (2001). Geschichte, Gegenstandsbereich und Aufgaben der Pädagogischen Psychologie. In A. Krapp & B. Weidenmann (Hrsg.), Pädagogische Psychologie. Ein Lehrbuch (4. Aufl.) (S. 1-29). Weinheim: Psychologie Verlags Union.

Sosnowsky, N. (2007). Burnout – Kritische Diskussion eines vielseitigen Phänomens. In M. Rothland (Hrsg.), Belastung und Beanspruchung im Lehrerberuf (S. 119-139). Wiesbaden: VS Verlag.

Spiel, C. & Reimann, R. (2005). Bildungspsychologie. Psychologische Rundschau, 56, 291-294.

Stegmüller, W. (1986). Hauptströmungen der Gegenwartsphilosophie. Eine kritische Einführung. Bd. 3. Stuttgart: Kröner.

Sydow, K. von & Reimer, C. (1997). Vorstellungen über Psychotherapeutinnen und Psychotherapeuten. In H. Mandl (Hrsg.), Bericht über den 40. Kongress der Deutschen Gesellschaft für Psychologie in München 1996 (S. 463-469). Göttingen: Hogrefe.

Wagner, R. F. (1997). Die Person in der Psychologie: Vom Objekt zum reflexiven Subjekt. Praxis Klinische Verhaltensmedizin und Rehabilitation, 38, 10-14.

Wagner, R. F. (2012). Pädagogische Psychologie. In U. Sandfuchs, W. Melzer, B. Dühlmeier & A. Rausch (Hrsg.): Handbuch Erziehung. (S. 81-85). Bad Heilbrunn, Stuttgart: Julius Klinkhardt, UTB.

Wagner, R. F. (2014). Subjektive Theorien von Lehrerinnen und Lehrern zur Unterrichtsgestaltung – und ihre Veränderung durch „neue" Lehr- und Lernmethoden. Bad Heilbrunn: Klinkhardt.

Kapitel 2: Lernen und Motivation

Rudi F. Wagner

1. Zusammenfassung

Unter Lernen verstehen wir einen Prozess der Veränderung im Wissen oder Verhalten durch Information oder Erfahrung, wobei mechanische und biologische Ursachen, wie z.B. Drogenintoxikation, Wachstum, Ermüdung ausgeschlossen werden. Die Psychologie des Lernens wurde im Laufe des 20. Jahrhunderts zu einem der wichtigsten Teilgebiete nicht nur der Pädagogischen Psychologie (vgl. Wagner, 2012), sondern der gesamten Psychologie. Dies lag vor allem am Aufkommen behavioristischer Lerntheorien, welche nachweisbar effektive Technologien in verschiedenen Lebensbereichen wie Psychotherapie, Schule, Erziehung, Sport und Tierdressur entwickelten. Mit dem Siegeszug des behavioristischen Paradigmas (sensu Kuhn, 1962) wurden jedoch auch die Grenzen dieses Forschungsansatzes immer deutlicher und es kam in der zweiten Hälfte des letzten Jahrhunderts zu einer Veränderung, die als *kognitive Wende* in die Psychologiegeschichte Eingang fand. Nach diesem Paradigmenwechsel wurden jene menschlichen Fähigkeiten, die im Behaviorismus außer Acht gelassen wurden, besonders betont: die Innenwelt des Menschen, sein Denken und Handeln und damit auch das kognitive Lernen.
In diesem Kapitel werden zunächst Grundlagen des Gedächtnisses, welches eine Voraussetzung für Lernen darstellt, erläutert. Im Anschluss daran werden unter der Überschrift *Behavioristische Lerntheorien* die klassische und die operante Konditionierung mit Beispielen erklärt. Es folgt der (für das menschliche Lernen zentrale) Bereich des kognitiven Lernens. Dazu wird zunächst die Theorie des Lernens am Modell vorgestellt, da in ihrer Konzeptualisierungsänderung der Übergang vom behavioristischen zum kognitiven Verständnis von Lernprozessen nachvollzogen werden kann. Es folgen zentrale Punkte zum kognitiven Lernen, wie der Aufbau kognitiver Strukturen, Lernstrategien, die Art der Repräsentation von Wissen, Problemlösen und die Anwendung auf das Lernen selbst: Lernen lernen. Am Beispiel der Stressbewältigung wird der enge Zusammenhang zwischen Kognition und Emotion erläutert. Nach der Darstellung subjektiver Theorien, als komplexem Produkt kognitiver Auseinandersetzung, werden zum Ende des Unterkapitels

Kognitives Lernen zentrale Aussagen zusammengefasst. In einer Zusammenführung wird die Theorienvielfalt des Lernens dargelegt und eine Systematisierung vorgeschlagen. Da Lernen sehr eng mit unserer Motivation zusammenhängt, folgt dann ein Ausflug in die Motivationspsychologie. Nach einer Darstellung der Bedürfnispyramide von Maslow (1970) wird die für den Bereich des Lernens besonders wichtige Lernmotivation genauer analysiert. Der Unterscheidung von intrinsischer und extrinsischer Motivation folgt die Selbstbestimmungstheorie der Motivation. Der letzte inhaltliche Teil verdeutlicht – wie in allen folgenden Kapiteln dieses Buches – unter der Überschrift *Anwendung im Alltag* die praktische Relevanz an konkreten Beispielen aus dem (Lern-)Alltag. Zum Ende wird vertiefende Literatur genannt, die dem Lernenden dazu dient, sich das in diesem Kapitel Dargestellte ausführlicher zu erarbeiten. Abschließend findet sich – wie in wissenschaftlicher Literatur üblich – ein Verzeichnis der in diesem Kapitel zitierten Literatur. Und nun – in Selbstanwendung motivationspsychologischer Erkenntnisse – viel Spaß!

2. Gedächtnis

Das Gedächtnis bildet die Grundlage für jegliches Lernen. Unter Gedächtnis verstehen wir ein System zur Speicherung von Informationen. Dabei lassen sich verschiedene Gedächtnisfunktionen unterscheiden, wie z.B. die sehr kurzfristige Speicherung sensorischer Informationen, die kurzzeitige Speicherung geringer Informationsmengen zum Zweck der aktuellen Handlungsplanung und –steuerung (Kurzzeit- und Arbeitsspeicherfunktion) oder die langfristige Speicherung von Informationen. Während beim Lernen der Prozess der Enkodierung (Aneignung) von Informationen zentral ist, geht es beim Gedächtnis um Vorgänge der Speicherung und des Retrieval (Abruf) dieser Informationen. Daran sehen wir, wie eng Lernen und Gedächtnis zusammengehören. Drei Speicherarten können beim Gedächtnis unterschieden werden:

Im *sensorischen Gedächtnis* werden Sinneseindrücke für weniger als eine Sekunde gespeichert.

Im *Kurzzeitgedächtnis*, das auch als Arbeitsspeicher bezeichnet wird, kann die Information ca. 15 Sekunden behalten werden. Wollen wir Informationen länger im Kurzzeitgedächtnis halten, gelingt uns dies z.B. durch mehrmaliges Wiederholen (z.B. einer Ziffernfolge oder eines Namens). Die Kapazität des Kurzzeitgedächtnisses ist jedoch auf etwa sieben (plus minus zwei) Einheiten begrenzt (*magic seven*). Diese Begrenzung können wir jedoch deutlich überschreiten und damit unsere Lernfähigkeit erhöhen, indem wir aus einzelnen Einheiten zusammenfassende, übergeordnete Einheiten (engl. *Chunks*) bilden. Die folgenden, einzelnen Zahlen

Zwei. Neun, Null, Sieben, Eins, Neun, Sechs, Null

z.B. lassen sich als getrennte Informationen relativ schwer länger im Gedächtnis halten. Wenn wir diese jedoch in die Datumsangabe

29.07.1960

wandeln und dieser Angabe noch einen Sinngehalt geben,

Geburtstag von Tante Carla

wird es uns relativ mühelos gelingen, diese Zahlen nicht nur etwas länger im Kurzzeitgedächtnis zu behalten, sondern wir können sie dadurch auch in das Langzeitgedächtnis transferieren. In diesem Beispiel haben wir durch *aktive kognitive Bearbeitung* des Lernmaterials das Vergessen verhindert und acht Zahlen gelernt. Verschiedene Beispiele für diese Form der Tiefenverarbeitung finden sich im Unterkapitel *Kognitives Lernen.*

Im *Langzeitgedächtnis* können wir Informationen über Jahrzehnte behalten. Damit diese dorthin gelangen, müssen sie vom sensorischen Gedächtnis über das Kurzzeitgedächtnis und von dort in das Langzeitgedächtnis überführt werden. Oftmals haben wir auch Informationen sehr gut gespeichert, aber der Abruf gelingt uns nicht: Wir wissen, dass wir etwas gespeichert haben (*Es liegt mir auf der Zunge...*). Durch aktive Anstrengung gelingt es meist nicht, die Erinnerung wachzurufen, scheinbar zufällig fällt es uns wieder ein. Aber es gibt auch den umgekehrten Fall, in dem uns eine Erinnerung ins Bewusstsein kommt, von der wir gar nicht mehr dachten, dass wir sie noch gespeichert hätten. Meist geht der Weg zu diesen Gedächtnisinhalten über Assoziationen (z.B. Geruchskonditionierungen: Wir nehmen den Geruch von Bohnerwachs wahr, wie er früher in unserer Schule verwendet wurde und plötzlich tauchen Erinnerungen aus der Schulzeit in unserem Bewusstsein auf, die wir schon lange als endgültig vergessen glaubten) oder über Kognitionen (z.B. wenn wir uns intensiv über unsere Schulzeit unterhalten und dabei überraschend auf immer mehr Erinnerungen stoßen). Diese Befunde sprechen für ein bestimmtes Modell des Gedächtnisses: Unsere Erinnerungen sind wie in einem Netzwerk miteinander verknüpft (*Netzwerkmodell des Gedächtnisses*). Durch Aktivierung eines Knotens in diesem Netzwerk werden auch die daran anknüpfenden Informationseinheiten aktiviert. Heute wissen wir, dass es sich bei diesen Einheiten nicht nur um reine Kognitionen, sondern auch um Emotionen, Motivationszustände, sensorische Eindrücke etc. handelt. Bower (1981) konnte empirisch belegen, dass wir uns in Abhängigkeit von unserem emotionalen Zustand an bestimmte Dinge besser oder schlechter erinnern: In einem Experiment sollten Versuchspersonen ihre bisherige Biographie aufschreiben. Wurden sie vorher in einen positiven emotionalen Zustand gebracht, so fielen ihnen deutlich mehr positive Ereignisse aus ihrem Leben ein. Dagegen erinnerten sich die Versuchspersonen, die zuvor in einen negativen emotionalen Zustand gebracht wurden, deutlich stärker an negative Ereignisse aus ihrem Leben. Dieser Effekt, dass wir einen besseren Zugriff auf jene Informationen haben, die mit unserem aktuellen emotionalen Zustand übereinstimmen, bezeichnet man als zustandsabhängiges Erinnern (*state-dependend memory*).

Innerhalb des Langzeitgedächtnisses gibt es verschiedene Differenzierungsmöglichkeiten: Im *episodischen Gedächtnis* wird das Wissen über biographische Ereignisse und Kontexte, in denen sie auftraten, gespeichert, während im *semantischen Gedächtnis* das Wissen über die Bedeutung von Wörtern und Konzepten gesammelt ist. Im *deklarativen Gedächtnis* werden Fakten und Ereignisse gespeichert, während wir aus dem *prozeduralen Gedächtnis* Information über den Ablauf erhalten. Eine weitere Unterscheidung betrifft die Art, wie wir unser Gedächtnis nutzen: Beim *impliziten Gedächtnisgebrauch* stellt uns unser Gedächtnis die Informationen scheinbar automatisch, ohne dass wir uns bewusst bemühen, zur Verfügung. Beim *expliziten Gedächtnisgebrauch* strengen wir uns bewusst an, um Informationen aus dem Gedächtnis abzurufen.

Dass wir uns auf unsere Erinnerungen nicht immer verlassen können, zeigen mittlerweile viele empirische Arbeiten. Wir sprechen daher von Erinnern als rekonstruktivem Prozess: Fakten und Ergebnisse werden in unserem Gehirn (vor allem im Hippocampus) verändert, so dass wir uns an Dinge erinnern, die wir gar nicht erlebt haben (vgl. Gerrig & Zimbardo, 2008, S. 263ff.). Dahinter steht oft ein unbewusstes Motiv, Konsonanz oder Schlüssigkeit herzustellen (vgl. Irle & Frey, 2001).

Erste, streng empirische Arbeiten zur neueren Gedächtnisforschung wurden schon früh von Ebbinghaus (1885) durchgeführt. Bei Untersuchungen zur Gedächtnisleistung stellte er fest, dass Personen schon nach wenigen Stunden die Hälfte des gerade Gelernten vergessen hatten. Und nach einem Tag erinnerten sie sich nur noch an ein Drittel des Gelernten. Zusammenfassend sind diese Befunde in der berühmten Vergessenskurve dargestellt: Je mehr Zeit vergeht, desto weniger können wir noch erinnern. Macht es da überhaupt noch Sinn, etwas lernen zu wollen? Ja! Denn zum einen konnte Ebbinghaus den Wert von Wiederholungslernen aufzeigen: Je früher das Gelernte wiederholt wurde (*Überlernen*), desto weniger steil fiel die Vergessenskurve ab. Und zum anderen experimentierte Ebbinghaus mit sinnlosen Silben! D.h. seine Versuchspersonen mussten sich sinnlose Silben, Daten ohne Informationsgehalt, einprägen. Die Ergebnisse der Gedächtnisforschung des letzten Jahrhunderts zeigen deutlich, dass unser Gedächtnis umso besser Informationen speichert, je sinnvoller und (emotional) bedeutsamer sie für uns sind. Daher besteht eine zentrale Lerntechnik (s. *Kognitives Lernen*) darin, dem zu lernenden Material Sinn und Bedeutung zu geben, es mit Bekanntem zu verknüpfen und uns selbst für den Lernstoff zu motivieren.

3. Behavioristische Lerntheorien

Behavioristische Lerntheorien beziehen ihren Namen aus einem Forschungsansatz, der sich Behaviorismus nennt. Hierbei wird schon im Namen die zentrale Orientierung dieses Paradigmas (sensu Kuhn, 1962) deutlich: Beobachtbares Verhalten (behavior) soll Gegenstand der Wissenschaft sein. Mit diesem Schwerpunkt wollte sich der Behaviorismus bewusst von spekulativen Ansätzen absetzen, die stark interpretierend und damit wenig objektiv vorgingen (Watson, 1913). Das Ziel war eine Objektivierung der Wissenschaft, erkauft mit dem Preis der Vernachlässigung zentraler Aspekte des Menschseins, wie Reflexion und Intentionalität (vgl. die Ausführungen unten zum Menschenbild).

3.1 Klassische Konditionierung

Bei der klassischen Konditionierung werden Verbindungen zwischen Stimuli (Reizen) und Reaktionen aufgebaut (gelernt). Man spricht daher auch von Reiz-Reaktions- oder Stimulus-Response-Lernen. Erste Arbeiten hierzu wurden vom russischen Physiologen Ivan P. Pawlow (1849-1936) durchgeführt und veröffentlicht. Bei seinen Experimenten zu Verdauungsreaktionen bei Hunden stellte er fest, dass nicht nur das Futter selbst zu einer Verdauungsreaktion führte, sondern dass auch andere Stimuli (Reize), die kurz vor oder zeitgleich mit dem Essen dargeboten wurden (wie z.B. eine Glocke, die vor dem Essen geläutet wurde), die Verdauungsreaktion auslösten.

In der Formelsprache der Klassischen Konditionierung lässt sich das Lernprinzip folgendermaßen darstellen:

Vor der Konditionierung:

unkonditionierter Stimulus (UCS)	→	*unkonditionierte Reaktion (UCR)*
neutraler Stimulus (NS)	→	*keine Reaktion*

Die Verbindung zwischen dem unkonditionierten Stimulus (dem unkonditionierten Reiz; UCS) und der unkonditionierten Reaktion (UCR) besteht schon vor der Konditionierung, zunächst in Form einer reflexhaften Verbindung (z.B. beim Lidschlagreflex: ein kurzer Luftstrom (UCS) in unser Auge führt zu einem schnellen Schließen der Augen (UCR)) oder in Form einer schon vorher gelernten Verbindung (z.B. führt das Wort *Schokolade* (UCS) bei vielen Menschen zu positiven Assoziationen (UCR)). Der neutrale Reiz (NS) löst vor der Konditionierung keine bestimmte Reaktion aus.

Während der Konditionierung wird nun der neutrale Reiz mehrmals zeitgleich oder kurz vor dem unkonditionierten Reiz dargeboten. Dadurch verändert sich der Charakter des neutralen Reizes, der Organismus hat gelernt:

Nach der Konditionierung:

unkonditionierter Stimulus (UCS) → *unkonditionierte Reaktion (UCR)*
konditionierter Stimulus (CS) → *konditionierte Reaktion (CR)*

Durch die gleichzeitige Darbietung des UCS mit dem NS kommt es zu einer Kopplung bzw. Assoziation zwischen beiden Stimuli. Das Ergebnis dieses Lernens können wir direkt beobachten: Der ursprünglich neutrale Reiz löst nun eine Reaktion aus, die ähnlich der unkonditionierten Reaktion ist. Der neutrale Stimulus ist zum konditionierten Stimulus geworden. Nun löst das Auftreten des konditionierten Stimulus auch allein die konditionierte Reaktion aus.

Beim Pawlowschen Hund löst das Futter reflexartig eine Verdauungsreaktion aus: Futter (UCS) führt zur Speichelproduktion (UCR). Wenn nun mehrmals gleichzeitig zum Futter eine Glocke ertönt, dann wird die Glocke, die ursprünglich für den Hund einen neutralen Stimulus darstellte, zum konditionierten Stimulus. Dass der Hund im Sinne des klassischen Konditionierens gelernt hat, können wir daran erkennen, dass nun allein das Läuten der Glocke (CS) zur Speichelproduktion (CR) führt.

Viele kennen dieses Beispiel des Pawlowschen Hundes, finden jedoch kein Beispiel aus dem Humanbereich. Das klassische Beispiel dafür ist der *kleine Albert*; ein Experiment zur Anwendung der klassischen Konditionierung beim Menschen. Watson und Rayner (1920) konditionierten den elf Monate alten Albert so, dass er auf Ratten mit Angst reagierte. Dies taten sie, indem immer dann, wenn Albert die Ratte berührte, hinter seinem Rücken zwei Eisenstangen heftig zusammengeschlagen wurden. Vor diesem Experiment reagierte Albert neugierig auf Ratten. Der Lärm erschreckte Albert jedoch so sehr, dass er nach wenigen Versuchsdurchgängen schon zu schreien begann, wenn er die Ratte nur sah.

Der (für Albert) ursprünglich neutrale Stimulus *Ratte* wurde durch die Konditionierung mit schrecklichem Lärm selbst zu einem Auslösereiz (CS) für Angst (CR). Man spricht daher auch von einem *Signal-Charakter*, den der ursprünglich neutrale Reiz nun angenommen hat. Diese gelernte Angst vor Ratten generalisierte so weit, dass Albert bald vor allem Kuscheligen und Fellartigen, ja sogar vor dem Bart des Versuchsleiters, Angst hatte. Mit der Theorie des klassischen Konditionierens können wir dies beschreiben und erklären: Zunächst lag bei Albert – wie bei allen Kleinkindern dieses Alters – eine unkonditionierte (angeborene, reflexhafte) Verbindung vor: *lauter, plötzlicher Lärm* (UCS) führt zu *Angst* (UCR). Die Ratte bildete für Albert vor dem Experiment einen neutralen, ja sogar leicht positiven Reiz. Durch die Kontiguität (raum-zeitliche Nähe) des unkonditionierten Reizes *Lärm* mit dem neutralen Reiz *Ratte* entstand eine Verbindung zwischen diesen beiden Reizen. Die Ratte wurde vom neutralen Stimulus zum konditionierten Stimulus

(CS), welcher ähnliche Reaktionen hervorrief, wie der unkonditionierte Stimulus *Lärm*, nämlich *Angst*. Watson und Rayner führten dieses Experiment durch, um eine Alternativerklärung für die psychoanalytische Erklärung von Angsterkrankungen zu liefern. Die Psychoanalyse war damals eine wichtige psychotherapeutische Theorie; sie geht davon aus, dass sich hinter einer Angststörung ein unbewusster Konflikt versteckt, der mit der Entwicklung in den ersten Lebensjahren und hier speziell mit der „Kastrationsangst" zu tun hat (vgl. die Ausführungen zur Psychoanalyse im Kapitel *Beratung*).
Pawlow nahm an, mit Hilfe der klassischen Konditionierung das gesamte Verhalten des Menschen erklären zu können. Heute wissen wir, dass es viele Bereiche des Lernens gibt, die durch andere, z.B. kognitive Theorien umfassender und besser beschrieben und erklärt werden können. Die Theorie der klassischen Konditionierung ist jedoch wichtig zur Erklärung spezifischer emotionaler Reaktionen und sie wird heute wieder häufiger als Erklärungsprinzip herangezogen (vgl. Michael & Ehlers, 2008). So können nicht nur bestimmte Orte oder bestimmte Personen, sondern auch einzelne Verhaltensweisen und sogar einzelne Begriffe durch klassische Konditionierung eine konnotative (emotionale) Bedeutung erwerben, die wir allein durch kognitive Lernprinzipien nur ungenügend erklären können. Dazu zwei Beispiele:
Ein Kind, das von einem Erwachsenen geschlagen wird, der kurz vor und während der Prügel grimmig blickt, lernt durch diese Erfahrung: Ein grimmiger Blick wird für das Kind zu einem konditionierten Stimulus, der nun auch allein heftige Angst und Schreckreaktionen auslöst.
Wenn ein bestimmter Begriff (z.B. eine Biermarke oder der Name eines Autos) uns häufig im Zusammenhang mit angenehmen Dingen präsentiert wird (z.B. Biermarke beim spannenden Fußballspiel oder Autoname mit attraktiven Menschen), dann verbinden wir – oft gar nicht bewusst – die positiven Gefühle, die ein spannendes Fußballspiel oder attraktive Menschen bei uns auslösen, mit den ursprünglich neutralen Begriffen: Der Name des Bieres erscheint uns attraktiv, der Name des Autos sympathisch. Wir unterliegen – wie so oft in der Werbung – den Prinzipien der klassischen Konditionierung.

3.2 Operante Konditionierung

Beim operanten Konditionieren oder auch instrumentellen Lernen werden Verbindungen zwischen Verhaltensweisen und nachfolgenden Konsequenzen aufgebaut. Diese Theorie wurde vor allem durch die Arbeiten von Burrhus Frederic Skinner, die er seit dem Ende der 30er Jahre des letzten Jahrhunderts publizierte, bekannt. Skinners Augenmerk galt den Konsequenzen, die auf ein Verhalten folgten. Der Begriff *operant* bezeichnet spontanes Verhalten, das vom Organismus gezeigt wird. Erst wenn dieses Verhalten ausgeführt wird, kann es konditioniert werden. Entsprechend den Vorgaben des behavioristischen Paradigmas interessierte sich Skinner al-

lein für beobachtbares Verhalten. Auf die Frage, wie wir die Auftretenswahrscheinlichkeit eines Verhaltens verändern können, gibt es nach der Theorie des operanten Konditionierens mehrere Antworten:
Um die Auftretenswahrscheinlichkeit zu erhöhen, muss der Organismus (Mensch oder Tier) für das Verhalten belohnt werden. Dies kann durch *positive Verstärkung* geschehen, indem als Konsequenz etwas Angenehmes folgt, wie z.B. Essen, Bestätigung, Lob etc., oder durch *negative Verstärkung*, indem als (positive) Konsequenz etwas Unangenehmes entfernt wird, z.B. ein übler Geruch wegfällt, man endlich seine Ruhe vor anderen hat, die ständig auf einen einreden oder – im Tierexperiment von Skinner häufig benutzt – wenn ein schmerzhafter Stromreiz auf dem Käfigboden entfernt wird.
Um die Auftretenswahrscheinlichkeit einer bestimmten Verhaltensweise zu verringern, können dem Verhalten zwei Arten von Bestrafung folgen: Bei der *direkten Bestrafung* wird der Organismus unangenehmen Reizen ausgesetzt, wie z.B. Lärm, Schläge, Anschreien. Bei der *indirekten Bestrafung* wird dem Organismus etwas Angenehmes weggenommen, wie z.B. Essen, Liebe, Beachtung oder eine Schlafmöglichkeit bei Müdigkeit. Wird ein Verhalten wegen der positiven Konsequenzen gezeigt, lässt sich die Auftretenswahrscheinlichkeit dieses Verhaltens auch dadurch reduzieren, dass man es einfach nicht mehr beachtet bzw. dass es nicht mehr belohnt wird. Diesen Vorgang nennt man *Löschung*, weil hierbei eine bisher bestandene Verbindung zwischen einem Verhalten und einer als angenehm erlebten Konsequenz gelöscht wird. Wenn z.B. der Klassenkasper durch seine Clownerei immer wieder Aufmerksamkeit erhält, indem ihn z.B. die Lehrerin anschaut und die Mitschüler lachen, so kann es effektiv sein, wenn diese, aus Sicht des Schülers angenehme Konsequenz unterbleibt: Der Schüler macht Quatsch und keiner schaut hin, niemand lacht. An diesem typischen Beispiel für Löschung sehen wir aber auch, dass die Anwendung behavioristischer Lernprinzipien in der Praxis nicht so einfach ist, wie man beim Erlernen der Theorie vielleicht denkt. Versetzen wir uns nämlich in die Situation des Schülers, der den Klassenclown spielt, so können wir vielleicht nachempfinden, dass dieser zunächst noch mehr Unsinn machen wird, um die erhoffte Aufmerksamkeit zu erhalten. Die Lehrerin und die Mitschüler müssen deshalb bei der Umsetzung der Löschung konsequent sein, d.h. die geplante Intervention auch eine Weile umsetzen, auch wenn der Erfolg zunächst nicht nur ausbleibt, sondern sich das problematische Verhalten noch steigert! Aus ethischer und aus psychotherapeutischer Perspektive (s. Kapitel *Beratung*) ist es jedoch wichtig, vor einer solchen Intervention eine *Problemanalyse* durchzuführen. Dabei wird versucht herauszufinden, warum der Schüler gerade dieses Verhalten zeigt, um Zuwendung zu erhalten. Welche anderen Möglichkeiten, Zuwendung zu erhalten, stehen dem Schüler zur Verfügung und wie kann er diese nutzen? Weiterhin ist zu überlegen, ob man mit dem Kind nicht partnerschaftlich sprechen kann, um so mittels vernünftiger Argumentation eine Verhaltensänderung herbeizuführen. Kommt man

in der Problemanalyse zu dem Schluss, dass der Junge seine Clownerei deswegen zeigt, weil er Aufmerksamkeit möchte, so wäre es therapeutisch sinnvoll, mit ihm zunächst alternative Möglichkeiten zu erarbeiten, mit denen er Aufmerksamkeit erhalten kann, wie z.B. durch Diskussionsbeiträge oder Kunststücke, die von der Lehrerin in den Stundenablauf integriert werden.
Als *Verstärker* werden jene Konsequenzen bezeichnet, die als Belohnung fungieren können. Unter *primären Verstärkern* werden Reize verstanden, die ohne Lernerfahrung als positiv erlebt werden, wie z.B. Essen, Schokolade, Liebe, Wärme, Sexualität. Der Wert *sekundärer Verstärker* muss dagegen erst erlernt werden. Er ist von der jeweiligen Kultur abhängig: Geld, ein großes Auto oder der eigene Parkplatz in der Firma sind Verstärker, die erst auf Grund unserer gesellschaftlichen Konvention als Verstärker wirken. Um Verhalten zu formen, ist die Regelhaftigkeit der Verknüpfung eines Verhaltens mit einer Konsequenz von Relevanz, diese nennt man *Kontingenz.* Auskünfte über das Kontingenzverhältnis gibt der Verstärkerplan. Wird Verhalten immer verstärkt, so wird es schneller gelernt, als wenn es nur gelegentlich verstärkt wird. Es wird aber auch schneller wieder ausbleiben, wenn die Verstärkung ausbleibt. Demgegenüber ist die *intermittierende Verstärkung,* bei der das Verhalten nur ab und zu verstärkt wird, viel löschungsresistenter: Erhält die Katze, die beim Essen um den Tisch schleicht und sich an die Beine des Menschen drückt, hin und wieder ein Stückchen Fisch, so muss man erst sehr, sehr lange konsequent nichts geben (Löschung), bevor die Katze das Verhalten aufgibt.

3.3 Die Zwei-Faktoren-Theorie

Mit den beiden behavioristischen Theorien des klassischen und operanten Konditionierens haben wir einen großen Bereich von Anwendungsmöglichkeiten erschlossen, die auch in der Psychotherapie im Rahmen der behavioristischen (frühen) Verhaltenstherapie ihren Niederschlag fanden (s. Kapitel *Beratung*). Besonders für das Verständnis von Angststörungen ist die Zwei-Faktoren-Theorie von Mowrer (1947) von großer Bedeutung: Mowrer unterschied darin die *Entstehung* einer Angststörung vor dem Hintergrund der klassischen Konditionierung und – als zweiten Faktor – die *Aufrechterhaltung* der Angst vor dem Hintergrund der operanten Konditionierung mittels negativer Verstärkung. Dies wollen wir an einem Beispiel verdeutlichen: Wird ein Junge auf dem Schulweg von einem Hund gebissen, so kann dies als klassische Konditionierung beschrieben werden: Der an sich neutrale Stimulus *Hund* wird durch die Kopplung mit dem unkonditionierten Stimulus *Schmerz* beim Biss zu einem konditionierten Stimulus für Angst. Dies erklärt die Entstehung. Nach diesem schrecklichen Erlebnis hat der Junge Angst vor dem Hund. Ginge der Junge aber weiterhin jeden Tag auf dem Schulweg an dem Hund vorbei und würde er nicht wieder gebissen werden, so würde die Verbindung gelöscht und der Junge würde keine Angsterkrankung entwickeln. Es wäre jedoch verständlich, wenn der Junge nach diesem traumatischen Erlebnis nie wieder an dem Hund vorbeilaufen möchte, ja evtl. wird er gar nicht mehr zur Schule gehen wollen, nur um den Kontakt mit dem Hund zu vermeiden. Aufgrund der Reizgeneralisierung wird er sich sogar auch vor anderen Hunden fürchten und seine Angst kann sich zu einer ernsthaften Erkrankung entwickeln, wenn der Junge den Kontakt zu Hunden immer wieder vermeidet. An dieser Stelle kommt zur Erklärung des Verhaltens die operante Konditionierung als zweiter Faktor hinzu: Als Konsequenz auf die Vermeidung erlebt nämlich der Junge ein Gefühl von Erleichterung, da er nicht, wie von ihm befürchtet, gebissen wird und keine Schmerzen erleiden muss. Diese Erleichterung wird innerhalb des behavioristischen Paradigmas als negative Verstärkung rekonstruiert und erklärt nun auch, warum die Angst nicht kleiner wird, sondern generalisiert: Das Vermeidungsverhalten des Jungen wird durch die negative Verstärkung immer häufiger gezeigt und somit stabiler. Heute wissen wir, dass neben diesen beiden Faktoren auch die kognitiven Faktoren eine sehr wichtige Rolle bei Phobien aufweisen. Die daraus sich ableitende, höchst erfolgreiche therapeutische Intervention mittels Konfrontationsverfahren wird im Kapitel *Beratung* ausführlicher erläutert. Ein Anwendungsbeispiel für die Schule zeigt Wagner (2010).

3.4 Assoziatives Lernen und Kontiguität

Die Theorien des klassischen und operanten Konditionierens werden unter die *assoziativen Lerntheorien* subsumiert. Beim klassischen Konditionieren wird der unkonditionierte Reiz mit dem neutralen Reiz, beim operanten Konditionieren ein bestimmtes Verhalten mit einer nachfolgenden Konsequenz assoziiert (verknüpft). Diese Assoziation erfolgt beim behavioristischen Lernen auf Grund von Kontiguität (raum-zeitliche Nähe). Wenn im Werbefilm eine wunderschöne Landschaft in der Natur mit einem bestimmten Alkoholgetränk gezeigt wird, dann arbeitet die Werbeindustrie mit dem Effekt der klassischen Konditionierung: Zwei inhaltlich nicht zusammengehörende Konzepte (Alkoholgetränk auf der einen, wunderbare Landschaft auf der anderen Seite) sollen im Gehirn des Beobachters durch Kontiguität verknüpft werden, so dass allein die Wahrnehmung des Getränks zur positiven Stimmung führt, die eigentlich durch die schöne Landschaft ausgelöst wird. Eine andere Bedeutung von Assoziation lernen wir beim kognitiven Lernen kennen: Dort werden verschiedene Konzepte auf Grund inhaltlicher Kriterien miteinander verbunden und in eine sinnvolle Ordnung gebracht.

3.5 Neurophysiologie

Diese Verknüpfungen finden – wie alles Lernen – in unserem Gehirn statt. Dabei lassen sich verschiedene Hirnregionen unterscheiden: Behavioristisches Lernen findet auf subkortikaler Ebene (Stammhirn, Zwischenhirn) statt und ist eher dort lokalisiert. Phylogenetisch betrachtet handelt es sich dabei um eine frühe Form von Lernen, die nicht spezifisch für den Menschen ist. Behavioristisches Lernen funktioniert eben auch hervorragend bei der Tierdressur. Beim Menschen gäbe es erhebliche Probleme, wollten wir sein Lernen ausschließlich mit Konditionierungstheorien erklären und verändern. Spezifisch menschlich ist die Fähigkeit zum Denken und zur Sprache. Reflektieren, Überlegen, Handeln, Planen etc. sind Fähigkeiten, die (zumindest in dieser differenzierten Form) nur beim Menschen vorhanden sind und hier auch in dafür spezialisierten Hirnregionen stattfinden, im Neo-Cortex. Dies ist jener Bereich des Gehirns, der sich phylogenetisch relativ spät entwickelte und sich über das schon vorhandene Stamm- und Mittelhirn wölbt. In diesem phylogenetisch jungen Bereich des Gehirns finden komplexe kognitive Prozesse statt. In Anbetracht der Komplexität des Gehirns sollten wir uns jedoch bewusst sein, dass die unterschiedlichen Hirnstrukturen meist sehr eng miteinander interagieren.

4. Kognitives Lernen

Der Bereich des kognitiven Lernens ist sehr vielfältig und – in dieser Ausprägung spezifisch menschlich. Dies liegt auch am Gegenstand selbst, denn beim kognitiven Lernen geht es um unsere Vorstellungen, Gedanken, Überlegungen, also um unsere Kognitionen und somit um jenen Bereich des Lernens, der im Behaviorismus ausgeklammert wurde (s. o.). Zum kognitiven Lernen zählen Bereiche wie Wissenserwerb, Sprache, Begriffs- und Konzeptbildung, Handeln und Problemlösen. Beim kognitiven Lernen werden Verbindungen zwischen einzelnen Teilen der kognitiven Struktur erstellt (Aufbau von Wissen) sowie Verbindungen zwischen Wissen und daraus abgeleiteter Aktivität aufgebaut (Handeln). Kognitives Lernen wird auch als Informationsverarbeitung verstanden. Dabei meint Informationsverarbeitung einen aktiven, subjektiven Strukturierungsprozess. Wenn wir im Alltag von Lernen sprechen, so meinen wir meist den Bereich des kognitiven Lernens.

4.1 Modelllernen

Wenn wir die beiden großen Paradigmen, das behavioristische und das kognitive, vor Augen haben, so zeigt sich beim Modelllernen der Übergang zwischen beiden Ansätzen: Die Theorie des Modelllernens von Albert Bandura ging zunächst von der Frage aus, ob die Prinzipien des operanten Konditionierens auch dann wirksam werden, wenn man sie nicht selbst erfährt, sondern stattdessen bei einem anderen Menschen (einem Modell) beobachtet. Im Verlauf seiner Forschungen entdeckte Bandura zunehmend, dass die Art der Konsequenz, die das Modell erfährt, nur eine von mehreren Faktoren ist, die zudem nicht einmal eine notwendige Voraussetzung für das Lernen am Modell ist. Dieser Übergang von der behavioristischen zur kognitiven Erklärung des Modelllernens spiegelt sich auch in der Bezeichnung wider: Sprach man ursprünglich vom *Beobachtungslernen*, so setzte sich, begründet

im Erkennen der Wichtigkeit kognitiver Anteile beim Modelllernen, die Bezeichnung *sozial-kognitive Lerntheorie* durch.
In den klassischen Arbeiten von Bandura, Ross und Ross (1963) sowie Bandura und Walters (1963) wurden mehreren Gruppen von Kindergartenkindern per Film oder realer Vorführung unterschiedliche Modelle vorgestellt, die sich einer Puppe gegenüber aggressiv verhielten. Die Ergebnisse dokumentierten, dass die Kinder aus Gruppen, welche ein aggressives Modell gesehen hatten, deutlich häufiger selbst aggressives Verhalten zeigten, als die Kinder aus Gruppen, die kein aggressives Modell gesehen hatten. Durch eine Vielzahl von Folgeuntersuchungen (Bandura, 1976) wurden die Ergebnisse repliziert und differenziert. Heute können wir sagen, dass das Modelllernen für den Menschen (und sogar für einige Tiere) eine wichtige Lernform darstellt. Die Effekte des Modells sind am stärksten, wenn mehrere der folgenden Bedingungen erfüllt sind:

- das Modell wird verstärkt,
- das Modell wird als positiv wahrgenommen,
- der Beobachter nimmt Ähnlichkeiten zwischen sich und dem Modell wahr,
- der Beobachter wird dafür verstärkt, dass er dem Modell Aufmerksamkeit schenkt,
- das Verhalten des Modells ist sichtbar und auffällig,
- die Kompetenzen des Beobachters reichen aus, um das Verhalten nachzuahmen.

Bandura (1976) gliedert den Lernprozess in zwei Phasen: Während der *Akquisition* (der Phase der Aneignung) spielen Aufmerksamkeits- und Gedächtnisprozesse eine wichtige Rolle. Während der *Performanz* (der Phase der Ausführung des gelernten Verhaltens) wirken Prozesse der motorischen Reproduktion sowie Verstärkungs- und Motivationsprozesse.
Mit dem Lernen am Modell haben Menschen die Möglichkeit, schnell komplexe Verhaltensweisen durch sozialen Kontakt zu übernehmen (z.B. Kleidung, Bewegung, Mimik, Gestik, sprachlicher Ausdruck, Rollenverhalten etc.). Dabei ist es wichtig, sich deutlich zu machen, dass Modelllernen häufig implizit (qua unbewusst) stattfindet: Jugendliche z.B. müssen in ihrer Peergruppe nicht darüber diskutieren, ob Rauchen toll und cool oder verrückt ist: Wenn die wichtigen Personen der Gruppe, die von einzelnen Mitgliedern als Modelle akzeptiert werden, rauchen, dann wird dieses Modellverhalten häufig unbewusst übernommen, ohne dass es kritisch reflektiert wird. Findet eine kritisch-gedankliche Auseinandersetzung statt, so haben wir es mit dem großen – und für unsere Gesellschaft sehr wichtigen – Bereich des bewussten kognitiven Lernens zu tun, das auch als absichtsvolles Lernen bezeichnet wird.
Ein historisches Beispiel für das Lernen am Modell stellt die Rezeption des Romans *Die Leiden des jungen Werthers* von Johann Wolfgang Goethe (1774) dar. In dem Briefroman wird die Geschichte eines jungen Mannes erzählt, der sich ohne

Hoffnung auf Erfüllung seiner Gefühle in eine junge Frau verliebt und sich aus Verzweiflung erschießt. Nach dem Erscheinen des Romans kam es zu einer deutlichen Häufung von Suiziden. Auch heute beobachten wir, dass nach ausführlichen Presse- oder Filmberichten zum Thema Suizid die Anzahl der Selbsttötungen deutlich ansteigt: Der Werther-Effekt.

4.2 Kognitive Strukturen und Wissen

Kognitives Lernen führt im Gehirn der lernenden Person zum Aufbau kognitiver Strukturen. Diese bestehen u.a. aus verschiedenen Begriffen und Konzepten. Ein Kind hat z.B. vom Begriff *Erde* eine relativ undifferenzierte Vorstellung. Evtl. unterteilt es das Konzept *Erde* in die Erde zum Anfassen (z.B. Blumenerde) und den Planeten Erde, auf dem wir leben. Im Laufe des Lebens – präziser: im Laufe vieler, unterschiedlicher Lernprozesse – differenzieren sich unsere Begriffe immer mehr und wir lernen neue Begriffe dazu. Das Kind, das den Planeten Erde intuitiv zunächst für eine Scheibe hielt, differenziert dieses Bild im Laufe seiner Lerngeschichte zugunsten einer Kugel, die in Form einer Ellipse um die Sonne fliegt und auf der es verschiedene Kontinente und Meere gibt. Hierbei wird auch deutlich: Je mehr sich eine Person in einem bestimmten Gebiet auskennt (je mehr sie also kognitiv gelernt hat), desto differenzierter ist ihre kognitive Struktur.

Durch den Aufbau kognitiver Strukturen entsteht Wissen, welches die Grundlage unseres menschlichen Handelns ist. So finden sich in Familienberatungsstellen häufig Eltern aus bildungsfernen Schichten, die oft gar nicht auf die Idee kommen, dass ihre Kinder studieren könnten, obgleich die dafür nötige Intelligenz bei den Kindern vorhanden ist. Was hier oft fehlt, ist das Wissen darüber, was das Konzept *Studieren* eigentlich genau bedeutet, welche Anforderungen auf das Kind zukämen etc. Ein anderes Beispiel ist die Berufswahl: Viele Jugendliche wählen einen Beruf, den sie kennen. D.h. die Basis für den Berufswunsch bildet das Wissen der Jugendlichen über ihre Welt und die dort vorhandenen Berufsmöglichkeiten. Dies erklärt, warum Kinder, die in bildungsfernen Schichten aufwachsen, auch viel seltener auf die Idee kommen, Berufe wie Betriebswirt oder Jurist zu ergreifen: Sie haben über diese Berufe nur vage Vorstellungen, bzw. ihr Konzept von diesem Beruf ist wenig differenziert. Selbst wenn diese Kinder studieren, wählen sie eher Berufe, die sie selbst kennen, wie z.B. Lehrer oder Pfarrer. Grundlage ihrer Entscheidung ist somit, wie bei allen bewussten Entscheidungen, unser kognitives System, d.h. unser Wissen von uns und der Welt (Selbst- und Weltwissen). Damit wird auch deutlich, wie wichtig es für Menschen ist, Wissen über die Welt zu erwerben und zur Verfügung zu haben – u.a. auch als Wissen darüber, wie und wo man sich spezifisches Wissen aneignen kann: Je genauer unser Wissen über uns und die Welt ist, desto effektiver können wir handelnd unser Leben beeinflussen. Kognitives Lernen ist deswegen so wichtig, weil es unser Wissen vergrößert und damit unser Handeln (qua bewusstem, geplantem Vorgehen) in der Welt optimiert. Handeln wir mit eingeschränktem Wissen, so kann dies fatale Folgen haben. Auch hierzu ein Beispiel: Ärzte in der Gynäkologie eines Krankenhauses haben sehr häufig mit Frauen zu tun, die an Brustkrebs erkrankt sind. Dieser besondere Ausschnitt der Realität kann bei ihnen zu einer kognitiven Verzerrung führen, die ihren Ausdruck darin findet, dass sie allen Frauen zu häufigen Mammographien raten. In ihrem Bemühen, Leiden zu verringern, unterschätzen sie jedoch die negativen Folgen, die Frauen erleiden, die trotz guter Gesundheit häufige Mammographien durchführen und dadurch eher mit falsch positiven Befunden konfrontiert und evtl. auch unnötig operiert werden (ausführlich s. Blech, 2007, Gigerenzer, 2002).

4.3 Lernstrategien

Lernstrategien bezeichnen unterschiedliche Wege, wie wir uns etwas aneignen bzw. wie wir lernen. Wissenschaftlich werden Lernstrategien als mental repräsentierte Schemata oder Handlungspläne zur Steuerung des eigenen Lernverhaltens bezeichnet, die sich aus einzelnen Handlungssequenzen zusammensetzen und situationsspezifisch abrufbar sind. In Abgrenzung dazu wird der Begriff *Lernstile* benutzt, um überdauernde Tendenzen von Personen zu kennzeichnen, bestimmte Lernstrategien stärker und andere weniger stark zu präferieren (Friedrich & Mandl, 1992). In der heutigen Zeit, in der auf die einzelne Person immer mehr Informationen einströmen, kommt dem Einsatz effektiver Lernstrategien eine immer wichtigere Bedeutung zu.

In der folgenden Auflistung werden zur Veranschaulichung einige Lernstrategien dargestellt:

- Sinn und Bedeutung in das zu lernende Material geben,
- das Lernmaterial organisieren und strukturieren,
- Querverbindungen zu bereits Bekanntem herstellen,
- Vorstellungsbilder erzeugen,
- sich für das Lernmaterial motivieren.

Das letzte Beispiel (sich motivieren) spielt beim Lernen eine sehr wichtige Rolle; es wird daher weiter unten in diesem Kapitel ausführlicher dargestellt. Hier sollen aber ein paar kurze Hinweise gegeben werden, wie wir unsere Lernmotivation verbessern können:

- Erfolgserlebnisse verschaffen,
- Lernerfolg vor Augen führen,
- sich belohnen,
- sich nicht in Versuchung führen (Ablenkungen vermeiden),
- die Lernumgebung attraktiv gestalten,
- die Lerninhalte attraktiv machen,
- Lernpartner suchen.

Lernstrategien lassen sich unterschiedlich einteilen. Friedrich und Mandl (1992) haben eine Taxonomie von Lernstrategien in drei Strategieklassen vorgeschlagen. Hier werden zu jeder Strategieklasse einige Substrategien aufgelistet:

Informationsverarbeitungsstrategien
Sie dienen der unmittelbaren Informationsaufnahme, -verarbeitung und -speicherung und werden auch als *kognitive Lernstrategien* bezeichnet. Die damit verbundenen Lernaktivitäten lassen sich folgenden Bereichen zuordnen: Organisieren, Elaborieren, kritisches Prüfen und Einprägen durch Wiederholen.

Kontrollstrategien
Sie führen eine interne Erfolgskontrolle der eigenen Lernschritte durch und werden auch als *metakognitive Lernstrategien* bezeichnet. Hierzu zählen Planungs-, Überwachungs- und Regulierungsstrategien.

Stützstrategien
Kognitive und metakognitive Lernstrategien werden auch *Primärstrategien* genannt. Stützstrategien werden dagegen als *Sekundär-* oder *ressourcenbezogene Strategien* bezeichnet. Sie zielen auf eine Optimierung innerer und äußerer Ressourcen ab. Dazu zählen Anstrengung, Aufmerksamkeit, Zeitmanagement, Gestaltung der Lernumgebung, Nutzung zusätzlicher Informationsquellen, kooperatives Lernen.

Betrachten wir die vielen unterschiedlichen Strategien des Lernens, so zeigt sich, dass wir Informationen dann besonders gut verstehen und behalten, wenn sie für uns eine große Bedeutung haben. Ist dies nicht der Fall und wir wollen dennoch den Stoff lernen, so besteht eine Strategie darin, dem Lernstoff Bedeutung zu geben. Dies läuft auch auf Selbstmotivierung hinaus, indem wir versuchen uns vor Augen zu führen, wie interessant und wichtig die zu lernenden Informationen für uns sind oder wie schön der Prozess des Lernens an sich ist, etc.
Ein weiterer zentraler Punkt kognitiven Lernens betrifft die sog. *Tiefenverarbeitung*, die auch als *Assimilation* oder *Ankerbildung* bezeichnet wird: Neue Informationen werden dann besonders gut gelernt, wenn wir sie mit Vorwissen in Verbindung bringen, d.h. wenn wir die neuen Informationen an viele unterschiedliche Konzepte, die in unserem Wissen schon vorhanden sind, anknüpfen. Vertiefende Informationen finden sich z.B. im *Handbuch Lernstrategien* von Mandl und Friedrich (2006).

4.4 Repräsentation von Wissen

In diesem Zusammenhang ist noch ein weiterer Begriff aus der Lernpsychologie von Relevanz: die *Repräsentation* (vgl. Edelmann, 2000). Wissen (Informationen, Konzepte, Begriffe etc. und deren Verbindung miteinander) lässt sich unterschiedlich darstellen. Differenziert werden die sprachliche, die analoge, die handlungsmäßige und die multiple Repräsentation. Die Art der Repräsentation gibt uns Auskunft darüber, wie das Wissen gespeichert und organisiert ist. Das Wissen darüber hilft uns wiederum, den Lernprozess zu verstehen und zu optimieren.

Sprachliche Repräsentation

Die sprachliche Repräsentation wird auch als bedeutungsbezogene oder aussagenartige Repräsentation von Wissen bezeichnet. Hier werden Bedeutungen in Form von Konzepten, Begriffen, Propositionen (Bedeutungseinheiten) sprachlich-symbolisch abstrakt gespeichert. Bei der sprachlichen Repräsentation ist das Wissen hierarchisch geordnet, z.B. in Form von Begriffshierarchien. Schauen wir uns zur Veranschaulichung einer solchen Hierarchie den Begriff der Partnerschaft an.
Person A hat Partnerschaft folgendermaßen aussagenartig repräsentiert:

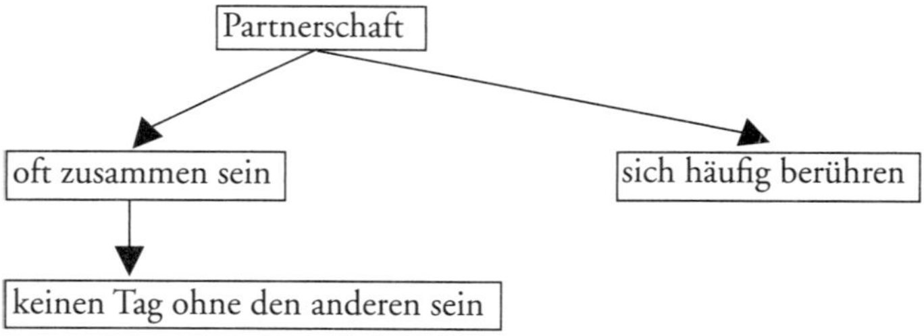

Diese subjektive Repräsentation, die Person A im Laufe ihres Lebens gelernt hat, beeinflusst das Erleben und Verhalten dieser Person.

Analoge Repräsentation

Die analoge Repräsentation wird auch als wahrnehmungsbasierte Wissensrepräsentation bezeichnet. Hier dienen konkrete, anschauliche Vorstellungsbilder zur Informationsdarstellung bzw. zur Wissensablage. Ein Beispiel für eine analoge Repräsentation ist Freuds Vorstellung vom Menschen analog zu einem Eisberg: die Eisberg-Metapher (s. Kapitel Beratung). Auch konkrete Bilder oder Piktogramme wie z.B. ein Herz, das von einem Pfeil durchbohrt wird, stellen eine Form der analogen Repräsentation dar. Das Bild steht für eine Information, die in unserer Kultur sofort verstanden wird. Die Entwicklung neuer Medien bringt es mit sich, dass immer mehr Wissen analog repräsentiert wird. Unser Gedächtnis kann Bilder besonders gut speichern; daher ist es sinnvoll, diese Art der Repräsentation schon beim Lernen aktiv zu nutzen, z.B. durch das Anfertigen von Strukturbildern, Schautafeln oder Mind-Maps.

Handlungsmäßige Repräsentation
Bei der handlungsmäßigen Repräsentation wird das Gelernte als Erfahrung gespeichert. Wir haben durch unmittelbare Auseinandersetzung mit der Welt ein Wissen erworben, das handlungsmäßig in unserem Gehirn gespeichert ist. Dabei kann es sich einerseits um motorische Fertigkeiten, wie Balancieren, Schwimmen, einen bestimmten Tanz oder den Bewegungsablauf beim Korbleger im Basketball handeln. Andererseits ist damit auch allgemein der Erwerb von Sachwissen durch aktiven Umgang mit den Dingen der Außenwelt gemeint. Beim Anwenden eines neuen Computerprogramms ist es oft einfacher, gemeinsam mit einer Person, die das Programm gut kennt, das neue Programm auszuprobieren. Demgegenüber wäre eine ausführliche Einarbeitung in die Bedienungsanleitung (sprachliche Repräsentation) deutlich aufwändiger.

Multiple Repräsentation
Bei der multiplen Repräsentation ist das Wissen auf mehrere dieser drei Arten gespeichert. Wie wir an den o.g. Beispielen schon sahen, kann Wissen in aller Regel sowohl sprachlich als auch analog und handlungsmäßig repräsentiert werden. Wenn wir Informationen multipel repräsentiert haben, behalten wir sie besser und können sie leichter anwenden und an andere weitervermitteln. Ein Tänzer, der sehr gut tanzen kann, wird erst dadurch zu einem guten Tanzlehrer, dass er sein Können nicht nur handlungsmäßig, sondern auch aussagenartig und analog repräsentiert hat. Nur dann kann er seinen Schülern die nötige Information auch erklären und veranschaulichen. Wir können generell unsere Gedächtnisleistung dadurch erhöhen, dass wir das Gelernte möglichst multipel repräsentiert abspeichern. So sollten wir uns z.B. historische Fakten nicht nur durch automatisiertes Auswendiglernen von Jahreszahlen aneignen, sondern die geschichtlichen Ereignisse selbst in Worte fassen, sie uns in Form von Bildern und Filmsequenzen vorstellen und im Idealfall zusätzlich solche Ereignisse nachspielen.

4.5 Problemlösen

Problemlösen ist ein Sonderfall planvollen Handelns. Dabei wird ein Problem als Ist-Soll-Zustands-Differenz definiert: Ein als unangenehm bewerteter Ist-Zustand soll in einen erstrebenswerten Soll- oder Ziel-Zustand transformiert werden. Barrieren, die den Transfer blockieren, können durch bestimmte Operatoren überwunden werden. Abhängig davon, ob die Größen des Problemraums (Ist-Zustand, Soll-Zustand, Barrieren) klar, vage oder unbekannt sind, können verschiedene Problemtypen unterschieden werden (vgl. Dörner, 1979). Warum Menschen nicht immer optimal an Probleme herangehen und welche typischen Fehler sie dabei begehen, beschreibt Dörner in dem lesenswerten Buch *Die Logik des Misslingens* (1993).

Wissens- und Problemlösestruktur
Zur Beschreibung des Problemlösevorgangs werden in der kognitiven Struktur die *Wissensstruktur* und die *Problemlösestruktur* unterschieden. Die Wissensstruktur wird auch *epistemische Struktur* genannt; sie setzt sich aus Begriffen und Regeln zusammen. Das Denken in dieser Struktur ist reproduktiv und dient dem Abarbeiten von Aufgaben. Die Problemlösestruktur wird auch *heuristische Struktur* genannt; sie besteht aus Problemlöseverfahren (Heurismen). Das Denken in dieser Struktur ist produktiv und dient der Lösung von Problemen.

Formen des problemlösenden Denkens
Beim Problemlösen lassen sich verschiedene Formen unterscheiden (vgl. Edelmann, 2000):
Beim Problemlösen durch *Versuch und Irrtum* probieren wir aus und kommen dadurch evtl. dem Ziel näher. Besonders bei unübersichtlichen Problemsituationen, bei denen wir keinen Überblick über die Situation gewinnen und in der wir keine ausgefeilten Pläne zur Lösung entwickeln können, ist diese Form des Problemlösens indiziert.
Beim Problemlösen durch *Umstrukturieren* versuchen wir, die gesamte Problemsituation auf eine neue, andersartige Weise wahrzunehmen. Wir versuchen, die Elemente der Problemsituation in neuen Zusammenhängen zu sehen. Dadurch erhält die Situation einen anderen Charakter. Sowohl in Situationen mit vielen verschiedenen Aspekten als auch in Situationen, in denen wir durch unsere eingefahrene Betrachtung an der Lösung des Problems gehindert sind, kann diese Form des Problemlösens erfolgreich sein. Typisch für solche Situationen ist das Gefühl, „den Wald vor lauter Bäumen nicht mehr zu sehen". Erst eine neue Sicht auf das Problem, eine Umbewertung der Situation, ermöglicht uns den Blick auf die Lösung. In der Psychotherapie sprechen wir hier von Reframing: Das geschilderte Problem wird in einem anderen Rahmen gesehen. So werden z.B. Schulprobleme eines Schülers nicht mehr als individuelles Lernproblem definiert, sondern wir sehen Zusammenhänge zwischen den Lernproblemen und familiären Problemen (die Eltern haben keine Zeit für das Kind, die Familie als Ganzes kommt zu kurz). Evtl. führt erst diese neue Sichtweise der Lernprobleme zu einer Lösung.
Beim Problemlösen durch *Strategieanwendung* haben wir einen relativ guten Plan der Problemsituation. Dadurch können wir durch gezielten Einsatz von Strategien das Problem lösen.
Das Problemlösen durch *Kreativität* setzt Wissen über das Problem und Erfahrung im Umgang mit Problemen voraus. Die kreative Problemlösung erfolgt häufig nach einer Phase der heuristischen Regression (Rückfall auf eine frühere Entwicklungsstufe), in der das Problem mit scheinbar kindlicher Mentalität aufgegriffen und bearbeitet wird.

Problemlösen durch *Systemdenken* ist dann notwendig, wenn sich die Problemsituation durch Komplexität, Vernetztheit, teilweise Intransparenz und Eigendynamik auszeichnet; der Zielzustand ist offen bzw. es existieren mehrere Ziele, die sich u.U. widersprechen. Ein aktuelles Beispiel dafür ist das Problem des Klimawandels, das nicht mit einfachen Rezepten gelöst werden kann. Vielmehr erkennen wir immer mehr, wie kleine Veränderungen an einer Stelle zu unvorhergesehenen Konsequenzen in anderen Bereichen führen. Der Mensch ist als evolutionäres Wesen bei der Bewältigung solcher Probleme noch relativ unerfahren. Meist neigen wir dazu, die unmittelbar vor uns liegenden Probleme wahrzunehmen und zu lösen und denken dabei in linearen Ursache-Wirkungszusammenhängen (Dörner, 1993); doch dabei werden Neben- und Fernwirkungen häufig vernachlässigt. Diese Orientierung an kurzfristigen Konsequenzen unseres Handelns kann dazu führen, dass der Versuch der Problemlösung die Situation noch verschlimmert: Wer bei Problemen in der Partnerschaft in die Kneipe läuft und Alkohol trinkt, ist zwar kurzfristig der unangenehmen Situation entronnen; langfristig wird diese Form der Problemlösung jedoch die Partnerschaftsprobleme verstärken. Wer in einem Land, das unter Wassermangel leidet, auf die Idee kommt, einfach mehr Brunnen zu bauen, löst zwar kurzfristig die Wasserknappheit, auf längere Sicht besteht jedoch die Gefahr, dass der Grundwasserspiegel sinkt und die Trockenheit noch bedrohlicher wird (vgl. Dörner, 1993).

4.6 Lernen lernen

Um komplexe Probleme zu lösen, müssen wir uns unseres Denkens, seiner Stärken und seiner Schwächen bewusst werden. Beim Lernen lernen wird der Lernprozess selbst zum Gegenstand unserer Aufmerksamkeit: Wie können wir den Lernprozess so gestalten, dass er optimal verläuft? Wie können wir am besten Informationen aufnehmen, verstehen, behalten und in relevanten Situationen wiedergeben? Beim Lernen lernen wird versucht, die Vielzahl psychologischer Theorien des Lernens im Alltag fruchtbar anzuwenden. Das gesamte Kapitel *Lernen und Motivation* versucht genau dies: den Leserinnen und Lesern das Lernen lernen näher zu bringen und mit Leben zu füllen. In verschiedenen Büchern werden einzelne Strategien des Lernens für unterschiedliche Berufs- und Personengruppen erläutert. Ein Beispiel hierfür ist das Buch *Rationeller Lernen lernen* von Schräder-Naef (2003) oder das Buch *Erfolgreich Lernen* von Hofmann und Löhle (2012). Inhaltlich geht es beim Lernen lernen um Grundlagen des Lernens, innere und äußere Voraussetzungen des Lernens sowie die Darstellung und Übung verschiedener Lernstrategien für unterschiedliche Lernsituationen (z.B. Verstehen, Textlernen, Vortrag hören). Da wir heute sehr viel über Texte lernen, soll das Textlernen hier vertieft werden. Es gibt verschiedene Techniken, die sich mit dem Lernen von Texten befassen. Verbreitet sind z.B. die SQ3R- und die PQ4R-Technik. Die Buchstaben beziehen sich auf die verschiedenen Arbeitsschritte, die bei der Anwendung dieser Technik durchgeführt werden. Bei der SQ3R-Technik sind dies survey, question, read, recite und review: Um einen Text inhaltlich gut zu erfassen, sollen wir uns einen Überblick verschaffen, eigene Fragen an den Text stellen, lesen, den Inhalt wiedergeben und an Hand unserer Fragen den Text zusammenfassen. Bei der PQ4R-Technik geht es um preview, question, read, reflect, recite und repeat: Wir sollen den Text zunächst vorprüfen, d.h. uns die Klappentexte (beim Buch), die Gliederung und das Literaturverzeichnis anschauen und evtl. das Buch durchblättern und überfliegen. Nach dieser Vorprüfung stellen wir Fragen an den Text, lesen, reflektieren das Gelesene, geben es wieder (evtl. mit Skizzen oder Notizen) und fassen rückblickend alles zusammen. Wichtig bei den meisten dieser Techniken ist die Beherrschung der Technik. Meist benötigen wir zunächst etwas Zeit, um eine Lerntechnik zu lernen, bevor wir sie dann gewinnbringend anwenden können. Daher ist es sinnvoll, sich möglichst früh im Leben mit Lerntechniken vertraut zu machen!

Gemeinsam ist den verschiedenen Techniken das Wirkprinzip der Tiefenverarbeitung, der Elaboration und Assimilation, also der inhaltlichen Durchdringung des Lernstoffs. Auch wenn dieser relativ bedeutungs- oder zusammenhangslos ist, besteht die Lerntechnik in einer elaborativen Verarbeitung: Das zu lernende Material wird mittels zusätzlicher Information mit Sinn und Bedeutung angereichert (assimiliert). So fügen wir beim Namenlernen einem schwer zu merkenden Namen ein intensives Bild hinzu (Herrn Tschirschwitz bspw. stellen wir uns in der Phantasie als Tier vor, welches stark schwitzt, Herrn Becker als Bäcker mit einer riesigen Kochmütze auf dem Kopf). Den Prozess des Lernens isolierter Informationen – z.B. Begriffe auf einer Einkaufsliste – erleichtern wir uns, indem wir die einzelnen Gegenstände in einer möglichst verrückten (das behält unser Gehirn leichter) Geschichte miteinander verbinden (assimilieren). Oder wir stellen uns einen Weg vor, an dem wir die zu lernenden Gegenstände an bestimmten Stellen ablegen. Später, beim Abruf der Lernliste, gehen wir im Geiste den Weg entlang und schauen an den Stellen nach (Loci-Methode von lat. locus: der Ort).

Eine andere wichtige Lernhilfe, die von Lehrenden genutzt werden kann, besteht in der Präsentation einführender Strukturierungshilfen (*advance organizer* sensu Ausubel, 1968). Dabei werden vor dem eigentlichen Lernen die zentralen Aspekte schon einmal erwähnt und die neuen, folgenden Lerninhalte kurz inhaltlich vorgestellt. Die lernende Person erfährt dadurch die zentralen Regeln und Fakten, die für den neuen Lernstoff Voraussetzung sind und kann sich durch die einleitende Gliederung ein Bild davon machen, was nun an neuem Lernstoff auf sie zukommt und sich darauf einstellen. *Advance organizer* sind somit das Gegenteil von einem strategielosen Einfach-Drauflosleren. Da sie beim Lernen eine sehr wertvolle Hilfe darstellen, haben wir in diesem Buch in Selbstanwendung allen Kapiteln jeweils einen solchen Einleitungstext als advance organizer vorangestellt.

Durch die Anwendung solcher Lerntechniken erhöhen wir den Elaborationsgrad, d.h. das Ausmaß an Verknüpfung des zu lernenden Materials. Dieser Elaborationsgrad erklärt auch, warum wir uns Dinge leichter merken, die für unser eigenes Leben einschneidend oder wichtig sind (*Selbstreferenzeffekt*): Fakten und Ereignisse, denen wir subjektiv eine große Bedeutung zuordnen, sind in unserem kognitiven System eng mit vielen anderen wichtigen Begriffen, Konzepten und anderen kognitiven Teilstrukturen verbunden. Es gibt daher viele verschiedene Anknüpfungs- und Abrufmöglichkeiten, u.a. auch Emotionen.

4.7 Kognition und Emotion – Beispiel Stressbewältigung

Das Verhältnis von Kognition und Emotion (Gefühl) wird in der Wissenschaft – entgegen dem alltagssprachlichen Denken – nicht dichotomisiert konzeptualisiert; Emotionen und Kognitionen beeinflussen sich wechselseitig. Kognitive Emotionstheorien legen nahe, dass Gefühle ein Resultat interner Verarbeitungsprozesse sind. Dabei spielen beide Seiten eine wichtige Rolle. Unsere Gefühle beeinflussen die Art und Weise der Informationsverarbeitung (z.B. beim zustands-abhängigen Erinnern; s. o.): Wenn wir uns glücklich fühlen, erkennen wir in unserem Leben viele positive Aspekte, Probleme erscheinen kleiner und lösbarer, als wenn wir uns schlecht fühlen. Umgekehrt beeinflussen unsere Kognitionen auch unsere Gefühle: Wenn wir eine Situation als interessant, spannend, schön interpretieren, fühlen wir uns dort eher wohl, als wenn wir die gleiche Situation als überfordernd, bedrohlich etc. interpretieren. Die Art, wie wir denken, beeinflusst also auch unsere Emotionen. Diese Einflussmöglichkeit über die Veränderung unserer Kognitionen wird z.B. bei der Depressionsbehandlung erfolgreich genutzt (s. Kapitel *Beratung*). Wollen wir eine umfassende Betrachtung unserer inneren Situation vornehmen, so sollten wir also immer Emotionen und Kognitionen berücksichtigen.
In der Theorie von Lazarus und Mitarbeitern (z.B. Lazarus & Folkman, 1984), die man auch als *kognitive Stresstheorie* bezeichnet, wird dieser enge Zusammenhang von Emotion und Kognition betont und für die Stressbewältigungspraxis genutzt. Das Modell geht davon aus, dass wir in neuen Situationen zwei zentrale Bewertungsprozesse vornehmen: Zunächst bewerten wir, ob die Situation für uns bedrohlich oder gefährlich ist (*primäre Bewertung*). Für den Fall, dass wir diese Frage mit *Ja* beantworten, kommt es zu einer zweiten Bewertung, bei der wir danach fragen, ob wir auf geeignete Bewältigungsmöglichkeiten zugreifen können, um mit der Bedrohung umzugehen (*sekundäre Bewertung*). Kommen wir bei dieser zweiten Bewertung zum Schluss, dass uns geeignete Bewältigungsstrategien fehlen, dann entstehen negative Gefühle und Stress. Dieses Modell liegt den meisten Trainingsprogrammen zur Stressbewältigung zu Grunde und es zeigt deutlich, wie kognitive Prozesse (Bewertungen) zu emotionalen Konsequenzen (Angst, Stress, etc.) führen (vgl. Schaarschmidt & Kieschke, 2013; Vogel, Worringen, Wagner & Schäfer, 2000; Wagner & Vogel, 1996).

4.8 Subjektive Theorien und Menschenbilder

Eine besondere Form von Kognitionen sind subjektive Theorien. Sie stellen eine komplexe individuelle Sichtweise zu einem Thema dar und werden definiert als „Aggregat (aktualisierbarer) Kognitionen der Selbst- und Weltsicht mit zumindest impliziter Argumentationsstruktur, die eine (zumindest partielle) Explikation bzw. Rekonstruktion dieses Aggregats in Parallelität zur Struktur wissenschaftlicher Theorien erlaubt." (Groeben & Scheele, 1982, S. 16). Ein Forschungsansatz, der sich speziell der Erforschung subjektiver Theorien widmet, ist das Forschungsprogramm Subjektive Theorien (Groeben & Scheele, 2010; Groeben, Wahl, Schlee & Scheele, 1988). In diesem Forschungsansatz werden jene individuellen Kognitionsstrukturen untersucht, die ähnlich wie wissenschaftliche Theorien aufgebaut sind und auch vergleichbare Funktionen erfüllen: sich die Welt zu erklären, Ereignisse vorherzusagen und Anleitungen zum eigenen Handeln zu bieten. Wenn wir durch Lernen subjektive Theorien entwickeln bzw. unsere bestehenden subjektiven Theorien verändern, dann haben wir es mit einem weit komplexeren Geschehen zu tun als einem einfachen Lernen von Begriffen oder Konzepten. Da subjektive Theorien zunächst etwas sehr Individuelles sind, erfordert ihre wissenschaftliche Untersuchung ein besonderes methodisches Vorgehen, welches qualitative und quantitative Vorgehensweisen integriert (vgl. Groeben et al., 1988). Zur Veranschaulichung wird im Folgenden ein Teil des Strukturbildes einer subjektiven Theorie dargestellt (s. Abb. 1). Es handelt sich um einen Ausschnitt aus der subjektiven Theorie einer Lehrerin zur Unterrichtsgestaltung, von der hier der Bereich *Unterrichtseinstieg* dargestellt ist (Wagner & Sosnowsky, 2007).

Dieser Teil der subjektiven Theorie gibt Auskunft darüber, was die Lehrerin über den Unterrichtseinstieg denkt. Zusammenfassend lässt sich dies folgendermaßen beschreiben: Der Unterrichtseinstieg ist eine Unterkategorie der gesamten Unterrichtssteuerung. Dazu führt die Lehrerin eine bevorzugte Methode durch (entweder problemorientiert oder Agenda oder Wiederholungseinheit). Als Beispiele für die bevorzugte Methode Wiederholungseinheit führt die Lehrerin Partnerarbeit, Frontalunterricht, Abfragen oder Spielen auf. Diese vier Arten der Wiederholung führen nach Meinung der Lehrerin dazu, dass Interesse geweckt und gleichzeitig die Aufmerksamkeit auf das Thema gelenkt wird. Dies wiederum hat zur Folge, dass die Schüler bereitwillig sind und Informationen über das Thema erhalten. Ist dies erreicht, führt die Lehrerin im Unterrichtsverlauf eine Zwischenbilanz durch. Zur ausführlichen Darstellung subjektiver Theorien zur Unterrichtsgestaltung s. Wagner (2014).

Wenn wir subjektive Theorien als Forschungsgegenstand wählen, so gehen wir von einem Menschenbild aus, welches im Gegensatz zum behavioristischen Black-Box-Modell steht. Groeben und Scheele haben ein solches *epistemologisches Subjektmodell* expliziert. Dabei werden die Reflexions-, Sprach-, die Kommunikations- und die Handlungsfähigkeit des Menschen hervorgehoben (Groeben & Scheele, 1977).

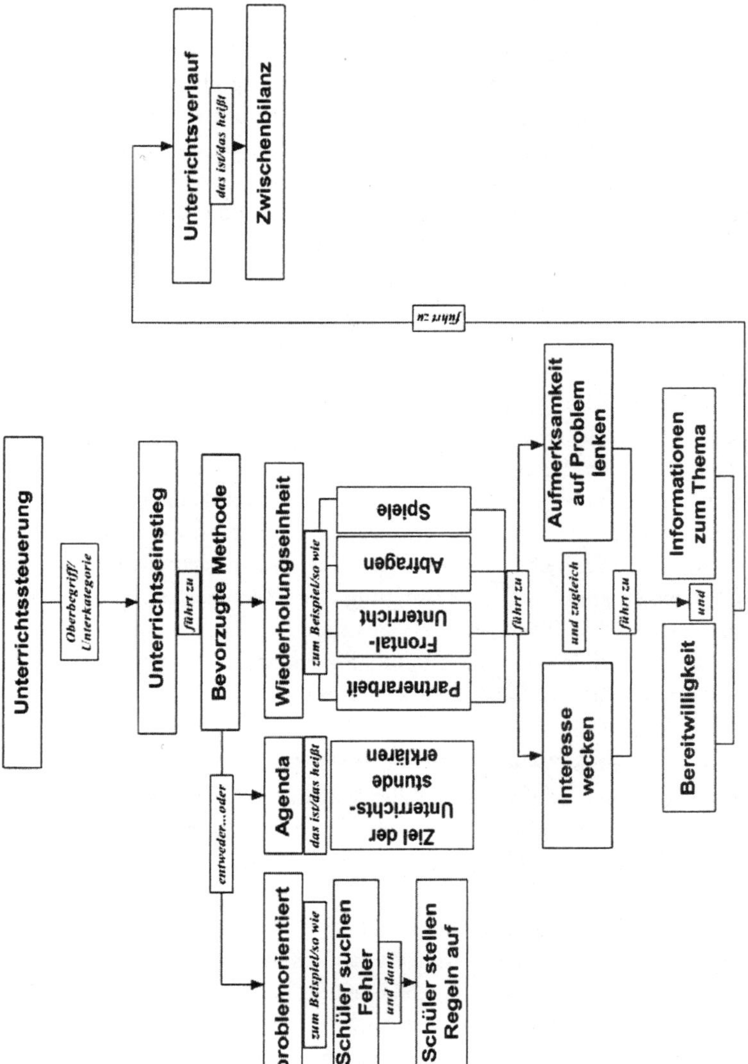

Abbildung 1: Strukturbild einer subjektiven Theorie zur Unterrichtsgestaltung

Aber auch bei diesem (positiven) Menschenbild muss der Geltungsbereich berücksichtigt werden: Unter der Bedingung, dass unsere Aktivitäten bewusst oder zumindest bewusstseinsnah gesteuert werden, können wir dieses Menschenbild nutzen. Wir wissen jedoch, dass es Bereiche gibt, in denen unser Erleben und Verhalten nicht überlegt und rational, sondern evtl. sogar für uns selbst unverständlich ist, z.B. wenn wir uns von starken Gefühlen wie Hass oder abhängiger Liebe lenken lassen. Für diese Bereiche menschlicher Aktivität haben wir schon die Prinzipien der Konditionierungstheorien kennengelernt. Eine andere, dritte Gruppe von Theorien beschreibt menschliches Verhalten als zwar innengesteuert, jedoch nicht im Sinne einer bewussten, rationalen Kontrolle: Gemeinsames Merkmal dieser Gruppe von Theorien ist die Vorstellung, dass unser menschliches Verhalten vor allem durch unbewusste Motive gesteuert ist. Paradigmatisches Beispiel dafür ist die Psychoanalyse, mit der Vorstellung, dass der Mensch ein Objekt seiner unbewussten Triebe ist. Eine andere wichtige Theoriengruppe, die auch diesem Erklärungsbereich zuzuordnen ist, stellen sozialpsychologische und motivationspsychologische Theorien dar. Sie erklären, wie wir als Menschen mit den teilweise extremen Irrationalitäten des Lebens umgehen: z.B. mit der Tatsache, dass jeden Tag mehrere tausend Menschen an Hunger sterben, während andere so viel Reichtum besitzen, dass sie an einem Tag mehr Gewinn machen, als andere Menschen in ihrem ganzen Leben erarbeiten können. Die Bewältigung dieser Gegensätze erklärt uns teilweise die Sozialpsychologie. Theorien zur Motivation stellen ebenfalls unbewusste Strebungen in ihren Aufmerksamkeitsfokus. Sie erklären, wie menschliche Aktivität durch unsere Bedürfnisse beeinflusst wird (s.u.).

4.9 Zentrale Aussagen zum kognitiven Lernen

- Kognitives Lernen ist ein individueller Vorgang, der mit Strukturierungsprozessen einhergeht! Daher sollte eine sensible Anpassung pädagogisch-psychologischer Förderungsmaßnahmen an die Bedürfnisse und Voraussetzungen der Lernenden erfolgen.
- Lernen gelingt umso besser, je höher wir das Gelernte organisieren. Zusammenhangslose Fakten, isolierte Wissenselemente vergessen wir schnell, Informationen, die wir in eine Wissenshierarchie einflechten können, werden leichter gelernt und besser behalten.
- Tiefenverarbeitung, Elaboration und Assimilation fördern Verstehen, Behalten und Strukturierung. Je besser wir neue Informationen in unserer bestehenden, kognitiven Struktur verankern können, d.h. je höher die Assimilation, desto besser behalten wir das neue Wissen. Verarbeitungstiefe (Assimilation) und Bedeutungsgehalt des Lernmaterials erhöhen unsere Gedächtnisleistung.
- Lernen sollte mit unterschiedlichen Sinnen erfolgen, so dass das Gelernte im Gehirn multipel repräsentiert wird.
- Vom Lernenden werden jene kognitiven Strategien übernommen, die sich in der

Praxis bewährt haben. Wir müssen also Lernstrategien einüben und beherrschen, bevor wir sie in einer neuen Lernsituation anwenden können.

- Forschendes Lernen (Fragen stellen, Hypothesen bilden, Versuche konzipieren und durchführen) erfüllt – als regulative Zielidee pädagogisch-psychologischer Bemühungen – viele Anforderungen psychologischer Lerntheorien.

5. Zusammenführung

Wie gehen wir nun mit unserem Wissen über Lerntheorien um? Lange Zeit dachte man auch in der Psychologie und ihren Anwendungsfächern, wie z.B. der Pädagogischen Psychologie oder der Psychotherapie und Beratung, man müsse sich auf ein Paradigma festlegen. Hier wird ein Integrationsmodell vorgestellt, welches statt eines Entweder-oder zu einem Sowohl-als-auch verschiedener Betrachtungsweisen und damit zu einem integrativen Vorgehen in der Praxis führt (vgl. Wagner, 2004). Erläutert wird dies am Beispiel der Angst: Phobische Ängste können durch Konditionierungstheorien beschrieben, erklärt und erfolgreich behandelt werden. Dennoch gibt es auch plausible kognitive Ansätze. Und tatsächlich zeigt sich in der psychotherapeutischen Behandlung von Ängsten, dass erfolgreiche Behandlungen parallel auf verschiedene Lerntheorien zurückgreifen (z.B. Halsch & Wagner, 2003; Wagner 2010). Die alleinige Anwendung von Konfrontation würde oftmals nicht den Erfolg bringen, den eine Konfrontation mit ausführlicher kognitiver Vorbereitung für den Patienten bietet. Viele Klienten wären ohne eine eingehende kognitive Beratung gar nicht bereit, ein solches, relativ hartes therapeutisches Vorgehen zu akzeptieren. Ein anderes Beispiel stammt aus dem kognitiven Bereich: Sprachverstehen ist, wie die Bezeichnungen *Begriffsbildung* und *Wissenserwerb* schon deutlich machen, ein Phänomen, welches primär kognitiv erklärt werden kann (s.o.). Begriffe weisen eine konnotative (emotionale) und eine denotative (sachliche) Bedeutung auf. Wir alle kennen unzählige Begriffe, die für uns persönlich eine starke emotionale Färbung besitzen (konnotative Bedeutung). Dies kann zum einen durch kognitive Ansätze erklärt werden: Wir haben durch unser Handeln in der Welt Erfahrungen gemacht, die nachvollziehbar in die Bewertung des Begriffes einfließen. So können wir die positive Tönung des Wortes Vanilleeis evtl. damit erklären, dass wir schon häufig Vanilleeis zu uns genommen haben und daher das Wissen (Kognition) haben, dass es sich hierbei um etwas Angenehmes handelt. Wenn nun jedoch ein ähnlicher Begriff für etwas ganz anderes verwandt wird (nehmen wir z.B. an, ein neues Auto wird von einer Autofirma unter dem Namen Vanille verkauft), so würden wir mit hoher Wahrscheinlichkeit die positive Assoziation, die wir zu Vanilleeis aufgebaut haben, zumindest kurzfristig auch dem neuen Auto entgegenbringen. Diese Assoziation ist mit Hilfe behavioristischer Konditionierungstheorien zu erklären, welche auch als assoziative Lernprinzipien bezeichnet werden: Der

Begriff löst in uns eine positive Bewertung aus. Zu dieser Verbindung kommt nun ein neutrales Produkt (Auto), welches durch Kontiguität die positive Bewertung erhält. Durchschauen wir diesen Werbetrick und kommt uns der Gedanke „Ich will mich nicht von der Werbung lenken lassen", so können wir versuchen, mit Hilfe unserer Kognitionen (Bewertungen, Überzeugungen, Weltbild etc.) die Wirkung des Konditionierungslernens bewusst aufzuheben und sogar ins Gegenteil verkehren. Voraussetzung für ein solches, selbstbestimmtes Lernen ist jedoch die Kenntnis von und das Wissen über Lerntheorien. Wir sollten uns somit bei der Anwendung psychologischer Lerntheorien im Alltag nicht auf eine einzige Theorie beschränken, wenn wir menschliches Verhalten verstehen oder gar ändern wollen, sondern uns immer die Beiträge der verschiedenen Theorien anschauen und je nach Bedeutung in unterschiedlichem Ausmaß berücksichtigen.

6. Motivation

Der Begriff Motivation leitet sich von dem lateinischen Verb *movere* (bewegen) ab und bezeichnet eine angenommene Ursache unserer Aktivität. Er macht Angaben über Beweggründe, die hinter einem äußeren Verhalten liegen. Während man umgangssprachlich davon spricht, dass z.B. ein Schüler motiviert oder nicht motiviert ist, unterscheidet man in der Wissenschaft verschiedene Arten der Motivation. Hier findet man z.B. Aussagen wie: „Die Schülerin hat eine hohe Leistungsmotivation" oder „Das Verhalten des Schülers ist intrinsisch motiviert". Motivation wird definiert als aktivierende Ausrichtung des momentanen Lebensvollzugs auf einen positiv bewerteten Zielzustand (Rheinberg, 2008). Während Motive als relativ stabile Dispositionen angesehen werden, bildet sich die Motivation eines Menschen als Resultat einer Wechselwirkung zwischen den Motiven einer Person und den Gegebenheiten der Umwelt. Verschiedene Motive wurden wissenschaftlich untersucht (vgl. Gerrig & Zimbardo, 2008, S. 413ff.). Zu nennen sind hier insbesondere die Nahrungsaufnahme, das Machtmotiv, das Sexualverhalten, das Anschlussmotiv, die Neugiermotivation oder die Leistungsmotivation. Letzte spielt im Rahmen der Pädagogischen Psychologie eine wichtige Rolle (Wagner, 2012). Leistungsmotivation bezeichnet den Wunsch, Erfolge zu erzielen, Misserfolge zu vermeiden und etwas zu leisten. Zwischen der Höhe der Leistungsmotivation und Schulleistungen finden sich positive, aber relativ niedrige Zusammenhänge (Schiefele, 2009; Wild, Hofer & Pekrun, 2006). Dies hängt damit zusammen, dass auf schulische Leistungen auch viele andere Variablen, wie z.B. Leistungseinstellungen im Elternhaus, der wahrgenommene Leistungsdruck durch Klassenarbeiten, das Klima in der Klasse oder die individuellen Lebensziele der Schüler einen wichtigen Einfluss ausüben. Die Lernmotivation von Schülern wird mit zunehmender Klassenstufe geringer. Diese negative Korrelation ist auch auf internationaler Ebene zu beobachten (vgl. Anderman & Maehr, 1994; Fend, 1997). Ansätze zur Förderung der Lernmotivation lassen sich den drei Bereichen Motivationsförderung mit Schülern, Motivationsförderung durch Lehrertrainings und Motivationsförderung durch Organisationsentwicklung in Schulen zuordnen (vgl. Wild, Hofer & Pekrun, 2006).

6.1 Bedürfnispyramide von Maslow

Maslow (1970) hat ein Modell entwickelt, in dem er verschiedene Motive in eine Rangordnung brachte. In dieser sog. Bedürfnispyramide stehen die verschiedenen menschlichen Bedürfnisse so miteinander in Beziehung, dass Motive der unteren Hierarchieebene (z.B. biologische Bedürfnisse) zunächst befriedigt werden müssen, damit im Individuum höhere Motive (z.B. Selbstverwirklichung) bedeutsam werden. Die Bedürfnishierarchie setzt sich aus acht Stufen zusammen, wobei die Erfüllung der Bedürfnisse der jeweils unteren Stufe Voraussetzung dafür ist, dass die darüber liegende Bedürfnisstufe wichtig wird (s. Abb. 2).

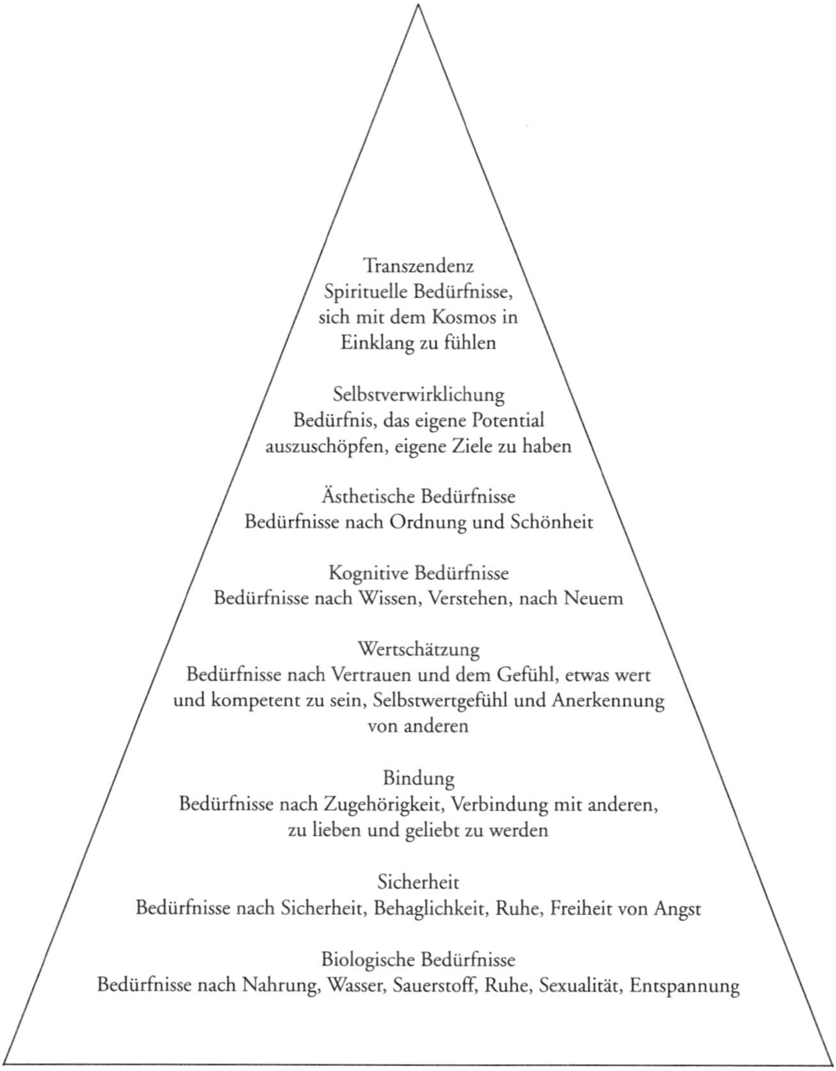

Abbildung 2: Hierarchie der Bedürfnisse nach Maslow (1970)

6.2 Intrinsische und extrinsische Motivation

Eine häufig vorgenommene Unterscheidung ist die in intrinsische und extrinsische Motivation. Wir sprechen von intrinsisch motiviertem Verhalten, wenn eine Person aufgrund eigener (innerer) Wünsche, Gefühle oder Gedanken eine Handlung ausführt. Die Handlung wird um ihrer selbst willen ausgeführt, weil sie als interessant, herausfordernd, spannend etc. erlebt wird. Ein Schüler, dessen großer Wunsch es ist, einmal als Ingenieur zu arbeiten, wird die Hausaufgaben im Unterrichtsfach Physik eher intrinsisch motiviert durchführen. Wird eine Handlung „nur" ausgeführt, um andere, äußere Faktoren zu erhalten, wie z.B. Anerkennung des Lehrers, Geld der Eltern, oder um unangenehme Folgen zu vermeiden, wie z.B. Entzug von Freiheiten, Wiederholen einer Klassenstufe, so sprechen wir von extrinsischer Motivation (oder extrinsisch motiviertem Verhalten). Empirisch findet sich ein positiver Zusammenhang zwischen intrinsischer Motivation und Schulnoten (Schiefele & Schreyer, 1994): Intrinsische Motivation führt zu einer intensiveren, tieferen Verarbeitung des Gelernten. Zunächst wurden beide Motivationsarten als Gegensätze angesehen. So kann sich z.B. eine ursprünglich intrinsische Motivation durch äußere Verstärkung in eine extrinsische Motivation verwandeln: Das Grundschulkind schreibt zunächst mit Begeisterung die neu gelernten Worte aus Freude an der Tätigkeit selbst (intrinsische Lernmotivation). Erhält es jedoch von den Eltern für jede korrekte Schreibweise eine äußere Belohnung (z.B. Geld), so besteht die Gefahr, dass das Kind zukünftig das Schreiben der Worte nur noch wegen der äußeren Belohnung durchführt. Dieser Effekt der übermäßigen Rechtfertigung (overjustification effect) ist auch ein Beispiel dafür, wie durch kognitive Faktoren der Geltungsbereich der Theorie der operanten Konditionierung zu Gunsten kognitiver Theorien eingeschränkt werden muss. In weiteren Arbeiten zeigte sich jedoch, dass intrinsische und extrinsische Motivation nicht als Antagonisten anzusehen sind, sondern sich gegenseitig ergänzen. Dies wird besonders in der Theorie der Selbstbestimmung von Deci und Ryan (1993) deutlich.

Die Selbstbestimmungstheorie der Motivation von Deci und Ryan

In dieser Theorie (Deci & Ryan, 1985) wird die extrinsische Motivation differenziert, was zu einem Kontinuum zwischen intrinsischer und extrinsischer Motivation führt. Die drei zentralen Variablen der Selbstbestimmungstheorie sind dabei:

- das Bedürfnis nach Selbstbestimmung oder Autonomie,
- das Bedürfnis, eigene Kompetenz zu erleben,
- das Bedürfnis nach sozialer Eingebundenheit.

Die Autoren verdeutlichen, wie ein Verhalten, welches zunächst von außen gesteuert wurde, zunehmend verinnerlicht und somit zunehmend selbstbestimmt durchgeführt werden kann (Deci & Ryan, 1993). Dabei gehen sie von einem kontinuierlichen Verlauf der Selbstbestimmung aus:

Wird ein bestimmtes Verhalten von außen kontrolliert, so erlebt die handelnde Person kaum Selbstbestimmung, da ihr Verhalten durch äußeren Druck zustande kommt (*externalisierte Regulation*).
Bei der *internalisierten Regulation* werden drei Stufen unterschieden, die sich durch zunehmende Selbstbestimmung auszeichnen: Auf der Stufe der *introjizierten Regulation* hat die Person die Handlungsziele verinnerlicht (introjiziert); äußerer Druck ist nicht mehr bestimmend. Die Person akzeptiert die Handlungsziele, identifiziert sich jedoch nicht mit ihnen. Dies ist erst auf der folgenden Stufe der *identifizierten Regulation* der Fall. Die Handlungsziele werden hier als eigene Ziele übernommen und als wichtig erachtet; die Person handelt verstärkt selbstbestimmt. Auf der Stufe der *integrierten Regulation* hat sich die Person so stark mit den Handlungen und Zielen identifiziert, dass sie diese ohne Widersprüche in ihr Selbstkonzept integriert hat. Sie erlebt sich als selbstbestimmt und autonom. Der einzige Unterschied zur intrinsischen Motivation besteht darin, dass die Person die Handlung um eines bestimmten Zieles willen und nicht aus reiner Lust an der Handlung selbst ausführt (vgl. Rustemeyer, 2004).

Theorie des Flow
Der Forscher Csikzentmihalyi (1985) setzte sich mit der Frage auseinander, warum Menschen teilweise sehr anstrengende Aktivitäten durchführen, ohne dass sie dafür externe Belohnung erhalten. Seine Arbeiten zeigen, dass intrinsisch motivierte Tätigkeit häufig mit einem Flow-Erleben einhergeht. Dieses Flow (im Deutschen nur unbefriedigend mit *Fließen* übersetzt) setzt sich aus folgenden Aspekten zusammen (Csikzentmihalyi & Schiefele, 1993):

- Verschmelzen von Handlung und Bewusstsein,
- Zentrierung der Aufmerksamkeit auf die momentane Tätigkeit,
- Selbstvergessenheit,
- Ausüben von Kontrolle über Handlung und Umwelt.

7. Anwendung im Alltag

Nachdem wir in diesem Kapitel Erkenntnisse der Lern- und Motivationspsychologie dargestellt haben, wollen wir die Relevanz dieses Wissens für den Alltag verdeutlichen.
Aus dem Wissen über die Neurobiologie des Gehirns können wir für die Anwendung im Alltag folgende einfache, aber extrem wichtige Konsequenzen ziehen: Achten Sie darauf, dass Ihr Gehirn optimale Existenzbedingungen erhält! Versorgen Sie es mit guter Nahrung, ausreichend Sauerstoff und Flüssigkeit. Sorgen Sie für genügend Schlaf und vergiften Sie Ihre Gehirnzellen nicht (Alkohol und andere Drogen).

Aus unserem Wissen über klassische Konditionierung können wir bspw. für das Prüfungslernen den Schluss ziehen, eine hohe Ähnlichkeit herzustellen zwischen der Situation, in der wir lernen und der Situation, in der wir auf das Gelernte zurückgreifen wollen. Lernen wir in lockerer Atmosphäre im Freibad, so fällt es uns sicher leichter, das Gelernte im Freibad wiederzugeben. Findet die Prüfung jedoch in angespannter Atmosphäre in einem Raum mit mehreren Prüfern statt, sollten wir dies berücksichtigen und beim Lernen eine ähnliche Situation herstellen (Ähnlichkeit zwischen Lern- und Abrufsituation erhöht den Zugriff auf das Gelernte). Die Ähnlichkeit zwischen der Situation, in der wir das Gelernte anwenden wollen (Stresssituation, Prüfungssituation), und der Lernsituation können wir auch durch den gezielten Einsatz von Rollenspielen (Wagner, 2003) erhöhen. Arbeiten, die uns unangenehm sind, die wir aber dennoch erledigen wollen, sollten wir durch Kontiguität mit angenehmen, schönen Dingen emotional positiver besetzen. Unangenehme Tätigkeiten können wir uns durch Selbstmanagement erträglicher gestalten, indem wir z.B. in einer schönen Umgebung mit ansprechenden Materialien arbeiten (klassische Konditionierung), uns nach der Tätigkeit eine Pause gönnen und uns belohnen (operante Konditionierung). Sollte es Menschen geben, die nicht gerne lernen, so kann man diese motivieren, indem zum Lernen neue, interessante Materialien genutzt werden (neue Bücher, feines Papier, schöne Stifte, sauberer Schreibtisch) und nach kleinen, zeitlich definierten Lerneinheiten Pausen gemacht und individuelle Belohnungen (z.B. Eis, Kaffee, Kuchen, Telefonieren, Spazierengehen, …) eingeführt werden. Wichtig dabei: Belohnung erst *nach* einer Arbeitsphase! Und Pausen häufig machen und zur Arbeitszeit dazu zählen!
Die Theorie des Lernens am Modell können wir z.B. dadurch praktisch anwenden, dass wir mit Menschen zusammen kommen, die unsere Ziele, Wertvorstellungen teilen, bzw. besser noch: mit Menschen, die uns selbst als Modell dienen, die sich so verhalten, wie wir es gerne würden. Dass selbst Variablen, die wir für wenig beeinflussbar halten, zu einem erheblichen Teil von sozial-kognitiven Faktoren abhängen, zeigt eine Auswertung der Framingham-Studie zum Thema Übergewicht (Christakis & Fowler, 2007). In dieser Längsschnittstudie, in der etwas über 12000 Einwohner des Ortes Framingham (nahe Boston) über viele Jahre beobachtet wurden, zeigte sich, dass das Körpergewicht der Freunde auf das eigene Gewicht einen größeren Einfluss hat, als genetische und familiäre Faktoren (dicke Freunde machen dick). Ebenso übernehmen wir Einstellungen, Verhaltensweisen, Vorlieben und Sprechweisen von unseren Freunden. Wir sollten uns daher die Menschen, mit denen wir häufig zusammen sind, bewusst auswählen – soweit dies in unserer Macht steht.
Die Relevanz des kognitiven Lernens im Alltag ist offensichtlich: In einer Welt, in der zunehmend mehr Informationen auf jedes Individuum einströmen, kommt der Anwendung von Lernstrategien eine enorme Bedeutung zu. Nur wenn wir über effektive Strategien im Umgang mit Informationen verfügen, können wir den

Reichtum an Optionen, den uns das Leben heute bietet, auch sinnvoll nutzen. Dabei kommt dem eigenen Selbst- und Weltbild, in dem sich unsere Werte und Ziele abbilden, eine ebenso wichtige Rolle zu wie unseren subjektiven Theorien, die die Komplexität der Wirklichkeit möglichst realistisch abbilden sollten. Daher: Lernen lernen!

Erkenntnisse der Motivationspsychologie können uns helfen, uns der Vielfalt der in uns liegenden Motive bewusst zu werden. Um eine eher intrinsische Motivation sollten wir uns bemühen, weil das Handeln damit effektiver und angenehmer für uns wird. Bei Verhaltensweisen, bei denen schon eine intrinsische Motivation vorhanden ist, wie z.B. etwas Leckeres essen, einen interessanten Film sehen, sich zur Musik tanzend bewegen, ein Spiel spielen etc., ist dies kein Problem. Bei Verhaltensweisen, die zunächst nur extrinsisch motiviert sind, sollten wir versuchen, eine intrinsische Motivation aufzubauen. In der Schule kann z.B. die Lehrerin versuchen, den Schülern die Relevanz des Lernstoffs für das eigene Leben zu vermitteln und ihnen dadurch deutlich machen, warum der zu lernende Stoff wichtig und interessant ist. Sie kann unter Bezug auf die drei Stufen der internalisierten Regulation der Theorie von Deci und Ryan versuchen, den Schülern immer mehr Selbstbestimmung zu geben und sie so von der Stufe der introjizierten Regulation, über die identifizierte Regulation hin zur Stufe der integrierten Regulation zu bringen. Auf dieser Stufe eignen sich die Schüler den Stoff gerne an, weil sie ihn für sich selbst als wichtig und relevant ansehen. Dies kann z.B. dadurch geschehen, dass die Schüler bei der Auswahl der Themen mitbestimmen dürfen und eigene Beispiele einbringen. Wichtig ist jedoch eine realistische Zielsetzung: Eine immer währende intrinsische Motivation ist unrealistisch. Vielmehr sollten wir uns um ein ausgewogenes Verhältnis von intrinsischer und extrinsischer Motivation bemühen.

Versuchen wir, das hier vorgestellte Wissen in der Lernpraxis (z.B. im schulischen, beruflichen oder privaten Leben) anzuwenden, so kommen wir durch inhaltliche Komprimierung zu einer Lerntrias, die jene Aspekte fokussiert, welche für ein gutes Behalten und Verstehen von zentraler Bedeutung sind. Diese lässt sich folgendermaßen zusammenfassen:

1. Motivieren Sie sich!
2. Verbringen Sie viel Zeit mit dem Lernstoff und setzen Sie sich mit dem zu lernenden Material inhaltlich auseinander (Anwendung von Lernstrategien). Geben Sie ihm Sinn, machen Sie sich Bilder davon, malen Sie sich das Ganze in bunten Farben aus und sprechen Sie mit anderen darüber (Tiefenverarbeitung).
3. Machen Sie sich Ihren Lernfortschritt bewusst (z.B. durch Visualisierung) und belohnen Sie sich – nach dem Lernen!

8. Literatur

Empfohlene Literatur

Gerrig, R. J. & Zimbardo, P. G. (2008). Psychologie. München: Pearson.
Schiefele, U. (2009). Motivation. In E. Wild & J. Möller (Hrsg.), Pädagogische Psychologie (S. 151-178). Heidelberg: Springer.
Schräder-Naef, R. (2003). Rationeller Lernen lernen. Ratschläge und Übungen für alle Wissbegierigen. Weinheim: Beltz.

Verwendete Literatur

Anderman, E. M. & Maehr, M. L. (1994). Motivation and Schooling in the Middle Grades. Review of Educational Research, 64, 287-310.
Ausubel, D. P. (1968). Educational psychology: A cognitive view. New York: Holt, Rinehart & Winston. Dt: (1974). Psychologie des Unterrichts. Weinheim: Beltz.
Bandura, A. (1976). Lernen am Modell: Ansätze zu einer sozial-kognitiven Lerntheorie. Stuttgart: Klett.
Bandura, A., Ross, D. & Ross, S. A. (1963). Imitation of film-mediated aggressive models. Journal of Abnormal and Social Psychologiy, 66, 3-11.
Bandura, A. & Walters, R. H. (1963). Social learning and personality development. New York: Holt.
Blech, J. (2007). Fragwürdige Therapien und wie Sie sich davor schützen können. Frankfurt a. M.: Fischer.
Bower, G. H. (1981). Mood and memory. American Psychologist, 36, 129-292.
Christakis, N. A. & Fowler, J. H. (2007). The spread of obesity in a large social network over 32 years. New England Journal of Medicine, 357, 370-379.
Csikzentmihalyi, M. (1985). Das Flow-Erlebnis. Stuttgart: Klett-Cotta.
Csikzentmihalyi, M. & Schiefele, U. (1993). Die Qualität des Erlebens und der Prozess des Lernens. Zeitschrift für Pädagogik, 39, 207-221.
Deci, E. L. & Ryan, R. M. (1985). Intrinsic motivation and self-determination in human behaviour. New York: Plenum.
Deci, E. L. & Ryan, R. M. (1993). Die Selbstbestimmungstheorie der Motivation und ihre Bedeutung für die Pädagogik. Zeitschrift für Pädagogik, 39, 223-238.
Dörner, D. (1979). Problemlösen als Informationsverarbeitung. Stuttgart: Kohlhammer.
Dörner, D. (1993). Die Logik des Misslingens. – Strategisches Denken in komplexen Situationen. Hamburg: Rowohlt.
Ebbinghaus, H. (1885). Über das Gedächtnis. Untersuchungen zur experimentellen Psychologie. Leipzig: Duncker und Humblodt. (Nachdruck 1971. Darmstadt: Wissenschaftliche Buchgesellschaft).
Edelmann, W. (2000). Lernpsychologie. Weinheim: Beltz.
Fend, H. (1997). Der Umgang mit Schule in der Adoleszenz. Göttingen: Hogrefe.
Friedrich, H. F. & Mandl, H. (1992). Lern- und Denkstrategien – ein Problemaufriß. In H. Mandl & H. F. Friedrich (Hrsg.), Lern- und Denkstrategien, Analyse und Intervention (S. 3-54). Göttingen: Hogrefe.
Gerrig, R. J. & Zimbardo, P. G. (2008). Psychologie. München: Pearson.
Gigerenzer, G. (2002). Das Einmaleins der Skepsis. Über den richtigen Umgang mit Zahlen und Risiken. Berlin: Berlin Verlag.
Goethe, J. W. (1774). Die Leiden des jungen Werthers. Leipzig: Weygand.
Groeben, N. & Scheele, B. (1977). Argumente für eine Psychologie des reflexiven Subjekts. Darmstadt: Steinkopff.

Groeben, N. & Scheele, B. (1982). Einige Sprachregelungsvorschläge für die Erforschung subjektiver Theorien. In H. D. Dann, W. Humpert, F. Krause & K.-C. Trennstädt (Hrsg.), Analyse und Modifikation subjektiver Theorien von Lehrern (S. 13-39). Univ. Konstanz, SFB 23, Forschungsbericht Nr. 43.

Groeben, N. & Scheele, B. (2010). Das Forschungsprogramm Subjektive Theorien. In G. Mey & K. Mruck (Hrsg.), Handbuch Qualitative Forschung in der Psychologie (S. 151-165). Wiesbaden: VS Verlag für Sozialwissenschaften.

Groeben, N., Wahl, D., Schlee, J. & Scheele, B. (1988). Das Forschungsprogramm Subjektive Theorien. Tübingen: Francke.

Halsch, K. & Wagner, R. F. (2003). Agoraphobie mit Panikattacken: Ein Fallbericht. Verhaltenstherapie & Psychosoziale Praxis, 35, 607-614.

Hofmann, E. & Löhle, M. (2012). Erfolgreich Lernen. Effiziente Lern- und Arbeitsstrategien für Schule, Studium und Beruf (2. Aufl.). Göttingen: Hogrefe.

Irle, M. & Frey, D. (Hrsg.). (2001). Theorien der Sozialpsychologie. Band I bis III. Göttingen: Huber.

Kuhn, T (1962). The structure of scientific revolutions. Chicago: University press.

Lazarus R. S. & Folkman, S. (1984). Stress, Appraisal, and Coping. New York: Springer.

Mandl, H. & Friedrich, H. F. (Hrsg.). (2006). Handbuch Lernstrategien. Göttingen: Hogrefe.

Maslow, A. H. (1970). Motivation and personality. New York: Harper & Row.

Michael, T. & Ehlers, A. (2008). Klassische Konditionierung als Erklärungsprinzip für klinisch bedeutsame Ängste – Ein Update eines modernen Klassikers. Zeitschrift für Klinische Psychologie und Psychotherapie, 37, 221-230.

Mowrer, O. H. (1947). On the dual nature of learning: A reinterpretation of "conditioning" and "problem-solving". Harvard Educational Review, 17, 102-148.

Rheinberg, F. (2008). Motivation (7. Aufl.). Stuttgart: Kohlhammer.

Rustemeyer, R. (2004). Einführung in die Unterrichtspsychologie. Darmstadt: Wissenschaftliche Buchgesellschaft.

Schaarschmidt, U. & Kieschke, U. (2013). Beanspruchungsmuster im Lehrerberuf. Ergebnisse und Schlussfolgerungen aus der Potsdamer Lehrerstudie. In M. Rothland (Hrsg.), Belastung und Beanspruchung im Lehrerberuf, Modelle, Befunde, Interventionen. 2., vollständig überarbeitete Auflage (S.81-98). Wiesbaden: Springer VS.

Schiefele, U. (2009). Motivation. In E. Wild & J. Möller (Hrsg.), Pädagogische Psychologie (S. 151-178). Heidelberg: Springer.

Schiefele, U. & Schreyer, I. (1994). Intrinsische Lernmotivation und Lernen. Zeitschrift für Pädagogische Psychologie, 8, 1-13.

Schräder-Naef, R. (2003). Rationeller Lernen lernen. Ratschläge und Übungen für alle Wissbegierigen. Weinheim: Beltz.

Vogel, H., Worringen, U., Wagner, R. F. & Schäfer, H. (2000). Streß und Streßbewältigung. In Verband Deutscher Rentenversicherungsträger VDR (Hrsg.), Aktiv Gesundheit fördern. Gesundheitsbildungsprogramm der Rentenversicherung für die medizinische Rehabilitation (S. 413-490). Stuttgart: Schattauer.

Wagner, R. F. (2003). Rollenspiel und Rollentausch in der Kognitiven Verhaltenstherapie. Zeitschrift für Psychodrama und Soziometrie, 1, 69-77.

Wagner, R. F. (2004). Ein integrativer Beratungsansatz. In F. Nestmann, F. Engel & U. Sickendiek (Hrsg.), Das Handbuch der Beratung, Band 2 (S. 663-674). Tübingen: DGVT.

Wagner, R. F. (2010). Über den richtigen Umgang mit Ängsten. In P. Kirchner & A. Nörthemann (Hrsg.), Bildung aktiv erleben. Transfer, Ludwigsburger Hochschulschriften, Bd. 4. (S. 181-188). Baltmannsweiler: Schneider.

Wagner, R. F. (2012). Pädagogische Psychologie. In U. Sandfuchs, W. Melzer, B. Dühlmeier & A. Rausch (Hrsg.), Handbuch Erziehung. Bad Heilbrunn, Stuttgart: Klinkhardt, UTB.

Wagner, R. F. (2014). Subjektive Theorien von Lehrerinnen und Lehrern zur Unterrichtsgestaltung – und ihre Veränderung durch „neue" Lehr- und Lernmethoden. Bad Heilbrunn: Klinkhardt.

Wagner, R. F. & Sosnowsky, N. (2007). Subjektive Theorien von Lehrerinnen und Lehrern zur Unterrichtsgestaltung. In D. Wahl & R. F. Wagner (Hrsg.), Zwischenbericht des Forschungs- und Nachwuchskollegs „Vom Wissen zur Handlungskompetenz. Empirische Unterrichtsforschung in einer innovativen Lernumgebung“ (S. 7-22). Pädagogische Hochschule Weingarten: Projektbericht.

Wagner, R. F. & Vogel, H. (1996). Psychotherapeutisches Seminar: Streßbewältigung. Fundamenta psychiatrica, 10, 115-120.

Watson, J. B. (1913). Psychology as the behaviorist views it. Psychological Review, 20, 158-177.

Watson, J. B. & Rayner, R. (1920). Conditioned emotional reactions. Journal of Experimental Psychology, 3, 1-14.

Wild, E., Hofer, M. & Pekrun, R. (2006). Psychologie des Lerners. In A. Krapp & B. Weidenmann (Hrsg.), Pädagogische Psychologie (S. 203-267). Weinheim: Beltz.

Kapitel 3: Entwicklung

Arnold Hinz und Rudi F. Wagner

1. Zusammenfassung

Wer Auskunft zu Fragen der Erziehung, der Bildung und des (lebenslangen) Lernens geben will, muss sich auch mit der Entwicklung des Menschen beschäftigen. Pädagogische Psychologie und Entwicklungspsychologie waren historisch eng miteinander verbunden. Nach einem Überblick über die Geschichte der Entwicklungspsychologie wird der gegenwärtige Begriff von Entwicklung dem traditionellen Verständnis gegenübergestellt. Erläutert werden sodann die verschiedenen Theorien zur Entwicklung, wobei auf genetische Theorien und die Genom-Umwelt-Interaktion besonders eingegangen wird. Bei der Entwicklung des Menschen können bestimmte Bereiche (Sprachentwicklung, körperliche, soziale, kognitive, emotionale, sexuelle, moralische Entwicklung) und mehr oder weniger abgegrenzte Entwicklungsphasen (vorgeburtliche Entwicklung, Säuglingsphase, Kleinkindalter etc.) differenziert betrachtet werden. Als Bereiche der Entwicklung werden die kognitive Entwicklung nach Piaget und die moralische Entwicklung nach Kohlberg exemplarisch dargestellt. Als Entwicklungsphase wird das Jugendalter genauer betrachtet. Am Ende dieses Kapitels geht es um die Entwicklungsrisiken des Jugendalters sowie um die Möglichkeiten der schulischen Prävention. Hier verbindet sich die Pädagogische Psychologie sowohl mit der Entwicklungspsychologie als auch mit der Klinischen Psychologie.

2. Geschichte der Entwicklungspsychologie

Man hat heute generell in der Gesellschaft an Kinder und Jugendliche andere Erwartungen als an Erwachsene. Lehrerinnen und Lehrer, Eltern, Großeltern, Erzieherinnen und Erzieher, Pädagoginnen und Pädagogen müssen in Schule, Familie, Kindergarten, Hochschule, Volkshochschule und in anderen Bildungs- und Betreuungseinrichtungen unterschiedliche Entwicklungsvoraussetzungen berücksichtigen. Das war nicht immer so: Im Mittelalter hatten Kinder und Erwachsene nicht nur gleiche Kleider, sondern auch gleiche Spiele und die gleichen Schulen (es gab

keine Altersklassen). Künstler malten Kinder wie kleine Erwachsene: die Proportionen zwischen Kopf und Rumpf wurden so dargestellt wie bei Erwachsenen (Ariès, 1975). Kinder wurden genauso wie Erwachsene behandelt, das heißt, bei Verfehlungen wurden sie wie Erwachsene an den Pranger gestellt, gefoltert oder gehängt. Es fehlte die Idee, dass Kinder aufgrund ihres Entwicklungsstandes anders zu beurteilen seien als Erwachsene. Es gab zwar auch im Mittelalter (zumindest bei einigen Theologen) Vorstellungen von der besonderen Natur von Säuglingen und Kindern, diese waren aber weniger verbreitet als in der griechischen und römischen Antike.
Wichtige Wegmarken hin zu einer Idee von Kindheit und Entwicklung waren die Werke von Comenius (1592–1670), John Locke (1632–1704) sowie von Rousseau (1712–1778), der in seinem Roman „Emile ou de l'éducation" (1762/1971) ein genaues Studium der kindlichen Wesensart forderte und ein Stufenmodell der Entwicklung vorlegte. Rousseau forderte, dass die Erziehung den Entwicklungsstand des Menschen berücksichtigen müsse und dass sie im Wesentlichen darin bestehe, negative gesellschaftliche Einflüsse fernzuhalten, da die Entwicklung des Menschen aus seiner Natur heraus von selbst erfolge.
Das Interesse an der Kindheit am Ende des 18. und zu Beginn des 19. Jahrhunderts war mit der Idee verbunden, dass man durch Betrachtung der Kindheit mehr über den Menschen erfahren kann, weil man das Kind ganz im Sinne von Rousseau als Menschen im unverfälschten Urzustand ansah. Joachim Heinrich Campe (1746–1818) veröffentlichte 1785 eine Schrift über die Entwicklung des Kindes im ersten und zweiten Lebensjahr. Er forderte dazu auf, Tagebücher über die Entwicklung von Kindern zu schreiben. Großen Einfluss auf die weitere Forschung hatte die These von Ernst Haeckel, dass die Ontogenese (= Individualentwicklung von der Verschmelzung von Ei- und Samenzelle bis zum Erwachsenen) die Phylogenese (= Stammesentwicklung aller Lebewesen) wiederhole. Daher wurde angenommen, dass Entwicklungsforschung so etwas sein könnte wie die Erforschung der Gesetze der Evolution (Kreppner, 1998). Charles Darwin (1809–1882) veröffentlichte Tagebuchaufzeichnungen über die Entwicklung seines ersten Kindes. Freud (1856–1939) fragte Erwachsene nach ihrer Kindheit, beobachtete Kinder und analysierte auch Kinder, weil er einerseits die Ursache von erwachsenen Neurosen in der Kindheit sah und andererseits glaubte, dass er an Kindern ähnlich wie an Neurotikern wie unter einem Vergrößerungsglas das sehen könne, was in jedem erwachsenen Menschen auch „schlummert". Freuds entwicklungspsychologischer Forschungsschwerpunkt waren die kindliche Sexualität und die damit verbundenen Emotionen. Einen ganz anderen Forschungsschwerpunkt hatten Clara und William Stern: Sie machten (auch heute noch lesenswerte) Tagebuchaufzeichnungen zur Sprachentwicklung ihrer drei Kinder (Stern & Stern, 1907/1965), wobei sie die Äußerungen ihrer Kinder teilweise mitstenographierten (eines ihrer Kinder war der spätere Kulturkritiker Günter Anders, der durch sein philosophisches Werk „Die Antiquiertheit des Menschen" bekannt wurde). Weitere wichtige Entwick-

lungspsychologen waren Karl Bühler und Charlotte Bühler (sie sammelte 130 Tagebücher von Jugendlichen und entwickelte zusammen mit Hildegard Hetzer einen Kleinkindertest), Alfred Binet (entwickelte einen Intelligenztest) und Jean Piaget (beschäftigte sich mit der kognitiven Entwicklung). Für die Anfänge der Entwicklungspsychologie war die Beobachtung der jeweils eigenen Kinder typisch, daneben gab es aber auch schon Forschungen mittels Fragebogen, Test, Interview und Experiment. Für die Erforschung des Säuglings- und Kleinkindalters war und ist mangels Sprachvermögen die Beobachtung (heute mit Videoaufnahmen) die zentrale Forschungsmethode (Fend, 2003; Kreppner, 1998; Schölmerich & Weßels, 1998).

3. Begriff, Bereiche und Abschnitte der Entwicklung

Was versteht man in der Psychologie eigentlich unter Entwicklung? Unter Entwicklung versteht man *Veränderungen, die sinnvoll auf die Zeitdimension Lebensalter bezogen werden können.* Die mit der Entwicklung verbundenen Veränderungen sind nicht kurzfristig (z.B. Anziehen eines neuen Hemdes, Wahl einer neuen Nagellackfarbe), sondern sie sind *bleibend (irreversibel), bedeutend* und *wirken im ganzen Leben* (Montada, 2008).

Im Unterschied zu früheren Auffassungen sieht man Entwicklung heute so, dass sie nicht auf einen End- oder Reifezustand am Ende der Pubertät mit danach folgender Stagnation abzielt, sondern Entwicklung wird als *lebenslanger Prozess* verstanden, der erst mit dem Tod endet. Auch in die andere Richtung sieht man Entwicklung heute weiter: Da es auch eine vorgeburtliche Entwicklung gibt, beginnt Entwicklung bereits mit der Verschmelzung von Ei- und Samenzelle.

Eine traditionelle Annahme der Entwicklungspsychologie war, dass Entwicklung immer zu einem höheren Niveau führe. In neueren Ansätzen führt man hingegen an, dass Entwicklung über die gesamte Lebensspanne immer gleichzeitig *sowohl mit Wachstum oder Gewinn als auch mit Abbau oder Verlust verbunden* ist. Man kann zwar generell sagen, dass in der Kindheit die Gewinne dominieren und im höheren Lebensalter die Verluste, es gibt aber auch in der Kindheit Verluste und im höheren Lebensalter Gewinne. Beim Übergang zum Sprechen verliert beispielsweise das Kind die Fähigkeit, gleichzeitig atmen und trinken zu können. Bei einer Gegenüberstellung des Erwachsenenalters zum Kindesalter fallen viele Dinge auf, die Erwachsene im Vergleich zu Kindern nicht mehr oder nicht mehr so gut können: sich von der Welt verzaubern lassen, staunen, Emotionen unkontrolliert ausleben, die Füße in den Mund nehmen, kulturell unübliche Laute unterscheiden (japanische Erwachsene können beispielsweise nicht mehr zwischen den Lauten „l" und „r" unterscheiden, japanische Säuglinge oder Kleinkinder hingegen schon), bestimmte Laute bilden etc.

Zu den traditionellen Annahmen von Entwicklung gehörte auch die Auffassung, dass Entwicklung kulturunabhängig sei. In modernen Konzeptionen betont man hingegen, dass *Entwicklung auch von der Kultur abhängt*. Dies gilt beispielsweise besonders für die Moralentwicklung, aber auch für die Dauer und Gestaltung ganzer Entwicklungsabschnitte. So gibt es Kulturen ohne Jugendalter oder mit einem sehr viel kürzeren Jugendalter, wobei Initiationsriten oft den Übergang ins Erwachsenenalter markieren (s.u.). Sogar die biologische Entwicklung kann stark von kulturellen Einflüssen abhängen. So lag das Menarchealter (= Zeitpunkt der ersten Menstruation) in den USA immer früher als in verschiedenen europäischen Ländern; zudem gab es in allen westlichen Ländern eine deutliche Vorverlagerung: Das mittlere Menarchealter verschob sich in Deutschland vom 16./17. Lebensjahr (Mitte des 19. Jahrhunderts) auf 12,8 Jahre (Kahl, Schaffrath Rosario & Schlaud, 2007; Oerter & Dreher, 2008).

Zum traditionellen Begriff von Entwicklung gehörte vor allem im deutsch- und französischsprachigen Raum (Schenk-Danzinger, 1969) die Auffassung, dass Entwicklung in Stufen, Phasen oder Perioden erfolge. In der neueren Entwicklungspsychologie vertritt man demgegenüber die Auffassung, dass Veränderungen in der Entwicklung eher *kontinuierlich ohne feste Stufen*, allerdings nicht völlig gleichmäßig erfolgen.

Welche Bereiche der Entwicklung gibt es? Der auffälligste Bereich der Entwicklung ist sicherlich die *körperliche Entwicklung*. Damit verbunden sind die *Entwicklung der Wahrnehmung, der Psychomotorik und die sexuelle Entwicklung*. Ein zentraler Bereich der Entwicklung ist die *kognitive (= geistige) Entwicklung*. Eng damit verbunden oder ein Teilaspekt hiervon sind die *Gedächtnisentwicklung*, die *moralische Entwicklung* und die *Sprachentwicklung*. Wichtige Bereiche sind schließlich noch die *emotionale Entwicklung* und die *soziale Entwicklung*, beispielsweise hinsichtlich der Fähigkeit zum Zusammenspiel und zur Bildung von Kinderfreundschaften.

Die Abschnitte der Entwicklung werden rein pragmatisch (ohne Annahme eines Stufenmodells) eingeteilt in die *frühe Kindheit*, die *Kindheit*, das *Jugendalter*, das *frühe Erwachsenenalter*, das *mittlere Erwachsenenalter* und das *höhere Erwachsenenalter*. Die frühe Kindheit wiederum lässt sich einteilen in die vorgeburtliche Entwicklung, das Säuglingsalter und das Kleinkindalter. Für das Jugendalter wird häufig auch der umfassendere Begriff *Adoleszenz* verwendet. Verlässliche zeitliche Angaben für die einzelnen Abschnitte der Entwicklung können nicht gemacht werden. Die *frühe Kindheit* meint etwa die Entwicklung bis zum 3. Lebensjahr, die *Kindheit* umfasst etwa das Alter vom 4. Lebensjahr bis zur Pubertät, das *Jugendalter* beginnt mit der Pubertät (im Allgemeinen 11./12. Lebensjahr: individuell und je nach Geschlecht unterschiedlich) und endet mit der Bewältigung der Entwicklungsaufgaben des Jugendalters, was stark von der jeweiligen Kultur abhängt. Entsprechend schwer ist es, den Beginn und das Ende des frühen Erwachsenenalters zu bestimmen (etwa vom 21. bis zum 29. Lebensjahr). Eine Altersangabe zur Trennung zwischen dem mittleren und dem höheren Erwachsenenalter ist ebenfalls kaum möglich, weil sie abhängig ist von veränderlichen Faktoren wie Lebenserwartung, Renten- bzw. Pensionierungsalter, Gesundheit etc.

4. Theorien der Entwicklung

Vereinfacht ausgedrückt könnte man zwei „Motoren" der Entwicklung benennen: *Anlage* und *Umwelt*. Die Anlage wäre das, was nach Verschmelzung von Ei- und Samenzelle als „Entwicklungsprogramm" biologisch vorgegeben ist und im weiteren Lebenslauf als *Reifung* realisiert wird. Solche biologisch vorgegebenen Entwicklungsprogramme können zwar durch Umweltreize verzögert, beschleunigt oder auf andere Weise beeinflusst werden, sie können aber nicht dauerhaft aufgehalten werden. Den wenigsten Kindern dürfte es beispielsweise gelingen, wie Oskar Matzerath (Grass, 1959) auf eigenen Wunsch hin das Wachstum einzustellen. Auch die Pubertät kann zwar beeinflusst, aber kaum verhindert werden. Neben der Anlage und den mit ihr verbundenen Reifungsprozessen ist die Umwelt mit den von ihr ausgehenden Lernerfahrungen der entscheidende Motor der Entwicklung. Beides, Anlage und Umwelt, stehen miteinander in Wechselwirkung. Es gab historisch problematische „Experimente", um den Einfluss der Reifung von Umwelteinflüssen isoliert betrachten zu können. So soll der Hohenstaufenkaiser Friedrich II. 200 Neugeborene in die Obhut von Ammen gegeben haben, denen er verbot, auch nur ein einziges Wort zu sprechen. Er wollte auf diese Weise die sprachlichen Umwelteinflüsse ausschalten, um zu untersuchen, welches die Ursprache der Menschheit sei (er dachte an hebräisch). Das Experiment endete damit, dass alle Säuglinge starben (Nickel & Schmidt-Denter, 1991). Eine Isolierung der Anlage von der Umwelt ist offenbar schwer möglich.
Neben der Anlage und der Umwelt ist zu berücksichtigen, dass das Subjekt selbst (der Säugling, das Kind etc.) in den Entwicklungsprozess gestaltend eingreifen kann. Montada (2008) unterscheidet deshalb zwischen vier prototypischen Modellfamilien in der Entwicklungspsychologie, je nachdem ob dem Subjekt und/oder der Umwelt ein gestaltender Beitrag zur Entwicklung zugesprochen wird.

	Umwelt aktiv	Umwelt nicht aktiv
Subjekt aktiv	Interaktionistische systemische Modelle (z.B. ökopsychologisches Entwicklungsmodell)	Aktionale Modelle/ Selbstgestaltungstheorien (z.B. Piaget)
Subjekt nicht aktiv	Exogenistische Modelle (z.B. Behaviorismus)	Endogenistische Modelle (Reifungstheorien, Psychoanalyse)

Man muss einschränkend anfügen, dass die vorgenommenen Zuordnungen nur in etwa passen und dass der Einfluss der Anlage in dieser Tabelle nicht explizit vorkommt. Am ehesten passt die Einordnung der behavioristischen Entwicklungstheorie von John B. Watson. In seinem Buch „Psychische Erziehung im frühen Kindesalter“ (1929) führt Watson an, dass Entwicklung nahezu nicht von der Vererbung, sondern nur von der Erziehung abhänge. Eine Entwicklung von innen heraus tut Watson als Geheimlehre ab. Eltern erzögen ihre Kinder häufig so, wie sie selbst erzogen worden seien und dies sehe dann wie Vererbung aus. Die Entwicklung des Kindes sei immer die Folge von Konditionierungen. Erziehung sollte deshalb nach behavioristischen Methoden erfolgen und hierzu seien Eltern eher ungeeignet. Watson stellt in Frage, ob Kinder überhaupt ihre Eltern kennenlernen sollten. Alles werde durch Erziehung gelernt (z.B. auch Homosexualität), und Watson behauptet: „Wenn die körperlichen Voraussetzungen da sind, bedarf es keinen weiteren Rohmaterials, um einen Menschen zu formen, sei es ein Genie, ein feingebildeter Herr, ein Radaubruder oder ein Lump“ (S. 14/15). Watsons Theorie ist eine radikale Form eines exogenistischen Modells, das heißt, Entwicklung wird als vollkommen von außen (von der Umwelt) gesteuert angesehen.
Im Unterschied hierzu sah man in klassischen Reifungstheorien Entwicklung als vollkommen von innen (endogen) gesteuert an. Als Beleg für Reifungstheorien wurde beispielsweise angeführt, dass alle Kinder im 12./13. Lebensmonat mit dem selbstständigen Gehen beginnen, und zwar auch in solchen Kulturen, in denen es üblich war, die Kinder (oft auf ein Brett) zu wickeln. Das Wickeln bestand darin, das Kind durch Umwickeln mit einem endlos langen Band am Gebrauch seiner Gliedmaßen vollständig zu hindern; es war in der Antike, im Mittelalter und in der Neuzeit eine übliche Praxis, in Deutschland länger als in Frankreich, in Russland bis ins 20. Jahrhundert. Man hatte die Idee, dass die schwachen Gliedmaßen der Kinder geschont werden müssen; zudem war die Säuglingspflege einfacher, wenn man die bewegungslosen Kinder einfach abstellen konnte (DeMause, 1977). Obwohl diese Kinder keine Lernerfahrungen mit der Bewegung der Beine machen konnten, lernten sie das selbstständige Laufen. Man konnte nur kurzfristige motorische Retardierungen beobachten. Ein weiterer Beleg für die Reifungstheorien ist die Sprachentwicklung. So findet man bei allen Kindern im ersten Lebensjahr Lallmonologe, und zwar auch bei tauben Kindern (Kegel, 1987). Auch Freuds Beschreibung der sexuell-emotionalen Entwicklung von Kindern folgt im Wesentlichen dem Modell einer Reifungstheorie.
Piagets Theorie der kognitiven Entwicklung ist ein Beispiel für eine Selbstgestaltungstheorie der Entwicklung. Piaget nimmt an, dass das Kind selbst der Motor für seine Entwicklung ist, indem es in Auseinandersetzung mit seiner Umwelt in Probleme gerät, die durch die bisherigen Handlungen nicht zu lösen sind. Durch solche Problemstellungen kommt das Entwicklungssubjekt zu einer selbstständigen Höherentwicklung; die Umwelt kann und sollte nicht steuernd eingreifen. Entwicklung wird nach Piaget behindert, wenn ein Erwachsener von außen Lösungen

für Probleme aufzeigt; wichtig ist nur das Vorhandensein einer anregenden Lernumgebung.

Interaktionistische Theorien gehen von einem wechselseitigen Einfluss zwischen Entwicklungssubjekt und Umwelt aus. Kinder unterliegen nicht einfach nur ihrer Umgebung, sondern üben auch selbst einen Einfluss auf ihre Umgebung aus. Schwierige Kinder (beispielsweise Kinder, die häufiger schreien oder unruhig sind) überfordern oft ihre Eltern. „Häufig und hart bestraft werden überzufällig häufig die schwierigen Kinder" (Montada, 2008, S. 14). Die Korrelation zwischen einer harten Erziehung und der Befindlichkeit der Kinder darf also nicht einseitig so interpretiert werden, dass die Kinder als Folge der harten Erziehung schwierig werden, es ist vielmehr eine wechselseitige Beeinflussung anzunehmen (zu Kausalerklärungen bei Korrelationen siehe Kapitel Forschungsmethoden, Abschnitt 6.4), in diesem Fall in Form eines Teufelskreises (circulus vitiosus). Einflussmöglichkeiten von Kindern in der Eltern-Kind-Interaktion sind beispielsweise Verhaltensweisen wie Schmusen und Streicheln, Bestrafen der Eltern durch Schreien oder unangemessenes Verhalten in der Öffentlichkeit, das Demonstrieren von Hilf- und Machtlosigkeit, Drohen, Trotzen, Fordern, Erpressen, Vorwürfe, logisches Argumentieren, Aushandeln von Kompromissen, das Verlangen von Begründungen. Aus Sicht interaktionistischer Theorien erziehen Kinder auch ihre Eltern und manchmal ändern Eltern auch ihre Einstellungen aufgrund der Äußerungen ihrer Kinder. Ein Beispiel für eine interaktionistische Entwicklungstheorie ist die ökopsychologische Entwicklungstheorie von Bronfenbrenner (1981). Er geht davon aus, dass sich die Entwicklung des Menschen in verschiedenen ökologischen Systemen vollzieht, wobei sich im jeweiligen System alle Elemente gegenseitig beeinflussen. Die Geburt eines weiteren Kindes beeinflusst beispielsweise das System der Familie und die im Familiensystem bestehenden Dyaden (Mutter-Kind, Vater-Kind, Mutter-Vater, Geschwister-Dyaden) und Triaden (Mutter-Vater-Kind, drei Geschwister, zwei Geschwister und eine Erwachsenenperson), und zwar nicht nur interpersonell, sondern auch in Bezug auf die materiellen (beispielsweise geringere finanzielle Möglichkeiten) und räumlichen Lebensbedingungen (beispielsweise muss ein Kind sein Zimmer nun teilen).

Kritisch kann gegen interaktionistische Theorien angeführt werden, dass eine interaktionistische Sichtweise nicht dazu führen darf, dass das Unrecht von Misshandlungen oder von Missbrauch durch Eltern relativiert wird. Die systemisch orientierte Familientherapie (siehe Kapitel Beratung) neigt aufgrund ihrer Betonung der innerfamiliären Interaktionsstruktur zu einer solchen Relativierung. Betont werden muss unseres Erachtens, dass der Einfluss von Kindern auf ihre Eltern begrenzter ist als umgekehrt der Einfluss von Eltern auf ihre Kinder. Es ist sinnvoll, bei der Interpretation von Korrelationen, mögliche Interaktionen in Betracht zu ziehen, aber man sollte nicht vorschnell kausale Attributionen vornehmen (s. Kapitel Forschungsmethoden).

5. Genetische Einflüsse

Die gesamte genetische Information eines Menschen nennt man Genom. Das Genom besteht aus ca. 100000 Genen beziehungsweise aus unterschiedlichen Varianten (Allelen) dieser Gene. Gene sind mit einem Text zu vergleichen, aus dem im Verlauf des Lebens Teile abgelesen werden können (Asendorpf, 1998). Dieser Text ist zwar begrenzt, es ist aber keineswegs von vornherein klar, was abgelesen wird und zu welchem Zeitpunkt etwas abgelesen wird. Entscheidend dafür, was und wann abgelesen wird, sind unter anderem Umweltreize. Für viele psychische Erkrankungen wie beispielsweise Depression oder Schizophrenie gibt es je nach Genom eine höhere Vulnerabilität (= Verletzbarkeit). Belastende Umweltereignisse können dann in Verbindung mit einer genetisch bedingten Vulnerabilität zu einem Krankheitsausbruch führen.

Die verbreitete Auffassung, dass Gene vor allem zu Beginn der Entwicklung wirken und dass danach Umwelteinflüsse wichtiger wären, ist zu einfach. Das Genom eines Menschen wirkt im gesamten Lebenslauf. Nach Auffassung der Entwicklungsgenetik ist die Wechselwirkung zwischen Genom, Umwelt und (Entwicklungs-) Subjekt ganz im Sinne der interaktionistischen Theorie entscheidend. Asendorpf (1998) führt folgendes Beispiel an: Ein genetisch zu hoher Musikalität prädisponiertes Kind hat vermutlich (aus genetischen Gründen) auch eher musikalische Eltern und Geschwister, die für eine musikalische Umwelt in der Familie sorgen (= passive Genom-Umwelt-Kovarianz). Dieser Einfluss wirkt allerdings nur solange, wie das Kind im Elternhaus lebt. Altersunabhängig ist hingegen, dass die Umwelt reaktiv auf die manifeste Musikalität einwirkt, beispielsweise in Form besonderer Förderung durch den Musiklehrer (= reaktive Genom-Umwelt-Kovarianz). Hinzu kommt mit zunehmendem Alter wahrscheinlich eine Eigenaktivität des Entwicklungssubjekts: ein Kind mit genetischer Disposition für Musikalität wird sich vermutlich eher ein Musikinstrument als Geschenk wünschen, gerne in Konzerte gehen oder sich mit musikalisch interessierten Gleichaltrigen befreunden (= aktive Genom-Umwelt-Kovarianz). Das heißt, das Entwicklungssubjekt wählt mit zunehmendem Alter eher eine Umwelt aus, die zu seinem Genom passt. Natürlich ist es aber auch möglich, dass ein Kind trotz einer genetischen Disposition zu hoher Musikalität keine anregenden Umwelteinflüsse erhält und sich selbst keine musikalische Umwelt schafft. Der „Textteil“ Musikalität würde in diesem Fall einfach nicht abgelesen.

Ein relativ neuer Forschungszweig, die sog. Epigenetik, zeigt, dass äußere Faktoren (z.B. Traumata) auch die Genaktivität selbst verändern können, in dem die Genexpression an- oder ausgeschaltet werden kann.

Aus der Interaktion zwischen Umwelt und Genom darf nicht geschlossen werden, dass der relative Einfluss des Genoms nicht bestimmt werden kann. So ist beispielsweise die Blutgruppe zu 100 Prozent genetisch bedingt, während der Dialekt zu

100 Prozent umweltbedingt ist. Zur Berechnung des genetischen Einflusses eignen sich die *Zwillingsmethode* und die *Adoptionsmethode.* Das häufigste Vorgehen ist bei der Zwillingsmethode, dass man eineiige Zwillinge (die in einer Familie aufwachsen) und zweieiige Zwillinge (die in einer Familie aufwachsen) vergleicht. Bei der Adoptionsmethode vergleicht man Geschwister (die in einer Familie aufwachsen) und Adoptivgeschwister (die in einer Familie aufwachsen). Sowohl eineiige als auch zweieiige Zwillinge teilen zunächst nahezu alle Umweltbedingungen (gleicher Schwangerschaftsverlauf der Mutter, gleiche Rangfolge in der Geschwisterreihe, gleiche Erziehung, dieselbe Kindergartengruppe und oft auch Schulklasse). Während das Genom bei eineiigen Zwillingen zu 100 % übereinstimmt, beträgt die Übereinstimmung bei zweieiigen Zwillingen wie bei Geschwistern allgemein nur 50 %. Man vergleicht nun die Korrelation (zum Begriff „Korrelation“ siehe Kapitel Forschungsmethoden) eines Merkmals zwischen den eineiigen Zwillingen mit der Korrelation zwischen den zweieiigen Zwillingen. Wenn die Übereinstimmung zwischen den zweieiigen Zwillingen geringer ist als zwischen den eineiigen Zwillingen, wird die Differenz mit dem genetischen Einfluss erklärt, da der Umwelteinfluss bei eineiigen und zweieiigen Zwillingen gleich ist. Die Korrelation hinsichtlich des Persönlichkeitsmerkmals Neurotizismus (= emotionale Instabilität) liegt beispielsweise bei eineiigen Zwillingen bei $r = .54$ und bei zweieiigen Zwillingen bei $r = .19$ (Asendorpf & Neyer, 2012, S. 290). Die Differenz zeigt den genetischen Einfluss auf das Persönlichkeitsmerkmal Neurotizismus an. Nach der (vereinfachenden) Schätzformel von Falconer (Erblichkeit = $2 \times (r_{ez} - r_{zz})$) liegt die Erblichkeit des Persönlichkeitsmerkmals Neurotizismus bei $2 \times (.54 - .19) = 2 \times (.35) = .70$ also bei 70 Prozent. Ganz ähnlich verfährt die Adoptionsmethode: Die Übereinstimmung des Genoms bei Geschwistern (bei gleichen Eltern) liegt bei 50 %, die Übereinstimmung des Genoms bei Adoptivgeschwistern liegt bei 0 %. Wenn man wieder annimmt, dass die Umweltbedingungen vergleichbar sind, dann beruht der Unterschied der Korrelation zwischen normalen Geschwistern zur Korrelation zwischen Adoptivgeschwistern nur auf dem genetischen Einfluss.

Gegen diese Methode hat man angeführt, dass die Übereinstimmung der Umweltbedingungen bei in der Familie lebenden eineiigen und zweieiigen Zwillingen nicht vergleichbar sei, da die Umwelt eineiige Zwillinge tatsächlich gleich behandle (zumal man sie meistens nicht unterscheiden kann), zweieiige Zwillinge aber nicht. Man hat deshalb Zwillinge betrachtet, die in früher Kindheit getrennt wurden und in verschiedenen Familien aufwuchsen. Man verglich dann wieder die Korrelation zwischen eineiigen mit der zwischen zweieiigen Zwillingen (Montada, 2008).

Neben der Erblichkeit von Persönlichkeitsmerkmalen wurde sehr häufig die Erblichkeit der Intelligenz untersucht. Aufschlussreich ist, dass sich bei verschiedensten Untersuchungen unabhängig von der gewählten Forschungsmethode (Zwillings- oder Adoptionsmethode, gleiche oder ungleiche Umweltbedingungen) sehr ähnliche genetische Varianzaufklärungen für die Intelligenz ergaben. Bei Personen, die in

derselben Familie aufwuchsen, zeigt sich durchschnittlich als Korrelation zwischen den Intelligenztestergebnissen bei einer Testwiederholung für dieselbe Person ein Korrelationskoeffizient von r = .87, bei eineiigen Zwillingen von r = .86, bei zweieiigen Zwillingen von r = .62, bei normalen Geschwistern von r = .49 und bei Adoptivgeschwistern von r = .25 (Asendorpf, 1998, S. 107). Bei eineiigen Zwillingen unterscheidet sich das Testergebnis also kaum mehr, als wenn dieselbe Person den Test noch einmal wiederholt beziehungsweise einen Paralleltest durchführt (siehe „Testreliabilität" im Kapitel „Forschungsmethoden"). Bei getrennt aufgewachsenen Personen sind erwartungsgemäß alle Korrelationskoeffizienten niedriger, die Abstände zwischen eineiigen Zwillingen, zweieiigen Zwillingen, Geschwistern und nicht verwandten Personen sind aber ähnlich. Heute besteht in der Forschung weitgehend Einigkeit, dass nach Abzug von Messfehlern das Genom etwa 50 bis 60 % der Leistung in einem Intelligenztest erklärt (Asendorpf, 1998; Montada, 2008).
Dabei ist zu berücksichtigen, dass dieser Prozentsatz nicht für die frühe Kindheit gilt, wohl aber für die Adoleszenz. Mehrere Längsschnittuntersuchungen zur Korrelation des Intelligenzquotienten (IQ) früh adoptierter Kinder mit dem IQ ihrer Adoptiveltern sowie mit dem IQ ihrer leiblichen Mütter zeigten, dass die Korrelation des IQ der Adoptivkinder zur leiblichen Mutter mit dem Alter deutlich zunimmt, während gleichzeitig die Ähnlichkeit mit den Adoptiveltern immer geringer wird. Der Erblichkeitskoeffizient wächst „von durchschnittlich 20 % in der frühen Kindheit über 40 % in der Kindheit auf 60 % in der Adoleszenz" (Montada, 2008, S. 24). Dieselben Befunde ergeben sich, wenn man die Korrelation des IQ der Adoptivkinder mit dem IQ der leiblichen Kinder der Adoptiveltern vergleicht. Während in der frühen Kindheit die Gestaltung der familiären Umwelt ein bedeutender Einflussfaktor auf die Intelligenzleistung ist, nimmt die Bedeutung der Umwelt mit dem höheren Lebensalter ab.

Diese Forschungsergebnisse gelten natürlich nur im Kontext einer insgesamt ähnlichen Umwelt im Sinne der westlichen Gesellschaft. Bei einer stärkeren Umweltvarianz wäre der Einfluss der Umwelt größer. Zudem ist die Berechnung, dass 50–60 % der Varianzaufklärung des IQ auf das Genom zurückgeht, ein Durchschnittswert, von dem der Einzelfall abweichen kann. Verschiedene Studien zeigen, dass Intelligenztestergebnisse durch spezielle Förderungen deutlich verbessert werden können. Zu berücksichtigen ist auch, dass weltweit über verschiedene Kohorten ein langsamer, aber stetiger Anstieg der Intelligenztestleistungen beobachtet wurde, was zu tun haben könnte mit der Ernährung, mit kleineren Familien, mit einer besseren Beschulung und mit größerer kognitiver Stimulierung, z.B. durch Fernsehen, Bücher etc. (Ormrod, 2006).

Das Genom beeinflusst auch Verhaltensweisen wie Aggressivität, Ängstlichkeit, Selbstkontrolle, Impulsivität, Altruismus und sogar die Fähigkeit zum Erreichen des Orgasmus (Dawood et al., 2005; Dunn, Cherkas & Spector, 2005; Montada, 2008). Auch für viele psychische Erkrankungen und Verhaltensauffälligkeiten konnte durch Zwillingsstudien ein genetischer Einfluss im Sinne eines erhöhten Risikos nachgewiesen werden, beispielsweise für Schizophrenie, Zwangsstörungen, Essstörungen, Depressionen, Lese-Rechtschreibschwäche.

6. Die kognitive Entwicklung nach Piaget

Jean Piaget (1896–1980) zählt zu den wichtigsten Theoretikern der Entwicklungspsychologie. Im Unterschied zur Vorstellung, dass Entwicklung als kontinuierlicher Prozess anzusehen ist, haben wir es hier mit einem Stufenmodell der Entwicklung zu tun; andere Stufenmodelle finden sich z.B. in den Theorien von Erikson, Freud und Kohlberg.

Piaget interessierte sich in besonderer Weise für die Denkfehler von Kindern, weil er an ihnen erkennen konnte, dass Kinder nicht einfach „dümmer“ sind als Erwachsene, sondern dass sie eine andere Struktur des Denkens haben, dass sie, kurz gesagt, „anders denken“ als Erwachsene. Unter *Struktur* versteht er eine Art Kategorie, ein Anschauungssystem, durch das erkannt und gedacht wird. Die Welt begegnet mir nach Piaget nur insoweit, als ich dafür Strukturen habe. Piaget entwickelte seine Theorie in intensiver Auseinandersetzung mit dem kindlichen Handeln, das er mit vielen interessanten und spannenden Experimenten überprüfte. Die kognitive (= geistige) Entwicklung sieht Piaget als Ergebnis eines Wechselspiels von *Assimilation* und *Akkomodation* an. Bei der Assimilation („Einverleibung“) werden Informationen, die der Mensch aufnimmt, mit Hilfe bestehender kognitiver Strukturen verarbeitet. Bei der Akkomodation werden die bestehenden Strukturen verändert, um der neuen Information angemessen zu sein oder um nicht mit anderen Vorstellungen oder der kognitiven Gesamtstruktur in Widerspruch zu stehen. Wichtige Einheiten sind in Piagets Theorie die (sensumotorischen und kognitiven) Strukturen oder Vorstellungen. Diese nennt Piaget *Schemata*. Ein Schema ist eine kognitive Struktur oder eine Vorstellung, mit der Ereignisse beschrieben und erklärt werden. Bei der Assimilation werden somit neue Informationen mit Hilfe bestehender Schemata integriert, während bei der Akkomodation bestehende Schemata so angepasst und verändert werden, dass neue Ereignisse widerspruchsfrei integriert werden können. Jedes Kind kommt beispielsweise mit einem Greifreflex zur Welt. Gegenstände, die das Kind berührt, werden ergriffen und so an das Greifschema assimiliert. Die Objekte der Welt existieren für das Kind nicht an sich, sondern werden als greifbar oder nicht greifbar wahrgenommen. Ergreift das Kind eine Puppe, so ist dies die *Assimilation* der Puppe in das Greifschema. Nun können aber nicht alle Dinge auf gleiche Art ergriffen werden. Eine Rassel muss anders ergriffen werden als eine Puppe. Die Struktur des Greifens wird vom Kind je nach Situation und Gegenstand angepasst. Diese Anpassung des Schemas nennt Piaget *Akkomodation*. Wenn die Anpassung innerhalb eines Schemas nicht mehr funktioniert, etwa wenn das Kind einen Wasserstrahl greifen will, bildet es schließlich ein neues Schema, in diesem Fall das „Schöpf-Schema". Ein Beispiel aus der Sprachentwicklung ist das Schema *Wau-Wau*: Zunächst bezeichnet das Kind alle Tiere, die vier Beine haben, als Wau-Wau, z.B. Katzen, Kühe oder Eisbären. Hier werden Ereignisse der Umwelt in das bestehende Wau-Wau-Schema assimiliert. Lernt das Kind durch Rückmeldung von den Eltern zwischen Hunden, Katzen, Kühen und Eisbären zu differenzieren, so findet Akkomodation statt: Das bestehende kognitive Schema wird so verändert, dass das Kind mit den Ereignissen der Umwelt genauer umgehen kann. Die beiden Prozesse der Assimilation und Akkomodation ermöglichen die Herstellung eines Gleichgewichtes (*Äquilibration*) zwischen den eigenen (kognitiven) Strukturen und den Ereignissen der Umwelt auf einem immer höheren kognitiven Entwicklungsniveau. So führt die Auseinandersetzung des Kindes mit der Umwelt zu immer differenzierteren Schemata von ihr. Kognitive Entwicklung ist somit ein Prozess der Adaptation (Anpassung) an die Umwelt. Diese Entwicklung erfolgt nach Piaget nicht kontinuierlich, sondern in vier Hauptstufen.

Die erste Hauptstufe der Denkentwicklung bezeichnet Piaget als *sensumotorische Stufe* (Geburt bis ca. 2. Lebensjahr). Der Säugling nimmt sich und die Welt mittels angeborener sensorischer und motorischer Muster wahr und erforscht sie damit. Piaget spricht von sensumotorischer Intelligenz. Im ersten Lebensjahr werden angeborene Reflexe wie Saugen, Greifen, Bewegen differenziert und koordiniert. Zunächst ist die Welt für den Säugling vor allem eine Art »Saugwelt«, das heißt Umweltobjekte werden in das Saugschema integriert (= Assimilation). Der Säugling sieht die Welt nicht so wie Erwachsene, sondern er sieht sie durch seine Schemata. Zunehmend gelingt dann eine Differenzierung, beispielsweise zwischen sättigenden und nichtsättigenden Saugobjekten. Zentral für die sensumotorische Stufe ist die Entwicklung der *Objektpermanenz*. Schon kurz nach der Geburt verfolgt der Säugling ein bewegtes Objekt mit den Blicken. Ist ein Objekt außerhalb des Blickfeldes, so existiert es zunächst für den Säugling nicht (es gilt: „aus den Augen, aus dem Sinn"). Erst später entwickelt das Kind eine innere Repräsentation von Objekten und entdeckt, dass die Dinge auch dann existieren, wenn es sie nicht sieht. In den ersten Lebensmonaten wird ein Kind ein Spielzeug, welches der Forscher unter einer Decke versteckt, nicht suchen. Mit etwa acht Monaten sucht das Kind unmittelbar nach dem Verschwinden des Spielzeugs nach ihm. Je weiter sich das Kind entwickelt, desto länger erinnert sich das Kind daran und sucht auch nach mehreren Sekunden Unterbrechung nach dem Spielzeug. Im Alter von zwei Jahren kann das Kind den versteckten Gegenstand systematisch suchen. Es verfügt über eine innere symbolische Repräsentation eines Gegenstandes. Am Ende der sensumotorischen Phase kann das Kind auch Mittel-Zweck-Relationen verstehen und die Ergebnisse seiner Handlungen antizipieren (es weiß nun beispielsweise, dass sich eine interessante Pfütze auf dem Tisch bildet, wenn es seine Trinktasse umkippt). Piaget spricht von einem „Erwachen" der Intelligenz.

Die zweite Hauptphase der Denkentwicklung bezeichnet Piaget als die *Stufe des präoperationalen Denkens* (ca. 2.–7. Lebensjahr). Auf dieser Stufe, die auch Stufe des intuitiv-anschaulichen Denkens genannt wird, befindet sich ein Kind während des Kindergarten- und Vorschulalters. Diese zweite Phase wird manchmal auch weiter differenziert in die Phase des vorbegrifflich-symbolischen Denkens (ca. 2.–4. Lebensjahr) und die Phase des anschaulichen Denkens (ca. 4.–7. Lebensjahr). Auf der Stufe des präoperationalen Denkens kommt es zu einem Schub in der Entwicklung des Sprechens und somit der Fähigkeit, Objekte der Außenwelt symbolisch zu repräsentieren. Das Kind betreibt gerne Nachahmung und Symbolspiele („so tun, als ob"-Spiele, beispielsweise „Geburtstag spielen"). Der Vollzug konkreter logischer Denkprozesse gelingt jedoch noch nicht. Dem Kind fehlt z.B. das Konzept der Mengenerhaltung (das Prinzip der *quantitativen Invarianz*), was sich am Umschüttversuch demonstrieren lässt: Zeigen wir Kindern zwei gleiche Gläser, die beide gleich gefüllt sind, so sagen auch Fünfjährige, dass sich in beiden Gläsern gleich viel Flüssigkeit befinde. Wird nun die Flüssigkeit vor den Augen des Kindes aus einem Glas in ein anders geformtes (schmaleres oder breiteres) Glas umgeschüttet, so werden die Urteile unsicher. Manche Kinder urteilen, in dem schmalen Glas sei nun mehr Flüssigkeit, da die Flüssigkeit höher stehe. Im Alter von etwa sieben Jahren wissen Kinder, dass sich in beiden Glasformen gleich viel Flüssigkeit befindet. Sie sind in der Lage, zwei Dimensionen gleichzeitig zu berücksichtigen (Höhe und Breite). Kinder auf der Stufe des präoperationalen Denkens zentrieren ihre Aufmerksamkeit nur auf eine Dimension. Allmählich entwickeln sie die Fähigkeit, qualitative Invarianzen wahrzunehmen, das heißt, sie erkennen langsam, dass der Charakter der Dinge erhalten bleibt, obwohl sich deren Anschauung verändert. Anfänge dazu finden sich schon auf der sensumotorischen Stufe, wenn Kinder allmählich die Objektpermanenz entwickeln.

Charakteristisch für die Phase des präoperationalen Denkens ist auch der *Egozentrismus*, das heißt die noch nicht vorhandene Fähigkeit des Kindes, einen Standpunkt aus der Perspektive eines anderen zu sehen bzw. dessen Standpunkt gedanklich einzunehmen. Ein schönes Beispiel dafür ist das Nicken des Kindes am Telefon, wenn es eine Frage des Gesprächspartners mit „Ja" beantwortet. Für das Kind ist es noch nicht verstehbar, dass die Person am anderen Ende der Telefonleitung das Nicken nicht wahrnehmen kann. Das Wissen um solche kognitiven Grenzen ist im täglichen Umgang mit Kindern sehr wichtig.

Auf der Stufe des präoperationalen Denkens beherrschen Kinder noch nicht die *Klasseninklusion*. Wenn man beispielsweise fragt, ob mehr Mädchen oder mehr Kinder auf der Welt leben, verstehen sie noch nicht, dass die eine Gruppe nur eine Teilgruppe der anderen ist, dass man also zugleich Mädchen und Kind sein kann. Typisch für diese Phase der Denkentwicklung ist weiter, dass Zeichnungen ohne Gesamtplan erstellt werden und dass es noch kein festes Zeitkonzept gibt. Die Kin-

der verwechseln häufig Größe mit Alter und nehmen an, dass sich Altersunterschiede auch wieder ausgleichen können („Wenn ich viel Suppe esse, überhole ich ihn“). Interessante Merkmale des präoperationalen Denkens sind *animistische, artifizialistische* und *finalistische* Fehldeutungen. Kinder im präoperationalen Stadium deuten unbelebte Gegenstände der Natur als belebt (= animistische Deutung, z.B. „Der Wind ist böse, weil er die Tür laut zuschlägt“), sie deuten alle Gegenstände als gemacht (= artifizialistische Deutung, z.B. „Wer hat den Baum gemacht?“) und sie unterstellen allen Gegenständen einen festen Zweck (= finalistische Deutung, z.B. „Bäume sind dazu da, um Schatten zu spenden“).
Das Ende des präoperationalen Denkens geht nicht nur mit Gewinnen, sondern auch mit Verlusten einher. Während beispielsweise Kinder in der Phase des präoperationalen Denkens noch begeistert einem Zauberer zusehen können, so suchen Kinder auf der Stufe des konkret-operationalen Denkens vor allem nach dem Zaubertrick, weil sie die Invarianz der Dinge begriffen haben und an übernatürliche Fähigkeiten nicht mehr glauben. Die Fähigkeit, sich von der Welt und den Dingen begeistern und verzaubern zu lassen, wird reduziert.
Auf der *Stufe der konkreten Denkoperationen* (ca. 7.–12. Lebensjahr) entwickelt sich das Denken der Kinder so weit, dass sie über konkrete, sinnlich erfahrbare Ereignisse logisch nachdenken können. Die eindimensionale Betrachtungsweise wird überwunden und das Kind entwickelt ein Verständnis der *quantitativen Invarianz.* Die Umschüttaufgabe (s.o.) wird nun problemlos richtig gelöst. Kinder wissen nun, dass sich durch die Veränderung der Form nicht das Volumen oder die Masse eines Stoffes ändert. Neben der quantitativen Invarianz von flüssigen und festen Stoffen erwirbt das Kind auch andere Arten quantitativer Invarianz, wie z.B. die Invarianz von Zahlen und Flächen. Das Invarianz-Verständnis versetzt Kinder in die Lage, geistige Operationen auszuführen. Sie können den Ablauf kognitiver Verarbeitungsschritte umkehren und mit Begriffen im Geiste umgehen. Das achtjährige Kind kann schnell die Aufgabe 9 + 3 lösen und sofort danach 12 - 3 berechnen. Bei der Begründung ihrer Schlüsse sind sie jedoch noch auf konkrete Objekte oder Ereignisse angewiesen.
Auf der *Stufe der formalen Denkoperationen* (ca. ab dem 11. Lebensjahr) ist der Mensch in der Lage, hypothetisch und kombinatorisch zu denken. Hypothetische Fragen können auch in schwierigen Kombinationen gestellt und systematisch gelöst werden. Wenn man beispielsweise die Aufgabe stellt, verschiedenfarbige (rot, blau, grün) und verschieden geformte (rechteckig, quadratisch, zylindrisch) und verschieden große (klein, mittel, groß) Bauklötze bei einer Begrenzung auf genau zwei Bauklötze zu kombinieren, wobei die Reihenfolge egal ist, dann kommt man durch konkret-operationales Denken niemals auf alle denkbaren Kombinationen, wohl aber durch formal-operationales Denken (denken Sie formal-operational und rechnen Sie nach, es gibt 378 mögliche Kombinationen). Kombinatorisches Denken gibt es auch beim konkret-operationalen Denken, neu ist nur das Ver-

folgen aller theoretisch möglichen Kombinationen. Das Denken löst sich von der Gebundenheit an die konkrete Wirklichkeit; auch ein Denken über das Denken selbst ist nun möglich. Ab der frühen Adoleszenz sind die meisten Menschen in der Lage, eigene Theorien von sich und der Welt zu konstruieren und diese Theorien zu überprüfen (vgl. das Konzept der „subjektiven Theorie“ im Kapitel *Lernen und Motivation*). Für viele (nicht für alle) Jugendliche ist die Freude an formalen Denkoperationen typisch, beispielsweise in der Beschäftigung mit Begriffen wie Wahrheit, Gerechtigkeit, Existenz, Freiheit, Sinn sowie in der Auseinandersetzung mit Philosophien, Religionen und Ideologien. Aber nicht alle Menschen erreichen die Stufe der formalen Denkoperationen, wobei die prozentualen Angaben hierzu schwanken (Fend, 2003; Steinberg, 2002).

Die Theorie von Piaget stellt auch heute noch eine der wichtigsten Theorien der Entwicklungspsychologie dar. Während viele Grundannahmen zum Verlauf der kognitiven Entwicklung heute als bestätigt gelten, gibt es auch empirische Abweichungen von Piagets Theorie. So zeigt sich, dass Kinder im Großen und Ganzen kompetenter sind, als Piaget angenommen hatte. Durch leichte Änderung der Versuchsanordnungen konnten Kinder z.B. schon im Alter von drei bis vier Jahren beschreiben, was sich auf der anderen Seite einer dreidimensionalen Landschaft befindet. Dies ist eine Fähigkeit, zu der das Kind nach Piaget & Inhelder (1975) erst im Alter von sieben Jahren in der Lage sein sollte. Generell sollten die Jahresangaben nur als ungefähre Richtschnur angesehen werden (Piaget selbst machte keine starren Altersangaben). Menschen entwickeln sich in unterschiedlichem Tempo. Wichtig ist auch, dass die einzelnen Fähigkeiten nicht plötzlich beim Kind vorhanden sind, sondern sich langsam auf unterschiedlichen Feldern entwickeln. Einige Fähigkeiten können ansatzweise schon vorhanden sein, entwickeln sich aber erst auf der entsprechenden Stufe vollständig. Die Verwechslung von Alter und Größe hängt beispielsweise auch davon ab, welches bereichsspezifische Wissen Kinder haben (Sodian, 2002). Wenn Kinder wissen, dass Pappeln schneller höher wachsen als knorrig gewachsene Eichen, können sie auch eher erkennen, dass man aus der Größe nicht auf das Alter schließen kann.

Trotz dieser Einschränkungen helfen die Beobachtungen Piagets, das Denken von Kindern zu verstehen und sich auf ihre Denkweise einzustellen. Bei der Beobachtung der kognitiven Entwicklung von Kindern ist es für uns immer wieder faszinierend zu sehen, mit welcher Begeisterung Kinder ihre gerade neu erworbenen Fähigkeiten auf alle möglichen (und unmöglichen) Bereiche anwenden und somit Assimilation (und Akkomodation) betreiben.

7. Die moralische Entwicklung nach Kohlberg

In enger Verbindung zur geistigen Entwicklung steht die moralische Entwicklung des Menschen. Die kognitive Entwicklungstheorie von Lawrence Kohlberg (1927–1987) beschreibt und erklärt die Entwicklung des moralischen Urteils. Dabei nimmt er deutlichen Bezug zur Theorie der kognitiven Entwicklung Piagets und geht davon aus, dass sich unser moralisches Urteil über verschiedene Stufen entwickelt. Ähnlich wie Piaget postuliert er eine Unumkehrbarkeit der Entwicklung: Haben wir erst einmal eine Stufe der moralischen Entwicklung erreicht, so können wir nicht mehr hinter diese Stufe des moralischen Urteils zurückfallen. Interessant ist die Methode, mit der Kohlberg sein Modell entwickelte: In halbstandardisierten Interviews mit Kindern, Jugendlichen und Erwachsenen konfrontierte er diese mit moralischen Dilemmata, also mit Geschichten, in denen es um moralische Konfliktsituationen geht. Egal, wie die handelnde Person sich entscheidet, immer verletzt sie dabei bestimmte moralische Prinzipien.

So steht z.B. in einer Geschichte der Ehemann Heinz vor folgendem moralischen Dilemma: Seine Frau ist todkrank, aber es gibt ein Medikament, das ihr helfen kann. Dieses Medikament ist jedoch sehr teuer und Heinz hat das Geld nicht, es zu bezahlen. Darf er das Medikament stehlen und dadurch seiner Frau das Leben retten, oder muss er seine Frau sterben lassen, weil ihm das Geld zum Kauf des Medikaments fehlt? Entscheidend für die Zuordnung einer Person zu einer Stufe des moralischen Urteils ist dabei nicht die Lösung des Dilemmas, also die Handlung, die von der interviewten Person als richtig ausgewählt wurde, sondern die Art und Weise der Argumentation. Welche Begründungen gibt die Person für ihre Entscheidung an?

In seinem Modell unterscheidet Kohlberg sechs verschiedene Stufen des moralischen Urteils, die sich auf drei Ebenen – Kohlberg spricht von Niveaus – verteilen (Kohlberg, 1995). Auf dem *präkonventionellen Niveau* orientiert sich die Person an Belohnung und Bestrafung. Moralität wird aus der Perspektive des eigenen Nutzens gesehen. Ein vierjähriges Kind kann z.B. begründen, dass man einem anderen Kind nichts wegnehmen darf, weil man sonst Schläge bekommt. Auf dem *konventionellen Niveau* orientiert sich die Person an Recht und Ordnung (an der Konvention). Sie ist bemüht, ihre Pflicht zu tun und von anderen akzeptiert zu werden. Moralität wird aus der Perspektive der Gesellschaft gesehen. So sollte man z.B. nicht stehlen, weil sonst das von der Gesellschaft geforderte Recht auf Eigentum verletzt wird. Man sollte Versprechen halten, weil Menschen sich sonst nicht mehr aufeinander verlassen können. Auf dem *postkonventionellen Niveau* orientiert sich die Person an universellen ethischen Prinzipien. Moralität wird aus einer Perspektive gesehen, die der Gesellschaft übergeordnet ist, wodurch die gesellschaftlichen Regeln relativiert werden. Die Person hat eigene moralische Prinzipien, die sie zur Beurteilung von moralischen Handlungen heranzieht. Dabei werden auch gesellschaftliche Normen und Gesetze hinterfragt.

Das Modell Kohlbergs beschreibt die Entwicklung des moralischen Urteils. Empirische Studien (sowie eigene, oft leidvolle Erfahrungen) zeigen, dass nicht alle Menschen das postkonventionelle Niveau erreichen. Ebenso kann man auf Grund der Zuordnung zu einer Stufe keine eindeutigen Prognosen über das konkrete Handeln machen, da moralisches Handeln auch von anderen inneren und äußeren Faktoren beeinflusst wird.

8. Entwicklung im Jugendalter

Von den verschiedenen Abschnitten der Entwicklung soll hier beispielhaft die Entwicklung im Jugendalter betrachtet werden. Stanley Hall (1846–1924), der 1904 eine erste Monographie („Adolescence") zum Jugendalter schrieb, sah das Jugendalter als eine dramatische Lebensphase voller Gegensätze von Euphorie und Niedergeschlagenheit, von Wohl- und Fehlverhalten, von Einsamkeits- und Gruppensüchtigkeit, von Offen- und Verschlossenheit, von Enthusiasmus und Desinteresse sowie von Ernsthaftigkeit und Albernheit. Das Jugendalter wird heute nicht mehr so dramatisch und krisenhaft beschrieben wie in der früheren Forschung. Nach wie vor erleben aber Eltern das Jugendalter ihrer Töchter und Söhne häufig als eine unerfreuliche Zeit (Fend, 2003), was sicherlich auch den Markt für Ratgeber im Umgang mit Pubertierenden erklärt (siehe hierzu Göppel, 2007).
Der Begriff „Jugendalter" ist eher ein soziologischer, der Begriff „Adoleszenz" (adolescere = heranwachsen) eher ein psychologischer (der im angloamerikanischen Sprachraum verwendet wird) und der Begriff „Pubertät" ist ein biologischer, der sich auf die typischen körperlichen Veränderungen bezieht (in der Alltagssprache wird der Begriff auch für die frühe Jugendphase verwendet). Das Jugendalter ist der Übergang von der Kindheit zum Erwachsenenalter. Dieser Übergang wird kulturell geformt. Es gibt Kulturen ohne Jugendalter (betrifft häufig nur Mädchen, wenn sie bereits vor der Pubertät verheiratet werden und die Ehe vollzogen wird) oder mit sehr kurzem Jugendalter, wobei Initiationsriten oft den Übergang ins Erwachsenenalter markieren. So schreibt die Kulturanthropologin Margaret Mead (1930/1970) über Kindheit und Jugend in Neuguinea: „Pubertät bedeutet für die Mädchen: Beginn des Lebens als Erwachsener, Verantwortung, Ende des Spielens, der sorglosen Freundschaften" (S. 134). Für die westliche Industriegesellschaft ist typisch, dass sich das Jugendalter immer mehr verlängert, und zwar nach beiden Seiten. Der Beginn und das Ende des Jugendalters sind schwer festzulegen, weil der Begriff „Jugend" kulturell zu verstehen ist und die biologischen Veränderungen der Pubertät variabel sind. Am häufigsten wird die Auffassung vertreten, dass das Jugendalter mit der Pubertät beginnt und mit der Bewältigung der jugendspezifischen Entwicklungsaufgaben endet (Fend, 2003; Grob & Jaschinski, 2003; Oerter & Dreher, 2008; Tücke, 2007).

8.1 Pubertäre Entwicklung

Unter der Oberfläche des normalen Schulunterrichts spielt sich in der Pubertät ein „zweites Leben" (Fend, 2003, S. 250) ab: Jungen werden zu Männern und Mädchen zu Frauen. Angesichts des sehr variablen Beginns der Pubertät und des variablen Entwicklungstempos (Dauer der Pubertät zwischen zwei und sechs Jahren) braucht eine Geburtskohorte etwa zehn Jahre, bis der gesamte biologische Reifungsprozess für alle abgeschlossen ist. Mädchen entwickeln sich etwa zwei Jahre früher als Jungen. Bedeutsamer als dieser Geschlechtsunterschied ist die interindividuelle Variation: Die erste Menstruation kann mit 9 Jahren oder auch erst mit 17 Jahren auftreten, beides ist keine pathologische Abweichung. Ähnlich variabel ist die Entwicklung der Geschlechtsreife und des Körperwachstums bei den Jungen: Während manche ihr Körperwachstum schon abgeschlossen haben, haben andere Gleichaltrige damit noch nicht einmal begonnen.

In den letzten zweihundert Jahren hat sich der Beginn der Pubertät um etwa vier Jahre nach vorne verschoben. Diese Veränderung spricht dafür, dass die pubertäre Reifung nicht einfach nur einem starren Entwicklungsprogramm folgt. Die Vorverlagerung der Pubertät wurde in Beziehung gesetzt zu der sexuellen Reizzufuhr durch die moderne Zivilisation, zur Ernährung, zum Stress, zu klimatischen Veränderungen (Sonnenstrahlung) etc. Es gibt Hinweise darauf, dass die Auslösung der Pubertät mit dem Körpergewicht zu tun hat und dass für den Beginn der Pubertät sowie für die erste Menstruation (= Menarche) ein Gewichtsschwellenwert überschritten werden muss, wobei die Menstruation wieder aussetzen kann, wenn ein bestimmtes Gewicht unterschritten wird (das Aussetzen der Menstruation ist ein Symptom bei Anorexia nervosa). Sehr schlanke Mädchen haben ihre Menarche später, ebenso sportlich aktive. Eine starke Zunahme des Body Mass Index (BMI) zwischen dem 3. und 7. Lebensjahr geht einher mit einem früheren Auftreten der Pubertät. Bei Leistungssportlerinnen kommt es häufig in Trainingspausen zum ersten Auftreten der Menstruation. Es wird vermutet, dass in früheren Zeiten die schlechte Ernährung und die verbreitete Kinderarbeit den Pubertätsbeginn nach hinten verschoben haben. Während schlechte Ernährung und Arbeitsbelastung Pubertätshemmer sind, gehen Stressoren wie Scheidung der Eltern, Verlust eines Elternteils, Umzüge, Arbeitslosigkeit der Eltern und Schulschwierigkeiten mit einer Vorverlagerung der Pubertät um etwa drei Monate einher. Mädchen, deren leiblicher Vater die Familie verlassen hatte, sowie solche, die inzwischen einen Stiefvater hatten, waren in ihrer körperlichen Entwicklung am weitesten (Fend, 2003; Kracke & Silbereisen, 1994). Daneben zeigen Zwillingsforschungen, dass der Pubertätsbeginn auch genetisch beeinflusst wird (Mustanski et al., 2004).

Die erhebliche Variabilität des Pubertätsbeginns warf Fragen nach den psychosozialen Folgen eines frühen oder späten Beginns der Pubertät auf. In den meisten Untersuchungen zeigte sich, dass schneller entwickelte Jungen zufriedener mit ihrer körperlichen Erscheinung sind als langsamer und durchschnittlich entwickelte Jungen. Bei allen Jungen nimmt die Zufriedenheit mit dem Körper mit dem Fortschreiten der Pubertät und der damit verbundenen muskulöseren Erscheinung zu. Spät entwickelte Jungen sind eher unsicher und haben häufiger eine gedrückte Grundstimmung. Sowohl bei spät als auch bei früh entwickelten Jungen besteht ein höheres Risiko für Alkohol- und Tabakkonsum, für riskantes Fahrverhalten sowie für deviantes Verhalten. Für Spätentwickler werden Risikoverhaltensweisen zum Medium, um sich bei anderen doch als erwachsen darzustellen; Frühentwickler hingegen demonstrieren hierdurch ihre geschlechtliche Vollreife und ihren Entwicklungsvorsprung (unter anderem auch mit frühzeitigem Sexualverhalten). Bei früh entwickelten Mädchen gibt es genauso wie bei früh entwickelten Jungen eine größere Wahrscheinlichkeit für früheres Sexualverhalten als auch für einen höheren Alkohol- und Tabakkonsum (teilweise vermittelt durch ältere männliche Sexualpartner). Im Unterschied zu den Jungen sind früh entwickelte Mädchen häufiger unzufrieden mit ihrer körperlichen Erscheinung, was vor allem damit zu tun hat, dass das gesellschaftliche Schönheitsideal der pubertären Gewichtszunahme entgegensteht (Fend, 2003; Kracke & Silbereisen, 1994). Bei Mädchen ändern sich hormonell bedingt die Körperformen stärker und sichtbarer als bei den Jungen (breitere Hüften, breitere Oberschenkel, Brüste). Vor der Pubertät haben Mädchen 10 - 15 % mehr Fettgewebe als Jungen, nach der Pubertät hingegen etwa 100 %, wobei der Körperfettanteil der Mädchen dann bei 27 % liegt und der Jungen bei 15 % (Stolzenberg, Kahl & Bergmann, 2007; Striegel-Moore, Silberstein & Rodin, 1986). Das Verhältnis von Muskelmasse zum Fettgewebe liegt nach der Pubertät bei Jungen bei 3:1, bei Mädchen hingegen bei 5:4 (Steinberg, 2002). Mädchen nehmen in der Pubertät durchschnittlich 11 kg an Körperfetten zu (Fend, 2003). Diese Fettzunahme, die biologisch sinnvoll ist, weil sie Schwangerschaft, Geburt und Stillzeit erleichtert und gegen Notzeiten absichert, steht dem gesellschaftlichen Schönheits- und Schlankheitsideal konträr entgegen. Mädchen haben Schwierigkeiten, die Zunahme des Fettgewebes als Aspekt der normalen pubertären Entwicklung zu akzeptieren. Hierzu trägt neben dem gesellschaftlichen Schlankheitsideal möglicherweise auch bei, dass präpubertäre Mädchen über diese Fettzunahme anders als über das Auftreten der Menstruation nur wenig wissen (Hinz & Denner, 2007).

8.2 Entwicklungsaufgaben

Das Konzept der „Entwicklungsaufgaben" wurde von Robert Havighurst (1900–1992) in die Entwicklungspsychologie eingebracht. Es folgt der Auffassung, dass sich Menschen handelnd und lernend mit der sozialen Umwelt auseinandersetzen. Entwicklungsaufgaben sind Lernaufgaben, für die es besonders geeignete Lebensperioden (sensible Phasen) gibt, in denen diese normalerweise bewältigt werden. Geschieht dies früher oder später, ist ein größerer Aufwand nötig und die Erfolgsaussichten sind geringer. Eine Entwicklungsaufgabe der frühen Kindheit ist

beispielsweise das Erlernen des Sprechens und das Erlangen der Kontrolle über die Ausscheidungsfunktionen. Entwicklungsaufgaben des späten Erwachsenenalters sind die Akzeptanz einer eingeschränkten Gesundheit sowie der Reduktion von Kraft und Ausdauer. Das Besondere am Jugendalter ist, dass besonders viele Entwicklungsaufgaben zu bewältigen sind.
Havighurst formulierte folgende Entwicklungsaufgaben für die Adoleszenz:
1. Neue und reifere Beziehungen zu Altersgenossen beiderlei Geschlechts aufbauen.
2. Übernahme der männlichen/weiblichen Geschlechtsrolle.
3. Akzeptieren der eigenen körperlichen Erscheinung und effektive Nutzung des Körpers.
4. Emotionale Unabhängigkeit von den Eltern und anderen Erwachsenen.
5. Vorbereitung auf Ehe und Familienleben.
6. Vorbereitung auf eine berufliche Karriere.
7. Werte und ein ethisches System erlangen, das als Leitfaden für Verhalten dient – Entwicklung einer Ideologie.
8. Sozial verantwortliches Verhalten erstreben und erreichen.

Nach den Untersuchungen von Dreher und Dreher (1985) werden die Entwicklungsaufgaben 7 und 8 von Jugendlichen eher integriert wahrgenommen. Ergänzt wurde der Komplex der Entwicklungsaufgaben im Jugendalter von Dreher und Dreher um die Thematiken Partnerschaft/Familie (Vorstellungen entwickeln, wie man die eigene zukünftige Familie bzw. Partnerschaft gestalten möchte), Selbstkenntnis (sich selbst kennenlernen und wissen, wie andere einen sehen) und Zukunftsplanung (sein Leben planen und Ziele ansteuern, von denen man annimmt, dass man sie erreichen könnte).
Kritisiert wurde am Konzept der Entwicklungsaufgaben, dass sich in ihm Werte spiegeln, die selbst einem gesellschaftlichen Wandel unterliegen. Die Entwicklungsaufgabe „Vorbereitung auf Ehe und Familienleben“ machte beispielsweise im 17. Jahrhundert nur für einen Teil der Bevölkerung Sinn (viele konnten sich eine Familiengründung nicht leisten). Zudem fällt auf, dass die formulierten Entwicklungsaufgaben in besonderem Maße kulturgebunden sind. Die Entwicklungsaufgabe „Vorbereitung auf die berufliche Karriere“ ist beispielsweise in einem Slum relativ sinnlos. Von der Genderforschung wurde Kritik an der Formulierung geübt, dass eine Geschlechtsrolle zu *»übernehmen«* sei. Es sei für beide Geschlechter physisch und psychisch gesundheitsschädigend, die traditionelle Geschlechtsrolle zu übernehmen (Bilden, 2002). Zudem werde von Jugendlichen nicht einfach eine vorgegebene Geschlechtsrolle übernommen, sondern Jugendliche seien selbst aktiv bei der Präsentation und Inszenierung verschiedener Formen von Männlichkeit oder Weiblichkeit (= »doing gender«) (West & Zimmerman, 1987). Trotz solcher Einwände scheint das Konzept der Entwicklungsaufgaben hilfreich zu sein, um

altersspezifische Lernaufgaben beschreiben und Bewältigungsstrategien („coping strategies") von Jugendlichen verstehen zu können.

8.3 Identität

Eine Definition des Begriffs »Identität« ist nach Tücke (2007) ungefähr so schwer wie „eine große Portion Wackelpudding heil von der Schüssel zum Teller zu befördern" (S. 347). Seiner Meinung nach ist das Konzept der Identität eher schwammig. Es wurde von Erikson (1902–1994) in die Entwicklungspsychologie eingeführt. Für Erikson ist Entwicklung ein lebenslanger Prozess mit altersspezifischen Krisen, wobei er die ersten Phasen in Anlehnung an Freuds Abhandlungen zur Sexualtheorie beschreibt. Die positive Lösung jeder Krise sei förderlich für die Bearbeitung späterer Krisen. So gehe es im Säuglingsalter um die Entwicklung von Urvertrauen beziehungsweise im ungünstigen Fall um die Entwicklung eines lebenslang prägenden Urmisstrauens. In der frühen Kindheit gehe es um die Entwicklung von Autonomie versus Scham und Zweifel (beispielsweise im Kontext der Sauberkeitserziehung), in der Kindheit um Initiative versus Schuldgefühl (Bewältigung des Ödipuskomplexes), im Schulalter um Werksinn versus Minderwertigkeitsgefühl, in der Adoleszenz um Identität versus Identitätsdiffusion, im frühen Erwachsenenalter um Intimität (Lebenspartner, Freundschaft, Liebe) versus Isolation, im mittleren Erwachsenenalter um Generativität (z.B. Kinder großziehen) versus Stagnation und im höheren Erwachsenenalter um Integrität (Weisheit) versus Verzweiflung (negativer Lebensrückblick).

Besonders intensiv wurde das Spannungsfeld von Identität und Identitätsdiffusion rezipiert. Unter der Ausbildung von Ich-Identität versteht Erikson, dass man weiß, wer man ist und worin über Zeit, Situationen und soziale Kontexte hinweg die Einheitlichkeit und Unverwechselbarkeit der eigenen Person (Individualität) begründet ist. Gerade angesichts der teilweise massiven körperlichen Veränderungen im Jugendalter stellt sich die Frage, was den Kern der eigenen Persönlichkeit ausmacht. Das Jugendalter hat nach Erikson einen zentralen Stellenwert für die Identitätsfindung.

Was bedeutet nun Identität bzw. was soll ein Jugendlicher entwickeln, was ein Kind noch nicht ausgebildet hat? Ein Bild von sich selbst, das heißt von seinen Stärken und Schwächen, von seinem „Gutsein" und „Schlechtsein", hat auch ein Kind. Während sich Kinder dabei jedoch eher durch die »Brille« von Eltern, Lehrern oder Spielkameraden sehen, bedeutet Identität, dass man Kriterien der Selbstbewertung entwickelt hat, die unabhängig von der Bewertung von Eltern, Lehrern oder Freunden sind. Nicht die soziale Akzeptanz steht im Mittelpunkt, sondern die Treue zu sich selbst; Selbstbewertung wird wichtiger als Fremdbewertung. Zur Identität gehört nicht nur das »Was bin ich in der Welt?«, sondern auch »Was ist bei allen Veränderungen mein kontinuierliches Ich?«, »Was ist das Eigene und für mich Wesentliche?«, »Was ist meine Stellung in und zur Welt?« und »Was könnte ich sein?«

In engem Zusammenhang mit der Identitätsentwicklung steht häufig das Schreiben eines Tagebuchs, in dem der Schreibende mit seinem unverwechselbaren Ausdruck und mit seinen Nöten und Gefühlen kommuniziert (Seiffge-Krenke, 1985). Durch das Fixieren der Gedanken und Ansichten, durch die Reflexion über eigene Entscheidungen und Verhaltensweisen sowie durch den Versuch einer Klärung der Stellung in der Welt wird das Tagebuchschreiben zum Prototyp von Identitätsarbeit im Jugendalter (Göppel, 2005). Typisch für das Jugendalter sind verstärkte Fragen nach dem Sinn des eigenen Lebens sowie das Infragestellen vorgegebener gesellschaftlicher Strukturen. Es geht darum, eine eigene Weltanschauung und einen eigenen Lebensstil zu entwickeln. Identität ist so etwas wie ein Bewusstsein von sich selbst als verknüpfte Ganzheit in verschiedenen Bereichen wie Beruf, Freizeit, Familie, Weltanschauung, Sozialwesen, Kultur, und zwar sowohl in der Vergangenheit (= wie ich war), in der Gegenwart (= wie ich bin) und in der Zukunft (= wie ich sein werde oder möchte).
Im Anschluss an Eriksons Konzeption der Identität unterschied Marcia (1966) je nach dem Ausmaß der Exploration (= Suche nach Leitbildern) und der Verpflichtung an ein Leitbild (= Engagement und Bindung, „commitment“) vier Formen der Identität:

	Verpflichtung hoch	Verpflichtung niedrig
Exploration hoch	*Erarbeitete Identität*	*Moratorium*
Exploration niedrig	*Übernommene Identität*	*Diffuse Identität*

Bei der diffusen Identität gibt es keine Festlegung für Werte oder für einen Beruf. Wer sich intensiv mit Werten und beruflichen Fragen auseinandersetzt, aber noch nicht festgelegt ist, befindet sich im Stadium des Moratoriums. Wer sich wenig um eine eigene Position bemüht, sondern Beruf, Werte und Normen von den Eltern übernimmt oder auswählen lässt, hat eine übernommene Identität. Wer nach langem Bemühen eigene Werte entwickelt und einen eigenen Beruf ausgewählt hat und sich diesen Werten und diesem Beruf auch verpflichtet fühlt, hat eine erarbeitete Identität. Diese Formen der Identität müssen keineswegs in dieser Reihenfolge durchlaufen werden. Der prozentuale Anteil von Personen mit erarbeiteter Identität steigt aber mit dem Alter an. Neuere Untersuchungen von Marcia (1989) zeigen, dass der Anteil von Personen mit diffuser Identität in den letzten Jahrzehnten angestiegen ist. Es lassen sich vier Formen der diffusen Identität unterscheiden: erstens die Entwicklungsdiffusion, die typischerweise zu Beginn des Jugendalters anzutreffen ist, zweitens die sorgenfreie Diffusion mit unauffälligen, unverbindlichen und oberflächlichen Sozialkontakten von kurzer Dauer, drittens die Störungsdiffusion als Folge einer persönlichen Krise und viertens die kulturell adaptive Diffusion, die möglicherweise zu einer regulären Form der Identität wird. Angesichts der beruflich immer stärker geforderten Mobilität und Flexibilität sowie der im Privatleben größer gewordenen Unsicherheit (Partnerwechsel, Scheidungen) scheint es nicht sinnvoll zu sein, sich beruflich und privat auf Lebensziele, Werte und festverbindliche Beziehungen mit Verpflichtungen festzulegen, so dass eine diffuse Identität die beste Anpassung an die Anforderungen der Umwelt darstellen könnte. Keupp spricht in diesem Kontext von „Patchwork-Identität". Vor dem Hintergrund der berufsbiographischen Umbrüche (in den USA arbeitet einer von drei Beschäftigten in seiner aktuellen Tätigkeit noch kein Jahr, zwei von drei Beschäftigten noch keine fünf Jahre), der damit verbundenen häufigen Ortswechsel („Nomadenexistenz"), der biographischen Brüche, der kürzeren Gegenwart, des Wertewandels und der Pluralisierung und Entstandardisierung familiärer Lebensmuster entstehe Identität durch eine permanente Passungs- und Verknüpfungsarbeit (Keupp et al., 1999). Man kann auch in Frage stellen, ob die Annahme einer »Identität« überhaupt sinnvoll ist. Freud sprach stets mit einem starken Beiklang von Ironie von der Persönlichkeit oder dem Charakter eines Menschen, da dieser eine Mischung aus seit der Kindheit fixierten Trieben, aus Sublimierungen und aus Reaktionsbildungen sei. Aus unterschiedlichen philosophischen Perspektiven haben auch Kierkegaard, Nietzsche, Sartre oder Adorno (das „Nicht-Identische") die Annahme einer festen Identität des Menschen verworfen.

8.4 Peergroup

»Peergroup« bedeutet wörtlich übersetzt »Gruppe von Gleichgestellten«. Gemeint ist die Gruppe der Gleichaltrigen, die im Jugendalter an Bedeutung gewinnt, während gleichzeitig der Einfluss der Eltern abnimmt. Peergroups erleichtern im Jugendalter die Ablösung vom Elternhaus und haben deshalb eine wichtige Funktion beim Übergang von den Abhängigkeitsstrukturen der Kindheit zur Selbstständigkeit des Erwachsenenalters. In Peergroups sind alle Mitglieder von der Struktur her gleich und souverän, die Peerbeziehungen sind freiwillig und können anders als Eltern-Kind-Beziehungen aufgekündigt werden. Jugendliche erfahren in der Peergroup außerhalb der Familie emotionale Geborgenheit, eine Distanz von den eigenen Eltern, neue Identifikationsmöglichkeiten und Lebensstile. Auch die Erleichterung der Partnersuche spielt eine Rolle: Typisch ist der allmähliche Wechsel von gleichgeschlechtlichen zu gemischtgeschlechtlichen Gruppen. Peergroups im Jugendalter können sein: enge Freundschaften zwischen zwei oder drei Jugendlichen, Cliquen von Jugendlichen mit gemeinsamen Aktivitäten und Interessen (ca. 4-6 Personen), eher formelle Jugendgruppen (kirchliche Gruppen, Pfadfinder, Vereine) oder die Zugehörigkeit zu Subkulturen wie Punks, Grufties oder Goths (gleiche Kleidung, gleiche Frisur, gleiches Verhalten, gleiche Einstellung, gleiche

Musikrichtung). In den Subkulturen wird das Bedürfnis nach neuer Identitätsbildung und Abgrenzung besonders deutlich.
Warum sollen sich Jugendliche überhaupt von den Eltern abwenden, insbesondere wenn die Eltern angemessen und hilfreich mit ihnen umgehen? Die einfachste Antwort auf diese Frage ist, dass Eltern nicht lebenslang alle Bedürfnisse ihrer Kinder erfüllen können. Sowohl beruflich als auch privat verlangt unsere Gesellschaft, dass man sich selbstständig einen Platz in ihr erarbeitet, dass man auch außerhalb der Familie Akzeptanz erfährt, dass man selbstständig nach einem Lebenspartner sucht und dass man Bedürfnisse nach Empathie, Intimität und Sexualität befriedigen kann. Das Aufwachsen in Peergroups ist kennzeichnend für moderne Industriegesellschaften, in denen Jugendliche zumeist nicht berufstätig sind, sondern in altersgleichen Gruppen die Schule besuchen, in denen oft beide Elternteile berufstätig sind und in denen Beschäftigungsmöglichkeiten, Partnerwahl, Wohnung, Rechtsprechung und Teilhabe an politischer Macht nicht von Familien geprägt werden (Steinberg, 2002). Unabhängig von diesem gesellschaftlichen Kontext gibt es auch Hinweise darauf, dass bei Tier und Mensch eine »instinktive Inzestbarriere« existiert mit einer damit verbundenen Distanz bis hin zu Aggression (vor allem zwischen Ursprungsfamilie und männlichem Nachwuchs) beim gleichzeitigen Erscheinen sexueller Interessen gegenüber fremden Artgenossen (Bischof, 1985).
Der Peergroup kommt entscheidende Bedeutung beim schwierigen Prozess der Ablösung vom Elternhaus zu. Sie steht auf der gleichen Seite beim Kampf um größere Freiheiten und Unabhängigkeit, sie teilt dieselben Probleme bei der Suche nach sexuellen Erfahrungen und einer erwachsenen Identität und bietet Resonanz für eigene weltanschauliche und religiöse Überzeugungen sowie eine Bühne für die verbale (Jugendjargon) und nonverbale (Kleidung, Motorrad, Frisur, Accessoires) Selbstdarstellung. Die Peergroup kann auch dabei helfen, das Gefühl der Einsamkeit zu überwinden, das die Suche nach der eigenen Stellung zur Welt und nach dem Sinn der Existenz begleiten kann.
Nicht alle Jugendlichen gehören einer Clique an. Cliquenbildungen gibt es am häufigsten bei Jungen in Hauptschulen und am seltensten bei Mädchen an Gymnasien. Daneben gibt es Jugendliche mit nur festen Freundschaftsbeziehungen (vor allem bei Mädchen), mit größeren losen Netzwerken, aber auch isolierte Jugendliche. Bei allen Jugendlichen (auch bei den isolierten) reduziert sich die Lebenszeit, die mit den Eltern gemeinsam verbracht wird. Obwohl die Peergroup eine positive Funktion beim Übergang von der Eltern-Kind-Beziehung zur partnerschaftlichen Zweierbeziehung hat, ist sie auch mit Risiken verbunden, nämlich bei Nichtaufnahme mit der Erfahrung von sozialer Ablehnung und Ausschluss und bei Aufnahme mit dem Erlernen riskanter und devianter Verhaltensweisen. Peergroup-Anführer („Peerleader") sind eher männlichen Geschlechts, sehr gut im Sport, stehen eher distanziert zur Schule und zu den Lehrern und demonstrieren ihre Tätigkeit als »Entwicklungspioniere« auch durch Tabak- und Alkoholkonsum (Fend, 2003).

Für viele Entwicklungsrisiken des Jugendalters ist typisch, dass sie im Kontext der Peergroup entstehen (beispielsweise im Jugendhaus).

8.5 Entwicklungsrisiken des Jugendalters

Die in jüngster Zeit vermehrt diskutierte „Entwicklungspsychopathologie" verbindet Fragestellungen der Entwicklungspsychologie mit denen der Klinischen Psychologie (siehe Kapitel „Verhaltensauffälligkeiten"). Verhaltensauffälligkeiten stehen häufig in Verbindung mit Erfahrungen in bestimmten Lebensphasen. Sie können als (auf Dauer ungeeigneter) Versuch verstanden werden, Entwicklungsaufgaben zu bewältigen. So hilft beispielsweise der Tabak- und Alkoholkonsum Jugendlichen dabei, in eine Clique aufgenommen zu werden, Beziehungen zum anderen Geschlecht aufzunehmen, Unabhängigkeit von Eltern und Lehrern zu demonstrieren, sich als männlich oder weiblich zu fühlen und von anderen anerkannt zu werden. Eine der Grundannahmen der Entwicklungspsychopathologie ist, dass es alterstypische Verhaltensbesonderheiten gibt und dass es von den jeweiligen Risiko- und Schutzfaktoren abhängt, ob man von einer normalen oder abweichenden Entwicklung sprechen muss, wobei der Unterschied nicht qualitativ oder abrupt, sondern eher quantitativer Art ist. Zu den entwicklungstypischen Risiken des Jugendalters gehören der (zunächst experimentelle) Konsum von legalen und illegalen Drogen, Essstörungen, riskantes Fahrverhalten, gefährliche Mutproben, aggressives Verhalten, Vandalismus, delinquentes Verhalten (z.B. Diebstähle), Verkehrsdelikte, Schulschwänzen („Absentismus"), depressive Störungen, Suizidversuche und Suizide sowie riskantes Sexualverhalten. Während Mädchen generell eher ein besonderes Risiko für internalisierende Verarbeitungsweisen (Essstörungen, Tabletten, depressive Störungen) haben, dominieren bei Jungen eher externalisierende Strategien (aggressives Verhalten, riskantes Fahrverhalten, Mutproben).

Der Nikotinkonsum ist bei Jungen und Mädchen im Jugendalter inzwischen etwa gleich weit verbreitet, beim Alkoholkonsum fallen die Jungen etwas häufiger auf. Nach einer Studie der WHO (Currie et al., 2004) haben in Deutschland 18 % der 11-Jährigen, 53 % der 13-Jährigen und 72 % der 15-Jährigen schon einmal geraucht. Täglich rauchen 1 % der 11-Jährigen, 10 % der 13-Jährigen und 28 % der 15-Jährigen. Ganz ähnlich entwickelt sich der Alkoholkonsum: 3 % der 11-Jährigen, 13 % der 13-Jährigen und 40 % der 15-Jährigen trinken wöchentlich wenigstens einmal Alkohol. Mindestens schon zweimal betrunken waren im Alter von 15 Jahren 44 % der Jungen und 34 % der Mädchen. Nach Erhebungen der BZgA (2004) haben 8 % der 12- bis 15-Jährigen und 36 % der 16- bis 19-Jährigen schon einmal illegale Drogen (vor allem Cannabis, seltener Ecstasy, Amphetamine, psychoaktive Pflanzen oder Pilze, Kokain, LSD) genommen; 1 % der 12- bis 15-Jährigen und 6 % der 16- bis 19-Jährigen konsumieren regelmäßig. Die deutlichen Unterschiede zwischen der Lebenszeitprävalenz (= Auftreten eines mindestens einmaligen Konsums im bisherigen Leben bis zum Messzeitpunkt) und dem regelmäßigen Konsum zeigen, dass der Konsum legaler und illegaler Drogen im Jugendalter vielfach Probier- und Experimentiercharakter hat. Eine relativ große Gruppe Jugendlicher bleibt aber beim Gewohnheitskonsum von legalen Drogen und eine kleine Gruppe auch beim Gewohnheitskonsum von illegalen Drogen. Entscheidend dafür, ob legale und illegale Drogen ausprobiert werden und ob es dann beim Ausprobieren bleibt, sind häufig die bestimmenden Mitglieder der jeweiligen Peergroup.

Essstörungen sind vor allem bei Mädchen verbreitet. Bezüglich der klinischen Ausprägungen liegt die Punktprävalenz (= Anteil der derzeit akut Erkrankten) für junge Frauen bei 0,3 % für Magersucht (Untergewicht, Amenorrhoe, Selbstwahrnehmung als zu dick, krankhafte Angst vor dem Dickwerden), bei 1 % für Bulimie (Fressattacken und Erbrechen oder Benutzung von Abführmitteln) und bei mindestens 1 % für die Binge-Eating-Störung (Fressattacken ohne gegensteuernde Maßnahmen) (Hoek & van Hoeken, 2003). Vor allem das Auftreten der Anorexia nervosa (= Magersucht) ist eng mit dem Eintritt in die Pubertät und mit der Abwehr der pubertären Körperveränderungen verbunden. Der Anteil der Mädchen mit klinischen Ausprägungen von Essstörungen ist zwar nicht sehr hoch, aber die Erkrankung kann bis zum Tode führen. Zudem existiert eine große Gruppe von Mädchen und jungen Frauen, die der klinischen Diagnose einer Essstörung nicht ganz entsprechen, die aber Symptome von gestörtem Essverhalten aufweisen und in der Gefahr stehen, das Vollbild der Erkrankung zu entwickeln.

Eng mit dem Jugendalter verbunden ist auch das Auftreten von depressiven Störungen, Suizidversuchen (Verhältnis von Mädchen zu Jungen 2 : 1) und Suiziden (Verhältnis von Mädchen zu Jungen 1 : 3) (Fend, 2003, S. 175). Zwar ist das Jugendalter über den gesamten Lebenslauf betrachtet nicht die Lebensphase mit der höchsten Depressions- und Suizidrate (dies ist das höhere Erwachsenenalter), aber vor allem im Vergleich zur Kindheit ist das Auftreten von depressiven Störungen, Suizidversuchen und Suiziden typisch. Gewissermaßen liegt hier die Kehrseite der Entwicklung hin zu einer eigenen Identität. Während Kinder depressive Gefühle an den Versagungen durch die Außenwelt festmachen, gehen Jugendliche eher von einem eigenen Versagen aus. Motive für Suizidversuche und Suizide sind Konflikte mit den Eltern, aber auch Liebeskummer und Partnerprobleme. Bedeutsam sind zudem fehlende Antworten auf die Frage nach dem Sinn des Lebens. Suizide sind im Jugendalter die zweithäufigste Todesursache (nach den Todesfällen durch Unfälle).

Während Essstörungen, depressive Störungen, Suizidversuche und Suizide internalisierende Arten der Problemverarbeitung sind, gehören aggressive und delinquente Verhaltensweisen zu den externalisierenden Bewältigungsversuchen. Parallel zum Eintritt in die Pubertät gibt es bei vielen Jugendlichen einen steilen Anstieg von Verhaltensweisen wie oppositionelles Verhalten gegenüber Lehrern, Schulschwänzen (Schulabsentismus), Vandalismus, Diebstähle und aggressives Verhalten, letzteres bei Jungen häufiger durch körperliche Aggressionen, bei Mädchen häufiger durch indirekte verbale Aggressionen (andere heimtückisch hinter deren Rücken schlecht machen). Typische Entwicklungsverläufe beginnen oft mit kleinen »Entwendungen«, sodann folgen Delikte wie Ladendiebstahl und Vandalismus, dann Einbrüche, schließlich Fahrzeugdiebstähle, Drogenverkäufe, Raub und Angriffe auf Personen. Etwa die Hälfte dieser »Delinquenzkarrieren« wird mit dem Eintritt ins Erwachsenenalter von selbst aufgegeben (Fend, 2003).

9. Anwendung im Alltag

9.1 Genetische Einflüsse

Der Nachweis eines genetischen Einflusses auf Intelligenz, Lese-Rechtschreibleistung, Selbstkontrolle, Aggressivität usw. darf im schulischen Alltag nicht dazu führen, diese Verhaltensweisen als genetisch determiniert und damit als unveränderbar anzusehen. Andererseits sollten genetische Ursachen aber auch nicht beiseite geschoben werden. Das Ignorieren genetischer Einflüsse befördert erstens falsche Anforderungen an Schüler durch Eltern und Lehrer, begünstigt zweitens Selbstüberschätzungen bei Eltern und Lehrern ganz im Sinne der behavioristischen Entwicklungstheorie („Gebt mir ein Dutzend gesunder, wohlgebildeter Kinder und meine eigene Umwelt, in der ich sie erziehe, und ich garantiere, dass ich jedes nach dem Zufall auswähle und zu einem Spezialisten in irgendeinem Beruf erziehe, zum Arzt, Richter, Künstler, Kaufmann oder zum Bettler und Dieb, ohne Rücksicht auf seine Begabungen, Neigungen, Fähigkeiten, Anlagen und die Herkunft seiner Vorfahren"; Watson, 1930, S. 123) und führt drittens zu falschen Versagensvorwürfen gegenüber Eltern und Lehrern. Die Annahme einer genetischen Mitbeeinflussung beispielsweise bei einer Lese-Rechtschreibschwäche entlastet zunächst einmal sowohl Eltern als auch die betroffenen Schüler, und schützt vor falschen Zuschreibungen durch die Lehrer (z.B. »ist faul und bequem«) oder Eltern (z.B. »will uns ärgern«, »kann es doch eigentlich«). Die Annahme einer Erblichkeit dient aber oft auch als Schutzbehauptung, um sich nicht ändern zu müssen (Beispiel: »Ich schiebe immer alles auf und kann mich da auch nicht mehr ändern, das habe ich halt von meiner Mutter geerbt«). Wichtiger als die Berechnung genetischer Varianzaufklärungen ist die Betrachtung der Genom-Umwelt-Interaktionen. Am Beispiel der Lese-Rechtschreibschwäche soll dies veranschaulicht werden: In der Schulberatung ist es oft lohnend, der Frage nachzugehen, ob Vater oder Mutter ebenfalls an einer Lese-Rechtschreibschwäche litten. Häufig führt eine Lese-Rechtschreibschwäche bei einem Elternteil oder bei beiden Elternteilen dazu, dass diese Schwäche als peinlich verdrängt wurde und dass, um die Verdrängung aufrechterhalten zu können, eine solche Schwäche beim eigenen Kind dann nicht oder erst spät wahrgenommen wird. Zudem führt eine Lese-Rechtschreibschwäche der Eltern vermutlich auch dazu, dass das Kind eine wenig fördernde Umwelt im Elternhaus hat (wenig Bücher, Fernsehsonntage, keine außerschulische Lese- und Rechtschreibförderung durch die Eltern) (= passive Genom-Umwelt-Kovarianz). Vermutlich wird das Kind auch keine Förderung seiner Lese- und Schreibfähigkeiten in seinem Umfeld hervorrufen, da beispielsweise Verwandte oder Erzieher dem Kind lieber das in die Hand geben, was ihm Spaß macht (reaktive Genom-Umwelt-Kovarianz). Und natürlich wird ein Kind mit Lese-Rechtschreibschwäche sowohl in seiner Freizeit als auch in der schulischen Freiarbeit eher einen weiten Bogen um das Lesen und Schreiben machen (= aktive Genom-Umwelt-Kovarianz), da es für das eigene Selbstkonzept günstiger ist, sich mit Dingen zu beschäftigen, die man gut kann. Für die schulische Beratung und Förderung ist es wichtig, solche Teufelskreise aufzudecken und zu überwinden (siehe Betz & Breuninger, 1987).

9.2 Kognitive Entwicklung nach Piaget

Die Theorie von Piaget beschreibt die Entwicklung des Denkens und zeigt stufentypische Begrenzungen auf. Von Kindern strukturell ähnliche Denkleistungen wie von Erwachsenen zu verlangen, ist eine Überforderung (Wir haben es dabei mit einer Verletzung der Metanorm „Sollen impliziert Können" zu tun, was moralisch nicht haltbar ist; vgl. Wagner, 2008). Dreijährigen Kindern, die sich auf der präoperationalen Stufe befinden, fehlt meist noch die Fähigkeit, den Standpunkt einer anderen Person einzunehmen (Egozentrismus). Wir können daher von dem Kind nicht fordern, dass es beispielsweise wahrnimmt, dass es beim »Verändern« der Spielzeugburg eines älteren Kindes diese zerstört und damit dem älteren Kind Schmerzen bereitet. Lehrer sollten im Primarbereich das Denken der Schüler durch konkrete Demonstrationen anregen. Das Prinzip, dass wir Kinder nicht über-, aber auch nicht unterfordern sollten, kann mit der Theorie von Piaget differenziert werden: Wir sollten für die Unterrichtsplanung jene Fähigkeiten ansprechen, welche die Kinder gerade entwickelt haben. Oft zeigt sich dann auch eine große Begeisterung der Kinder, da sie sehr motiviert sind, die neu erworbenen Fähigkeiten anzuwenden (d.h. zu assimilieren).

9.3 Moralische Entwicklung nach Kohlberg

Ebenso wie die Theorie der kognitiven Entwicklung von Piaget zeigt auch die Theorie der Entwicklung des moralischen Urteils von Kohlberg, dass besonders kleine Kinder nicht mit den gleichen Kriterien beurteilt werden dürfen wie Erwachsene. In Bezug auf das moralische Urteil erklärt dies, dass es eine Überforderung für Kinder wäre, wenn sie weitreichende, für andere Menschen gültige Urteile fällen müssen. Kohlbergs Theorie macht verständlich, warum die schöne Vorstellung des Pädagogen Janusz Korzcak von einem Kinderparlament und Kindergericht (er spricht vom Kameradschaftsgericht), welches die Vergehen der Mitschüler und auch von Korczak selbst (er stand fünf Mal vor diesem Gericht) zum Gegenstand hat, in der Praxis zu Urteilen führte, die unverhältnismäßig und ungerecht waren: Kinder auf dem präkonventionellen Niveau und auch auf der ersten Stufe des konventionellen Niveaus gehen zu sehr von ihrer eigenen Betroffenheit aus. Ihnen fehlt noch die Fähigkeit, ihr Urteil an übergeordneten moralischen Prinzipien zu orientieren. Leider beurteilen sich Kinder auch oft selbst unverhältnismäßig hart, wenn sie z.B. annehmen, dass sie für die Streitigkeiten oder gar Trennung der Eltern verantwortlich sind: Tiefe Schuldgefühle bis hin zu Suizidgedanken können Folgen solch mangelnder moralischer Urteilsfähigkeit sein.

9.4 Jugendalter

Bei Lehrerinnen und Lehrern gelten 7. und 8. Klassen als die schwierigsten, was mit den aufgezeigten Besonderheiten der Entwicklung im Jugendalter zu tun hat. Ein gutes Wissen über die Entwicklungsbedingungen des Jugendalters kann Lehrern und Eltern helfen, beispielsweise oppositionelles Verhalten nicht persönlich zu nehmen, sondern als Problemlösestrategie anzusehen, die auf Dauer ungeeignet ist, derzeit aber ein Versuch des Jugendlichen ist, eine Entwicklungsaufgabe zu bewältigen.

Eltern und Lehrer können auch selbst viel dazu beitragen, Jugendlichen bei dieser Bewältigung zu helfen. So sollten Eltern und Lehrer einerseits körperlich weit entwickelte Jugendliche nicht überschätzen und andererseits Spätentwickler nicht unterschätzen. Lehrer sind in besonderer Weise mit den unterschiedlichen Entwicklungstempi in der Pubertät konfrontiert. So macht das äußere Erscheinungsbild von Schülerinnen und Schülern im Klassenzimmer wegen der großen Varianz der somatischen Pubertätsentwicklung nicht selten einen grotesken Eindruck: „Erwachsene Frauen sitzen zwischen kindlichen Jungen, groß gewachsene Männer bei knabenhaften Mädchen“ (Fend, 2003, S. 108). Hinzu kommt noch, dass das Altersspektrum beispielsweise in einer 7. Klasse vom 12. bis zum 16. Lebensjahr reichen kann. Wichtig wäre, dass Eltern und Lehrer Jugendliche über die normale Variabilität des Beginns und der Geschwindigkeit der Pubertät aufklären. Auch Detailinformationen über die Abfolge der pubertären Veränderungen können hilfreich sein und unnötige Sorgen nehmen. So haben beispielsweise viele Jugendliche unnötige Ängste vor einer zu langen Nase oder vor unproportional erscheinenden Gliedmaßen oder Brüsten, weil sie die normalen Unterschiede in der Wachstumsgeschwindigkeit einzelner Körperteile nicht kennen.

Der unterschiedliche körperliche Entwicklungsstand der Schüler sollte im Sportunterricht berücksichtigt werden. Spät entwickelte Jungen sehen sich im Sportunterricht häufig als gehänselt und gedemütigt an. Deshalb sollten Sportlehrer bei Jungen in der Pubertät eher auf Sportarten zurückgreifen, in denen Geschicklichkeit statt Kraft gefordert wird, weil Spätentwickler sonst benachteiligt werden und noch stärker in Risikoverhaltensweisen zur Demonstration ihres Erwachsen-Seins getrieben werden. Bei früh entwickelten Mädchen ist im Sportunterricht darauf zu achten, dass sich diese nicht bloßgestellt fühlen (Fend, 2003).

Obwohl Informationsvermittlung alleine keine ausreichende Bedingung für die Vermeidung von Fehlbewältigungen ist, so ist ein adaptives Coping einfacher, wenn man frühzeitig auf Belastungen vorbereitet wurde. So wie es weithin gelang, den in früheren Generationen häufigen Schock der ersten Menstruation durch frühzeitige sexuelle Aufklärung zu reduzieren oder zu vermeiden, so sollten Mädchen frühzeitig über die mit der Pubertät verbundene (biologisch sinnvolle) Fettzunahme aufgeklärt werden, um so die Akzeptanz der pubertätsbedingten Körperveränderungen zu erleichtern. Ein solcher Aufklärungsunterricht muss einfühlend und frühzeitig erfolgen. Weitere Unterstützung bei der Bewältigung der Entwicklungsaufgabe, den eigenen Körper zu bewohnen (Fend, 2003), kann durch eine Problematisierung des weiblichen Schlankheits- und Schönheitsideals und des Diätverhaltens erfolgen. Seit den 1990er Jahren gibt es auch im deutschen Sprachraum vielfältige Programme zur Prävention von Essstörungen für den Einsatz in der Schule und in der offenen Jugendarbeit (Berger, 2008; Dannigkeit, Köster & Tuschen-Caffier, 2007; Hinz, 2012; Hinz & Denner, 2007). Angesichts der hohen Kosten bei der Behandlung von Essstörungen und angesichts der weiten Verbreitung der Körperunzufriedenheit bei jugendlichen Mädchen sollte die Implementation bewährter Präventionsprogramme in Schule und Jugendarbeit selbstverständlich sein.

Wichtig ist es auch, den Kontakt zu Jugendlichen trotz ruppigen, aggressiven oder devianten Verhaltens nicht abreißen zu lassen. Es gibt gut evaluierte Programme zur Prävention aggressiven und gewaltbereiten Verhaltens wie das »Streitschlichter-Programm« (Jefferys-Duden, 1999, 2000), das Programm »Faustlos« (Cierpka, 2004) oder das »Coolness Training« (Kilb, Weidner & Gall, 2006). Während Lehrern und Eltern aggressive und deviante Verhaltensweisen besonders auffallen, werden Depressionen häufig übersehen, da diese zumeist überspielt werden. Präsuizidale Warnsignale sind Suiziddrohungen, bereits begangene Suizidversuche, die Beschäftigung mit dem Tod sowie mit dem Sinn und der Durchführbarkeit von Suiziden, Interessensverluste (an Schule und an Freizeitaktivitäten), Gefühle der Hoffnungslosigkeit, sozialer Rückzug, risikoreiches Verhalten sowie das Verschenken persönlich bedeutsamer Gegenstände (Fend, 2003; Rausch, 2006). Schulische Programme zur Prävention von Depressionen und von Suiziden sind im deutschen Sprachraum bislang eher selten (s. Pössel, Horn, Seemann & Hautzinger, 2004).

Vergleichsweise weit verbreitet sind hingegen schulische Programme zur Suchtprävention, die teilweise bereits in der Grundschule ansetzen. Als Standard guter Suchtprävention gelten heute die Lebenskompetenzprogramme, deren Philosophie es ist, dass Jugendliche mit hohen sozialen Kompetenzen weniger anfällig für Risikoverhaltensweisen sind. Zu Lebenskompetenzprogrammen gehören Selbstsicherheits-, Standfestigkeits- und Kommunikationstrainings, Entscheidungs- und

Problemlösetrainings, die Vermittlung von Strategien zum Umgang mit Angst und Stress, Medienkompetenz- und Wissensvermittlung (Walden et al., 1998; Walden et al., 2000). Hierdurch soll die Bewältigung von Entwicklungsaufgaben im Jugendalter erleichtert werden. Zuletzt wurde die Individualisierung von Suchtpräventionsprogrammen gefordert, das heißt eine genauere Anpassung von Interventionsprogrammen an das Geschlecht und an den Konsumstatus der Schülerinnen und Schüler (Hinz, 2006).

10. Literatur

Empfohlene Literatur

Oerter, R. & Montada, L. (Hrsg.) (2008). Entwicklungspsychologie (6. Auflage). Göttingen: Hogrefe.

Fend, H. (2003). Entwicklungspsychologie des Jugendalters (3. Auflage). Wiesbaden: Verlag für Sozialwissenschaften.

Tücke, M. (2007). Entwicklungspsychologie des Kindes- und Jugendalters für (zukünftige) Lehrer. Berlin: Lit.

Verwendete Literatur

Ariès. P. (1975). Geschichte der Kindheit. München: Hanser.

Asendorpf, J.B. (1998). Entwicklungsgenetik. In H. Keller (Hrsg.), Lehrbuch Entwicklungspsychologie (S. 97-118). Bern: Huber.

Asendorpf, J.B. & Neyer, F.J. (2012). Psychologie der Persönlichkeit (5. Auflage). Berlin: Springer.

Berger, U. (2008). Essstörungen wirkungsvoll vorbeugen. Die Programme PriMa, TOPP und Torera zur Primärprävention von Magersucht, Bulimie, Fress-Attacken und Adipositas. Stuttgart: Kohlhammer.

Betz, D. & Breuninger, H. (1987). Teufelskreis Lernstörungen. Theoretische Grundlegung und Standardprogramm. Weinheim: PVU.

Bilden, H. (2002). Geschlechtsidentitäten–finden, darstellen, damit spielen? 11 Thesen. In B. Metzmacher (Hrsg.), Viele Seelen wohnen doch in meiner Brust. Identitätsarbeit in der Psychotherapie mit Jugendlichen (S. 55-66). Münster: Verlag für Psychotherapie.

Bischof, N. (1985). Das Rätsel Ödipus. Die biologischen Wurzeln des Urkonfliktes von Intimität und Autonomie. München: Piper.

Bronfenbrenner, U. (1981). Die Ökologie der menschlichen Entwicklung. Natürliche und geplante Experimente. Stuttgart: Klett-Cotta.

Bundeszentrale für gesundheitliche Aufklärung (BZgA) (2004). Die Drogenaffinität Jugendlicher in der Bundesrepublik Deutschland. Eine Wiederholungsbefragung der BZgA. Köln: BZgA.

Campe, J. H. (1785/1985). Über die früheste Bildung junger Kinderseelen (Hrsg. von B.H.E. Niestroj). Frankfurt am Main: Ullstein.

Cierpka, M. (Hrsg.) (2004). Faustlos. Ein Curriculum zur Förderung sozial-emotionaler Kompetenzen und zur Gewaltprävention für den Kindergarten. Göttingen: Hogrefe.

Currie, C., Roberts, C., Morgan, A., Smith, R., Settertobulte, W., Samdal, O. & Rasmussen, V.B. (Eds.) (2004). Young people's health in context. Health behaviour in school-aged children (HBSC) study: international report from the 2001/2002 survey. Copenhagen: WHO.

Dannigkeit, N., Köster, G. & Tuschen-Caffier, B. (2007). Prävention von Essstörungen. Ein Trainingsprogramm zum Einsatz an Schulen. Tübingen: DGVT.
Dawood, K., Kirk, K. M., Bailey, M., Andrews, P. W. & Martin, N. G. (2005). Genetic and environmental influences on the frequency of orgasm in women. Twin Research and Human Genetics, 8, 27-33.
DeMause, L. (Hrsg.) (1977). Hört ihr die Kinder weinen. Eine psychogenetische Geschichte der Kindheit. Frankfurt am Main: Suhrkamp.
Dreher, E. & Dreher, M. (1985). Wahrnehmung und Bewältigung von Entwicklungsaufgaben im Jugendalter: Fragen, Ergebnisse und Hypothesen zum Konzept einer Entwicklungs- und Pädagogischen Psychologie des Jugendalters. In R. Oerter (Hrsg.), Lebensbewältigung im Jugendalter (S. 30-61). Weinheim: Edition Psychologie, VCH.
Dunn, K. M., Cherkas, L. F. & Spector, T. D. (2005). Genetic influences on variation in female orgasmic function: a twin study. Biology Letters, 1, 260-263.
Fend, H. (2003). Entwicklungspsychologie des Jugendalters (3. Auflage). Wiesbaden: Verlag für Sozialwissenschaften.
Göppel, R. (2005). Das Jugendalter. Entwicklungsaufgaben – Entwicklungskrisen – Bewältigungsformen. Stuttgart: Kohlhammer.
Göppel, R. (2007). Aufwachsen heute. Veränderungen der Kindheit–Probleme des Jugendalters. Stuttgart: Kohlhammer.
Grass, G. (1959). Die Blechtrommel. Darmstadt: Luchterhand.
Grob, A. & Jaschinski, U. (2003). Erwachsen werden. Entwicklungspsychologie des Jugendalters. Weinheim: Beltz.
Hall, S. (1904). Adolescence: Its psychology and its relation to physiology, anthropology, sociology, sex, crime, religion, and education. New York: Appleton.
Hinz, A. (2006). Stark im Leben. Geschlechtergerechte Gesundheitsförderung in den Klassen 7 und 8. Tübingen: DGVT.
Hinz, A. (2012). Essstörungen. In U. Sandfuchs, W. Melzer, B. Dühlmeier & A. Rausch (Hrsg.), Handbuch Erziehung (S. 459-463). Bad Heilbrunn: Klinkhardt/UTB.
Hinz, A. & Denner, C. (2007). Prävention essstörungsrelevanter Körperbildwahrnehmungen: Entwicklung und Evaluation einer Unterrichtseinheit in Klasse 4. Zeitschrift für Empirische Pädagogik, 21, 271-290.
Hoek, H. W. & Hoeken, D. van (2003). Review of the prevalence and incidence of eating disorders. International Journal of Eating Disorders, 34, 383-396.
Jefferys-Duden, K. (1999). Das Streitschlichter-Programm. Mediatorenausbildung für Schülerinnen und Schüler der Klassen 3 bis 6. Weinheim: Beltz.
Jefferys-Duden, K. (2000). Konfliktlösung und Streitschlichtung. Das Sekundarstufen-Programm. Weinheim: Beltz.
Kahl, H., Schaffrath Rosario, A. & Schlaud, M. (2007). Sexuelle Reifung von Kindern und Jugendlichen in Deutschland. Ergebnisse des Kinder- und Jugendgesundheitssurveys (KiGGS). Bundesgesundheitsblatt - Gesundheitsforschung - Gesundheitsschutz 50, 677-685
Kegel, G. (1987). Sprache und Sprechen des Kindes. Opladen: Westdeutscher Verlag.
Keupp, H., Ahbe, T., Gmür, W., Höfer, R., Kraus, W., Mitzscherlich, B. & Straus, F. (1999). Identitätskonstruktionen. Das Patchwork der Identitäten in der Spätmoderne. Reinbek: Rowohlt.
Kilb, R., Weidner, J. & Gall, R. (2006). Konfrontative Pädagogik in der Schule. Anti-Aggressivitäts- und Coolnesstraining. Weinheim: Juventa.
Kohlberg, L. (1995). Die Psychologie der Moralentwicklung. Frankfurt am Main: Suhrkamp.
Kracke, B. & Silbereisen, R. K. (1994). Körperliches Entwicklungstempo und psychosoziale Anpassung im Jugendalter: Ein Überblick zur neueren Forschung. Zeitschrift für Entwicklungspsychologie und Pädagogische Psychologie, 4, 293-330.

Kreppner, K. (1998). Vorstellungen zur Entwicklung der Kinder: Zur Geschichte von Entwicklungstheorien in der Psychologie. In H. Keller (Hrsg.), Lehrbuch Entwicklungspsychologie (S. 121-146). Bern: Huber.

Marcia, J. E. (1966). Development and validation of ego identity status. Journal of Personality and Social Psychology, 3, 551-558.

Marcia, J. E. (1989). Identity diffusion differentiated. In M. A. Luszcz & T. Netterbeck (Hrsg.), Psychological development across the life-span (S. 289-295). North-Holland: Elsevier.

Mead, M. (1930/1970). Jugend und Sexualität in primitiven Gesellschaften Band 2: Kindheit und Jugend in Neuguinea. München: Deutscher Taschenbuch Verlag (Original „Growing up in New Guinea").

Montada, L. (2008). Fragen, Konzepte, Perspektiven. In R. Oerter & L. Montada (Hrsg.), Entwicklungspsychologie (6. Auflage) (S. 3-48). Göttingen: Hogrefe.

Mustanski, B. S., Viken, R. J., Kaprio, J., Pulkkinen, L. & Rose, R. J. (2004). Genetic and environmental influences on pubertal development: Longitudinal data from Finnish twins at ages 11 and 14. Developmental Psychology, 40, 1188-1198.

Nickel, H. & Schmidt-Denter, U. (1991). Vom Kleinkind zum Schulkind. München: Ernst Reinhardt.

Oerter, R. & Dreher, E. (2008). Jugendalter. In R. Oerter & L. Montada (Hrsg.), Entwicklungspsychologie (6. Auflage) (S. 271 - 332). Göttingen: Hogrefe.

Ormrod, J. E. (2006). Educational Psychology. Developing Learners (5. Edition). New Jersey: Pearson.

Piaget, J. & Inhelder, B. (1975). Die Entwicklung des räumlichen Denkens beim Kinde. Stuttgart: Klett.

Pössel, P., Horn, A., Seemann, S. & Hautzinger, M. (2004). Trainingsprogramm zur Prävention von Depressionen bei Jugendlichen. Göttingen: Hogrefe.

Rausch, A. (2006). Problembelastete Schülerinnen und Schüler. Begriffe–Umfeld–Handlungsmöglichkeiten. Bad Heilbrunn: Klinkhardt.

Rousseau, J.-J. (1762/1971). Emile oder über die Erziehung (Orig.: Emile ou de l'éducation). Paderborn: Schöningh.

Schenk-Danzinger, L. (1969). Entwicklungspsychologie. Wien: Österreichischer Bundesverlag.

Schölmerich, A. & Weßels, H. (1998). Beobachtungsmethoden und Auswertungsverfahren in der Entwicklungspsychologie. In H. Keller (Hrsg.), Lehrbuch Entwicklungspsychologie (S. 243-260). Bern: Huber.

Seiffge-Krenke, I. (1985). Die Funktion des Tagebuchs bei der Bewältigung alterstypischer Probleme in der Adoleszenz. In R. Oerter (Hrsg.), Lebensbewältigung im Jugendalter (S.131-159). Weinheim: Beltz.

Sodian, B. (2002). Entwicklung begrifflichen Wissens. In R. Oerter & L. Montada (Hrsg.), Entwicklungspsychologie (5. Auflage) (S. 443-468). Göttingen: Hogrefe.

Steinberg, L. (2002). Adolescence. New York: McGraw-Hill.

Stern, C. & Stern, W. (1965). Die Kindersprache. Eine psychologische und sprachtheoretische Untersuchung (Originalarbeit erschienen 1907). Darmstadt: Wissenschaftliche Buchgesellschaft.

Stolzenberg, H., Kahl, H. & Bergmann, K. E. (2007). Körpermaße bei Kindern und Jugendlichen. Ergebnisse des Kinder- und Jugendsurveys (KiGGS). Bundesgesundheitsblatt Gesundheitsforschung Gesundheitsschutz, 5/6, 659-669.

Striegel-Moore, R. H., Silberstein, L. R. & Rodin, J. (1986). Toward an understanding of risk factors for bulimia. American Psychologist, 41, 246-263.

Tücke, M. (2007). Entwicklungspsychologie des Kindes- und Jugendalters für (zukünftige) Lehrer. Berlin: Lit.

Wagner, R. F. (2008). Ethische Fragen in der Beratung. In A. Rausch, A. Hinz & R. F. Wagner, Modul Beratungspsychologie (S. 251-272). Stuttgart: UTB.

Walden, K., Kröger, C., Kirmes, J., Reese, A. & Kutza, R. (2000). ALF – Allgemeine Lebenskompetenzen und Fertigkeiten. Programm für Schüler und Schülerinnen der 6. Klasse mit Unterrichtseinheiten zu Nikotin und Alkohol. Baltmannsweiler: Schneider Verlag Hohengehren.

Walden, K., Kutza, R., Kröger, C. & Kirmes, J. (1998). ALF – Allgemeine Lebenskompetenzen und Fertigkeiten. Programm für Schüler und Schülerinnen der 5. Klasse mit Informationen zu Nikotin und Alkohol. Baltmannsweiler: Schneider Verlag Hohengehren.
Watson, J. B. (1930). Der Behaviorismus. Stuttgart: Deutsche Verlags-Anstalt.
Watson, J. B. (1929). Psychische Erziehung im frühen Kindesalter. Leipzig: Meiner.
West, C. & Zimmerman, D. H. (1987). Doing gender. Gender and Society, 1, 125-151.

Kapitel 4: Verhaltensauffälligkeiten

Adly Rausch

1. Zusammenfassung

In diesen Ausführungen erfahren Sie, dass die im Alltagssprachgebrauch auftretenden Probleme bei der Beschreibung, was ein gestörtes, auffälliges bzw. problematisches Verhalten ist, sich auch in der wissenschaftlichen Diskussion wiederfinden. Entsprechend den unterschiedlichen Fachrichtungen und Zeitströmungen existiert eine Vielzahl von Betrachtungsweisen. Es liegen nach meiner Einschätzung in der Fachliteratur nur wenige Zusammenstellungen vor, die den Versuch unternehmen, mögliche Sichtweisen *überblicksartig* zu erfassen. Ein Ansatz findet sich bei Stein (2011, S.11ff.), der aus der Sicht einer „Disziplin Pädagogik bei Verhaltensstörungen" auch andere Nachbardisziplinen wie z.B. Psychologie, Medizin, Sozialpädagogik sowie Kinder- und Jugendrecht, Soziologie und Berufspädagogik streift. Ebenso stellvertretend für Bemühungen zum Begriffsverständnis können die Ausführungen von Theunissen (2011) erwähnt werden, der aus Sicht der Rehabilitationspädagogik die Verbindung zwischen intellektueller Behinderung und Verhaltensauffälligkeiten analysiert, indem er einer Verbindung von dem Begriff „Verhaltensauffälligkeiten" zu entsprechenden „Parallelbegriffen" nachgeht.
In dem folgenden Kapitel werden aus unterschiedlichen Betrachtungsweisen einige Varianten zur Benennung und Beschreibung problematischen Verhaltens aufgenommen. Es handelt sich um eine willkürlich getroffene Auswahl, die aus psychologischer Sicht in die Problematik einführt.
Um zu zeigen, dass es dennoch Möglichkeiten gibt, zwischen Fachleuten eine weitgehende Verständigung zur Einschätzung eines bestimmten Verhaltens zu erzielen, werden anschließend Diagnoseschemata vorgestellt. Grundsätzliche Aussagen zur Epidemiologie und zu den theoretischen Erklärungsmodellen führen zur exemplarischen Kurzdarstellung von zwei Problembelastungen. Mögliches präventives bzw. interventives Arbeiten wird sowohl im Allgemeinen als auch im speziellen Kontext (Schule, Familie) erfasst.

2. Einleitung

2.1 Fokussierung

„Bitte lassen Sie sich auf folgende Aufgabe ein! Schreiben Sie auf, was Sie unter einem auffälligen, einem gestörten, einem problematischen Verhalten verstehen! Unabhängig von der von Ihnen gewählten und bevorzugten Benennung sollen Sie dies inhaltlich erfassen. Ergänzen Sie Ihre Auffassung durch die Aussagen Ihrer Freunde und Bekannten, denen Sie auch diese Aufgabe stellen. Formulieren Sie nun ein Fazit!" – Erfahrungsgemäß treten folgende Reaktionen auf: Es erfolgt ein Einstieg mit Beispielen (aggressiv, gehemmt, depressiv etc.), es werden Gleichsetzungen bemüht (abnorm ist gestört) und Abgrenzungskriterien gesucht („irgendeine Norm"); Unbehagen, Unsicherheit oder mit Vehemenz vertretene Auffassungen werden geäußert. Mit anderen Worten: Meinungsvielfalt prägt den persönlichen Informationsstand.
Deshalb: Die Ihnen gestellte Aufgabe hat ihren Zweck erfüllt, wenn sich bei Ihnen ein intensives Nachdenken und begründbare Überlegungen einstellen und wenn das Bedürfnis geweckt wird, sich kundig zu machen, welche Sichtweisen zu diesem Sachverhalt in der Fachliteratur vertreten werden.
Die Ausführungen zu diesem Kapitel werden Sie dabei unterstützen.

„Kathrin stört laufend im Unterricht. Hans kaut wiederholt seine Nägel. Simon zieht sich im Unterricht und in den Pausen auffällig zurück. Marco passt nie auf. Marion reagiert auf keine Ermahnung, sie macht immer das Gegenteil. Susi gerät in Panik, wenn sie aufgerufen wird. Thomas kann kaum lesen, seine Diktate sind voller Fehler."

In dieser oder ähnlicher Form teilen häufig Lehrerinnen und Lehrer den Eltern ihre Beobachtungen mit. Sie beschreiben damit ein Verhalten, das ihnen auffällt und mitteilungswürdig erscheint. Es ist in den Fokus ihrer Aufmerksamkeit geraten, weil es nicht mehr als gelegentliches Ereignis abgetan und damit „übersehen" werden kann. Auch die Erklärungen, „es sei entwicklungsbedingt" bzw. „es bessert sich schon wieder von selbst", beruhigen nicht mehr.

2.2 Hintergrundinformationen

Das Bedürfnis, das Beobachtete mitzuteilen, entsteht u.a., wenn

- über einen längeren Zeitraum ein Verhalten (z.B. aggressiver Art) gezeigt wird oder Gedanken („ich sehe den Alltag und die Zukunft nur noch schwarz") kommuniziert werden,
- eingeschätzt wird, dass es vom erwarteten Durchschnittsverhalten abweicht,
- der Eindruck entsteht, dass die auf diese Weise Agierenden selbst unter ihrem Tun leiden oder ihrer Umgebung damit schaden,

- der Beurteiler sich selbst in seinen Handlungen beeinträchtigt fühlt (z.B. Störung der Unterrichtsführung durch fortwährende Provokationen),
- sich die eigene Einschätzung im Gespräch mit anderen, z.B. Kollegen, bestätigt,
- vermutet wird, dass das Beobachtete sich auch in anderen Bereichen (z.B. Familie, Freizeit) zeigt,
- nach Abhilfe gesucht wird.

Diese Auswahl enthält bereits die grundlegenden Aspekte, die sich dann im alltäglichen Sprachgebrauch zu den allgemeinen Einschätzungen verdichten, wie z.B.

„Kathrin ist verhaltensauffällig. Hans ist verhaltensgestört. Simon ist entwicklungsgestört. Marco ist unkonzentriert. Marion ist erziehungsschwierig. Susi zeigt abnorme Reaktionen. Thomas ist lerngestört.“

Ob diese Bezeichnungen in den einzelnen Fällen zutreffen und Anlass sind, entsprechende pädagogisch-psychologische Hilfsmöglichkeiten einzuleiten, oder ob sie den einzelnen Fall unzulässig etikettieren und dadurch beitragen, das individuelle Verhalten unangemessen zu bewerten, ist Gegenstand von wissenschaftlichen Erörterungen. Diese reichen von Beschreibungsversuchen (Was versteht man unter einer Verhaltensauffälligkeit, einer Verhaltensstörung?), einer Bündelung der wesentlichen Charakteristika für einzelne Störungsarten (Diagnose) über theoretische Erklärungsmodelle bis zur detaillierten Erörterung einzelner Formen mit entsprechenden praxisrelevanten Hinweisen.

3. Wissenschaftliche Grundlagen

3.1 Zur Begriffsbestimmung

Begriffsauswahl: In der wissenschaftlichen Literatur finden sich viele Versuche, einen Konsens zu finden, ab wann bestimmte Verhaltensmuster bzw. Erlebnisweisen als auffällig bezeichnet werden können. Die Schwierigkeiten beginnen aber deutlich früher, nämlich bei der Wahl der Bezeichnung. Über diese Problematik bilanzierte Havers (1981) bereits vor über 30 Jahren aus pädagogisch-psychologischer Sicht, dass problematische Verhaltensweisen mit unterschiedlichen Bezeichnungen erfasst werden (ergänzt durch Begriffe, die Stein, 2011, zusätzlich aufnimmt):

Verhaltensauffälligkeiten, Verhaltensstörungen, Erziehungserschwerungen, Disziplinschwierigkeiten, abweichendes Schülerverhalten, Entwicklungsstörungen, soziales Konfliktverhalten, unangepasstes Verhalten, Verhaltensprobleme, neurotisch, gemeinschaftsschwierig, Verhaltensbehinderung, verhaltensoriginell, überraschendes Verhalten.

Diese Ausdrücke werden entweder synonym oder mit spezifischen inhaltlichen Abgrenzungen – von Autor zu Autor unterschiedlich – verwendet. Beide Möglichkeiten erweisen sich als unzulänglich. So fallen bei der synonymen Verwendung von „Disziplinschwierigkeiten“ und „auffälligem Verhalten“ ängstliche und depressive Kinder aus der Begriffswahl heraus; auch ein besonders begabtes Kind ist zwar „auffällig“, aber nicht in erster Linie verhaltensauffällig. Diese Beispiele ließen sich fortsetzen. Konzentriert man sich dagegen auf eine inhaltliche Abgrenzung, dann sind z.B. Überschneidungsbereiche bereits für Laien erkennbar. So kann ein sozial aggressives Verhalten sowohl unter Disziplinschwierigkeiten und unter abweichendem Schülerverhalten als auch unter Erziehungsschwierigkeiten etc. subsumiert werden.
Auch der im pädagogischen Umfeld „jüngere Begriff“ – „Förderbedarf im Bereich des emotionalen Erlebens und sozialen Handelns“ ist nicht unproblematisch. Stein (2011) führt dazu an: „Mit der Bezeichnung von Förderschwerpunkten war der Versuch verbunden, von einer Zentrierung auf Defizite und Störungen wegzukommen und statt dessen Entwicklungsbereiche und Kompetenzen in den Vordergrund zu stellen“ (S. 12). Allerdings – darauf verweist er nachdrücklich – werden mit dieser Begrifflichkeit die Elemente einer kognitiven Förderung, die ebenso relevant sind wie z.B. Aspekte der Bewußtheit, der Selbststeuerung und -regulation, außer-acht gelassen.

Vorschläge zur begrifflichen Differenzierung: Im Folgenden wird eine Antwort auf die Frage gesucht:
Welche Versuche wurden und werden unternommen, um problematische Verhaltensweisen in einer bestimmten Weise zu benennen und näher zu beschreiben?
Aus dem in der Fachliteratur vorliegenden Angebot werden einige Möglichkeiten ausgewählt (siehe Tabelle 1) und in wesentlichen Grundzügen erfasst:

Tabelle 1: Zusammenstellung von Wahlmöglichkeiten

Beschreibungsmöglichkeiten

Variante 1: Reduktion auf fachspezifische Betrachtungsweisen (pädagogisch, psychologisch)	**Variante 4:** Lernstörungen kombiniert mit Verhaltensstörungen
Variante 2: Eine (weitere) spezielle sozialwissenschaftliche Auslegung (abweichendes Verhalten)	**Variante 5:** Vernetzung bzw. Syndrombildung als entwicklungsgeschichtliches Ergebnis
Variante 3: Verhaltensstörungen bzw. psychische Störungen (Klinische Psychologie)	**Variante 6:** Zur Wirksamkeit von Alltagstheorien bei einem begrifflichen Wandel

Variante 1: Reduktion auf fachspezifische Betrachtungsweisen (pädagogisch, psychologisch)

Hier handelt es sich um ein Beispiel, das lange Zeit das Auffassungsverständnis und damit den Sprachgebrauch von Wissenschaftlern prägte. Es findet auch heute noch gelegentlich in der unten dargelegten Zuordnung – oder mit geringfügigen Modifikationen versehen – Zustimmung.

Bereits 1981 zeigte Havers – stellvertretend für andere Autoren – die unbefriedigende begriffliche Situation auf, die die wissenschaftliche Auseinandersetzung mit problematischen Verhaltensweisen im Kindes- und Jugendalter begleitet. So resümiert er zum *damaligen* Zeitpunkt, dass eine Zeitlang versucht wurde, vorwiegend mit zwei Termini auszukommen, im pädagogischen Sprachgebrauch „Erziehungsschwierigkeiten", im psychologischen Sprachgebrauch „Verhaltensstörungen". Im Einzelnen wurde diesbezüglich festgehalten:

Aus der Sicht von Lehrern werden nach Havers (1981) „schulische Erziehungsschwierigkeiten" (andere pädagogische Situationen werden von ihm bewusst ausgeklammert) verstanden als „eine Regelübertretung eines Schülers, die von einem schulischen Erzieher wahrgenommen und als störend und unangemessen beurteilt wird" (S. 21). Anmerkung: Eine Verhaltensweise, die gegen eine Verhaltensregel verstößt, ist eine „Regelübertretung". In ähnlicher Weise analysiert Havers den Sprachgebrauch von Psychologen und Psychiatern und schlägt als beschreibende Definition des Begriffs „Verhaltensstörung" vor: Er bezeichnet „eine Regelübertretung, die vom Handelnden selbst oder von jemandem, der sich ihm gegenüber in einer Machtposition befindet, als störend und unangemessen beurteilt wird" (S. 24).

Havers fasst den Begriff der Verhaltensstörungen als den weiteren Begriff auf, der problematische Verhaltensweisen wie z.B. schulische und häusliche Erziehungsschwierigkeiten, psychische Störungen, Verwahrlosung und Kriminalität umfasst. Ausgegrenzt werden Regelübertretungen, die Ausdruck einer Krankheit sind, z.B. Epilepsien, Verhaltensweisen, die auf niedrige Intelligenz zurückzuführen sind, und psychosomatische Krankheiten. Psychosen im Kindesalter (z.B. der frühkindliche Autismus) gelten als Grenzfälle für die Anwendung des Begriffs Verhaltensstörung. Diese vor über 30 Jahren festgestellte Reduktion steht exemplarisch für zahlreiche Bestrebungen, anhand von ausgewählten Kriterien Zuordnungen zu begründen.

Damals wie heute werden Vor- und Nachteile von Sprachregelungen diskutiert. Fachleute bemühen sich dann, argumentativ zu belegen, dass einzelnen Begriffen der Vorzug vor anderen gegeben werden sollte (Diskussionspunkte sind z.B. Aspekte wie Wertfreiheit) (vgl. z.B. Seibert, 2012, zum Begriff der Erziehungsschwierigkeiten). Ungeachtet der möglichen Varianten (z.B.: Gehören psychosomatische Krankheiten zu den Verhaltensstörungen?), die vorgelegt wurden und werden, kann aktuell festgestellt werden, dass sich in der von Havers vertretenen Auffassung Elemente aus dem üblichen alltäglichen Sprachgebrauch finden:

- ein Beobachter nimmt eine Regelübertretung wahr,
- ein Beobachter legt seiner Einschätzung Normen (unterschiedlicher Art) zugrunde,
- ein Beobachter oder der Handelnde selbst empfindet das geäußerte Verhalten als störend und unangemessen.

Variante 2: Eine (weitere) spezielle sozialwissenschaftliche Auslegung (abweichendes Verhalten)
Problematische Verhaltensweisen sind immer auch Varianten abweichenden Verhaltens (z.B. extrem ängstliches, hyperkinetisches, gehemmtes, aggressives Verhalten, redegestörtes Verhalten etc.). „Abweichendes Verhalten" führt zu folgenden Überlegungen:
Die Bezeichnung Devianz bzw. Abweichung wird für „das diskreditierende (diskriminierende) Abweichen vom normativ erwarteten bzw. erwartbaren Verhalten des Individuums in der Gesellschaft" (Häcker & Stapf, 2009, S. 208) verwendet. Sozialwissenschaftlich betrachtet – wobei die Anzahl der verschiedenen Ansätze so groß ist, dass einzelne Auffassungen willkürlich ausgewählt werden – unterscheiden Dollinger und Raithel (2006, S. 13) vier idealtypische Arten von Devianz:

- eine konventionelle Devianz (hier werden unspektakuläre Abweichungen erfasst, die auch von einem „Innovationsreichtum" zeugen, z.B. bestimmte Bekleidungsweisen, sie stehen an der Grenze zwischen Konformität und Devianz),
- eine provozierende Devianz (anerkannte Normen werden verletzt, Missbilligung ist die Folge, Beispiel: Tür öffnen als Höflichkeitsgeste wird bewusst unterlassen),
- eine problematische Devianz (bestimmte Verhaltensweisen können nicht toleriert werden und erfordern Gegenmaßnahmen, Beispiel: Drogenkonsum),
- Kriminalität (Rechtsnormen regeln die Beurteilung, Beispiel: Straftat).

Diese Auseinandersetzung mit dem Begriff „abweichendes Verhalten" unterscheidet sich von der alltäglichen Verwendung, die ein wesentlich größeres Spektrum an „Spielarten" abweichenden Verhaltens umfasst.

Variante 3: Verhaltensstörungen bzw. psychische Störungen (Klinische Psychologie)
Davison, Neale & Hautzinger (2007) bekennen sich dazu, dass es nicht einfach ist, Verhaltensstörungen zu definieren. Deshalb schlagen sie einzelne Aspekte vor, die – kombiniert – den Begriff einer psychischen Störung, einer Verhaltensstörung, eingrenzen. Es handelt sich um

- die statistische Seltenheit (extreme Abweichung vom Durchschnitt; ausgegrenzt werden in diesem Zusammenhang bestimmte Erscheinungen wie z.B. überragende sportliche Leistungen, die selten, aber von anderer Wertigkeit sind),
- das Verletzen von sozialen Normen („Die Normverletzung macht abweichendes Verhalten zu einem relativen Begriff, denn je nachdem, welche kulturellen

Normen vorherrschen, werden verschiedene Formen ungewöhnlichen Verhaltens und Erlebens toleriert“ (S. 6).),

- das persönliche Leid,
- eine Beeinträchtigung der Lebensführung (z.B. am Arbeitsplatz, in persönlichen Beziehungen etc.; Davison und Neale betonen zu Recht, dass es wie beim persönlichen Leid auch bei den Beeinträchtigungen keine Definition gibt, die bestimmen kann, ab wann von einer Verhaltensstörung zu sprechen ist.),
- ein unangemessenes Verhalten (Umgebungs- und Umweltfaktoren bewirken unangemessene Reaktionen).

Diese Aspekte bilden einen Rahmen, in dem der Begriff der Verhaltensstörungen zu diskutieren ist. Sie verdeutlichen aber auch, dass es immer nur eine ungefähre Orientierung sein kann. Denkt man z.B. an den Aspekt „persönliches Leid“, dann stellt sich zwangsläufig die Frage, wie es dann mit dem Leid der Umgebung ist, das z.B. ein aggressiver Jugendlicher anderen zufügt; eine Erweiterung in diesem Sinne ist unerlässlich. Aber nicht nur an den einzelnen Aspekten sind – wie gezeigt – Modifikationen anzubringen, sondern Davison, Neale & Hautzinger stellen im Gegensatz zu anderen Autoren, die ihre Klassifikation als feststehend sehen, sehr realistisch fest, dass die Liste an problematischen und gestörten Verhaltensweisen sich im Laufe der Zeit stetig ändern wird. Sie begründen diese Auffassung mit der ständigen Weiterentwicklung der klinischen Psychologie. Auf dieser Grundlage „ist (es) nicht möglich, eine einheitliche Definition zu finden, die alle Aspekte psychischer Störungen abdeckt“ (S. 8).

Variante 4: Lernstörungen kombiniert mit Verhaltensstörungen

Lässt man sich auf das Experiment ein und befragt Fachleute nach einer exakten Beschreibung von Lern- und Verhaltensstörungen, dann erhält man häufig keine erschöpfende Auskunft. Während relativ problemlos die Lese- und Rechtschreibstörung und die Rechenschwäche den Lernstörungen zugeordnet werden, treten Zuordnungsschwierigkeiten auf, wenn Verhaltensanteile ins Gespräch kommen (vgl. z.B. den Begriff „Underachievement“, siehe unten).

Ungeachtet dieser Probleme wird dem Begriff der Lernstörungen in der aktuellen Forschung wieder verstärkt Raum eingeräumt (neben früheren Tendenzen, z.B. von Lern- und Leistungsproblemen, Teilleistungsstörungen, Arbeitsstörungen etc. zu sprechen). So bezeichnen Lauth, Brunstein und Grünke (2004) Minderleistungen beim absichtsvollen Lernen als Lernstörungen. „Sie äußern sich darin, dass das gewünschte Können, Wissen und Verhalten (z.B. Lesen, Rechnen, Schreiben, Mitarbeit) nicht in ausreichender Qualität, nicht mit ausreichender Sicherheit sowie nicht in der dafür vorgesehenen Zeit erworben wird: Die erwarteten Leistungsergebnisse werden trotz als angemessen erachteter Lernangebote nicht erreicht, sodass den betroffenen Schülern mehr oder minder umfangreiche Störungen des Lernens zugeschrieben werden“ (S. 13).

Tabelle 2: Arten von Lernstörungen (nach Klauer & Lauth, 1997, aus: Lauth, Brunstein & Grünke, 2004, S. 13) (Neuauflage erscheint 2014)

	Bereichsspezifisch (partiell)	**Allgemein (generell)**
Vorübergehend (passager)	Lernrückstände in Einzelfächern	Schulschwierigkeiten Neurotische Störung
Überdauernd (persistierend)	Lese-Rechtschreib-Schwäche Rechenschwäche	Lernschwäche Lernbehinderung Lernbeeinträchtigung Geistige Behinderung

Die Klassifikation (Tabelle 2) zeigt deutlich, dass unterschiedliche Schwerpunktsetzungen vorgenommen werden können. Richtet man z.B. den Blick auf den Aspekt „Schulschwierigkeiten", dann sieht man Lernstörungen im Zusammenhang mit Verhaltensdefiziten wie z.B. einer mangelnden Mitarbeit (siehe die obige Beschreibung) – man könnte hier auch von einer fehlenden Arbeitsorganisation sprechen. Diese Nahtstelle lässt erkennen, dass vernetzte Lern- und Verhaltensprobleme separate Beschreibungsversuche erschweren. Am Beispiel einer Lernstörung – hier: Underachievement – wird diese Problematik offenkundig:
„Als Underachiever werden Schüler bezeichnet, die in ihren schulischen Leistungen (Noten und Schulleistungstests) weit hinter dem Niveau ihrer intellektuellen Grundfähigkeiten (Intelligenz) zurückbleiben." Neben dieser Abweichung ist „für Underachiever ein Verhaltenssyndrom kennzeichnend, das Defizite im eigenaktiven und planvollen Lernen zum Ausdruck bringt" (Glaser & Brunstein, 2004, S. 24f.). Als charakteristische Verhaltensmerkmale nennen Glaser und Brunstein u.a.: „Geringe Beteiligung am Unterricht, geringe Ausdauer bei schulrelevanten Aufgaben, geringe Konzentration im Unterricht und bei den Hausaufgaben, Vermeidung anspruchsvoller Aufgaben, Entmutigung bei neuen und komplexen Aufgaben etc." (S. 26).
Hier wird eindrucksvoll vermittelt, dass die Suche nach einer Primär- und Sekundärproblematik und damit die Zuordnung zum Lern- bzw. Verhaltensstörungsbereich anregend für akademische Diskussionen ist; Argumente für oder gegen bestimmte Zuordnungen werden ausgetauscht. Auf den Einzelfall bezogen und für den in der Praxis stehenden Fachmann ist jedoch entscheidend, welche Hilfsmöglichkeiten in welcher Form eingesetzt werden können.
Dazu als Anmerkung ein Exkurs in die Sonderpädagogik: Der eben dargelegten Konsequenz scheint sich aus ihren praktischen sonderpädagogischen Erfahrungen heraus von Garrel (2012) anzuschließen, wenn sie verhaltensgestörte Schüler nicht als lernunwillig bezeichnet, sondern in diesen Fällen „von einer (erworbenen) Lernunfähigkeit", also von „lernentwöhnten Kindern" (Vorwort, S. 7) spricht, denen

geholfen werden kann. Ein Ansatz, der sicherlich der Diskussion bedarf – an dieser Stelle belegt er lediglich die *Vielfalt* der begrifflichen Bezeichnungen, die auch aktuell durch immer neue Benennungen erweitert wird.

Variante 5: Vernetzung bzw. Syndrombildung als entwicklungsgeschichtliches Ergebnis (von Einzelsymptomen zum Syndrom)
Problematische Verhaltensweisen von Kindern und Jugendlichen wurden sowohl aus der alltäglichen Erfahrung von Erziehungsberechtigten und Lehrern als auch aus wissenschaftlicher Sicht über Jahrzehnte hinweg in unterschiedlicher Form erfasst.
So lässt sich bei einigen Erscheinungsformen der Trend erkennen, vormals als *Einzelsymptome* benannte Auffälligkeiten nunmehr in Kombination mit anderen Problemaspekten zu sehen und damit umfassendere *Problemkomplexe* anzusprechen. Ein Beispiel hierzu: Während man früher den Begriff des albernen Verhaltens häufig in den Mund nahm, um ein unangemessenes und störendes Verhalten zu beschreiben, scheint dieser Aspekt nunmehr zusammen mit anderen Symptomen dem Begriff der hyperkinetischen Störung untergeordnet zu werden. Clownerien und das bekannte Klassenkasper-Verhalten gelten somit als Bestandteil der hyperkinetischen Störung.
Ebenso „ergeht“ es dem früher lange Zeit favorisierten Begriff „unkonzentriertes Verhalten“ zur Kennzeichnung eines eigenen Problembereiches (Beispiele: „Mein Kind ist konzentrationsschwach.“ „Hans hat eine Konzentrationsstörung.“).
Veröffentlichungen über Konzentrationsstörungen bzw. Konzentrationsschwäche bestimmten eine ganze Forschungsperiode. In dieser wurden Prozesse wie „Aufmerksamkeit“ und „Konzentration“ differenziert erfasst und Erklärungsmodelle diskutiert. Eine schier unübersehbare Anzahl an Ratgebern wendete sich an den „Konzentrationsschwachen“ bzw. dessen Bezugspersonen (Familie, Schule), um Empfehlungen zur Konzentrationssteigerung zu geben. Spezielle Trainingsprogramme wurden aufgestellt, propagiert und erlebten eine Konjunktur.
Heute wird unkonzentriertes Verhalten, also eine beeinträchtigte Aufmerksamkeit, als eine diagnostische Leitlinie (im Zusammenhang mit anderen Auffälligkeiten) zur Erfassung der hyperkinetischen Störung bestimmt.
Diese ausgewählten Beispiele demonstrieren Folgendes: Im Lichte der gegenwärtigen psychologischen Forschung stellen sich früher als eigenständig ausgewiesene Erscheinungsformen nunmehr als Bestandteile eines umfassenden Erscheinungsbildes dar. In der aktuellen Fachdiskussion werden somit die einzelnen Problemaspekte als Teil eines Syndroms verstanden.
In diesem Zusammenhang sollen die erheblichen Konsequenzen einer so veränderten Sichtweise nicht übersehen werden: Während einem albernen Verhalten oder einem unkonzentrierten Verhalten vor allem mit erzieherischer Intervention entgegengewirkt wurde, wird der Gesamtkomplex „hyperkinetische Störung“

mit pädagogischen, psychotherapeutischen und medizinischen (medikamentösen) Maßnahmen belegt.

Interessanterweise finden sich in der aktuellen wissenschaftlichen Diskussion plötzlich vereinzelt Beiträge, die – wie oben skizziert – zu „alten" Überlegungen zurückzukehren scheinen. So spricht sich z.B. Stiehler (2007a, 2007b) für eine Konzentrationserziehung statt einer AD(H)S-Therapie aus (zur Erklärung: die WHO mit dem Diagnoseschema ICD-10 spricht von „hyperkinetischen Störungen", während die amerikanische Version (DSM-5) den Begriff „Aufmerksamkeitsdefizit-/Hyperaktivitätsstörung, ADHS" verwendet).

Die von Stiehler vorgenommene Favorisierung des Konzentrationsaufbaues wendet sich schwerpunktmäßig dem Problem „Konzentration-Aufmerksamkeit" zu (also einer „Neuauflage" einer früheren Forschungsperiode, die etwas in den Hintergrund gedrängt wurde). Stiehler hinterfragt dadurch eine Entwicklung, die sie folgendermaßen beschreibt:

„Innerhalb kurzer Zeit tauchen jedoch die gleichen Probleme unter anderem Namen als neue, vermeintlich unerforschte Krankheiten wieder auf. Wahrscheinlich wird das heutige AD(H)S-Konzept in einigen Jahrzehnten als überholt gelten, wie heute die Neurasthenie und die Minimale Cerebrale Dysfunktion. Aber es wird es vermutlich unter anderem Namen wieder auftreten" (2007a, S. 10).

Diese Aussagen deuten den Kern einer Entwicklung an, die zur Kenntnis zu nehmen ist. Auf diese Weise wird deutlich, dass jede aktuelle Bestandsaufnahme zur Erfassung/Benennung problematischer Verhaltensweisen immer auch ein Spiegelbild von wissenschaftlichen Forschungstrends ist/sein muss.

Variante 6: Zur Wirksamkeit von Alltagstheorien bei einem begrifflichen Wandel

Bei der Bewertung von abweichendem Verhalten, erziehungsschwierigem Verhalten, Verhaltensunsicherheiten, Verhaltensauffälligkeiten, spielen Alltagstheorien eine kommunikationstragende Rolle. Sie sind einerseits eine notwendige Erklärungsmöglichkeit im Leben, um zuerst die positive Seite hervorzuheben, andererseits können sie zu vorschnellen Interpretationen, zu Vereinfachungen und Generalisierungen führen. Sie beeinflussen häufig Wahrnehmungen, prägen diese in eine bestimmte Richtung und führen zu Stereotypenbildungen über auffälliges Verhalten. (Anmerkung: In diesem Zusammenhang sei auf eine interessante prospektive Längsschnittstudie von Ettrich & Ettrich, 2011, verwiesen, in der u.a. auf die Beeinflussung durch eigene Wahrnehmungen und Einstellungen in Bezug auf die Problematik der verhaltensauffälligen Schüler eingegangen wird.) Dieser Prozess soll an einem Beispiel veranschaulicht werden:

Cloer (1982, S. 38 f., er beruft sich auf Rauschenberger, 1976) übernimmt ein Beispiel, das gewissermaßen „zeitlos" ist. Denn die ursprüngliche Intention von Rauschenberger, einen auf die damalige Zeit bezogenen Wandel von „Disziplinstörung" zu „Verhaltensstörung" zu erklären, hat nichts an Aktualität eingebüßt:

Zur Situation: Ein Junge in der 1. Klasse steht auf, geht während des Unterrichts im Zimmer herum und unternimmt verschiedene Dinge. Dieses Verhalten tritt wiederholt auf.

Zur terminologisch-definitorischen Komponente: Die Überlegungen der Lehrerin durchlaufen folgende Stationen: „der Junge ist unruhig“, die Unruhe geht auf Mitschüler und die Lehrerin selbst über, „der Junge stört“, alle Interventionen der Lehrerin wie Ermahnungen, Tadel etc. bleiben wirkungslos, „der Junge ist verhaltensgestört“. Mit dieser Festschreibung verbindet sich die Aussage: „Für diesen Fall bin ich nicht mehr zuständig, hier ist ein Fachmann gefragt“.
Cloer resümiert dazu: „Je nachdem also, wie das Problem *begrifflich* gefasst wird (‚Ich habe Disziplinschwierigkeiten.‘ – ‚Das ist ein verhaltensgestörtes Kind.‘), wird es eher zu persönlichen Erziehungsanstrengungen oder administrativen Selektionsmaßnahmen führen“ (1982, S. 39).
Diese Situation spricht für sich. Sie lenkt den Blick gezielt auf die Bedeutung der Bezeichnung von auffälligen, abweichenden etc. Verhaltensaspekten.

Zusammenfassung: Unter den Varianten 1 bis 6 werden Möglichkeiten der begrifflichen Differenzierung angeboten. Sie stehen für verschiedene Betrachtungsweisen und vermitteln so einen Einblick in *mögliche* Benennungs- bzw. Differenzierungsvorschläge für problematische Verhaltensweisen.

3.2 Klassifikationsvorschläge und Diagnoseschemata

Klassifikationsvorschläge: Die Vielfalt von problematischen Verhaltensweisen erschwert jegliches Klassifikationsvorhaben. Deshalb erstaunt es nicht, dass Einteilungsversuche in vielfältiger Form vorliegen. Zusätzliche Schwierigkeiten ergeben sich auch durch Erscheinungsbilder, die aus der zur Diskussion stehenden Thematik herausfallen (z.B. psychotische Zustände) oder die in der „Grauzone/dem Nahtbereich“ zwischen „normalem“ bzw. „auffälligem“ Verhalten anzusiedeln sind. Besonders anschaulich wird dies in der Variante 1 demonstriert: Havers (1981) ordnet zu, schließt aus und benennt Grenzfälle. Andere Autoren wählen andere Gruppierungen bzw. versuchen, sich einer Festlegung zu entziehen, indem sie z.B. auffälliges Verhalten alphabetisch auflisten. Dieser Form schließt sich eindrucksvoll Myschker (2009) an, allerdings mit einer anderen Intention:
Myschker führt die im umgangssprachlichen Bereich und die in den fachwissenschaftlichen Disziplinen zur Verfügung stehenden Symptombezeichnungen auf. Die auf diese Weise entstandene Symptomliste der Verhaltensstörungen soll zum einen den verfügbaren Begriffsapparat demonstrieren und zum anderen einen Eindruck von der Vielfalt der Erscheinungsformen geben. Sie soll nach Myschker aber auch das Problem aufzeigen, das „sich daraus ergibt, dass spezielle Verhaltensweisen ganzheitlich und äußerst komplex agierender und reagierender Menschen isoliert

gesehen und über Zeichen kommunizierbar gemacht werden und dass dadurch immer die Gefahr einer auf dieses Verhalten reduzierten Sicht besteht" (2009, S. 50)

Die lesenswerte Liste reicht von **A** (Affektlabilität, Affektstauung, Affektüberschwang, Aggressivität, Ängstlichkeit, Anorexia nervosa, Antisozialität, Antriebshemmung, Apathie, Atemfunktionsstörung, Aufdringlichkeit, Auffassungsstörungen, Aufmerksamkeitsstörung) bis **Z** (Zähneknirschen, Zerstörungssucht, Zwangsgedanken, Zwangshandlungen).

Innerhalb dieser Auflistung finden sich Bezeichnungen wie z.B. Elternfeindlichkeit, Enkopresis, Enuresis, Faulheit, Fortlaufen, Geltungsdrang, Intoleranz, Jaktationen (Schaukelbewegungen), Konzentrationsstörungen, Kränkeln, Lehrerfeindlichkeit, Nägelkauen, Negativismus, Pica (Essen von Ungenießbarem), Prostitution, Quengelei, Schuleschwänzen, Stottern, Ticstörungen und Verspieltheit.
Von dieser Vielfalt (über 150 Erscheinungsformen/Symptome) ist selbst jede mit dem Thema vertraute Fachkraft überrascht. Aber auch die aufgenommenen Symptome selbst finden unterschiedliche Zustimmung: Zum Teil entsprechen sie den in anderen Klassifikationssystemen erfassten und auch der Allgemeinheit bekannten Störungsarten, zum anderen Teil aber befremden sie durch die Erfassung von Einzelaspekten wie Eltern- oder Lehrerfeindlichkeit oder stoßen auf berechtigte Ablehnung (z.B. Prostitution).
Dieser Versuch zeigt deutlich, dass eine „Überdifferenzierung" viele Facetten eines Verhaltens beschreiben kann und dadurch „Spielarten" eines unerwünschten Verhaltens anspricht; er ist aber auch jederzeit noch zu erweitern, wenn man z.B. an den Begriff „Ratlosigkeit" denkt. Andererseits vermischen sich in dieser Form phänomenologische und ätiologische, beschreibende und erklärende Ebene in unzulässiger Weise.
Orientiert man sich anhand der Inhaltsverzeichnisse einschlägiger Veröffentlichungen über Klassifikationsmöglichkeiten, dann geben diese Auskunft über unterschiedliche Ansätze: So werden unerwünschte Verhaltensweisen/Verhaltenssyndrome *selbst* favorisiert (z.B. Aggressivität, hyperkinetische Störung); es werden die Symptome als Anzeichen für bestimmte somatische bzw. psychische oder psychosomatische Störungen gesehen und diesen *Gruppierungen* zugeordnet (z.B. Störungen in der Antriebsregulation, Depression, chronisches Erschöpfungssyndrom), oder es wird eine im engeren oder weiteren Sinne *ätiologische Forschung* (z.B. medizinische oder gesellschaftliche Bezugspunkte) der Einteilung zugrunde gelegt.
Diese Einteilungsversuche sind notwendig, wenn man eine Systematik als Bezugspunkt haben möchte, z.B. für wissenschaftliche Diskussionen. Sie erleichtern die Verständigung zwischen Wissenschaftlern und haben nachhaltige Auswirkungen auf die Bündelung entsprechender präventiver und interventiver Maßnahmen. Sie

sind dann sinnvoll, wenn sie in nachvollziehbarer Weise die gewählten Einteilungskriterien transparent machen.
Eine Alternative hat Rausch (2006) gewählt. Diese ist für bestimmte Zielgruppen, hier handelt es sich um pädagogische Kräfte (Lehramtsstudierende, Lehrer), sinnvoll. Der Schwerpunkt wurde auf die praktische Seite verlagert, indem unter dem Oberbegriff „Problembelastungen" alle möglichen Varianten auffälligen Verhaltens entsprechend dem Informationsbedürfnis von Praktikern/Praktikerinnen erfasst wurden. Eine derartige Auflistung orientiert sich ausschließlich an praktischen Bedürfnissen – in Anlehnung an Davison, Neale & Hautzinger (2007; vgl. dazu Kapitel 3.1, Variante 3) könnte man auch von dem wahrnehmbaren Leid bzw. einer Beeinträchtigung für die Betroffenen und die Umgebung sprechen. Die befragte Zielgruppe nennt Informationsbedarf und bekennt ein -defizit für folgende Erscheinungsbilder (in der gewünschten Reihenfolge genannt):
Essstörungen – Hyperkinetische Störungen – Störungen des Sozialverhaltens – Zwangsstörungen – Lese- und Rechtschreibstörung – Stottern – Emotionale Störungen (Angst) – Epilepsien – Suizidalität – Suchtverhalten.
Diese Problembelastungen nähern sich in auffälliger Weise den Ergebnissen einer von Palentien und Hurrelmann (1994) veröffentlichten Befragung an. Eine von Pädagoginnen/Pädagogen und Psychologinnen/Psychologen erstellte Rangordnung von beobachteten Krankheiten und Auffälligkeiten im Jugendalter (im Vordergrund steht also der tatsächliche Erfahrungsstand) entspricht weitgehend dem von Rausch (2006) ermittelten Wunsch nach Information für die Praxis.

Diagnoseschemata: Wie Störungsarten benannt und beschrieben werden, ist *eine* zentrale Aufgabe im Bereich der Forschung über Verhaltensauffälligkeiten. Eine andere besteht darin, Kriterien zu ermitteln, die Fachleuten helfen, sich über das Vorliegen einer bestimmten Störung zu verständigen. Zu diesen gehören auf jeden Fall: Angaben über die Symptome (Anzahl und Stärke), Beginn der Symptome, Verlaufsentwicklung, zu erwartende Beeinträchtigungen in welchen Bereichen.
Die Forschung stellt verschiedene Möglichkeiten bereit, um diese und ähnliche praxisrelevante Fragen zu beantworten. Grundsätzlich lassen sich bei der Klassifikation psychischer Störungen zwei Ansätze unterscheiden:

- Der *kategorialen* Klassifikation (klar abgrenzbare Störungsbilder werden ermittelt) sind die beiden wichtigsten Klassifikationssysteme zuzuordnen:
- Das „Diagnostic and Statistical Manual of Mental Disorders" (DSM-5) der American Psychiatric Association (APA) und
- die „Internationale Klassifikation psychischer Störungen, Kapitel V (F)" (ICD-10) der World Health Organization (WHO).
- Die *dimensionale* Klassifikation basiert auf der Annahme, „dass sich psychische Störungen als kontinuierlich verteilte Merkmale darstellen und sich Kinder und Jugendliche entlang dieser Dimensionen beschreiben lassen" (Petermann, Döpf-

ner, Lehmkuhl & Scheithauer, 2002, S. 41). Ausgangspunkt sind dabei empirisch gewonnene Dimensionen psychischer Störungen (zur Erklärung: mit Hilfe multivariater statistischer Verfahren werden viele Merkmale auf einige Dimensionen reduziert; Grundlage sind z.B. Fragebogenauswertungen von Eltern-, Lehrer- oder Selbstbeurteilungen). Auskunft über die „Möglichkeiten und Grenzen von kategorialer und dimensionaler Klassifikation" geben Petermann, Döpfner, Lehmkuhl und Scheithauer, 2002, S. 43ff.

Im Folgenden wird die *kategoriale* Klassifikation in ihren praxisrelevanten Bezügen vorgestellt:
Die Klassifikationssysteme DSM-5 und ICD-10 erweisen sich im Hinblick auf eine intersubjektive Verständigung – bei allen Kritikpunkten und Vorbehalten, die in der Literatur diskutiert werden – und im Vergleich zu früheren Forschungsstadien als ein wesentlicher Fortschritt. Sie ergänzen vielfältige Diagnosemöglichkeiten wie z.B. Fragebögen, alle Formen von Interviews, Beobachtersysteme, Empfehlungen für die Erfassung anamnestischer Daten und den individuellen Erfahrungsschatz aus langjähriger Praxis. Zugleich können sie ein Mittel sein, um spezielle wissenschaftstheoretische Ausrichtungen zu relativieren.
Interessanterweise haben sich diese Ordnungssysteme über fachwissenschaftliche Grenzen hinweg inzwischen so durchgesetzt, dass von einer praktizierten interdisziplinären Teilhabe gesprochen werden kann. Während diese in anderen Bereichen häufig nur gefordert wird, ist sie hier inzwischen eine Selbstverständlichkeit. Sie betrifft ganz konkret den medizinischen, den psychologischen, aber auch den pädagogischen und den soziologischen Bereich, sofern sich diese Disziplinen mit dem Thema auffälliges Verhalten befassen. Während im medizinisch-psychologischen Sektor naturgemäß die diagnostische Funktion im Vordergrund steht, entnehmen die anderen Disziplinen den Klassifikationssystemen Verständnis- bzw. Erklärungselemente. Diese können z.B. auch darin bestehen, dass die individuellen Positionen in einem größeren gesellschaftlichen Rahmen betrachtet werden.
Auch dem Laien dienen diese Schemata inzwischen als Hilfe. Sie erlauben ein erstes informatives Kennenlernen und regen zu einer Auseinandersetzung an. Insofern ergänzen sie eine in anderen Veröffentlichungen häufig pauschale Darstellung oder eine zu fachspezifisch ausgerichtete. Da die Bundesrepublik Deutschland sich als Mitglied der WHO auf das ICD-System festlegt, wird im Folgenden darauf Bezug genommen:
„Neben einer Beschreibung der wesentlichen klinischen Charakteristika werden für jede Störung auch weitere wichtige, aber weniger spezifische Merkmale angegeben. Die ‚diagnostischen Leitlinien' geben dann die Anzahl und die Gewichtung der Symptome an, die zur Stellung einer sicheren Diagnose erforderlich sind. Sie wurden so formuliert, dass eine gewisse Flexibilität bei der diagnostischen Entscheidung verbleibt" (ICD-10, 2010, S. 20).

3.3 Epidemiologie

Eine systematische Erfassung von psychischen Störungen bei Kindern wird nach Verhulst (1995) erst seit ca. 50 Jahren mit Hilfe von umfangreichen epidemiologischen Studien vorgenommen. Bei den unterschiedlichen Vorhaben werden vorrangig Faktoren wie z.B. Manifestationszeitpunkt, Häufigkeit und Verteilung in verschiedenen Bevölkerungsgruppen und Regionen, risikoerhöhende bzw. -vermindernde Faktoren, Aspekte der Prädisposition und die Verfügbarkeit und Effektivität von Hilfsangeboten (präventiv, interventiv) ermittelt. Eine wesentliche Rolle spielen dabei Querschnittstudien (Momentaufnahme durch einen bestimmten Erhebungszeitpunkt) und Längsschnittstudien (Untersuchung einer Stichprobe über einen bestimmten Zeitabschnitt, prospektiv: mehrere Messzeitpunkte in Abfolge, retrospektiv: rückwirkende Rekonstruktion eines Entwicklungsverlaufes).

Stellt man die Auftretenshäufigkeit psychischer Störungen in den Mittelpunkt der Betrachtung, dann findet man häufig die Bezeichnung „die Prävalenz- oder die Inzidenzrate beträgt ...". Zur Erklärung: Während die *Prävalenzrate* alle ermittelten Fälle innerhalb eines definierten Zeitraumes erfasst, werden die neu aufgetretenen Fälle innerhalb eines definierten Zeitraumes als *Inzidenzrate* zusammengefasst.

Um einen Eindruck zu erhalten, mit welcher Häufigkeit psychische Störungen auffindbar sind, werden im Folgenden einige Ergebnisse pauschal angeführt (ausgewählt aus Petermann, Döpfner, Lehmkuhl & Scheithauer, 2002, die Ergebnisse aus epidemiologischen Studien mit kategorialem Ansatz aufnehmen):

- Es „lässt sich für 40 bis 50 % der Jugendlichen eine psychische Störung im Verlauf ihres Lebens ermitteln. Die Ein-Jahres-Prävalenz liegt zwischen 22 und 27 %.
- Für bis zu 17 % der Kinder konnte irgendeine psychische Störung ermittelt werden" (S. 46).

Anmerkung: Die Lebenszeit-Prävalenz ist zu relativieren, z.B. durch den eingetretenen Schweregrad und die Stärke der Beeinträchtigungen.

Grundsätzlich ist festzustellen, dass viele Veröffentlichungen recht allgemeine Angaben über die Häufigkeit von Auffälligkeiten enthalten. Sie vermitteln lediglich einen Anhaltspunkt für die Einschätzung, wie z.B. von Cooley (2012) in folgender Aussage erfaßt: „Bis zu zehn Prozent der Schüler sind von einer Lernstörung betroffen. Bis zu 20 Prozent haben ein psychisches Problem, das sich auf das alltägliche Leben auswirkt – und die Hälfte dieser Kinder erfüllen wiederum die Kriterien einer diagnostizierbaren psychischen Störung" (S. 7). Warum dies so ist, versuchen die nachfolgenden Ausführungen zu erklären:

Konkrete Ergebnisse einzelner epidemiologischer Studien variieren erheblich (Gründe: unterschiedliche Erhebungsinstrumente, Stichprobenzusammensetzungen, Diagnosekriterien etc.). In ähnlicher Weise sind die nachfolgenden Angaben zu Geschlechts- und Altersunterschieden zu beurteilen.

Externalisierende Störungen (z.B. dissoziales, aggressives Verhalten) und Entwicklungsstörungen überwiegen bei Jungen, während Mädchen eher zu internalisieren-

den Störungen (sozialer Rückzug, ängstlich-depressiv, somatische Beschwerden) und Essstörungen neigen.
In diesem Zusammenhang sollte beachtet werden, dass die Geschlechtsunterschiede in Beziehung zum Alter der Kinder stehen. Während diese im Vorschulalter noch nicht so gravierend sind, nehmen sie mit Schuleintritt und Pubertät zu. Dies gilt auch für die Alterseffekte beim Auftreten psychischer Störungen. Petermann, Döpfner, Lehmkuhl und Scheithauer (2002) formulieren die hier zu verzeichnenden Trends: Eine „kontinuierlich zunehmende Störungsbelastung mit steigendem Alter der untersuchten Kinder und Jugendlichen bis zum Heranwachsenden- beziehungsweise Erwachsenenalter und eine generelle Zunahme psychischer Störungen unter Kindern und Jugendlichen innerhalb der letzten Jahrzehnte" (S. 50).
Diese grundlegenden Tendenzen sind informativ. Sie setzen mit ihren Angaben einige Bezugspunkte. Jedoch erst mit den einzelnen Störungsarten verbinden sich jeweils konkretere Angaben über die Häufigkeit des Auftretens. Auch hier gilt allerdings ebenfalls, dass die auf bestimmte Erscheinungsbilder bezogenen epidemiologischen Studien häufig aufgrund der oben bereits genannten Gründe zu unterschiedlichen Angaben gelangen. Es ist deshalb vorteilhaft, verschiedene Ergebnisse zur Kenntnis zu nehmen und sich einen Eindruck von der möglichen Spannbreite der Häufigkeitsangaben zu bilden. Die mit einzelnen Erscheinungsbildern (z.B. Zwangserkrankungen, Epilepsien) verbundene Dunkelziffer relativiert zusätzlich die einzuschätzenden Angaben.

3.4 Theoretische Erklärungsansätze

Die Komplexität von Störungsbildern, die aufgezeigten Beschreibungs-, Zuordnungs- und diagnostischen Probleme schlagen sich folgerichtig auch in den Erklärungsversuchen nieder: „Warum kommt ein auffälliges Verhalten zustande? Wie ist es zu erklären? Welche Bedingungen halten es stabil?" – Diese Fragen stellen sich dem, der auffälliges Verhalten an sich selbst wahrnimmt oder der auffälligem Verhalten gegenübersteht.
Die persönliche Sicht und Überzeugung des Einzelnen, die von ihm vertretenen wissenschaftlichen Positionen, die Argumentationskraft und die vermeintliche oder z.B. naturwissenschaftlich erstellte Schlüssigkeit in der Beweisführung bestimmen das gewählte und für sich akzeptierte Erklärungsmuster.
Das Angebot an Erklärungsmöglichkeiten ist äußerst umfangreich: So beschäftigt sich eine Vielzahl von Disziplinen mit auffälligem Verhalten und stellt dementsprechend medizinische, psychologische, pädagogische, philosophische etc. Erklärungsmodelle zur Verfügung. Diese Versuche erweitern sich für den Laien in ungeahnter Weise, wenn die innerhalb einer Disziplin erfassten wissenschaftlichen Richtungen mit ihren je eigenen Erklärungsmöglichkeiten aufgenommen werden. Ein Beispiel: In der *Psychologie* finden sich Erklärungsansätze in der Klinischen, der Pädagogischen Psychologie über die Sozialpsychologie bis hin zur Evolutionspsychologie. Damit

aber nicht genug der Spezialisierung! Ein weiteres Beispiel: Die *Klinische* Psychologie stellt selbst wiederum Ansätze aus dem verhaltenstheoretischen, dem psychoanalytischen und dem systemtheoretischen Bereich zur Verfügung. Damit nicht genug! Der *verhaltenstheoretische* Bereich enthält z.B. die Erklärungsmodelle des klassischen, des instrumentellen Konditionierens und des Lernens am Modell.

Das Bestreben, *einen* bestimmten Erklärungsstrang (z.B. den medizinischen oder den humanethologischen Ansatz) einer Auffälligkeit zugrunde zu legen, wird mittlerweile zunehmend abgelöst von dem Anliegen, mehrere Komponenten zu berücksichtigen. Das bedeutet, dass z.B. der medizinische und der humanethologische Aspekt in einem biophysischen Erklärungsmodell zusammenfließen. Im neuropsychologischen Ansatz werden psychologische und neurophysiologische Aspekte verbunden. Verständnisschwierigkeiten für den Laien können sich dann ergeben, wenn bestimmte Erklärungsmodelle relativ willkürlich (der Absicht eines bestimmten Autors folgend) der einen oder anderen Fachdisziplin „verortet" werden. Da einzelne Ansätze sowohl im Lichte der einen oder anderen Disziplin betrachtet werden können, empfiehlt sich stets eine genaue Analyse der inhaltlichen Kernannahmen. Diese Anregung weist zugleich darauf hin, dass es sinnvoll ist, von vornherein einzelne Erklärungskomponenten interdisziplinär zu erfassen. Die Komplexität vieler Erscheinungsbilder ist häufig nur multifaktoriell angemessen zu erklären. Deshalb ist eine Reduktion auf eine einfache Kausalbeziehung oft eine unzulässige Vereinfachung. Demzufolge finden sich in der Literatur viele Vorschläge für integrierende, interaktive und verbindende Modelle. Bei einem Teil von Auffälligkeiten wird eine Prädisposition veranschlagt, die erst beim Zusammentreffen mit anderen Faktoren zum Tragen kommt.

Zusammenfassend kann festgehalten werden, dass eine Vielzahl von Erklärungsversuchen mit dem Bereich der Verhaltensauffälligkeiten verbunden ist. Forschungsgeschichtlich „ältere" Ansätze finden sich neben modifizierten Fassungen und Annahmen neueren Datums (beispielhaft sei in diesem Zusammenhang auf die aus sozialwissenschaftlicher Sicht zum „abweichenden Verhalten" erfassten Theorien von Dollinger und Raithel (2006) verwiesen).

Erst am konkreten Erscheinungsbild einer Auffälligkeit wird deutlich, welche Komponenten mit welchem theoretischen Ansatz zu welchem Ansatzpunkt (Entstehung, Verfestigung einer Störung) erklärt werden können.

Dementsprechend sprechen auch z.B. Vernooij und Wittrock (2008) sehr deutlich an, „dass im praktisch-pädagogischen Handeln monokausales (eingleisiges) Denken und ein enges Gebundensein an ausschließlich einen pädagogisch-therapeutischen Erklärungsansatz dem Phänomen Verhaltensstörung im Einzelfall nicht gerecht werden kann. Monokausales Denken muss überwunden werden zugunsten einer mehrperspektivischen, theoriegeleiteten Methoden- und Handlungsreflexion" (S.11f.). Eine Betrachtungsweise, die fachwissenschaftlich interdisziplinär konsensfähig ist.

4. Auswahl

Aus dem umfangreichen Bereich an Problembelastungen von Kindern und Jugendlichen werden im Folgenden zwei Auffälligkeiten ausgewählt und kurz beschrieben.

4.1 Hyperkinetische Störungen

„Bernd ist Schüler der 1. Klasse. Seine Eltern sahen seit der Kleinkindzeit dem Schulbeginn mit Ängsten entgegen. Ihre Befürchtungen scheinen sich zu bestätigen: Die Lehrerin klagt, die Eltern der Mitschüler beschweren sich, die Klassenkameraden lehnen ihn ab. Bernd handelt sich diesen ‚Ruf' durch ein aggressives, unruhiges, vorlautes, impulsives, unkonzentriertes, planloses und betriebsames Verhalten ein. Seine positiven Seiten, dass er nicht nachtragend ist, selbständig und hilfsbereit, aber auch äußerst phantasiebegabt und kreativ, werden kaum beachtet."

Das Verhalten von Bernd ist kein Einzelfall. In der Praxis wird wiederholt von einer deutlichen Zunahme des Erscheinungsbildes gesprochen. Die Berichterstattung in den Medien und die kaum mehr zu überschauenden Fachbeiträge, die sich mit diesem Komplex auseinandersetzen, legen dies nahe. Allerdings hat gerade dieses Erscheinungsbild einen Popularitätsgrad erreicht, der es notwendig macht, genau zu analysieren, ob es sich im Einzelfall tatsächlich um eine besondere Auffälligkeit handelt, um ein entwicklungsbedingtes Reagieren oder momentan gezeigte Reaktionen, die einem Modebegriff zugeordnet werden.
„Frühkindliches exogenes Psychosyndrom", „hirnorganisch-psychisches Achsensyndrom", „neurogene Lernstörung", „leichte frühkindliche Hirnschädigung", „minimale cerebrale Dysfunktion", „Hyperaktivität", „Aufmerksamkeitsdefizitsyndrom", „Aufmerksamkeitsdefizit-Hyperaktivitätsstörung" und „hyperkinetische Störung" – all diese Begriffe finden sich in der zahlreichen Literatur. Die Palette an Begriffen gibt einen Einblick in die ältere und neuere Forschungssituation. Damit weist sie aber zugleich auch darauf hin, dass die Benennung in enger Korrespondenz entweder zu den angenommenen ätiologischen Faktoren oder zu den zentralen Symptomen erfolgt. Insofern zeigt gerade diese begriffliche Situation ein Stück Entwicklungsgeschichte bei der Auseinandersetzung mit dieser Auffälligkeit auf (vgl Rausch, 2012). Die in den vorliegenden Ausführungen bevorzugte Benennung „hyperkinetische Störungen" deckt sich mit dem der ICD-10 entnommenen und im deutschen Sprachraum bevorzugten Begriff. Als diagnostische Leitlinien sieht die Klassifikation der WHO vor:
Die Hauptsymptome „beeinträchtigte Aufmerksamkeit" und „Überaktivität" sollen nebeneinander vorhanden, situationsunabhängig und zeitstabil, also von längerer Dauer, sein. Sie sollen vor dem 6. Lebensjahr einsetzen.

Bei einer hyperkinetischen Störung handelt es sich nicht um ein klar abgegrenztes, sondern um ein heterogenes Erscheinungsbild. Vielfältige Einflussfaktoren aus dem gesellschaftlichen, dem schulischen und dem familiären Umfeld ergeben zusammen mit den individuellen Bedingungen ein jeweils spezifisch geprägtes Symptombild. Im Einzelnen können folgende Bereiche betroffen sein:

- die Aufmerksamkeit (Störungen der Reizaufnahme, -analyse und -synthese, verkürzte Aufmerksamkeitsspanne),
- die Aktivität (motorische Unruhe, Hyperaktivität),
- der Antrieb (mangelnde Impulskontrolle, verminderte Fähigkeit zum reflektierten Arbeiten, Handlungsalternativen und -folgen werden häufig nicht beachtet),
- die Motorik (Koordinationsschwierigkeiten der Grob- und Feinmotorik),
- die organisch-funktionelle Befindlichkeit (beeinträchtigte Belastbarkeit und Ausdauer, schnelle Ermüdbarkeit),
- die Sprache (beeinträchtigtes Verstehen, Behalten und Wiedergeben von Gehörtem),
- die Emotionalität (Stimmungsschwankungen, psychische Labilität),
- die sozialen Beziehungen (Ringen um besondere Beachtung, Klassenkasper, Distanzlosigkeit, Aggressivität, Widerstand gegenüber Geboten und Verboten),
- Lernen und Leistung (normal verteilte Intelligenz steht in Einklang mit einer ungleichmäßigen Entwicklung verschiedener kognitiver Aktivitäten, z.B. mangelnde kognitive Flexibilität).

Bei all diesen Auffälligkeiten sollten aber auch die in der Forschung lange Zeit ignorierten positiven Ressourcen nicht vergessen werden. Diese liegen, wie oben bereits bei dem Fallbericht „Bernd“ erfasst, besonders im Verhaltensbereich (große Dankbarkeit bei Beachtung und Zuwendung, außergewöhnliche Hilfsbereitschaft) und im kognitiven Bereich (kreative Problemlösungen, außergewöhnliche Einfälle).
Konzentriert man sich bei der Beschreibung des Störungsbildes auf die Abschnitte Schulkind und Jugendalter, dann fallen in der Schule besonders die motorische Unruhe, die Redseligkeit, die mangelnde Konzentrationsfähigkeit, antisoziale Verhaltensweisen und Lernschwierigkeiten auf. Im Jugendalter handelt es sich vorwiegend um soziale Anpassungsprobleme. Die Suche nach Anerkennung richtet sich auch auf die Ausübung von Extremsportarten. Es wird der „besondere Kick“ gesucht, der häufig das Denken und Handeln beherrscht.
Die im Erscheinungsbild von Kindern und Jugendlichen aufgezeigte mögliche Vielfalt findet sich auch in der wissenschaftlichen Ursachendiskussion wieder. Einzelne Kausalbezüge werden der Komplexität der hyperkinetischen Störung nicht gerecht. Obwohl zwar von Zeit zu Zeit bestimmte Erklärungsmodelle favorisiert werden, wird in der ICD-10 der WHO bilanziert: „Nach verbreiteter Überzeugung spielen konstitutionelle Faktoren eine entscheidende Rolle in der Genese dieser Störungen, jedoch fehlt zum jetzigen Zeitpunkt Kenntnis über die spezifische Ätio-

logie" (2010, S. 317). In ähnlicher Weise werden von Fachleuten, die sich intensiv mit dieser Thematik auseinandersetzen, unterschiedliche Faktoren als dominierend benannt.

Betrachtet man den Gesamtkomplex „Verursachung/Aufrechterhaltung/Ausprägungsgrad/heterogenes Erscheinungsbild", dann steht weitgehend übereinstimmend fest, dass von einer multifaktoriellen Verursachung auszugehen ist. Als mögliche Ursachenbereiche, die integrativ verbunden sein können, werden diskutiert:

- die gesellschaftlichen Umstände (z.B. die Umweltbedingungen als Produzent auffälligen Verhaltens),
- eine biologische Disposition im weiten Sinne (z.B. physiologische Bedingungen, Vererbung, biochemische Veränderungen),
- humanökologische Bedingungen (z.B. Nahrungsmittelzusätze, eine erhöhte Bleikonzentration),
- psychologische Faktoren (z.B. Lernen am Modell, der Erziehungsstil, ein fehlendes, widersprüchliches oder rigides innerfamiliäres Regelsystem, Lernen durch Verstärkung).

Damit wird einem Denken in „Einbahnstraßen" weitgehend eine Absage erteilt, also der Diskussion, „in welchem Funktionssystem das störende Verhalten dieser Kinder zu thematisieren sei, im Gesundheitssystem oder im Erziehungssystem" (Schleiffer, 2013, S.58). Es werden stattdessen mögliche Kombinationen diskutiert wie z.B. eine biologische Prädisposition, die beim Wirken zusätzlicher Faktoren angesprochen wird, oder bestimmte psychologische und gesellschaftliche Konstellationen als Schwellenwert.

4.2 Lese-Rechtschreibstörung

„Thomas (11) ist ein Junge mit durchschnittlicher Intelligenz, der die 5. Klasse des Gymnasiums besucht. ... Thomas liest im Vergleich mit der Altersnorm viel zu langsam und macht dabei überdurchschnittlich viele Fehler. ... Beim Rechtschreiben erzielt er im Vergleich mit altersentsprechenden GymnasiastInnen ein weit unterdurchschnittliches Ergebnis" (Wagner-Pfau, 1999, S. 2).

Jede Information über das Thema „Lese-Rechtschreibstörung" wird begleitet von unterschiedlichen Begriffsbezeichnungen, die für verschiedene Forschungsperioden in einer wechselvollen Geschichte stehen. Während gegen Ende des 19. Jahrhunderts beeinträchtigte Leseprozesse als Wortblindheit, Alexie, Dyslexie bezeichnet wurden, verbindet sich der Begriff Legasthenie mit dem Namen Ranschburg (1916). Weitere Benennungen sind Lese-Rechtschreibschwierigkeit, Lese-Rechtschreibschwäche und Lese-Rechtschreibstörung. Diese verschiedenen Begriffe weisen auf unterschiedliche theoretische Positionen hin. So setzte sich z.B. in den 80er Jahren eine Auffassung durch, die sich in Veröffentlichungen wie „Der Unfug mit der Legasthenie" (Sirch, 1975) oder „Legasthenie – Erforschung einer Leerformel"

(Schlee, 1977) niederschlug. Fasst man die Forschungssituation zusammen, dann lässt sie sich folgendermaßen beschreiben: „Die Diskussion um Begrifflichkeiten, Definitionen, Klassifikationen und Kategorisierungen von Lese-, Schreib- und Rechtschreibschwierigkeiten galt und gilt bis heute als komplexe bzw. kontroverse Thematik innerhalb des wissenschaftlichen Diskurses“ (Studener, 2000, S. 276). Die heterogene Meinungsbildung enthält Gegner und Befürworter einer Legasthenie-Konzeption. Einen kleinen Einblick geben die folgenden Auffassungen:
Krawitz (1997), der sich aus pädagogischer Sicht mit der Legasthenie-Konzeption auseinandersetzt, betont, dass mit der Diagnose Legasthenie der pädagogisch relevante Raum des Lese- und Schreib-Lehr-Lernprozesses verlassen und ein therapeutischer Zugang geöffnet wird. Stattdessen sollte eine „neue didaktisch-methodische Orientierung des Erstlese- und Schreibunterrichts (erfolgen), in dessen Mittelpunkt die Vermittlung der Einsicht von Sinn und Bedeutung der Schriftsprache als von der gesprochenen Sprache grundsätzlich zu unterscheidenden Symbolsystems steht“ (Krawitz, 1997, S. 118). In diesem Sinne kann deshalb von „Lernproblemen beim Schrifterwerb“ gesprochen werden.
Zu einer anderen Einschätzung gelangen z.B. Klicpera, Schabmann und Gasteiger-Klicpera (2003). Sie betonen die lebendige interdisziplinäre Forschungsarbeit zum Thema Legasthenie. So sehen die Autoren vor allem Fortschritte beim Verständnis der genetischen Grundlagen und der Analyse der Hirnaktivitäten beim Lesen und Schreiben.
Im Für und Wider der unterschiedlichen Positionen legt die ICD-10 Kriterien zur Diagnostik dieses Komplexes vor: Sie ordnet die Lese- und Rechtschreibstörung neben einer isolierten Rechtschreibstörung und der Rechenstörung den umschriebenen Entwicklungsstörungen schulischer Fertigkeiten zu. Eine Lese- und Rechtschreibstörung wird dann diagnostiziert, wenn es sich um eine „eindeutige Beeinträchtigung in der Entwicklung der Lesefertigkeiten“ handelt, „die nicht allein durch das Entwicklungsalter, durch Visus-Probleme oder unangemessene Beschulung erklärbar ist“ (2010, S. 298). Diese Schwierigkeit ist mit Rechtschreibstörungen häufig verbunden. Als diagnostische Leitlinien führt die ICD-10 an:

Leseleistungen: unter dem im Hinblick auf Alter, allgemeine Intelligenz und Beschulung erwarteten Niveau, Beurteilung erfolgt mit Hilfe eines standardisierten Testverfahrens, Fehlerquellen finden sich: beim Alphabet aufsagen, Buchstaben benennen, bei der Analyse von Lauten, beim Vorlesen (z.B. Auslassen, Ersetzen, Verdrehungen oder Hinzufügen von Wörtern oder Wortteilen), im Leseverständnis (z.B. unfähig, Gelesenes wiederzugeben). *Rechtschreibprobleme:* sind in der späten Kindheit und im Erwachsenenalter meist größer als die Defizite in der Lesefähigkeit.

Die Komplexität der angedeuteten Thematik lässt ahnen, dass auch die intensive Ursachenforschung äußerst vielfältig ausfällt. Sommer-Stumpenhorst (2006) zieht deshalb ein eher bescheidenes Fazit:
„Das Einzige, was wir sicher wissen, ist:
1. Es gibt keine organische, psychische und soziale Bedingung, die in jedem Falle zu einer LRS führt.
2. Es gibt keine Bedingung, die als einzige zu Lese- und Rechtschreibschwierigkeiten führt.
3. Es gibt mehr Jungen als Mädchen, die Lese- und Rechtschreibschwierigkeiten entwickeln.
4. Lese- und Rechtschreibschwierigkeiten entwickeln Kindern in allen Kulturen mit einer an Buchstaben orientierten Schriftsprache" (S. 29).

Dieses Resümee stellt die Weichen in eine Richtung, die gegenwärtig von vielen Forschern vertreten wird: Einer komplexen Problematik ist immer nur mit einem komplexen Erklärungsmodell zu begegnen (ob dieses nun als dynamisch-systematisches Modell oder als interaktives Modell bezeichnet wird). Biologische Ursachen, mangelnde kognitive Lernvoraussetzungen und soziale Ursachen werden in wechselseitigen Abhängigkeiten gesehen.

5. Anwendung im Alltag

5.1 Prävention und Intervention

Im Alltagsverständnis verbindet sich der Begriff „präventives Arbeiten" mit der Aussage, dass auf diese Weise Gesundheitsstörungen zu verhindern seien. Im wissenschaftlichen Sprachgebrauch wurden die mit ihm verbundenen möglichen Maßnahmen zum Anlass genommen, um sich mit ihm reflexiv auseinanderzusetzen.
Caplan (1964) analysierte präventives Vorgehen aus allgemeiner Sicht und stellte eine Differenzierung zur Diskussion:

- Primäre Prävention: verfolgt die Aufgabe, das Auftreten psychischer Störungen zu reduzieren.
- Sekundäre Prävention: richtet sich auf eine Reduzierung der Dauer von Störungen.
- Tertiäre Prävention: beinhaltet alle Maßnahmen, um die durch die Störungen erlebten bzw. sich auswirkenden Beeinträchtigungen einzuschränken.

Richten sich die präventiven Maßnahmen auf abgrenzbare Belastungspotentiale bzw. auf besonders gefährdete Personengruppen, werden sie auch als spezifische Prävention bezeichnet. Unspezifische Prävention hingegen erfasst den auf allgemeiner Ebene erfolgten Einsatz von Programmen zur Gesundheitsförderung.
Unter Beachtung aller verursachenden Faktoren und Wechselwirkungen werden Gesundheitsstörungen als umfassender Komplex von somatophysischen und psy-

chosozialen Aspekten verstanden. Dies schließt ein, dass Problembelastungen bzw. Auffälligkeiten im Kindes- und Jugendalter in einem sehr umfassenden Sinne den Gesundheitsstörungen zuzuordnen sind. Gesundheitsstörungen implizieren eine Gesundheitsförderung. Dieser Begriff wird seit den 1980er Jahren in einer allgemeinen Weise verwendet, um alle Aktivitäten auf dem primärpräventiven Sektor zu erfassen: Im Einzelnen sind alle aus der Interaktion Person-Umwelt anzusprechenden Befindlichkeiten zu beachten, die in irgendeiner Weise die Lebensqualität von Menschen beeinflussen.

Die in den vergangenen Jahren erfolgte intensive Auseinandersetzung mit Präventionsstrategien und ihre systematische Anwendung setzte Überlegungen in Gang, die in präventiven Maßnahmen auch die interventive Komponente angesprochen haben möchten und umgekehrt. Diese für die praktische Arbeit realistische Sichtweise wirkt sich auf die wissenschaftliche Diskussion dahingehend aus, dass nunmehr für alle vorbeugenden, heilenden bzw. rehabilitativen Maßnahmen häufig auch der Oberbegriff Intervention verwendet wird. Damit wird eine in der Zuordnung einzelner Maßnahmen häufig vorzunehmende Entscheidung aufgehoben und dem realistischeren Sowohl-als-auch überlassen. Hurrelmann und Settertobulte (2002) stellen als „idealtypische Interventionsschritte" vor:

„Die *präventive Intervention* (entsprechend der primären Prävention) bezieht sich auf die frühe und völlige Verhinderung des Auftretens von für die weitere Entwicklung negativ zu bewertenden Ereignissen, wie beispielsweise körperlichen Krankheiten, psychosomatischen Beschwerden, psychosozialen Störungen, Drogenkonsum usw.

Die *kurative Intervention* (sekundäre Prävention) bemüht sich darum, eingetretene Störungsereignisse zu korrigieren, abzuwenden oder zu heilen, um negative Folgen des Ereignisses für die weitere Entwicklung zu vermeiden. Diese negativen Folgen können in körperlicher Gebrechlichkeit, in psychischem Leiden und in sozialer Desintegration bestehen. Ziel der Intervention in diesem Stadium ist die Wiederherstellung einer guten Ausgangssituation für die Bewältigung von Risiken und Belastungen im Alltag.

Die *rehabilitative beziehungsweise kompensatorische Intervention* (tertiäre Prävention) ist die Anpassung an und der Ausgleich von Spätfolgen des negativ zu bewertenden Ereignisses. Hier geht es darum, dass sich Beeinträchtigungen und Störungen nicht weiter verfestigen, die auf den gesamten weiteren Lebensrhythmus ungünstige Auswirkungen haben können und den Gesamtzustand immer weiter verschlechtern. Auch geht es um einen Ersatz für den Ausgleich für Schäden, die bereits eingetreten sind, und um Hilfen, trotz der Störungen und Beeinträchtigungen noch ein erträgliches Leben führen zu können" (S. 133f.).

Programme zur Prävention bzw. zur Gesundheitsförderung sind vorwiegend so konzipiert, dass sie einem thematischen Schwerpunkt folgen (z.B. Ernährungsbe-

ratung bei Essstörungen, Vermittlung von sozialen Fertigkeiten bei Handlungsdefiziten). Sie können dabei sowohl personorientiert als auch umweltbezogen – also kontextbezogen – ausgerichtet sein.
Im Mittelpunkt der *personzentrierten* Präventionen bzw. Interventionen stehen alle Maßnahmen, die auf die individuelle Bedürfnislage gerichtet sind: also die Entwicklung von Wahrnehmungs-, Gestaltungs- und Ausdrucksfähigkeiten, von Problemlösefähigkeiten, von Bewältigungskompetenzen und Kommunikationstechniken.
Im Mittelpunkt der *umweltzentrierten* Prävention bzw. Intervention, die auf eine Veränderung der Lebensverhältnisse abzielt, gilt es beispielsweise im sozialökologischen Bereich Einflussfaktoren zu ermitteln, zu analysieren und nach Möglichkeit so zu verändern – z.B. durch den Aufbau sozialer Netzwerke, die Eliminierung von organisatorischen Hindernissen –, dass veränderte Umgebungsvariablen einen neuen Bezugsrahmen bilden.
Während personzentrierte Prävention und Intervention auf Erklärungsmodellen aus dem analytischen, dem verhaltenstheoretischen, dem kognitiven und dem systemtheoretischen Ansatz basieren, werden die kontextzentrierten Maßnahmen von sozialisationstheoretischen Erklärungsansätzen beeinflusst.

Grundsätzliches zur Behandlung: Neben den auf gesellschaftlich-sozialer Basis bereitgestellten Hilfsmöglichkeiten (Jugendämter, soziale Einrichtungen und Netzwerke, Einflussnahme auf organisatorisch-strukturelle Gegebenheiten) gibt es für problembelastete Kinder und Jugendliche ein umfangreiches Angebot an psychotherapeutischen Hilfestellungen. Allerdings sollte dabei nicht verschwiegen werden, dass regional bedingt, Angebot und Nachfrage häufig nicht in einem ausgewogenen Verhältnis stehen. Während es in Großstädten und ihren Einzugsbereichen noch relativ problemlos sein kann, ansprechende psychotherapeutische Interventionsmöglichkeiten zu finden, relativiert sich diese Einschätzung allerdings bereits dann, wenn für *spezielle* Problembelastungen ein entsprechend abgestimmtes Therapieangebot gesucht wird. Viele der auftretenden Belastungen sind multifaktoriell bedingt und zugleich nach der individuellen Problemlage mit so speziellen Schwerpunkten versehen, dass nur ein „geeigneter Zuschnitt" Behandlungserfolge erwarten lassen kann. Diese Ausrichtung fällt nicht nur dem Laien, sondern selbst dem vermittelnden Fachmann (Anlaufstelle für verschiedene Beratungs- bzw. Therapieangebote, z.B. Ärzte) nicht immer leicht. Um dies an einem Beispiel zu verdeutlichen:
Die Redestörung Stottern ist in der Ausdrucksform so facettenreich, also ein äußert inhomogenes Störungsbild, dass jedes Stottern anders und somit einzigartig ist (vgl. Motsch, 1992). Das bedeutet aber auch, dass der ätiologische Bereich selbst so umfangreich ist (Kombination von verschiedenen Einflussfaktoren, von individuellen Aspekten etc.), dass ein Therapieangebot dieser Breite und Vielfalt entsprechen muss. Generell stehen folgende interventive Ebenen zur Verfügung: der sprachliche,

der sozial-kommunikative, der sensumotorische, der emotionale und der kognitive Bereich. Anliegen einer seriösen Therapieberatung muss es demnach sein, Therapieelemente entsprechend der Spezifik der möglichen Aspekte, die das individuelle Stottern verursachen können (könnten), auszuwählen. Die praktische Erfahrung veranlasst Baumgartner (1992) äußerst engagiert zu formulieren: „Misstrauisch gegenüber einer scheinbar universell und kausal wirksamen Stottertherapie für jedermann orientieren wir uns eklektizistisch an nützlichen Methodenpaketen mit sprachtherapeutischen und psychotherapeutischen Elementen, etwa Verfahren zur Veränderung des Sprechmusters, oder zum Aufbau der Kommunikationsfähigkeit, Methoden der Spieltherapie, Verhaltenstherapie und Gesprächspsychotherapie“ (S. 254).

Schwierigkeiten ergeben sich aber auch dadurch, dass selbst in Großstädten die interventiven Angebote (Beratung, Therapie) zeitweise hoffnungslos ausgelastet sein können, denkt man z.B. an die Anmeldungen bei staatlichen Schulberatungsstellen etwa zum Zeitpunkt der Zeugnisausgabe.

Problematischer wird die Lage, wenn regionale Unterschiede bei der psychotherapeutischen Versorgung aufgenommen werden. Das diesbezüglich bestehende Stadt-Land-Gefälle ist immer noch beträchtlich. Bei der häufig festzustellenden Unterversorgung für größere Landgebiete überrascht es nicht, wenn die verfügbaren Therapeuten Erfahrungen „nur“ mit bekannten Störungsarten aufweisen. Phänomene wie z.B. die Behandlung von Zwangsstörungen liegen dann schon außerhalb der professionellen Erfahrung und erfordern eine Spezialisierung, die nur selten vorliegt. Betroffene müssen bei der Suche nach einer Behandlungsmöglichkeit deshalb häufig fast unzumutbare Anfahrtswege in Kauf nehmen. Therapieabbrüche sind daher leider keine Seltenheit. Rechnet man hierzu noch das für einen effektiven Behandlungsverlauf erforderliche Passungsverhältnis „Betroffener – Therapeut“, das entscheidend von Sympathie und Vertrauen geprägt wird, hinzu, reduziert sich das therapeutische Angebot noch zusätzlich. Neben der Schwierigkeit, „den“ Therapeuten zu finden, tritt noch ein weiteres Problem auf:

Für eine Therapieaufnahme bzw. einen Therapieerfolg ist die Aufgeschlossenheit des sozialen Umfeldes von entscheidender Bedeutung. Obwohl sich diesbezüglich im Denken der Menschen in den letzten Jahren schon viel verändert hat, ist es bei aller demonstrativ geäußerten Offenheit gegenüber einer psychotherapeutischen Beratung bzw. Behandlung noch ein weiterer Schritt, dies auch für die eigene Familie als notwendig zu erkennen und in Anspruch zu nehmen. Viele Problembelastungen werden deshalb zum Tabubereich in der Familie erklärt (z.B. Zwang, Suizidalität), den diese nicht verlassen dürfen. Familienmitglieder werden so zu Vertrauten (z.B. in Zwangsrituale mit entsprechenden Funktionen eingebunden) und tragen jahrelang ein bestimmtes Geschehen mit (z.B. Essstörungen, Suchtverhalten).

Eltern befürchten häufig eine Stigmatisierung ihrer Kinder, wenn deren Erkrankung an die Öffentlichkeit gelangt. Vorurteile und ein mangelnder Informationsstand bestimmen nach wie vor das Meinungsbild der Öffentlichkeit. Ein Beispiel soll dies veranschaulichen: Steinmeyer und Werner (2000, S. 3) berufen sich auf ältere Angaben, die – dafür finden sich genügend Anhaltspunkte (z.B. Rausch, 2002) – auch heute noch zutreffend sind: „So hielten noch 1984 ein Viertel der Deutschen die Epilepsie fälschlicherweise für eine Geisteskrankheit, während es in den USA nur 3 % waren. 23 % (in den USA 6 %) lehnten es ab, ihr Kind mit einem anfallskranken Kind spielen zu lassen; die Eingliederung von Anfallskranken in den Arbeitsprozess lehnten 18 % (in den USA 9 %) ab ... Damit liegt die Bundesrepublik Deutschland, was Unkenntnis und diskriminierende Vorurteile gegenüber Epilepsiekranken angeht, weit vor Ländern wie den Vereinigten Staaten, den Niederlanden oder Italien".

Dass bei diesen Erfahrungen die Tendenz im familiären Umfeld besteht, das betroffene Kind und die Familie (Geschwister) zu schützen, ist nur zu verständlich. Eine umfassende Aufklärung ist deshalb dringend notwendig; Familie und Schule – siehe unten – sind hier in besonderem Maße gefordert.

Die aufgezeigten Schwierigkeiten bei dem Komplex „angebotene Interventionen und Nachfrage" (im Einzelnen: unterschiedliche regionale Versorgung, die Suche nach einer geeigneten Therapie und einem geeigneten Therapeuten bei bestimmten Problembelastungen, bestehende Tabuisierungen der Problematik) werden noch erweitert, wenn die Seriosität einzelner Therapieangebote in den Blick genommen wird. Auch hier wird mit Hilfe eines Beispiels – stellvertretend für andere – die Situation verdeutlicht:

Lese-Rechtschreibstörung: Neben zahlreichen Hilfsangeboten, die effektiv auf die Schwierigkeiten der betroffenen Kinder abzielen, haben zweifelhafte Angebote Konjunktur. Mittlerweile ist ein schier unübersehbarer „Markt ohne jeglichen Konsumentenschutz" (Wimmer & Landerl, 1998, S. 326) entstanden. Hier leistet z.B. der Bundesverband Legasthenie und Dyskalkulie e.V. eine unschätzbare Hilfe. Es gilt, das Angebot sorgfältig zu sichten und jenen Therapien, die eine schnelle Lösung des Problems versprechen, mit Vorsicht zu begegnen.

5.2 Hilfen im schulischen Bereich

Lehrerinnen bzw. Lehrer treffen in ihrem beruflichen Alltag auf Schüler, die mit den unterschiedlichsten Auffälligkeiten belastet sein können. Je nach Art der Problembelastung, ihrer Dauer und Intensität und den daraus resultierenden Beeinträchtigungen kann sich der bzw. die Betroffene bereits in Behandlung (z.B. medikamentöse, psychotherapeutische, logopädische) befinden. In solchen Fällen ist es wünschenswert, wenn Eltern den Lehrern (in Absprache mit ihren Kindern) die notwendigen Informationen geben, die z.B. die Lernvoraussetzungen und das soziale Verhalten betreffen.

Die praktischen Erfahrungen und auch Untersuchungsergebnisse vermitteln jedoch häufig ein anderes Bild. Lehrerinnen bzw. Lehrer erkennen an ihren Schülern Auffälligkeiten, die sie überraschen, stören, in Zweifel stürzen oder zu Interpretationen verleiten. Abgesehen von demonstrativen Auffälligkeiten (z.B. aggressive Verhaltensweisen, extrem ängstliches Verhalten, totaler Rückzug) können sie – überdenkt man die Palette an möglichen Auffälligkeiten – etliche „Merkwürdigkeiten" im Verhalten und Erleben ihrer Schüler nicht richtig einordnen. Unsicherheit und Ratlosigkeit, wie diesen zu begegnen ist, können die Folge sein. Im Lehramtsstudium werden die Studierenden zwar häufig mit einigen Grundinformationen versehen, jedoch fehlt die intensive Einführung in den Bereich der Auffälligkeiten, den die Praxis bereithält. Hier stoßen gerade jene Lehrkräfte, die ihren Schülern mit viel Sensibilität und sozialem Engagement begegnen, notwendigerweise an Grenzen. Diese sind zu überwinden, wenn Lehrerinnen und Lehrer sich bewusst werden, welche Hilfsmöglichkeiten und -angebote ihnen zur Verfügung stehen:

- eine Vielzahl von Beratungsdiensten,
- eine Aufklärung und Erweiterung des Wissensstandes (Auseinandersetzung mit einschlägiger fachwissenschaftlicher Literatur „als Unterstützung zur Selbsthilfe und Lernen als eigenaktive(r) Prozeß" (Vorwort zu: Berger & Schneider, 2011), Weiterbildungsveranstaltungen, fachkundige Informationen durch die Arbeit von zahlreichen Verbänden: Bundeszentrale für gesundheitliche Aufklärung, Bundesverband Stotterer-Selbsthilfe e.V. etc.),
- soziale Unterstützung (offene Aussprache mit Kollegen, Einbeziehung von Bezugspersonen der problembelasteten Kinder und Jugendlichen, Aufbau von sozialen Netzwerken, Supervision).

Neben den schulorganisatorisch bereitgestellten Maßnahmen sind es die von vielen Lehrern gezeigten Eigenaktivitäten, um Informationslücken zu schließen und Problemlösungen zu finden. Das Ziel in diesem Prozess muss darin bestehen, dass Lehrer die Möglichkeiten kennen, um Hilfestellung zu geben. Das andere Ziel – oftmals übersehen, aber von erheblicher Bedeutung – richtet sich darauf, dass Lehrer auch die Grenzen ihrer eigenen Möglichkeiten sehen und akzeptieren müssen. Lehrer, dies muss nachhaltig unterstrichen werden, sind keine Diagnostiker (z.B. im medizinischen, psychologischen Sinne) und Therapeuten für auffälliges Verhalten. Ihre Aufgabe besteht darin, aus dem vorliegenden fundierten psychologisch-pädagogischen Wissensbestand Anregungen aufzunehmen und auf den konkreten Einzelfall anzuwenden. Dieser Prozess erfolgt in enger Zusammenarbeit mit den betroffenen Kindern und Jugendlichen und allen am Erziehungsprozess Beteiligten. Da es ein Patentrezept der Einflussnahme nicht gibt (geben kann), macht erst der Einzelfall deutlich, welche pädagogisch-psychologischen Möglichkeiten in welcher Form mit welcher Erwartung und von wem genutzt werden können.
Die für dieses Kapitel getroffene Auswahl an Problembelastungen bei Kindern und Jugendlichen wird im Folgenden als Vorlage genommen, um an Beispielen Ansatz-

punkte für pädagogisch-psychologische Präventionen und Interventionen durch Lehrerinnen und Lehrer aufzuzeigen.

Hyperkinetische Störung:
Dem präventiven Bereich lassen sich alle Maßnahmen zuordnen, die für ein gesundes Erziehungsklima dem gesellschaftlichen, dem humanökologischen und dem psychologischen Sektor zu entnehmen sind (z.B. familien- und schulpolitische Maßnahmen, gesundheitsbewusste Lebensweise, Umweltbelastungen, Ernährung, konsequentes Erziehungsverhalten, Einstellung zum Medikamentenkonsum).
Dem interventiven Bereich lassen sich Maßnahmen zuordnen, die sowohl für die familiäre als auch die schulische Situation von Bedeutung sind. Hierzu zählen u.a.:

- eine Aufklärung über das Erscheinungsbild,
- die Erkenntnis, dass hinter dem „unverständlichen" Verhalten kein böser Wille und eine Absicht stehen, „dies so zu tun", keine „Störenfried-Etikettierung" vornehmen, Provokationen nicht persönlich nehmen,
- Arbeit mit Regeln, die auf eine konsequente und unmissverständliche Kommunikation ausgerichtet sind,
- Einigung auf Schlüsselbegriffe, die von dem Kind als Signal verstanden werden, sich selbst zu kontrollieren („Du erfüllst jetzt nicht die Regel ...!", „Vorsicht!"),
- rechtzeitig ankündigen, wenn Handlungen unterbrochen werden müssen (d.h. Rücksicht nehmen, dass hyperkinetische Kinder plötzlichen Veränderungen Widerstand entgegensetzen),
- nicht auf Streitereien einlassen – erst diskutieren, wenn sich das Kind beruhigt hat,
- zur Beruhigung trägt wesentlich der Körperkontakt bei (z.B. Hand-auf-die-Schulter-Legen zur Entspannung),
- die Selbstkontrollfähigkeiten des Kindes aufbauen und stärken,
- eine Balance herstellen zwischen der vom Kind gewünschten Beachtung (Sonderrolle) und der Reaktion des Umfeldes (Ausgrenzung),
- den Mitschülern die bereits bekannte „Sonderrolle" in altersentsprechender Form erklären,
- das Lernverhalten der Kinder unterstützen durch ritualisierte Abläufe, Rhythmisierung, Differenzierung,
- Ansprechen verschiedener Sinne beim Lernvorgang, handlungsorientierte Materialien, Anleitung zum selbständigen Kontrollieren, selbständige Fehlerkontrolle,
- Einsatz von speziellen Trainingsprogrammen,
- die positiven Seiten der Kinder erkennen und bei der Unterrichtsgestaltung nutzen: aufrichtige, ungeschönte Meinungsbekundungen, ansteckende Begeisterung, besondere Anhänglichkeit, kreative Einfälle.

Lese-Rechtschreibstörung:
Der präventive Bereich konzentriert sich auf den Vermittlungsprozess des Lese- und Schreiblernvorganges. Die vorhandene Fülle an didaktischen Anregungen (z.B. Förderung der phonologischen Bewusstheit, Üben von orthographischen Analogien) ist auf die spezielle Klassensituation und die spezifischen Lernbedingungen der einzelnen Schüler zu beziehen und zu erproben (vgl. dazu auch Scheerer-Neumann, 2012).
Dem interventiven Bereich lässt sich eine Vielzahl von Einzelmaßnahmen zuordnen. Der Bundesverband Legasthenie und Dyskalkulie e.V. gibt über diese differenziert Auskunft. Im Folgenden werden einige aufgezählt: Förderung basaler Wahrnehmungsfunktionen (Auffälligkeiten der Sprachentwicklung und im Sprachverständnis bereits im Vorschulalter beachten), Entwicklung der phonologischen Bewusstheit, Einsatz von erprobten Förderprogrammen (z.B. Würzburger Trainingsprogramm zur phonologischen Bewusstheit von Küspert und Schneider, 2001), Computerprogramme, psychotherapeutische Behandlungsmöglichkeiten (z.B. beim Auftreten von Angst, depressiven Verstimmungen).
Die einzelnen Bundesländer haben in Erlassen und Verwaltungsvorschriften eigene Rahmenrichtlinien bezüglich der Diagnosemöglichkeiten und Förderangebote vorgegeben (Einrichtung von LRS-Schulen, LRS-Ambulanzen, LRS-Klassen, Binnendifferenzierung im Klassenverband, psychische Entlastung der Kinder durch Notenschutz, Nachteilsausgleich).

5.3 Beratungsschwerpunkte für Eltern

Gerade im Bereich der verschiedenartigen Verhaltensauffälligkeiten lässt sich aufgrund der vielfältigen Forschungsaktivitäten in unterschiedlichen Disziplinen ein Entwicklungsprozess feststellen, der von jeweils favorisierten Auffassungen, z.B. bezüglich der Ursachenforschung und der abzuleitenden Handlungsempfehlungen, geprägt wird. Auf diese Weise zeichnen sich spezifische Forschungstrends ab, die den Grundstein dafür legen, dass der gesammelte Erkenntnisstand modifiziert, erweitert oder bestätigt wird. Diesen Fundus an wissenschaftlichen Informationen gilt es so aufzubereiten, dass dem schulischen und dem familiären Bereich fundierte Grundlagenkenntnisse zur Verfügung stehen. Dieser Prozess ist auf eine enge Zusammenarbeit von Schule und Elternhaus angewiesen. Dabei geht es primär um die Aneignung von Wissen, das sich im konkreten Anwendungsfall, also bei der Problematik einer Schülerin bzw. eines Schülers, bewähren muss.
Informationen in diesem Sinne sollten dabei nicht als „Einbahnstraße" aufgefasst werden. Die Übermittlung der Erkenntnisse von Schule zum Elternhaus ist dabei nur eine Seite des Informationsflusses. Die andere Seite besteht darin, dass auch das Elternhaus wesentliche Aspekte einbringen muss, die in den Klärungsprozess um auffälliges Verhalten eingehen. Im Einzelnen können dies sein: notwendige anamnestische Daten, Beobachtungen aus dem familiären Bereich und dem Freizeitver-

halten, Transparenz über das Familienklima und den praktizierten Erziehungsstil, Informationen über Familientradition und Normen und Wertevorstellungen, Aufheben von Tabuisierungen, wenn die Schule in irgendeiner Weise von bestimmten Auffälligkeiten betroffen sein kann (z.B. Anfallsgeschehen), Mitteilen bereits eingeleiteter therapeutischer Maßnahmen und Fördermöglichkeiten, um die Erziehungsinitiativen angemessen koordinieren zu können und eine Kontinuität im Vorgehen zu erreichen. Lehrkräfte können diesen Prozess dann begleiten, ihn unterstützen, aber ihn auch anregen, wenn sich z.B. bestimmte Auffälligkeiten vor allem im schulischen Bereich, nicht aber im familiären Umfeld, zeigen.

Bei all diesen Aktivitäten sollten die Lehrerinnen und Lehrer ihr Denken und Handeln nach folgenden Grundsätzen ausrichten: Sie sind keine Fach-Diagnostiker und Therapeuten für auffälliges Verhalten. Sie müssen ihre Möglichkeiten präventiven und interventiven Handelns kennen, aber auch ihre eigenen Grenzen akzeptieren. Sie können auf der Basis des angeeigneten Fachwissens ihre Beobachtungen präzisieren und die Sensibilität für das Registrieren von „Merkwürdigkeiten" eines Verhaltens entwickeln. Diese Hinweise sollten als kommunizierbarer Bestandteil des Lehrerhandelns verstanden werden, der Anstoß ist, professionelle Hilfe (Beratungslehrer, Schulpsychologen, Beratungsstellen) einzuschalten.

Die folgenden Beispiele (Tabelle 3) verdeutlichen, in welcher Weise es Lehrkräften möglich sein sollte, den Eltern Hilfestellung bei speziellen Problemstellungen anzubieten.

Tabelle 3: Auswahl an Hilfestellungen durch Lehrkräfte

Hyperkinetische Störung	Einigung auf eine durchgängig konsequente Erziehungshaltung, Austausch über Stärken und Schwächen der Betroffenen, Hinweise auf Beratungsstellen, Unterstützung bei therapeutischen Maßnahmen
Lese-Rechtschreibstörung	Vermittlung der bundeslandspezifischen Regelungen, einzelne Fördermaßnahmen gemeinsam abstimmen, Empfehlungen für den individuellen Förderbedarf, gemeinsames Sichten des Förderangebotes, Aufklärung: Eltern sollten sich nicht als „Hilfslehrer" verstehen (Aufschaukeln der Situation), Fortschritte sofort lobend anerkennen

Eine der wesentlichen Voraussetzungen für eine effektive Zusammenarbeit von Schule und Elternhaus ist ein Offenlegen der gegenseitigen Erwartungen. Also: Was kann die Schule leisten? Was erwartet die Schule vom Elternhaus? Welche Erwartungen haben die Eltern an die Schule? Erst wenn diese Fragen geklärt sind, ist ein offenes Gespräch möglich, in dem die jeweiligen Zuständigkeiten und Verantwortlichkeiten eine geeignete Ausgangsbasis für die Zusammenarbeit bilden.

6. Literatur

Empfohlene Literatur

Alle Materialien des Bundesverbandes Legasthenie und Dyskalkulie e. V., Hannover.
Rausch, A. (2006). Problembelastete Schülerinnen und Schüler. Bad Heilbrunn: Klinkhardt.
Fingerle, M. & Grumm, M. (Hrsg.). (2012). Prävention von Verhaltensauffälligkeiten bei Kindern und Jugendlichen. München: Ernst Reinhardt.
Schäfer, U. (2000). Mußt du dauernd rumzappeln? Die hyperkinetische Störung: Ein Ratgeber für Eltern, Erzieher(innen) und Lehrer(innen). Bern: Huber.
Petermann, U. (2013). Entspannungstechniken für Kinder und Jugendliche. Weinheim: Beltz.

Verwendete Literatur

Baumgartner, S. (1992). Sprechflüssigkeit. In S. Baumgartner & I. Füssenich (Hrsg.), Sprachtherapie mit Kindern (S. 204-289). München: Reinhardt.

Berger, N. & Schneider, W. (2011). Verhaltensstörungen und Lernschwierigkeiten in der Schule. Möglichkeiten der Prävention und Intervention. Paderborn: Ferdinand Schöningh.

Caplan, G. (1964). Principles of preventive psychiatry. New York: Behavioral Publications.

Cloer, E. (1982). Disziplinieren und erziehen. Bad Heilbrunn: Klinkhardt.

Cooley, M. L. (2012). Besondere Schüler – Was tun? Mit Lernschwierigkeiten und psychischen Auffälligkeiten umgehen. Mülheim an der Ruhr: Verlag an der Ruhr.

Davison, G. C., Neale, J. M. & Hautzinger, M. (2007) (Hrsg.). Klinische Psychologie. Weinheim: Beltz.

Diagnostic and Statistical Manual of Mental Disorders (DSM-5) (2013). American Psychiatric Publishing.

Dollinger, B. & Raithel, J. (2006). Einführung in die Theorien abweichenden Verhaltens. Weinheim: Beltz.

Ettrich, Ch. & Ettrich, K. U. (2011). Verhaltensauffällige Schüler: Beeinflussung durch eigene Wahrnehmungen und Einstellungen. Göttingen: Cuvillier Verlag.

Garrel, M. von (2012). Instandsetzungspädagogik. Integrationsansätze für lernentwöhnte Kinder. Göttingen: Vandenhoeck & Ruprecht.

Glaser, C. & Brunstein, J. C. (2004). Underachievement. In G. W. Lauth, M. Grünke & J. C. Brunstein (Hrsg.), Interventionen bei Lernstörungen (S. 24-33). Göttingen: Hogrefe.

Häcker, H. O. & Stapf, K.-H. (2009). Dorsch Psychologisches Wörterbuch. Bern: Huber.

Havers, N. (1981). Erziehungsschwierigkeiten in der Schule. Weinheim: Beltz.

Hurrelmann, K. & Settertobulte, W. (2002). Prävention und Gesundheitsförderung im Kindes- und Jugendalter. In F. Petermann (Hrsg.), Lehrbuch der Klinischen Kinderpsychologie und –psychotherapie (S. 131-148). Göttingen: Hogrefe.

Internationale Klassifikation psychischer Störungen (ICD-10) Kapitel V (F) (WHO). Dilling, H., Mombour, W. & Schmidt, M. H. (Hrsg.) (2010). Bern: Huber.

Klicpera, C., Schabmann, A. & Gasteiger-Klicpera, B. (2003). Legasthenie. Modelle, Diagnose, Therapie und Förderung. München: Reinhardt Verlag.

Krawitz, R. (1997). Legasthenie/Lernprobleme beim Schrifterwerb. In G. Hansen & R. Stein (Hrsg.), Sonderpädagogik konkret (S. 116-122). Bad Heilbrunn: Klinkhardt.

Küspert, P. & Schneider, W. (2001). Hören, lauschen, lernen. Sprachspiele für Kinder im Vorschulalter. Göttingen: Vandenhoeck & Ruprecht.

Lauth, G. W., Brunstein, J. C. & Grünke, M. (2004). 1. Lernstörungen im Überblick: Arten, Klassifikation, Verbreitung und Erklärungsperspektiven. In G. W. Lauth, M. Grünke & J. C. Brunstein (Hrsg.), Interventionen bei Lernstörungen (S. 13-23). Göttingen: Hogrefe. (Neuauflage erscheint 2014).

Motsch, H. J. (1992). Die idiographische Betrachtungsweise – Metatheorie des Stotterns. In M. Grohnfeldt (Hrsg.), Handbuch der Sprachtherapie. Bd. 5: Störungen der Redefähigkeit (S. 21-42). Berlin: Wissenschaftsverlag V. Spiess.

Myschker, N. (2009). Verhaltensstörungen bei Kindern und Jugendlichen. Stuttgart: Kohlhammer.

Palentien, C. & Hurrelmann, K. (1994). Gesundheitsprobleme und Strukturen medizinischer und psychosozialer Versorgung im Jugendalter. Das Gesundheitswesen, 56, 181-186.

Petermann, F., Döpfner, M., Lehmkuhl, G. & Scheithauer, H. (2002). Klassifikation und Epidemiologie psychischer Störungen. In F. Petermann (Hrsg.), Lehrbuch der Klinischen Kinderpsychologie und -psychotherapie (S. 29-56). Göttingen: Hogrefe.

Ranschburg, P. (1916). Die Leseschwäche (Legasthenie) und die Rechenschwäche (Arithmasthenie) der Schulkinder im Lichte des Experiments. Berlin: Springer.

Rausch, A. (2002). Befragung von Schulpsychologen/Schulpsychologinnen – Beratungslehrern/Beratungslehrerinnen. Seminarpapier. Ludwigsburg: Pädagogische Hochschule.

Rausch, A. (2006). Problembelastete Schülerinnen und Schüler. Bad Heilbrunn: Klinkhardt.

Rausch, A. (2012). Hyperkinetische Störungen. In U. Sandfuchs, W. Melzer, B. Dühlmeier & A. Rausch (Hrsg.), Handbuch Erziehung (S.437-441). Bad Heilbrunn: Klinkhardt.

Scheerer-Neumann (2012). Lese-Rechtschreib-Schwäche. In U. Sandfuchs, W. Melzer, B. Dühlmeier & A. Rausch (Hrsg.), Handbuch Erziehung (S.463-468). Bad Heilbrunn: Klinkhardt.

Schlee, J. (1977). Legasthenie – Erforschung einer Leerformel. In Deutsche Forschungsgemeinschaft (Hrsg.), Zur Lage der Legasthenieforschung (S. 19-26). Bonn-Bad Godesberg: Boldt.

Schleiffer, R. (2013). Verhaltensstörungen. Sinn und Funktion. Heidelberg: Carl-Auer.

Seibert, N. (2012). Erziehungsschwierigkeiten. In U. Sandfuchs, W. Melzer, B. Dühlmeier & A. Rausch (Hrsg.), Handbuch Erziehung (S.486-489). Bad Heilbrunn: Klinkhardt UTB.

Sirch, K. (1975). Der Unfug mit der Legasthenie. Stuttgart: Klett.

Sommer-Stumpenhorst, N. (2006). Lese- und Rechtschreibschwierigkeiten: vorbeugen und überwinden. Berlin: Cornelsen Verlag Scriptor.

Stein, R. (2011). Grundwissen Verhaltensstörungen. Baltmannsweiler: Schneider Verlag Hohengehren.

Steinmeyer, H.-D. & Werner, C. (2000). Rechtsfragen bei Epilepsie. Hamburg: Stiftung Michael.

Stiehler, M. (2007 a). Konzentrationserziehung statt AD(H)S-Therapie. Bad Heilbrunn: Klinkhardt.

Stiehler, M. (2007 b). AD(H)S. Erziehen statt Behandeln. Göttingen: Vandenhoeck & Ruprecht.

Studener, R. (2000). Das Phänomen Legasthenie – eine beständige Herausforderung sonderpädagogischer Forschung? Vierteljahresschrift für Heilpädagogik und ihre Nachbargebiete, 69, 276-280.

Theunissen, G. (2011). Geistige Behinderung und Verhaltensauffälligkeiten. Bad Heilbrunn: Klinkhardt.

Verhulst, F. C. (1995). The epidemiology of child and adolescent psychopathology: Strenghts and limitations. In F. C. Verhulst & H. M. Koot (Eds.), The epidemiology of child and adolescent psychopathology (pp. 1-21). Oxford: University Press.

Vernooij, M. A. & Wittrock, M. (2008). Verhaltensgestört!? – Zur Mehrperspektivität eines Phänomens. In M. Wittrock & M. A. Vernooij (Hrsg.), Verhaltensgestört!? Perspektiven, Diagnosen, Lösungen im pädagogischen Alltag (S.11-14). Paderborn: Ferdinand Schöningh.

Wagner-Pfau, I. (1999). Welche Schule ist die richtige? Lernchancen, 9, 2-5.

Wimmer, H. & Landerl, K. (1998). Lese-Rechtschreib-Schwächen. In D. H. Rost (Hrsg.), Handwörterbuch Pädagogische Psychologie (S. 322-327). Weinheim: Psychologie Verlags Union.

Kapitel 5: Beratung

Rudi F. Wagner und Arnold Hinz

1. Zusammenfassung

Beratung stellt eine der wichtigsten Interventionsformen im Rahmen der psychosozialen Versorgung der Bevölkerung dar. Und Beratung ist ein zentraler Bereich der Pädagogischen Psychologie (Wagner, 2012). In diesem Kapitel werden die Grundlagen der Beratung dargestellt, die den verschiedenen Beratungsrichtungen gemein und für Beratungssuchende von hoher Relevanz sind, wie die Finanzierung und die Überschneidung von Beratung und Psychotherapie. Danach wird der Prozess der Beratung untersucht, der sich in verschiedene Phasen mit je unterschiedlichen Schwerpunktsetzungen unterteilt. Anschließend werden die wichtigsten Beratungsansätze wie Psychoanalyse, Gesprächspsychotherapie, Kognitive Verhaltenstherapie, Systemische Therapie vorgestellt. Ein Vergleich dieser Ansätze führt zur Frage der empirischen Absicherung: Wie kann man Beratung erforschen und wie ihre Wirksamkeit prüfen? Welche Ergebnisse liegen vor? Alle Theorien und Theorieansätze in der Beratung implizieren ein bestimmtes Menschenbild. Diese unterschiedlichen Vorstellungen vom Menschen werden für die großen Beratungsansätze herausgearbeitet. Sie dienen auch als Grundlage für das Modell der Integrativen Beratung (Wagner, 2004), welches das eingeschränkte Denken in Therapieschulen überwindet und von Scheuklappen einzelner Beratungsrichtungen befreit. Es folgt eine Vorstellung der institutionellen Bedingungen von Beratung, bei der die verschiedenen Verankerungen von Beratung in unserer Gesellschaft dargestellt werden. In kaum einem anderen Feld sind gegenseitiges Vertrauen und Offenheit so wichtig wie in der Beratung. Gleichzeitig spielen hier Fragen der persönlichen Bewertung und Beurteilung eine zentrale Rolle. Daher werden gegen Ende des Kapitels ethische Aspekte erläutert, die im Beratungsprozess eine große Rolle spielen. Bei der Anwendung im Alltag werden die Fragen beantwortet, wie man im Alltag eine adäquate Beratung finden kann und wie man auch selbst im Gespräch anderen helfen kann.

2. Grundlagen der Beratung

Beratung stellt eine der wichtigsten Interventionsformen im Rahmen der psychosozialen Versorgung dar. Sie wird von verschiedenen Berufsgruppen durchgeführt und nimmt Bezug auf unterschiedliches Fachwissen (vgl. Nestmann, Engel & Sickendiek, 2004a, 2004b, 2013). Beratung findet in heterogenen Settings und mit unterschiedlichen Schwerpunktsetzungen statt (vgl. Rausch, Hinz & Wagner, 2008); dabei gibt es sehr unterschiedliche theoretische Zugangswege.

2.1 Vielfalt von Beratungsansätzen

Der Bereich der Beratung ist nicht nur in Deutschland durch eine schier unüberschaubare Vielzahl von Methoden, Verfahren und Schulen gekennzeichnet, die es auch der Beraterin bzw. dem Berater selbst nicht leicht macht, den Überblick zu behalten bzw. einen solchen überhaupt erst zu erlangen (vgl. z.B. Dietrich, 1991; Kriz, 2007; McLeod, 2004). Schaut man sich die unzähligen Beratungsangebote in Büchern, Zeitschriften und im Internet an, so kommt man sich schnell vor wie in einem Dschungel ohne Landkarte und Kompass. In einer solchen Situation der Orientierungslosigkeit ist es gerade für Klienten, die aufgrund persönlicher Schwierigkeiten eine adäquate Beratung suchen, sehr schwer, den richtigen Weg zu finden. Es überrascht nicht, dass viele Menschen nicht den für sie optimalen Weg finden: Sei es, dass sie auf Grund mangelnder Kenntnisse an dubiose, selbsternannte „Heiler" geraten, die mit pseudowissenschaftlichen Aussagen ihre Form der Beratung oder „Therapie" anpreisen, oder sei es, dass sie aus lauter Verzweiflung bei der Suche nach einer professionellen Beratung ihr Bemühen ganz aufgeben, was gerade bei ernsthaften Problemen die Gefahr einer Chronifizierung mit langfristigen Folgen wie z.B. Alkohol- und Medikamentenmissbrauch in sich birgt.
Eine grobe Vorstellung von den unterschiedlichen Ansätzen erhält man durch jene humorvolle Geschichte, in der eine Person den Weg zum Bahnhof sucht und jeweils einen Vertreter einer bestimmten Beratungsrichtung um Rat fragt. Die Antworten zeigen – auch wenn sie pointiert und überzeichnet sind – Grundannahmen der jeweiligen Schule. Hier die Antworten verschiedener Berater auf die Frage: *Können Sie mir sagen, wie ich zum Bahnhof komme?*

- Gesprächspsychotherapeut: Sie möchten wissen, wo der Bahnhof ist?
- Psychoanalytiker: Sie meinen diese dunkle Höhle, wo immer was Langes rein- und rausfährt?
- Verhaltenstherapeut: Heben Sie den rechten Fuß, schieben Sie ihn nach vorn. Setzen Sie ihn auf. Sehr gut. Hier haben Sie ein Bonbon.
- Gestalttherapeut: Du, lass´ es voll zu, dass Du zum Bahnhof willst.
- Hypnosetherapeut: Schließen Sie die Augen. Entspannen Sie sich. Fragen Sie Ihr Unterbewusstsein, ob es Ihnen bei der Suche behilflich sein will.
- Provokativer Therapeut: Ich wette, da werden Sie nie drauf kommen.

- Reinkarnationstherapeut: Geh zurück in der Zeit – bis vor Deine Geburt. Welches Karma lässt Dich immer wieder auf die Hilfe anderer Leute angewiesen sein?
- Familientherapeut: Was ist Dein sekundärer Gewinn, wenn Du mich nach dem Weg zum Bahnhof fragst? Möchtest Du meine Bekanntschaft machen?
- Bioenergetiker: Machen Sie mal sch… sch… sch…!
- Systemischer Therapeut: Was denkt Ihre Frau darüber, wie es möglich ist, zum Bahnhof zu kommen?
- NLPler: Stell` Dir vor, Du bist schon im Bahnhof. Welche Schritte hast Du zuvor getan?

Diese Charakterisierungen einzelner Beratungsrichtungen sind natürlich überzogen, dennoch zeigen sie die Vielfalt und die Unterschiedlichkeit der Ansätze. Versetzen wir uns in die Situation eines Menschen, der sich in Not befindet und Beratung oder psychotherapeutischer Hilfe bedarf, so erkennen wir, wie unbefriedigend, ja „verrückt" diese Situation ist. Ein solches Nebeneinander verschiedener Lösungswege wirkt beliebig, führt zu unnötigem Leid auf Seiten des Klienten und wird den Anforderungen an eine wissenschaftliche Disziplin nicht gerecht.

2.2 Gemeinsamkeiten

Neben den Unterschieden gibt es jedoch auch Gemeinsames, das sich in fast jeder Form von Beratung oder Psychotherapie wiederfindet: Beratung ist ein Prozess zwischen (mindestens) zwei Personen oder Parteien, der auf Kommunikation basiert. Dabei werden Inhalte mit dem Ziel ausgetauscht, Wissen zur Optimierung einer als problematisch erlebten aktuellen Situation zu vermitteln. Beratung lässt sich als Problemlösevorgang rekonstruieren (s. Kognitives Lernen im Kapitel *Lernen und Motivation*): Zumindest eine Person leidet unter einem unbefriedigenden Ist-Zustand. Dieser soll mit Hilfe der Beratung in einen wünschenswerten Ziel-Zustand transferiert werden. Welche Barrieren den Weg vom Ist- zum Ziel-Zustand versperren, wie diese beseitigt werden können und wie das Ziel erreicht werden kann, sind ebenso Themen der Beratung, wie die Überlegung, wie der zu erreichende Zielzustand überhaupt aussehen soll bzw. kann. In allen Formen der Beratung sollte das Vorwissen der zu beratenden Person über sich und ihre Situation exploriert und im Prozess der Beratung berücksichtigt werden. Die Ziele einer Beratung sollten expliziert werden (s.u. *Ethische Aspekte der Beratung*). Beratung setzt sich aus verschiedenen Phasen zusammen (s.u.). Die Gründe, warum eine Beratung aufgesucht wird, können sehr unterschiedlich sein: Anlässe für eine Beratung können beispielsweise die Absicherung einer anstehenden Entscheidung durch Expertenwissen sein (beispielsweise bei der Entscheidung, ob das eigene Kind eingeschult oder zu welcher Schulform es angemeldet werden sollte), die Bitte um Hilfe bei eigenen Problemen (z.B. in einer depressiven Phase, bei einer Angst- oder Zwangserkrankung), eine akute Krisensituation (z.B. ausgelöst durch den Tod eines nahen Angehörigen, die Beendigung einer wichtigen Beziehung oder die Diagnose einer schweren Erkrankung), die Suche nach professioneller Unterstützung beim Umgang mit Anderen (wenn beispielsweise die Freundin unter Magersucht oder einer Borderline-Störung oder der Freund unter Ängsten oder Alkoholismus leidet) oder die Suche nach Überprüfung des eigenen professionellen Verhaltens (z.B. in Form von Supervision als Psychotherapeutin, Berater, Arzt, Krankenschwester oder Lehrer).

2.3 Beratung und Psychotherapie

Eine eindeutige Abgrenzung der Begriffe *Beratung* und *Psychotherapie* ist – wenn wir die Realität in der Beratungspraxis zur Kenntnis nehmen – nicht möglich. Dennoch existieren verschiedene Versuche, Beratung und Psychotherapie voneinander abzugrenzen, allerdings fehlt eine einheitliche Definition dessen, was Beratung im Unterschied zur Psychotherapie ausmacht. Wir sehen beide Begriffe als stark überlappend an, wobei die Intensität der Probleme des Klienten eine Rolle spielt: Kann das Problem einer Person vor allem durch zusätzliche Informationen geklärt werden und hat die Person einen nicht so starken Leidensdruck, so sprechen wir eher von Beratung. Sind die Probleme so stark, dass die Person in ihrer Lebensgestaltung stark eingeschränkt ist und müssen neben Informationen auch weitgehende Analysen, diagnostische Abklärungen, intensivere Übungen etc. durchgeführt werden, so sprechen wir eher von Psychotherapie. In diesem Fall liegt in aller Regel eine Erkrankung vor, weswegen in Deutschland die Behandlung in Form von Psychotherapie von den Krankenkassen finanziert wird (s.u.). Demgegenüber werden Beratungsstellen zumeist von den Kommunen, vom Land oder von anderen Institutionen wie z.B. Kirchen (im Rahmen einer freiwilligen sozialen Leistung) finanziert und das Aufsuchen einer Beratungsstelle ist in der Regel kostenlos. Ein wesentliches Unterscheidungskriterium, ob wir von Psychotherapie oder Beratung sprechen, ist daher der institutionelle Rahmen (s.u.), in dem die Beratung stattfindet.

2.4 Kostenübernahme

Wird die Behandlung im Rahmen einer Psychotherapie, d.h. in der Praxis eines Psychotherapeuten oder Kinder- und Jugendlichenpsychotherapeuten durchgeführt, so werden die Kosten dafür durch die Krankenkassen übernommen. Die Voraussetzungen hierfür sind jedoch gesetzlich geregelt und beziehen sich auf die Therapieform, die Behandler und die Diagnose.

Behandlungsform

Durch die sog. Psychotherapie-Richtlinien sind in Deutschland zwei Formen der Psychotherapie anerkannt: Die Psychoanalyse (und die daraus abgeleitete tiefenpsychologisch-fundierte Psychotherapie) und die (kognitive) Verhaltenstherapie. Alle anderen Therapierichtungen wie z.B. Gesprächspsychotherapie, systemische Therapie, Bioenergetik, Gestalttherapie etc. werden beim gegenwärtigen Stand der

Gesetzgebung nicht von den Krankenkassen finanziert (Zur Darstellung der einzelnen Behandlungsformen s. u.: *Beratungsansätze*).

Behandler

Die Krankenkassen finanzieren eine Psychotherapie, wenn als Behandlerinnen bzw. Behandler Diplom-Psychologen, Ärzte oder – eingeschränkt für den Bereich der Psychotherapie bei Kindern und Jugendlichen – Pädagogen die Therapie durchführen. Diese Therapeuten müssen nach Abschluss ihres Studiums eine drei- bis fünfjährige Ausbildung an einem staatlich anerkannten Institut absolviert haben. Dadurch erhalten sie die Approbation als Psychotherapeut bzw. als Kinder- und Jugendlichenpsychotherapeut. Damit haben sie die berufsrechtliche Anerkennung erworben und dürfen Psychotherapie durchführen. Der Begriff *Psychotherapeut* ist gesetzlich geschützt (im Unterschied zum Begriff *Beratung* bzw. *Berater*!). Soll die Therapie über die gesetzlichen Krankenkassen finanziert werden, ist zusätzlich eine sozialrechtliche Zulassung (der sogenannte Kassensitz) notwendig. Dies bedeutet, dass der Behandler durch die Kassenärztliche Vereinigung eine Zulassung in einer bestimmten geographischen Region erhält. Aus ökonomischen Gründen wurde nämlich eine Niederlassungssperre verhängt: Die Anzahl von Psychotherapeuten, die zu Lasten der gesetzlichen Krankenkasse Therapie durchführen dürfen, wurde auf eine bestimmte Zahl festgelegt, so dass in den meisten Gebieten Deutschlands nur dann ein neuer Psychotherapeut seine Praxis eröffnen darf, wenn ein Kollege seine Praxis (seinen Psychotherapeutensitz) aufgibt. Dies ist problematisch, da es in einigen Regionen zu einer Unterversorgung der Bevölkerung und in der Folge zu langen Wartezeiten für Erkrankte führt. Für Patienten mit privater Krankenversicherung gilt diese letzte Einschränkung meist nicht: Hier reicht häufig die Approbation des Behandlers aus, um eine Psychotherapie beantragen zu können.

Diagnose

Eine weitere Voraussetzung dafür, dass die Kosten durch die Krankenkasse übernommen werden, ist das Vorliegen einer Diagnose, welche die Beschwerden des Patienten als Krankheit definiert, wie z.B. Angst-, Zwangsstörung, depressive Störung, posttraumatische Belastungsstörung, somatoforme Störung, hyperkinetische Störung etc. (s. Kapitel *Verhaltensauffälligkeiten*). Diese Diagnose wird vom Therapeuten nach wissenschaftlich fundierten Regeln mit Hilfe von Anamnesen, Befragungen, Beobachtungen und psychologischen Testverfahren erstellt und orientiert sich an einem Klassifikationssystem für psychische Störungen. In Europa wird dazu die International Statistical Classification of Diseases and Related Health Problems (ICD) der Weltgesundheitsorganisation (WHO) herangezogen. Aktuell wird die zehnte Version (ICD-10) genutzt (WHO; Dilling, Mombour & Schmidt, 2008). Für das Jahr 2015 ist die Veröffentlichung der elften Version geplant. In Amerika ist das Statistical Manual of Mental Disorders (DSM) der American Psychiatric

Association gebräuchlich, dessen vierte Version (DSM-IV-TR, 2003) überarbeitet und als DSM-V (American Psychiatric Association, 2013) publiziert wurde.

Anders liegt der Fall, wenn die Behandlung in einer Beratungsstelle durchgeführt wird. Hier erfolgt die Behandlung meist kostenlos oder mit einer geringen Eigenbeteiligung des Klienten. Eine Abrechnung über die Krankenkasse wird hier nicht vorgenommen und eine Einschränkung auf das Vorliegen einer klinischen Diagnose wird auch nicht verlangt. Bei bestimmten Beschwerden, welche nicht als Krankheit anerkannt sind, ist eine Abrechnung über die Krankenkasse nicht möglich. Dies sind z.B. allgemeine Lebensprobleme, Ehe- oder Paarprobleme, Erziehungsprobleme. In diesen Fällen können die Betroffenen eine Beratungsstelle aufsuchen oder sie müssen die Behandlung in einer psychotherapeutischen Praxis selbst finanzieren.

3. Der Beratungsprozess

Beratung ist in aller Regel ein Prozess, der mehrere Gespräche beinhaltet. Nur in seltenen Fällen und bei einfachen Problemen genügt eine einzige Sitzung, um entweder das Problem zu lösen oder die Lösungswege dem Klienten so zu vermitteln, dass er sie selbst umsetzen kann. Dieser Beratungsprozess ist je nach Theorieansatz unterschiedlich lang (von wenigen Sitzungen in einer Kurzzeitverhaltenstherapie bis zu mehreren Sitzungen pro Woche über mehrere Jahre im Rahmen einer psychoanalytischen Behandlung). Den verschiedenen Ansätzen ist jedoch gemeinsam, dass sie im Beratungsprozess zumindest zwei Phasen unterscheiden: Die Phase der Diagnostik und die Phase der Intervention.

3.1 Diagnostik

Den Anfang des Beratungsprozesses bildet die diagnostische Phase. Hier geht es zu Beginn der Beratung zunächst darum herauszufinden, was genau das Problem ist. Zwar haben die einzelnen Beratungsansätze dazu unterschiedliche Vorgehensweisen entwickelt, jedoch werden heute in den meisten therapeutischen Schulen sog. diagnostische Gespräche geführt. Dabei lässt sich der Berater vom Klienten ausführlich dessen Probleme schildern und fragt gezielt nach bestimmten Charakteristika wie z.B.

- *Wann trat das Problem zum ersten Mal auf?*
- *Wie sind Sie bisher mit dem Problem umgegangen?*
- *Was hat Ihnen bisher bei der Bewältigung geholfen?*
- *Was sind Ihrer Meinung nach die Ursachen des Problems? etc.*

Unterstützt werden die diagnostischen Gespräche durch psychologische Fragebogen, die teilweise generelle Informationen erheben, wie z.B. *Fragebogen zur Lebensgeschichte* oder zum *Allgemeinbefinden*, teilweise spezielle Problembereiche differenziert erfassen, wie z.B. *Depressions-*, *Angst-* oder *Zwangsfragebogen*, oder auch spezielle Fähigkeiten präzise erheben, wie z.B. *Intelligenz-* und *Leistungstests*. Das Ziel der Diagnostik ist die Erstellung einer präzisen Diagnose. Als Diagnoseschlüssel dient in Europa die ICD-10 der Weltgesundheitsorganisation (s. o.). Die Diagnose erfüllt mehrere Funktionen: Zunächst stellt sie für den Klienten eine wichtige Information dar, was genau sein Problem ist. Aufgrund der Diagnose hat er auch die Möglichkeit, sich selbst über seine Problematik zu informieren. Zum anderen stellt die Diagnose auch für den Berater eine wichtige Information dar, da sie als Grundlage für die Planung der Behandlung dient. Je nach Diagnose existieren verschiedene, störungsspezifische Behandlungsmöglichkeiten, auf die der Berater oder Therapeut zurückgreifen kann. Gerade in psychotherapeutischen Praxen ist die Diagnose auch eine wichtige Voraussetzung dafür, dass die Behandlung durch die Krankenkasse finanziert werden kann (s. o.).

3.2 Intervention

Die Diagnose, d.h. die Einordnung der Probleme in ein Klassifikationsschema, bildet die Voraussetzung für die Intervention, die Behandlung des Problems. Dabei gibt es je nach Problem verschiedene Möglichkeiten, welche Art der Intervention wie durchgeführt werden sollte. Da gleiche Diagnosen auch unterschiedliche Ursachen aufweisen können, kann nicht direkt von einer bestimmten Diagnose auf eine festgelegte Intervention geschlossen werden. Vielmehr sollte jede Art der Intervention eine individuelle Passung zwischen der besonderen Situation des Klienten und störungsspezifischem Wissen erreichen. Umfangreiches störungsspezifisches Wissen findet man neben den Lehrbüchern der einzelnen Therapieschulen auch in Lehrbüchern der Klinischen Psychologie und Psychotherapie, wie z.B. Reinecker (2003) für den Bereich der Erwachsenenbehandlung oder Petermann (2008) für den Bereich der Kinder- und Jugendlichenpsychotherapie. Im Laufe der Behandlung kann es in der Phase der Intervention durchaus dazu kommen, dass neue Informationen in die Beratung einfließen, die zu einer Ergänzung oder Veränderung der bisherigen Diagnose führen, so dass der Prozess mit diagnostischer Phase und Intervention erneut durchlaufen wird.

3.3 Das Sieben-Phasen-Modell

Da die Aufteilung in die beiden Phasen der Diagnostik und der Intervention nur sehr vereinfacht ist, wird im Folgenden ein differenzierteres Modell des Beratungsgeschehens vorgestellt, welches einen genaueren Einblick in den Prozess während einer Beratung gewährleistet.

Das hier dargestellte Verlaufsmodell bezieht sich auf das Sieben-Phasen-Modell im Selbstmanagement-Ansatz von Kanfer, Reinecker & Schmelzer (2000) und wird hier in einer verkürzten Version (vgl. Wagner & Reinecker, 2004) dargestellt. In diesem Modell wird eine Abfolge verschiedener Schritte beschrieben, die im Verlauf der Beratung bzw. Therapie zentrale Bedeutung erhalten. Der dargestellte Ablauf sowie die Abgrenzung der einzelnen Phasen zueinander stellen eine Orientierung dar. Da das Beratungsgeschehen von hoher Komplexität ist, werden häufig verschiedene Stränge parallel verfolgt, die sich teilweise auf unterschiedlichen Stufen des Modells befinden. Allerdings sollten im Therapieprozess alle Phasen durchlaufen und bearbeitet werden, wobei von jeder Phase aus ein Rücksprung auf davor liegende Stufen möglich und sinnvoll sein kann. Es handelt sich bei diesem Prozessmodell um ein Idealmodell, das sich zur Strukturierung des Beratungsprozesses als ausgesprochen hilfreich herausgestellt hat. Im Folgenden werden die einzelnen Phasen mit ihren zentralen Themen erläutert:

Phase 1: Schaffung günstiger Ausgangsbedingungen
In der ersten Phase des Prozessmodells geht es um organisatorische Fragen sowie die Schaffung einer kooperativen, vertrauensvollen Beziehung zwischen Berater und Klient. Die Erwartungen und Vorannahmen des Klienten sollten in dieser Phase besprochen und mit den Erwartungen und dem Angebot des Therapeuten oder der Beratungsstelle verglichen werden. Typische Fragen für den Berater lauten hier:
- *Warum kommt die Person gerade jetzt (Warum nicht früher? Warum nicht später?)?*
- *Warum kommt die Person gerade an diese Beratungsstelle bzw. in meine Praxis (Gab es Empfehlungen? Von wem? Welche Vorerwartungen hat die Person dadurch)?*
- *Weswegen kommt die Person (Zeigt sie Präsentiersymptome? Wurde die Person von anderen zu einer Therapie gedrängt?)?*

Im Sinne eines Screenings erfolgt in dieser Phase eine vorläufige Klärung der im Vordergrund stehenden Beschwerden. Besonders bei Personen ohne Vorerfahrung mit Beratung sollte in dieser Phase explizit eine Rollenstrukturierung vorgenommen werden. Der Klient soll wissen, dass er sich aktiv an der Lösung seiner Probleme beteiligen muss. Ziel dieser Phase ist es, dass der Klient die zukünftige Arbeit mit dem Berater als ein Unternehmen ansieht, an dem es sich weiterzuarbeiten lohnt!

Phase 2: Aufbau von Änderungsmotivation
Motivation ist einer der wichtigsten Faktoren für Lernen generell (vgl. Kapitel *Lernen und Motivation*) und für therapeutische Veränderungen im Besonderen. In dieser Phase sollte zunächst die Bereitschaft des Patienten geklärt werden, sich zu ändern. Grundlegende Fragen dazu lauten:
- *Wie wird mein Leben sein, falls ich mich verändere?*
- *Werde ich besser dastehen, falls ich mich verändere?*

- *Kann ich es schaffen?*
- *Was muss ich für eine Änderung investieren? Lohnt es sich?*
- *Kann ich auf die Unterstützung dieses Beraters bauen?*

Zur Beantwortung dieser Fragen ist es für den Patienten wichtig zu erfahren, welche Art von Aufgaben in der Beratung auf ihn zukommen werden. Zur Klärung der Motivation gehört es auch, festzuhalten, welche Bereiche eines Problems einer Veränderung zugänglich sind bzw. bei welchen Bereichen der Klient möglicherweise im Rahmen der Therapie lernen sollte, diese zu akzeptieren. In dieser Phase sollten auch unproblematische Bereiche im Leben des Patienten sowie seine Stärken und Ressourcen identifiziert werden. Aufgabe des Beraters in dieser Phase ist es, den Klienten zur therapeutischen Arbeit zu motivieren, wenn er genügend große Erfolgsaussichten sieht.

Phase 3: Problemanalyse
In dieser Phase werden die geschilderten Beschwerden zunächst auf unterschiedlichen Ebenen exakt beschrieben. Diese Beschreibung bildet die Basis für eine funktionelle Analyse, in der versucht wird, die Probleme des Patienten in Beziehung zu lebensgeschichtlichen und aktuellen Bedingungen zu sehen. Diese Analyse erfolgt auf unterschiedlichen Ebenen: von einer Mikroanalyse (im Sinne individueller Merkmale) bis hin zur Makroanalyse (im Sinne einer systemischen Analyse auf partnerschaftlichem, familiärem und sozialem Bereich). Kernpunkt der Problemanalyse ist die Erstellung eines hypothetischen Bedingungsmodells, in dem Hypothesen über aufrechterhaltende Bedingungen eines Problembereichs systematisiert werden. Dieses Bedingungsmodell liefert konkrete Hinweise auf diejenigen (unabhängigen) Variablen, die für eine Veränderung der Situation relevant sind. Eine Auswahl der Ansatzpunkte ergibt sich jedoch erst aus der Zielanalyse (Phase 4).

Phase 4: Vereinbarung therapeutischer Ziele
Die Festlegung, welche Ziele angestrebt werden sollen, erfolgt explizit und gemeinsam zwischen Berater und Klient. Die bewusste und informierte Mitentscheidung des Klienten ist vor allem auch aus ethischer Sicht von Bedeutung (vgl. Wagner, 2008). Zwar ergibt sich aus der Problemanalyse (Phase 3) eine Reihe von Punkten, an denen die Behandlung ansetzen kann, aber die konkrete Auswahl hängt mit von den Zielen des Klienten ab. Diese Ziele können selbst bei ähnlicher Problematik im konkreten Einzelfall sehr unterschiedlich sein, da sie sich aus der individuellen Lebensgeschichte und der Wirklichkeitskonstruktion des Klienten heraus entwikkeln. Beratungsziele lassen sich also nicht einfach aus einer bestehenden Störung ableiten! Ein solcher „diagnostischer Kurzschluss" lässt die individuelle Sinngebung des Menschen außer Acht und bildet daher eine unnötige Reduktion des Klienten (ausführlich s. Wagner, 2005). Die vom Klienten in Phase 1 formulierten Ziele sind meist wenig konkret und in der Regel auch negativ formuliert (*keine Angst*

mehr, keine Eheprobleme). Die Absicht dieser Phase ist es, die Ziele des Klienten zu explizieren, zu klären, um so möglichst genau den zu erreichenden Zustand bestimmen zu können. Im gleichberechtigten, offenen Dialog müssen diese Ziele immer auch mit den generellen Ziel- und Wertvorstellungen des Klienten verglichen und gegebenenfalls verändert werden, sodass am Ende dieser Phase Berater und Klient bzw. Therapeut und Patient einen Konsens über klar definierte Ziele (ggf. mit Unterzielen) bilden können.

Phase 5: Durchführung der Behandlung
Diese Phase kann besonders schwer von den anderen Phasen abgegrenzt werden, da erste Veränderungsschritte bereits seit dem Erstkontakt stattfinden (z.B. durch Reflexionen der eigenen Situation in den bisherigen Gesprächen, durch Informationssammlungen, Aufzeichnungen und Therapieaufgaben, die der Klient bisher schon durchgeführt hat, durch Sinnreflektionen in der Phase der Zielfindung). In dieser Phase geht es um die Planung, die Auswahl und die Durchführung konkreter therapeutischer Verfahren (z.B. Selbstsicherheitstraining zum Aufbau selbstsicheren Verhaltens, Konfrontationsbehandlung zum Abbau von Ängsten oder Elterntraining zum Umgang mit hyperkinetischen Auffälligkeiten des Kindes). Dabei muss jede Methode an die individuellen Lebensbedingungen des Patienten angepasst werden. Für die Auswahl spezieller Methoden existieren verschiedene Strategien wie z.B.:

- *Prinzip der minimalen Intervention*: Auswahl von Methoden mit dem geringsten Aufwand sowie Nutzung von Selbsthilfemöglichkeiten des Klienten.
- *Prinzip der kleinen Schritte*: Anpassung der einzelnen Aufgaben an die individuellen Möglichkeiten sowie an motivationale Voraussetzungen des Klienten.
- *Systemimmanenz* (qua Fiegenbaum & Tuschen-Caffier, 2000): Plausible und transparente Vermittlung der Intervention, sodass der Patient den Sinn versteht und nachvollziehen kann. Dies führt gleichzeitig zur Stärkung der Motivation.
- *Ethisch-sequentielles Vorgehen* (qua Wagner, 1999): Gezielte Auswahl von Verfahren, die ein Menschenbild implizieren, welches möglichst geringe Reduktionismen aufweist.

Bei der Auswahl therapeutischer Strategien kann mittlerweile auf einen breiten Fundus an relevanter Literatur verwiesen werden, die vom Zugang her entweder an Störungsbereichen oder an therapeutischen Methoden orientiert ist (vgl. Petermann & Reinecker, 2005). Betont werden soll an dieser Stelle, dass entgegen gängiger Vorurteile der Einsatz spezifischer Methoden (wie z.B. der Konfrontationstechnik) erst in dieser Phase, und somit erst relativ spät im Laufe der gesamten Beratung, erfolgt.

Phase 6: Evaluation des Fortschritts

Mit der Durchführung eines therapeutischen Verfahrens sollte dessen kontinuierliche Evaluation verbunden sein (s.u. *Empirische Forschung in der Beratung*). Die Evaluation wird idealerweise durch eine Kombination von zwei Strategien umgesetzt:

- Durch eine Prä-Post-Evaluation, d.h. durch einen Vergleich des Zustandes des Patienten vor mit dem nach der Intervention, sowie
- durch eine therapiebegleitende Erfassung relevanter Variablen; dies ist v.a. für die Feinsteuerung des therapeutischen Vorgehens und für die Beurteilung effizienter Therapiebausteine hoch bedeutsam.

Besonders für die Evaluation gilt, dass diese Phase als übergreifend – d.h. mehrere Schritte des therapeutischen Prozesses betreffend – angesehen werden muss. In der Praxis bieten sich Möglichkeiten der Evaluation in Fragebögen und einfachen grafischen Schemata an; aber auch Aufzeichnungen des Klienten über den Verlauf einer Änderung können dazu dienen. Sehr flexibel lassen sich unterschiedliche Möglichkeiten des Goal-Attainment-Scaling (GAS) anwenden (Kiresuk & Sherman, 1968), bei der die Annäherung an den vereinbarten Zielzustand vom Klienten beurteilt wird.

Phase 7: Erfolgsoptimierung, Generalisierung

In der letzten Phase des Beratungsprozesses geht es darum, offene Fragen zu klären und eventuell vorhandene Restprobleme zu lösen. Daneben sollte sichergestellt werden, dass die erarbeiteten Handlungskompetenzen auch in der realen Lebenswelt des Klienten umgesetzt werden.

Die Beendigung der Therapie ist für viele Patienten mit einem gewissen Risiko verbunden (*Was passiert, wenn ich wieder solche Ängste bekomme?*); daher benötigt die Beendigung eine sorgfältige Planung und Vorbereitung des Klienten auf die Zeit nach der Beratung. In Anlehnung an Kanfer, Reinecker und Schmelzer (2000) lassen sich folgende Strategien nennen:

- Einsatz lerntheoretischer Prinzipien zur Generalisierung (z.B. zunehmender Übergang in die Selbstkontrolle).
- Üben von neuen Verhaltensweisen in der natürlichen Umgebung (z.B. Übungen in vivo, Therapieaufgaben zwischen den Sitzungen ...).
- Einbezug des sozialen Systems des Patienten (Partner, Familie, Lehrer, Arbeitsplatz ...).
- Erarbeiten genereller Problemlöse- und Selbstmanagementfähigkeiten (z.B. im Sinne eines flexiblen Umgangs mit gelernten Therapiestrategien; Antizipation von Schwierigkeiten, Stressbewältigung, ausgeglichene Lebensführung ...).

Ebenfalls in diese Phase gehört die Planung einer Nachuntersuchung (Follow-up oder Katamnese). Erst hier zeigt sich, ob die in der Beratung erreichten Veränderungen auch stabil geblieben sind. Sinnvoll ist ein Zeitraum von 1 bis 2 Jahren.

4. Beratungsansätze

4.1 Historischer Überblick

Zu den bekanntesten Psychotherapieformen zählt die Psychoanalyse, die Sigmund Freud (1856–1939) am Ende des 19. Jahrhunderts entwickelte, und die Verhaltenstherapie, die vor dem Hintergrund des Behaviorismus zu Beginn des letzten Jahrhunderts als Anwendung von Lerntheorien in der Behandlung von Problemen konzipiert und experimentell erprobt wurde. Während die Psychoanalyse aus der Behandlung von Patienten heraus entwickelt wurde (Freud war Arzt), kann die Verhaltenstherapie als Ergebnis wissenschaftlicher Untersuchungen angesehen werden (Watson führte zunächst mit Ratten, Skinner vor allem mit Tauben Lernexperimente durch). In den 40er und 50er Jahren des letzten Jahrhunderts trat die Humanistische Psychologie als sog. „dritte Kraft" der Psychotherapie auf. Sie betont die Ganzheitlichkeit des Menschen, das Vorhandensein von Selbstheilungskräften und nimmt an, dass es in jedem Menschen eine Tendenz gibt, sich zu aktualisieren, das heißt, sich selbst und seine Funktionen in Richtung auf Autonomie hin zu entwickeln. Die wichtigsten Psychotherapieformen im Kontext der Humanistischen Psychologie sind die Gesprächspsychotherapie und die Gestalttherapie. Die 70er Jahre schließlich sind gekennzeichnet zum einen durch die „Kognitive Wende" (Entwicklung der Kognitiven Therapie) als auch durch die Entwicklung systemischer Ansätze in der Psychotherapie. Neben den hier genannten Psychotherapieformen gibt es auf dem Beratungsmarkt unzählige andere, deren Indikationsbereich und Wirksamkeit oftmals nicht untersucht wurden und zu denen es wenige oder gar keine wissenschaftlichen Untersuchungen gibt.

4.2 Psychoanalyse

Zentrales Kennzeichen der Psychoanalyse ist die Annahme eines „Unbewussten". Freud versteht unter dem Unbewussten eine psychische Instanz, in der unsere nicht bewussten (nach Freuds Meinung abgewehrten und verdrängten) Gefühle, Wünsche und Gedanken aufbewahrt werden. Auf das Vorhandensein des Unbewussten schließt Freud zum Beispiel auf Grund von sog. Fehlleistungen. Als Fehlleistungen werden „Versprecher", unverständliche „Erinnerungsstörungen", „Wahrnehmungsverzerrungen" oder auch unverständliches „Nicht-Wahrnehmen" angesehen. Nach psychoanalytischer Sicht sind psychische Erkrankungen das Ergebnis von dynamischen Prozessen im Unbewussten. Im Unbewussten bleibt nach Freud die Vergangenheit eines Menschen lebendig. Besonders wirksam konserviert wird die Vergangenheit, wenn Erfahrungen und damit zusammenhängende Gefühle verdrängt werden mussten, beispielsweise deshalb, weil sie zum damaligen Zeitpunkt anders nicht bewältigt werden konnten. Das kann zum Beispiel bei einem traumatischen Erlebnis der Fall sein. Das Verdrängen und Verdecken führt dann ähnlich wie beim

Verschütten von Pompeji dazu, dass die Vergangenheit in „ganzer Frische" erhalten bleibt (Freud, 1909/1973). Durch die „psychoanalytische Kur" kann es gelingen, dass die Vergangenheit nicht nur in Fehlleistungen und neurotischen Symptomen auftaucht, sondern dass sie durch die Behandlung in das „Bewusstsein" dringt und damit ihre Wirksamkeit verliert. Voraussetzung für eine Heilung ist nach psychoanalytischer Auffassung das Erkennen der verdrängten Erfahrungen und der verdrängten Gefühle: Die Psychoanalyse ist in ihrem Selbstverständnis daher eine „aufdeckende" Therapieform. Viele Psychoanalytiker sind Ärzte (und keine Diplom-Psychologen), was sich daraus erklärt, dass im Medizinstudium lange Zeit die Psychoanalyse als die zentrale Form der Psychotherapie gelehrt wurde, während im Psychologiestudium schon früher auch gesprächs- und verhaltenstherapeutische Grundlagen gelehrt und erforscht wurden.

Wie erfolgt nun nach psychoanalytischer Meinung die Aufdeckung des Verdrängten in der Therapie? Als Kurzantwort sind drei Stichwörter zu benennen: Träume, Widerstand und Übertragung. Träume ermöglichen einen Zugang zum Unbewussten, da die Zensur des Bewusstseins im Traum nach Freud weniger streng ist und uns der Traum somit einen Zugang zu unseren unbewussten Gedanken und Gefühlen ermöglicht. Die Beschäftigung mit den Träumen gilt als Königsweg der Psychoanalyse. Der Patient in der Psychoanalyse soll alles erzählen, was ihm durch den Kopf geht, egal ob ihm dies unwichtig erscheint oder ob ihm peinliche Dinge durch den Kopf gehen. Dies wird als „freie Assoziation" und psychoanalytische Grundregel bezeichnet. Es ist dies die einzige Regel, die der Patient nach Freud beachten muss. Freud (1913/1975) vergleicht das von ihm gewünschte Patientenverhalten mit dem eines Reisenden im Zug, der aus dem Fenster sieht und einem Mitreisenden alles erzählt, was er draußen sieht. Die Haltung des Therapeuten wird hierbei als „gleich-schwebende Aufmerksamkeit" charakterisiert (Freud, 1912a/1975, S. 171). Das heißt, der Therapeut soll den Erzählungen des Patienten in gleicher Weise zuhören, sich nicht dadurch ablenken, dass er sich bestimmte Sachverhalte merken will, er soll sein Mitleid beiseitelassen, aber durchaus auf eigene emotionale Reaktionen achten.

Einen Zugang zum Unbewussten ermöglicht neben der freien Assoziation zu den Trauminhalten auch das Erkennen der Widerstände. Unter *Widerstand* versteht Freud die Neigung des Unbewussten, sich einer Aufdeckung entgegenzustellen. Eine Aufdeckung ist nämlich für das „Ich" ängstigend oder beschämend oder mit Schuldgefühlen verbunden. Als Widerstände können in der psychoanalytischen Therapie verschiedene Verhaltensweisen des Patienten angesehen werden: der Patient „vergisst" Therapiesitzungen, kommt zu spät, schweigt, lenkt ab, erzählt mit unpassenden Gefühlen, zeigt eine auffällige Körperhaltung (z.B. steif, unverändert, übermäßige Bewegung, Aufsetzen), vermeidet bestimmte Themen, verwendet eine sterile Sprache voller Fachbegriffe oder Klischees, weiß keine Träume, langweilt sich, macht aus der Sitzung eine fröhliche Stunde, füllt die Therapiesitzungen mit zuvor gesammeltem Material etc. (Greenson, 1967/1981). Hier zeigt sich eine zentrale Problematik der Psychoanalyse: Die Frage, ob eine Verhaltensweise als Widerstand angesehen wird oder nicht, entscheidet einzig der Psychoanalytiker auf Grund seiner subjektiven Sichtweise. Wichtig ist nach psychoanalytischer Auffassung, dass immer zuerst die Widerstände betrachtet werden und erst danach die dahinter stehenden Inhalte. Eine direkte Aufdeckung des Verdrängten wird als sinnlos angesehen, da sonst wieder dieselben Abwehrkräfte provoziert würden, die zur Verdrängung führten. Berater und Patient dürfen sich nur in den Bereichen aufhalten, in die sich das „Ich" noch ohne Abwehr hineinwagt (Greenson, 1967/1981).

Eine besondere Form des Widerstands und zugleich das wohl wichtigste Hilfsmittel der Therapie ist die Übertragung. Unter Übertragung versteht die Psychoanalyse die Verschiebung von Gefühlen, Vorstellungen und Erwartungen gegenüber Personen aus der Vergangenheit auf eine Person in der Gegenwart, das heißt in der Therapie: auf den Therapeuten. Die Übertragungsbereitschaft ist ein Urphänomen und betrifft prinzipiell alle Menschen. Sie ist aber nach Freud bei Patienten wesentlich stärker ausgeprägt als bei anderen Menschen (eine Ausnahme bilden sog. narzisstische Patienten, die aus diesem Grunde nach Freud ungeeignet für eine Psychoanalyse sind). In der Therapie zeigt sich die Übertragung darin, dass der Patient Gefühle, Vorstellungen und Erwartungen gegenüber dem Therapeuten hat, die zum Therapeuten als Person gar nicht passen, sondern sich in Wirklichkeit auf eine andere Person in der Vergangenheit beziehen. Die Übertragung ist immer unangemessen, sie war aber früher einmal eine angemessene Reaktion auf eine Situation der Vergangenheit. Die Übertragung ist im Wesentlichen unbewusst; in ihr manifestiert sich wie im Traum eine Wiederkehr des Verdrängten. Die Psychoanalyse unterscheidet zwischen einer positiven und einer negativen Übertragung. Eine *positive Übertragung* kann aus freundlichen und zärtlichen Gefühlen gegenüber dem Therapeuten bestehen, sich aber auch in einer Idealisierung, in Verliebtheit und in sexuellen Wünschen gegenüber dem Therapeuten ausdrücken. Eine *negative Übertragung* kann sich in Hassgefühlen, Zorn, Abneigung oder Verachtung gegenüber dem Therapeuten ausdrücken. Eine positive Übertragung kann zu Beginn der Behandlung ein starker Antrieb für die therapeutische Arbeit sein. Sobald die Übertragung zum Widerstand wird, muss sie bearbeitet werden. Eine negative Übertragung wird oft aus Angst vor Liebesverlust oder aus Angst vor Feindseligkeit vom Patienten nicht offengelegt. Wichtig ist aber auch hier, dass die negativen Gefühle gegenüber dem Therapeuten angesprochen werden, um dann erkennen zu können, welche Situation aus der Vergangenheit zur Übertragung führt (Freud, 1912b/1975, 1915/1975).

Unter *Gegenübertragung* versteht die Psychoanalyse die Gefühle des Therapeuten gegenüber dem Patienten. Diese Gefühle müssen vom Therapeuten analysiert werden, entweder durch Selbstanalyse oder, da in der Eigentherapie des Therapeuten nie alle Komplexe erfolgreich bearbeitet werden können, durch Supervision.

Man kann die psychoanalytische Behandlung auch so verstehen, dass in ihr die „Neurose“ des Patienten durch eine künstlich hergestellte „Übertragungsneurose“ ersetzt wird (Freud, 1914/1975). In der Psychoanalyse wird die Übertragung nämlich künstlich gefördert: Erstens durch die Frustration, die dadurch entsteht, dass der Therapeut nur für die Dauer einer Behandlungsstunde (50 Minuten) für einen da ist, dass er auch noch für andere da ist, dass er „nichts tut“ und einen auf der Couch alleine lässt, und zweitens durch die Förderung einer künstlichen Regression (Rückschritt in den Kindheitszustand) durch das Setting der Couch (der Patient liegt auf der Couch, der Psychoanalytiker sitzt dahinter und ist so für den Patienten nicht sichtbar), durch die freie Assoziation, durch eine Abhängigkeit vom Therapeuten sowie durch die Häufigkeit und Intensität der therapeutischen Sitzungen (zwei bis fünf Sitzungen pro Woche über mehrere Jahre). Hat der Patient eine sog. Übertragungsneurose entwickelt, geht es in der psychoanalytischen Therapie nicht mehr primär um die Arbeit an den Erinnerungen des Patienten, es geht vielmehr um die Arbeit an der Beziehung zum Therapeuten, was als *korrigierende Beziehungserfahrung* oder auch „Nacherziehung“ (Freud, 1940/1975) verstanden werden kann. Wenn die Übertragungsneurose verschwunden ist, ist nach psychoanalytischer Theorie die Behandlung beendet, da die Symptome keinen Nutzen mehr haben und das Unbewusste darauf verzichten kann. Insgesamt dauert die psychoanalytische Behandlung 2 ½ bis 5 Jahre, manchmal auch länger.

An der Psychoanalyse wurde seit ihrer Entstehung immer wieder deutliche Kritik geübt (wissenschaftsjournalistisch zusammengefasst z.B. bei Zimmer, 1986). Zentrale Argumente gegen die Psychoanalyse betreffen:

- die fehlende Falsifizierbarkeit, die auch aus wissenschaftstheoretischer Sicht einen erheblichen Mangel darstellt (Popper, 1969)
- bescheidene Behandlungserfolge
- die Überbetonung des Sexuellen
- die mangelnde Eignung für Patienten aus der Unterschicht, da das Vorgehen eine hohe Verbalisierungsfähigkeit voraussetze
- die strukturelle Abhängigkeit des Patienten vom Therapeuten
- mangelnde wissenschaftliche Belege für die theoretischen Annahmen
- die große Abhängigkeit vom Ausbilder in der langen Zeit der Ausbildung (Eschenröder, 1984; Selg, 2002) und
- die Machtposition des Analytikers, dessen subjektive Sichtweise als objektive Gegebenheit ausgegeben werden (Immunisierung gegenüber berechtigter Kritik).

4.3 Gesprächspsychotherapie

In den 40er und 50er Jahren des letzten Jahrhunderts entwickelte Carl R. Rogers (1902–1987) eine Therapieform, die er zunächst als *nicht-direktive*, später als *klientenzentrierte* und schließlich als *personenzentrierte* Therapie bezeichnete und die im deutschen Sprachraum zumeist als „Gesprächspsychotherapie“ bekannt wurde.

Rogers hatte zwölf Jahre an einer Erziehungsberatungsstelle diagnostisch, sozialpädagogisch und beratend gearbeitet (Hinz & Behr, 2002), bevor er nach seiner Berufung zum Professor die Ziele einer neuen Therapierichtung formulierte: Es gehe nicht darum, ein einzelnes Problem zu lösen, sondern dem Individuum zu helfen so zu wachsen, dass es mit gegenwärtigen und zukünftigen Problemen besser umgehen könne. Man lege mehr Wert auf die Gefühle und auf den Gefühlsaspekt einer Situation als auf den intellektuellen Aspekt und man berücksichtige mehr die aktuelle Situation als die Vergangenheit. Zudem lege man größeren Wert auf die therapeutische Beziehung selbst als einer Erfahrung des Wachsens. Rogers geht dabei vom wachstumsfähigen und prinzipiell guten Menschen aus. Vor diesem ideologischen Hintergrund wird oft übersehen, dass Rogers vor allem dadurch hervortrat, dass er den therapeutischen Prozess für die wissenschaftliche Analyse öffnete (Kriz, 2001). Rogers war der erste, der Therapiesitzungen aufnahm (anfangs sehr mühsam auf Schallplatte) und damit sowohl die Bedingungen der Supervision als auch der wissenschaftlichen Analyse verbesserte. Geradezu sensationell war die schriftliche Veröffentlichung des Wortlauts einer kompletten Therapie in seinem 1942 erschienenen Buch „Counseling and Psychotherapy“ (Rogers, 1942/1972). Dies war deshalb so aufregend, weil aus psychoanalytischer Sicht die Meinung vorherrschte, dass die Ton- oder Filmaufnahme eines Therapiegesprächs dieses völlig verändern würde und der intimen Beratungssituation nicht gerecht werde. Rogers konnte zeigen, dass der Therapeut durch Akzeptanz, Reflexion und Klärung der Gefühle den Ratsuchenden dazu bringt, seine Gefühle auszudrücken, sich selbst zu verstehen und darauf aufbauend sein Verhalten zu ändern. Zudem konnte er anhand der Tonaufnahmen erkennen, dass direktive Vorgehensweisen die Gefahr von Abwehrhaltungen aufweisen und dazu beitragen können, die Verantwortung für die Therapie vom Ratsuchenden auf den Therapeuten zu übertragen. Erkennbar war zudem, dass die meisten Berater viel direktiver waren, als sie dies selbst für sich annahmen.

Was versteht Rogers unter direktivem Vorgehen? Direktive Verhaltensweisen sind nach Rogers z.B. das Erteilen von Ratschlägen, Bewertungen, Beschwichtigungen und Ermutigungen, die direkte Initiative des Therapeuten (beispielsweise eine Verabredung für den Ratsuchenden ausmachen), aber auch das Ausfragen des Ratsuchenden und die Abgabe von Deutungen (einer Interpretation des Erlebens oder Verhaltens des Klienten durch den Therapeuten, wie es in der Psychoanalyse durchgeführt wird). Das Erteilen von Ratschlägen lehnt Rogers ab, weil der Therapeut nicht für den Ratsuchenden eine Lösung finden könne. Bewertungen, egal, ob sie positiv (z.B. *Das haben Sie gut gemacht*) oder negativ sind, verbieten sich nach Rogers, weil sie die Autonomie und das Selbstbewertungssystem des Ratsuchenden verletzen. Ermutigungen, Beschwichtigungen oder Trost gehören ebenfalls nicht in eine Therapie, weil sie den Leidensdruck vermindern und die Therapiemotivation schwächen. Beschwichtigungen erfolgen nach Rogers Meinung oft nur deshalb, weil sich der Berater selbst entlasten und seine Ängste reduzieren will (wenn den Berater die Dimension des Problems des Ratsuchenden ängstigt). Auch das Ausfragen des Ratsuchenden gehört nach Rogers zu den direktiven Gesprächstechniken. Durch das Ausfragen betont der Berater, dass er ein Experte ist, der ähnlich wie ein Arzt Wissen ansammelt, um zu einer Diagnose und zu einer Verschreibung zu kommen, mit der das Problem dann gelöst ist. Dies mag für den Ratsuchenden bequem sein. Er gerät aber hierbei in eine passive, inaktive Rolle, was eine Entwicklung hin zu Autonomie und Wachstum behindert. Aus diesem Grunde lehnt Rogers (1951/1972) auch das Erstellen von Diagnosen durch den Berater ab. In der Gesprächspsychotherapie sei das Erstellen der Diagnose gleichbedeutend mit der Therapie, das heißt im therapeutischen Prozess komme es zur Diagnose durch den Ratsuchenden. Eine durch den Berater vorab erstellte Diagnose sei nicht nur überflüssig, sondern sogar schädlich für den therapeutischen Prozess, weil hierdurch der Ratsuchende in eine passive Rolle gedrängt werde. Das Verhältnis zwischen Ratgeber und Ratsuchenden darf nach Rogers nicht hierarchisch geprägt sein. Rogers macht dies auch terminologisch deutlich: Er redet nicht von einem Patienten, sondern, ähnlich wie im juristischen Kontext, von einem Klienten. Er betont damit die Selbstverantwortlichkeit des Ratsuchenden. Eine wichtige Entdeckung von Rogers für die Praxis der Beratung ist die Erkenntnis, dass tiefe Einsichten des Beraters in die Psyche des Ratsuchenden völlig wertlos sind, wenn sie vom Ratsuchenden nicht angenommen werden können. „Interpretation", sagt Rogers (1942/1972), „gleichgültig wie zutreffend sie sein mag – hat nur in dem Maße einen Wert, in dem sie vom Klienten akzeptiert und assimiliert wird" (S. 35). Positiv für den Heilungsprozess sind nach Rogers drei Verhaltensweisen des Therapeuten, die er Empathie, Akzeptanz und Kongruenz nennt. Diese werden heute als Basisvariablen der Gesprächsführung auch in vielen anderen Therapierichtungen angewandt.

Empathie

Empathie lässt sich am besten mit „einfühlendem Verstehen" übersetzen. Damit ist gemeint, dass der Therapeut die Erlebnisse und Gefühle des Klienten genau erfasst und die innersten Gefühle des Klienten in ihrer persönlichen Bedeutung so spürt, als ob es die eigenen wären, wobei allerdings der „Als-ob-Charakter" nie verloren gehen darf (Rogers, 1983). Der Therapeut muss bereit sein, sich einzulassen und zuzuhören. Die Erfahrung eines wirklichen Verstanden-Werdens ist dann für den Klienten sehr erleichternd. Das einfühlende Verstehen darf aber nicht mit einem Verständnisvoll-Sein im Sinne einer humanen Haltung verwechselt werden (Biermann-Ratjen, Eckert & Schwartz, 1986). Es geht vielmehr um eine schrittweise Annäherung an die inneren Gefühle des Klienten. Dabei soll der Therapeut einerseits oberflächliche Wiedergaben des Gesagten vermeiden, andererseits aber auch keine Einsichten verbalisieren, die für den Klienten zu bedrohlich wären. Im Idealfall führt einfühlendes Verstehen zur Äußerung von Gefühlen, die dem Klienten bislang kaum bewusst waren.

Akzeptanz

In engem Zusammenhang mit der Empathie steht die Akzeptanz, die mit „unbedingter Wertschätzung“ oder „bedingungsfreier positiver Zuwendung“ (unconditional positive regard) umschrieben werden kann. Akzeptanz bedeutet, dass der Therapeut keine Bewertungen der Aussagen des Klienten vornimmt und dass die Zuwendung des Therapeuten nicht von dem Verhalten des Klienten abhängt. Der Therapeut sagt also nicht, dass er den Klienten in dieser Hinsicht schätzt, in jener aber nicht. Voraussetzung für die Wertschätzung ist auch nicht eine Änderung des Klienten. Rogers vergleicht die Akzeptanz mit der „Gefühlsqualität, die Eltern für ihr eigenes Kind empfinden, wenn sie es als Persönlichkeit, ungeachtet seines augenblicklichen Verhaltens, anerkennen“ (Rogers, 1983, S. 218). Akzeptanz heißt nicht, dass der Therapeut billigt oder bekräftigt, was der Klient fühlt oder tut (beispielsweise bei einem Klienten, der ein Verbrechen begangen hat). Akzeptanz heißt aber, dass der Therapeut dem Klienten als Person Achtung, Respekt, Anerkennung und auch emotionale Wärme entgegenbringt, unabhängig davon, welches Verhalten er zeigt und welche Gefühle er zum Ausdruck bringt. Diese Haltung soll den Klienten ermutigen, auch solche Gefühle zu verfolgen und wahrzunehmen, die er selbst an sich ablehnt und deshalb nur verzerrt oder überhaupt nicht wahrnimmt. Wenn der Klient befürchten muss, die Wertschätzung durch den Therapeuten zu verlieren, wird er als „verachtenswert“ geltende Impulse und Gefühle nicht wahrnehmen und somit auch nicht bearbeiten können. Wenn der Therapeut bei sich einen Mangel an unbedingter Wertschätzung wahrnimmt, so hat er nach Rogers den Klienten entweder nicht verstanden oder der Klient spricht über Gefühle, die der Therapeut bei sich selbst nicht verstanden oder in seinen Erfahrungen nicht akzeptiert hat. Dies muss dann in Selbstexploration oder Supervision geklärt werden.

Kongruenz

Die Wirksamkeit von Empathie und Akzeptanz hängt von der Kongruenz des Therapeuten ab. Mit Kongruenz benennt Rogers die Übereinstimmung von Selbstkonzept und Erfahrung. Mit „Erfahrung“ (experience) meint Rogers alles, was in einem bestimmten Augenblick auf einen Menschen einströmt (der Begriff hat also nichts mit „Lebenserfahrung“ zu tun). Ziel der Psychotherapie ist es, dass der Klient aus dem Zustand der Inkongruenz zur Kongruenz gerät. Der Therapeut muss nicht in jeder Hinsicht kongruent sein, aber seine Beziehung zum Klienten sollte kongruent sein. Dies heißt, dass die Äußerungen des Therapeuten seinem Fühlen und Denken entsprechen sollen, dass der Therapeut keine Rolle spielt, dass er ohne professionelles Gehabe er selbst ist und keine Fassade von gleichbleibender Freundlichkeit aufbaut. Statt des Begriffs Kongruenz werden manchmal auch die Begriffe *Authentizität* und *Echtheit* verwendet. Rogers (1983) dachte auch daran, dieses Therapeutenverhalten als *Transparenz* zu bezeichnen. In der Therapiesituation bedeutet Kongruenz, „daß die vom Therapeuten erlebten Gefühle seinem Bewusstsein zugänglich sind, daß er diese Gefühle leben und sein kann und sie – wenn angemessen – mitzuteilen vermag“ (Rogers, 1983, S. 213). Ob und wie der Therapeut in der Therapiesituation seine Gefühle mitteilen soll, wird in der Gesprächspsychotherapie nicht einheitlich gesehen (Biermann-Ratjen, Eckert & Schwartz, 1986; Tausch & Tausch, 1981) und hängt auch von der konkreten Therapiesituation ab. Zu einem kongruenten Therapeutenverhalten gehört aber, dass der Therapeut seine eigenen Gefühle genau wahrnimmt, sie also weder verzerrt noch verleugnet.

Die drei Therapeutenvariablen Empathie, Akzeptanz und Kongruenz sind als Ideal zu verstehen. Die Haltung des Therapeuten zum Klienten soll so sein wie die als Therapieziel anvisierte Haltung des Klienten zu sich selbst. Unter dem Gesichtspunkt des Lernens kann das empathische, akzeptierende und kongruente Verhalten des Therapeuten als Modell für selbstempathisches, selbstakzeptierendes und selbstkongruentes Verhalten des Klienten verstanden werden (Bommert, 1975). Die therapeutische Behandlung ist abgeschlossen, wenn der Klient die ihn bestimmenden Gefühle und Impulse wahrnehmen und verarbeiten kann (Selbstempathie), wenn er sich selbst als Mensch achten kann (Selbstakzeptanz) und wenn er seine Erfahrungen (alles, was auf ihn einströmt) mit seinem Selbstkonzept in Übereinstimmung bringen kann (Selbstkongruenz).
Die Gesprächspsychotherapie fand vor allem in Deutschland große Verbreitung (Tausch & Tausch, 1981). Sie hatte entscheidenden Einfluss auf die Entwicklung einer nicht-direktiven Kindertherapie (Axline, 1947/1980) sowie auf vielfältige Versuche der schulischen Umsetzung, beispielsweise im schülerorientierten Unterricht, bei der schulischen Konfliktlösung (Gordon, 1977) oder in der schulischen Präventionsarbeit (Strittmatter, 1993). Nach wie vor gehören die Grundsätze der klientenzentrierten Gesprächsführung bei vielen professionellen Beratern zu den Grundlagen ihrer täglichen Arbeit.

4.4 Kognitive Verhaltenstherapie

In der Verhaltenstherapie werden Erkenntnisse der Lerntheorie bzw. allgemeiner der wissenschaftlichen Psychologie insgesamt genutzt, um Verhaltensauffälligkeiten zu behandeln. Die Verhaltenstherapie entwickelte sich zu Beginn des letzten Jahrhunderts, als der Behaviorismus das beherrschende Paradigma der Psychologie bildete. Diese klassische Verhaltenstherapie ist auch als Gegenbewegung zur Psychoanalyse zu verstehen. Damals wurden in der Psychologie die Lernprinzipien des klassischen und des operanten Konditionierens erforscht. Ivan P. Pawlow bemerkte bei seinen Experimenten mit Hunden, dass diese auf ursprünglich neutrale Reize, wie z.B. das Klingeln einer Glocke, ähnlich mit Speichelfluss reagierten, als wenn das Futter schon vor ihnen stand – wenn zuvor der Glockenton mehrmals gleichzeitig mit dem Futter dargeboten wurde: Der Klingelton wurde zu einem *bedingten Reiz*. Pawlow entwickelte daraus das Prinzip der klassischen Konditionierung (vgl. das Kapitel *Lernen und Motivation*). Verschiedene amerikanische Forscher wie Skinner, Watson, Hull oder Guthrie arbeiteten an anderen äußeren Bedingungen, mit denen sie das Verhalten von Tieren (z.B. Tauben, Ratten und Katzen) beeinflussten. Sie entwickelten das Lernprinzip des operanten Konditionierens, welches besagt, dass Organismen ein gezeigtes Verhalten häufiger durchführen, wenn es positive Konsequenzen nach sich zieht, und ein Verhalten seltener durchführen, wenn darauf unangenehme, negative Konsequenzen folgen (vgl. das Kapitel *Lernen und Motivation*). Das hinter diesen Konditionierungstheorien stehende Forschungsparadigma nennt man Behaviorismus, weil es das äußere Verhalten (behavior) zum Gegenstand der wissenschaftlichen Untersuchung hat. Gleichzeitig werden im Behaviorismus innere Variablen wie Gefühle und Gedanken, Handlungspläne und Reflexionen etc. als vernachlässigbare Größen erachtet. Die berechtigte Kritik an dieser Reduktion des Menschen (s. u. Menschenbilder) führte gemeinsam mit empirischen Forschungsbefunden in der Grundlagenforschung der Psychologie zur sogenannten Kognitiven Wende. Wissenschaftler aus der Psychologie entwickelten daraus die Kognitive Therapie, welche einen neuen Ansatz zur Behandlung von Problemen darstellte, der besonders bei der Depressionsbehandlung sehr erfolgreich angewandt wurde (vgl. Wagner, 2011). Beide Traditionen, die behavioristische und die kognitive, bilden heute die Grundlage der heutigen Form der Verhaltenstherapie, der Kognitiven Verhaltenstherapie.

Frühe (behavioristische) Verhaltenstherapie

Die frühe Verhaltenstherapie entwickelte sich mit der Anwendung der wissenschaftlich entdeckten lerntheoretischen Prinzipien des klassischen und operanten Konditionierens auf den Menschen (z.B. Eysenck, 1959). In Abgrenzung zur damals herrschenden Therapieform, der Psychoanalyse, deren Modelle als spekulativ und unwissenschaftlich kritisiert wurden, bemühte sich der Behaviorismus – und damit auch die frühe Verhaltenstherapie – um eine Objektivierung von Wissenschaft und ihrer therapeutischen Anwendung. Diese Objektivierung geschah durch die Ausrichtung auf sichtbares Verhalten – mit dem Preis der Vernachlässigung zentraler menschlicher Dimensionen wie Denken, Fühlen und planvolles Handeln. Die Kritik an diesem Vorgehen wird fokussiert im Vorwurf des Reduktionismus: Im Behaviorismus wird der Mensch in Parallelität zu einfachen tierischen Organismen gesehen, die auf Außenreize in vorhersagbarer Weise reagieren (das sog. Black-Box-Modell des Menschen; s.u. *Menschenbildannahmen in der Beratung*).
Dennoch zeigte sich schon sehr früh, dass die Anwendung von Lerntheorien bei der Behandlung von Krankheiten sehr effektiv war. Besonders bei der Behandlung von Angsterkrankungen, die zu den häufigsten psychischen Erkrankungen überhaupt zählen, zeigte sich eine deutliche Überlegenheit des verhaltenstherapeutischen Vorgehens gegenüber allen anderen Therapieverfahren. Die Grundüberlegung der Verhaltenstherapie besagt, dass Verhaltensweisen erlernt wurden und daher durch

gezielte Anwendung der lerntheoretischen Prinzipien auch wieder verlernt werden können. Bei Angststörungen bspw. ging die frühe Verhaltenstherapie davon aus, dass zwei Faktoren dafür verantwortlich sind: So wird als Ursache einer Hundephobie eine sehr unangenehme Erfahrung wie z.B. der Biss durch einen Hund angesehen. Die klassische Konditionierung erklärt, wie durch diese extrem unangenehme Erfahrung die Angst vor Hunden gelernt wurde. Wenn nun auf Grund dieser Angst in Zukunft Hunde gemieden werden, so wird – in den Termini der operanten Konditionierung – dieses Vermeidungsverhalten negativ verstärkt, denn die Schmerzen und Ängste, die mit dem Hund assoziiert wurden, treten nicht auf, wenn ein Kontakt mit dem Hund vermieden wird. Die Zwei-Faktoren-Theorien (s. Kapitel *Lernen und Motivation*) erklärt somit die Entstehung einer Phobie durch klassische Konditionierung und die Aufrechterhaltung durch operante Konditionierung. Die Vermeidung von Hunden lässt die Angst weiter bestehen und führt zu einer Angstkonservierung. Vor dem Hintergrund der Zwei-Faktoren-Theorie ergibt sich als Behandlungsmaßnahme eine Form der „Gegenkonditionierung", also eine Konfrontation des Klienten mit dem befürchteten Tier bzw. dem angstauslösenden Reiz. Dabei werden die gleichen Prinzipien, die zur Entstehung der Angst geführt haben, genutzt, um die Angst zu reduzieren: Der gefürchtete Reiz *Hund* wird bei der Gegenkonditionierung immer wieder mit angenehmen oder neutralen Reizen gleichzeitig dargeboten, bis der Klient die gelernte Verbindung „Hund – Angst" aufgegeben hat. Dieses Grundmodell – die Anwendung von Prinzipien des klassischen und operanten Konditionierens auf als krankhaft angesehene Verhaltensweisen – zeigte auch in anderen Bereichen wie Zwangshandlungen, Tickstörungen, Unsicherheiten etc. deutliche Erfolge. Bei der Generalisierung dieser Behandlungsmethoden auf alle Erkrankungen wurde jedoch auch deutlich, dass durch den Ausschluss von Gedanken und Gefühlen ein zentraler Einflussfaktor für menschliche Probleme fehlt. So ist z.B. bei der genannten Zwei-Faktoren-Theorie der Angst heute wissenschaftlich belegt, dass die Kognitionen des Klienten in Form von Gedanken, Bewertungsprozessen und Interpretationen einen entscheidenden Beitrag für das Zustandekommen einer Angststörung haben. Die Berücksichtigung der Kognitionen kann daher auch bei der Gegenkonditionierung zu einer Steigerung des Behandlungserfolges beitragen (z.B. Wagner, 2010).

Kognitive Therapie

Die Vorstellung, dass der Mensch wie eine Ratte nur auf Außenreize hin reagiert, wurde schon Mitte des letzten Jahrhunderts heftig kritisiert (vgl. unten die Ausführungen zum *Black-Box-Modell* des Menschen), zumal sich in der Psychologie immer deutlicher die Bedeutung von Gedanken, Plänen, Überlegungen etc. herauskristallisierte. Man spricht in diesem Zusammenhang von der sogenannten kognitiven Wende in der Psychologie. Die Idee, dass wir Menschen auf Grund unserer Gedanken, Handlungspläne, Überlegungen Entscheidungen treffen und bestimmte

Handlungsalternativen auswählen, führte zu einer wichtigen Weiterentwicklung, zur Kognitiven Therapie. Die Kognitive Therapie geht davon aus, dass wir durch unsere Sichtweise die Welt konstruieren. Wir leiden häufig nicht unter objektiven Gegebenheiten, sondern unter unseren Vorstellungen darüber, was wichtig und richtig ist. Wenn Klienten der Überzeugung anhängen, dass sie selbst wertlos sind, nichts können und auch glauben, dass Andere schlecht über sie urteilen, dann werden sie nach kognitiver Sicht mit hoher Wahrscheinlichkeit eine depressive Störung oder eine soziale Phobie entwickeln. Wenn Menschen die Überzeugung haben, dass sexuelle Gedanken und Gefühle etwas Schlechtes und Unanständiges sind, werden sie versuchen, diese Gedanken zu verdrängen und so den Nährboden für Zwangsgedanken oder sexuelle Störungen oder beides legen. Wenn Studierende vor einer Prüfung stehen und dabei innerlich davon überzeugt sind, dass vom Bestehen dieser Prüfung alles abhängt – ihr beruflicher Erfolg, ihr persönliches Glück, ihr Wert als Mensch – dann ist die Gefahr, dass sich vor dem Hintergrund dieses Alles-oder-Nichts-Denkens eine Prüfungsangst entwickelt, sehr hoch. Entsprechend müssen in der Kognitiven Therapie diese inadäquaten Kognitionen diagnostiziert und verändert werden. Albert Ellis (1977) fasste einige zentrale Annahmen der Kognitiven Therapie unter der Bezeichnung Rational-Emotive Therapie (RET) zusammen. Besondere Erfolge zeigte die Kognitive Therapie bei der Erklärung und Behandlung von depressiven Störungen. Aron T. Beck entwickelte das Modell der negativen kognitiven Triade – einer negativen Sichtweise der Person von sich selbst, von der Welt und von der Zukunft (Beck, 1974; 1979). Diese negative kognitive Triade wird als zentrale Ursache für die Entstehung depressiver Störungen angesehen (Beck, Emery, Rush, Shaw & Hautzinger, 2004). Entsprechend besteht das Ziel der Kognitiven Therapie in der Veränderung dieser negativen Bewertungen.

Kognitive Verhaltenstherapie

Nach einer Zeit des Nebeneinanders von klassischer Verhaltenstherapie und Kognitiver Therapie und verschiedenen Bemühungen, die engen Grenzen des behavioristischen Paradigmas zu überschreiten – unter anderem ist hier die multimodale Verhaltenstherapie von Arnold Lazarus (1973) zu nennen – kam es schließlich zu einer Integration. Beide Strömungen, die verhaltenstherapeutische und die kognitive, werden im Rahmen der heutigen Verhaltenstherapie, die aus diesem Grunde auch Kognitive Verhaltenstherapie genannt wird, miteinander verbunden (vgl. Margraf, 2003a, 2003b; Wagner, 2011). Eine Definition heutiger Verhaltenstherapie liefert Margraf (2003a, S. 3):

„Die Verhaltenstherapie ist eine auf der empirischen Psychologie basierende psychotherapeutische Grundorientierung. Sie umfasst störungsspezifische und -unspezifische Therapieverfahren, die aufgrund von möglichst hinreichend überprüftem Störungswissen und psychologischem Änderungswissen eine systematische Besserung der zu behandeln-

den Problematik anstreben. Die Maßnahmen verfolgen konkrete und operationalisierte Ziele auf den verschiedenen Ebenen des Verhaltens und Erlebens, leiten sich aus einer Störungsdiagnostik und individuellen Problemanalyse ab und setzen an prädisponierenden, auslösenden und/oder aufrechterhaltenden Problemänderungen an. Die in ständiger Entwicklung befindliche Verhaltenstherapie hat den Anspruch, ihre Effektivität empirisch abzusichern."

Die Kognitive Verhaltenstherapie ist die heutige Form der Verhaltenstherapie. Sie setzt sich aus verschiedenen Methoden (z.B. Fliegel, Groeger, Künzel, Schulte & Sorgatz, 1998) und Paradigmen (Wagner & Reinecker, 2003; Wagner, 2011) zusammen und hat für unterschiedliche Problembereiche spezielle Behandlungsansätze und -programme entwickelt. Sowohl diese Definition als auch die Geschichte der Verhaltenstherapie zeigen die enge Verbindung zwischen wissenschaftlicher Forschung im Bereich der Psychologie und Anwendung in der Behandlungspraxis. Die Kognitive Verhaltenstherapie zählt daher auch zu den Verfahren mit der besten empirischen Absicherung. Ebenso wie die Psychoanalyse ist auch die Verhaltenstherapie als Behandlungsverfahren im Sozialgesetz anerkannt. Ihre Anwendung in der Krankenbehandlung durch Psychotherapeuten und Kinder- und Jugendlichenpsychotherapeuten wird daher von den gesetzlichen Krankenkassen übernommen.

4.5 Systemische Beratung

Die systemische Beratung stellt den jüngsten der bisher beschriebenen Beratungsansätze dar. Auch hier zeigt sich wieder eine neue Sichtweise auf menschliche Probleme, welche sich deutlich von den bisherigen Beratungsrichtungen unterscheidet. Die Grundannahme der systemischen Therapie lautet: Nicht die einzelne Person hat Probleme oder Schwierigkeiten, sondern das System, in dem die Person lebt, weist bestimmte Umgangsregeln auf, aus denen sich die Problematik ableitet. Nicht das Individuum ist „gestört", sondern die Problematik ist ein Ergebnis des Systems. Meist ist dieses System, in dem wir leben, unsere Familie. Daher sprechen wir auch von Systemischer Familientherapie. (Es gibt jedoch auch in anderen Beratungsrichtungen, wie z.B. der Verhaltenstherapie, Familiensitzungen oder Elterngespräche, weswegen der Begriff Familientherapie nicht gleichzusetzen ist mit Systemischer Familientherapie.) In der Familie hat – nach systemischer Sicht – jedes Mitglied bestimmte Rollen. Das Verhalten eines Mitglieds wird beeinflusst vom Verhalten der anderen Familienmitglieder und hat selbst wiederum Auswirkungen auf die anderen. Als Folge dieser Sichtweise sprechen wir hier weder von einem Patienten noch von einem Klienten, sondern vom Indexpatienten. Diese Bezeichnung soll verdeutlichen, dass sich in der Erkrankung einer Person die Problematik des ganzen Familien- bzw. Paarsystems widerspiegelt.

Konzeptionell wurde die Systemische Familientherapie von Selvini-Palazzoli, Boscolo, Cecchin und Prata (1975) sowie Minuchin (1979) entwickelt. Beeinflusst wurde der Ansatz durch die Psychoanalyse (Stierlin, 1975), die Kommunikationstheorie (Watzlawick, Beavin & Jackson, 1967) und die Systemtheorie. Entsprechend der Vorstellung, dass nicht die einzelne Person, sondern das System als Ganzes die Erkrankung bzw. Störung entwickelt, setzt die Behandlung auch an der ganzen Familie an. Hier gilt es zunächst, die relevanten System- bzw. Familienregeln zu erarbeiten. Dazu dient vor allem die Methode des zirkulären Fragens, bei der einzelne Personen über die Meinungen der anderen Familienmitglieder befragt werden. Zum Beispiel wird in einer Paarberatung die Ehefrau, die unter Panikattacken leidet, gefragt: *Was glauben Sie, denkt Ihr Mann: Wem von Ihnen ist seiner Meinung nach die Beziehung wichtiger?* Glauben die Berater, die relevanten Regeln gefunden zu haben (z.B.: *Die Frau reagiert mit Panikanfällen, weil ihr Mann darauf mit größerer Nähe und Fürsorge reagiert*), kommt es auf der Ebene der Intervention zur sogenannten „Verschreibung". Hierbei erhält das System bestimmte Vorschriften, an die sich die Mitglieder bis zur nächsten Sitzung halten sollen. Eine mögliche Verschreibung für das genannte Paar mit Panikattacken könnte z.B. lauten: *Bitte führen Sie bis zum nächsten Mal folgende Aufgabe mehrmals durch: Versuchen Sie, Frau P., mehrmals in der Woche so zu tun, als hätten Sie eine Panikattacke. Sie, Herr P., versuchen herauszufinden, ob Ihre Frau wirklich einen Panikanfall hat oder nur so tut.* Die Absicht einer solchen Verschreibung ist es, dem System die Regeln bewusst zu machen, die die Ursache für die Problematik sind. Durch einen eher spielerischen Umgang mit den Regeln soll das oftmals rigide Regelwerk aufgelockert und einer möglichen Änderung zugänglich gemacht werden. Im obigen Beispiel geschieht dies auch durch eine sog. paradoxe Intervention, bei der das als krankhaft angesehene Verhalten bewusst gezeigt werden soll.

4.6 Weitere Verfahren

Neben den hier genannten Verfahren, die in der Beratung eine weite Verbreitung haben, gibt es eine unüberschaubare Vielzahl anderer Ansätze, die im Kontext der Beratung zum Einsatz kommen bzw. für sich werben. Im Unterschied zu den oben ausgeführten Richtungen gelten diese jedoch teilweise als nicht empirisch überprüft, haben keine große Verbreitung im Versorgungssystem oder weisen nur den Stellenwert einer einzelnen Technik auf (wie z.B. die Biofeedbacktherapie oder Entspannungsverfahren), die daher nur in ganz speziellen Problemsituationen z.B. innerhalb einer verhaltenstherapeutischen Behandlung indiziert sind. Die folgende Darstellung soll die Grundgedanken einiger dieser Verfahren beleuchten:

Gestalttherapie

Die Gestalttherapie geht auf Fritz Perls (1974) zurück. Sie ist theoretisch ausgearbeitet und zählt ebenso wie die klientenzentrierte Beratung zu den sog. humanistischen Ansätzen. Die Gestalttherapie betont die Eigenverantwortlichkeit des Klienten (*Sei Dein eigener Chef!*) und sieht in der Selbstannahme die Basis für Veränderung. Zentral für die Beratung ist die Orientierung am Hier-und-Jetzt. Auch in der Gestalttherapie wurden spezielle Techniken entwickelt, wie *der leere Stuhl*, dramatische Darstellung und Körperarbeit.

Hypnosetherapie

Die Hypnosetherapie hat von den hier aufgeführten Therapieverfahren die älteste Tradition. In ihrer heutigen Form wurde sie als eigenständige Behandlung vor allem durch Milton Erickson (1967) geprägt. Dabei wird der Klient durch den Hypnotiseur in einen Zustand versetzt, der von außen betrachtet schlafähnlich wirkt. Tatsächlich ist dieser Zustand jedoch eher mit konzentrierter Aufmerksamkeit zu beschreiben, in dem der Klient offen ist für Suggestionen des Behandlers. Dieser stellt sich auf das Weltbild des Klienten ein und betont die Ressourcen des Klienten (Kossak, 2004). Die Hypnose selbst wurde auch als Technik von anderen Therapierichtungen aufgegriffen, wie z.B. der Verhaltenstherapie. Besonders bei der Schmerzbewältigung, bei Schlafstörungen und bei psychosomatischen Beschwerden zeigt die Hypnose eine gute Wirksamkeit.

Transaktionsanalyse

Die Transaktionsanalyse wurde von Eric Berne (1967) entwickelt. Berne geht davon aus, dass der Mensch aus drei verschiedenen Ich-Anteilen besteht: einem Kindheits-Ich, welches spontane Gefühle äußert, einem Eltern-Ich, in dem internalisierte Werthaltungen verortet sind, und einem Erwachsenen-Ich, welches den vernünftigen, überlegten Anteil repräsentiert. In der Behandlung werden typische Kommunikationsmuster analysiert, um dadurch bestimmte, charakteristische Interaktionsweisen zu erkennen, die als Ursache oder Ausdruck einer Problematik angesehen werden können. Die Transaktionsanalyse ist eine Weiterentwicklung aus tiefenpsychologischen Theorien. Ein Beispiel hierfür ist die Annahme von unbewussten Lebensentwürfen (sog. Scripts), die das Erleben und Verhalten des Menschen bestimmen (vgl. Schlegel, 1995).

Biofeedback-Behandlung

Biofeedback bezeichnet die Rückmeldung körperlicher (biologischer) Variablen (Herz-, Atemfrequenz, Muskelspannung, Hautleitfähigkeit, Hirnaktivität etc.) mit Hilfe physiologischer Messapparaturen. In der psychologischen Forschung wurde in den letzten Jahrzehnten immer deutlicher festgestellt, dass wir über diese Rückmeldungen eine überraschend gute Kontrolle über Prozesse erhalten können, die eigentlich unbewusst ablaufen. Bestimmte Symptome wie Durchblutungs-, Einschlafstörungen oder Spannungskopfschmerzen können durch Biofeedback-Sitzungen gezielt behandelt werden, so dass der Patient eine bewusstere Kontrolle über seine körperlichen Funktionen erhält.

Entspannungstherapie
Bei vielen Problemen, wie z.B. Stress, Angst, Schlaflosigkeit, tritt ein erhöhtes Erregungsniveau auf, das oft als störend erlebt wird und in der Folge die Problematik nicht nur aufrecht erhält, sondern auch verschlimmern kann. In diesen Situationen ist das Erlernen und Anwenden von Entspannungsverfahren eine sinnvolle Interventionsmaßnahme. Eine weite Verbreitung weisen das Autogene Training, die Progressive Muskelentspannung und verschiedene Formen der Meditation auf. Durch das Erlernen und Anwenden von Entspannungsverfahren erfährt der Klient eine zunehmende Kontrolle über seine Erregung und erlebt dadurch neben der reinen Entspannung auch eine erhöhte Selbstwirksamkeit.

5. Empirische Forschung in der Beratung

In der schier unüberblickbaren Vielfalt von Beratungs- und Psychotherapieformen liefert die wissenschaftliche Forschung eine wichtige Orientierungshilfe. So kann z.B. die gezielte störungsspezifische Suche nach wirksamen Therapieformen einem Klienten helfen, die für ihn beste Behandlung zu erkennen. Wissenschaftliche Forschungsergebnisse können dabei als wichtiges Qualitätskriterium herangezogen werden (*Ist die Wirksamkeit einer bestimmten Form von Beratung bei einem speziellen Problem überhaupt überprüft?*). Gleichzeitig liefern Ergebnisse der Therapieforschung auch eine Übersicht im Dickicht der verschiedenen Beratungsschulen und -ansätze.

5.1 Grundlagen zur empirischen Beratungsforschung

Die Forschung im Bereich der Beratung bzw. Psychotherapie hat das Ziel, Theorien zu entwickeln, die den Prozess der Beratung beschreiben und erklären, um einerseits verstehen zu können, was in der Beratung passiert, und andererseits daraus Technologien abzuleiten, deren gezielte Anwendung die Probleme und das Leiden der Klienten möglichst effektiv verbessern kann. Ein Teilziel der empirischen Psychotherapie- bzw. Beratungsforschung ist es dabei, die Wirksamkeit bestimmter Verfahren zu überprüfen.
Was versteht man unter empirischer Beratungs- bzw. Therapieforschung? Empirische Forschung im Beratungsbereich bedeutet, dass die Theorie, die der spezifischen Form von Beratung zu Grunde liegt, an Hand wissenschaftlicher Kriterien überprüft wird. So sollte eine Beratungstheorie z.B. widerspruchsfrei und ihre Begriffe klar definiert sein. In diesem Sinne sollte der Klient sich mit den theoretischen Vorannahmen einzelner Beratungsansätze auseinandersetzen und sich fragen, ob ihm die hier vorgestellte Sichtweise seiner Problematik plausibel erscheint oder nicht. Dies kann der Klient entweder selbst, durch das Lesen von Einführungsbüchern, die oftmals auch speziell für Betroffene geschrieben werden, oder

auch durch Gespräche mit dem Berater erreichen. Finden diese Gespräche nicht in einer Beratungsstelle, sondern bei einem niedergelassenen Psychotherapeuten statt, so übernimmt die Krankenkasse – für Verhaltenstherapie, Psychoanalyse bzw. tiefenpsychologisch-fundierte Therapie – jeweils mindestens fünf sog. Probesitzungen (probatorische Sitzungen), ohne dass zuvor ein Therapieantrag gestellt werden muss. In diesen Sitzungen kann sich der Klient ein Bild von der Behandlerin, aber auch von der zugrunde liegenden Theorie machen, um so zu einer fundierteren Auswahl eines Beratungsansatzes zu gelangen. Ein für den Klienten zentraler Aspekt der empirischen Forschung ist die Wirksamkeitsforschung: *Gibt es wissenschaftliche Untersuchungen, die belegen, dass diese Form der Beratung überhaupt einen positiven Effekt hat?* Und wenn ja: *Wie groß ist dieser Effekt im Vergleich zu anderen, alternativen Beratungsansätzen?*

Das Vorgehen in der empirischen Beratungsforschung besteht im einfachsten Fall darin, dass die Probleme von Klienten zwei Mal erfasst werden: Einmal zu Beginn der Beratung und ein zweites Mal am Ende der Beratung. Zwischen beiden Messungen sollte sich eine Besserung der Problematik des Klienten ergeben haben, die größer sein sollte als Zufallsschwankungen und Spontanheilungen ohne Behandlung. Ist dies der Fall und wurden solche Untersuchungen auch an vielen Patienten mit ähnlich positivem Ergebnis durchgeführt, so sind diese Untersuchungen in wissenschaftlichen Zeitschriften veröffentlicht und dort für alle einsehbar. Wir können dann sagen, dass dieser Beratungsansatz bzw. diese Beratungsmethode wissenschaftlich untersucht wurde. Neben diesem einfachen Prä-Post-Vergleich ist es sinnvoll, den Klienten eine gewisse Zeit nach Abschluss der Beratung erneut zu befragen, um zu sehen, ob die positiven Veränderungen, die durch die Beratung erzielt wurden, auch längerfristig Bestand haben. Ein zweiter wichtiger Aspekt betrifft die Spezifität des Problems, auf Grund dessen eine Beratung aufgesucht wird. Leidet der Patient unter einem aktuellen Konflikt mit seiner Partnerin oder leidet er unter psychotischen Schüben, die seit vielen Jahren immer wiederkehren und Symptom einer schizophrenen Grunderkrankung sind? Je nach Problematik können andere Verfahren und Theorien indiziert sein. Die empirische Forschung nimmt daher eine differentielle Indikation vor und fragt dabei: *Welche Form der Beratung ist bei welchem Grundproblem als wirksam anzusehen?* Die Beantwortung dieser Frage ist das Anliegen der empirischen Therapie- oder Beratungsforschung, die sich seit mehreren Jahrzehnten immer differenzierter der Frage widmet, welche Art von Intervention bei welchen Klienten mit welcher Problematik welche Effekte erzielt bzw. indiziert ist. Mittlerweile gibt es hierzu eine Vielzahl von publizierten Arbeiten, die es nicht leicht macht, einen Überblick über den Stand der Forschung zu erhalten. Im Unterschied zur Vielfalt auf dem Beratungsmarkt gibt es hier jedoch anerkannte methodische Verfahren, welche eine vergleichende Betrachtung der Vielzahl von Untersuchungen und Teilergebnissen erlauben, wie z.B. verschiedene Verfahren der Metaanalyse. Eine der umfangreichsten Arbeiten, die den Stand der empirischen

Forschung auf diesem Gebiet abbilden, stellen die metaanalytischen Ergebnisdarstellungen von Grawe, Donati und Bernauer (1994) dar. In diesem Buch, welches den optimistischen Untertitel *Von der Konfession zur Profession* trägt, werden Wirksamkeitsnachweise verschiedener Verfahren zusammengetragen und mittels metaanalytischer Auswertungsmethoden zusammengefasst. Dabei analysierten die Autoren die bisher durchgeführten empirischen Arbeiten zur Psychotherapieforschung und kamen zu einem sehr ernüchternden Ergebnis: Für viele Beratungsansätze existieren nur sehr wenige, teilweise auch widersprüchliche Wirknachweise. Für einige Formen, z.B. die Jung´sche Psychoanalyse, existiert keine einzige empirische Arbeit. Dieses Ergebnis hat in der Folge bei sehr vielen Therapie- und Beratungsrichtungen dazu geführt, dass sie empirische Arbeiten in Gang gesetzt haben, mit dem Ziel, die Wirksamkeit ihrer Verfahren nachweisen zu können.

5.2 Wirkfaktoren der Beratung

Ein weiteres wichtiges Ergebnis der Analysen von Klaus Grawe war die Erkenntnis, dass es nicht *ein* theoretisches Verfahren gibt, welches immer indiziert ist, sondern dass es schulenübergreifend bestimmte Faktoren gibt, die zu einer positiven Veränderung des Klienten führen. Diese Faktoren wurden von Grawe (1995) *universelle Wirkfaktoren* genannt. Bei der Analyse von erfolgreichen Therapien aus unterschiedlichen Therapierichtungen kam er auf vier grundlegenden Bedingungen, die jeweils einen positiven Einfluss auf das Behandlungsergebnis aufweisen:

- Ressourcenaktivierung (Anknüpfen bei den Stärken und positiven Seiten des Patienten)
- Problemaktualisierung (Erleben des Problems ohne irgendeine strategische Einschränkung)
- aktive Hilfe zur Problembewältigung (Anwendung konkreter Verfahren) und
- motivationale Klärung (Analyse der Motive und Werte des Patienten).

Vergleicht man die Theorien der verschiedenen Beratungsrichtungen mit diesen empirisch ermittelten Wirkfaktoren, so stellt man fest, dass viele Beratungsrichtungen konzeptionelle Schwerpunkte in einzelnen Wirkfaktoren haben. So bietet z.B. die klassische Verhaltenstherapie viel aktive Hilfe zur Problembewältigung, vernächlässigt dabei aber evtl. die motivationale Klärung. Die Psychoanalyse wiederum legt in ihrer Konzeption den Schwerpunkt auf motivationale Prozesse und lässt die aktive Hilfe zur Problembewältigung außer Acht. Auch hier zeigt sich somit, wie hemmend das Denken in Therapieschulen ist und wie sinnvoll eine integrative Beratung wäre.

6. Menschenbildannahmen in der Beratung

Annahmen über den Menschen, sensu anthropologische Kernannahmen, finden sich in allen psychologischen und psychotherapeutischen Theorien. Sie sind jedoch, wie schon im Einleitungskapitel dieses Buches dargestellt, meist implizit, was den Nachteil in sich birgt, dass sie selten kritisch reflektiert werden. Schon bei der Darstellung verschiedener Menschenbildannahmen in der Einleitung, wurde die Ordnungsfunktion deutlich, die durch eine Orientierung an zugrunde liegenden Menschenbildannahmen entsteht. Wissenschaftstheoretisch betrachtet, befinden sich diese Vorannahmen über den Menschen im sog. Annahmekern von Theorien: Nach der heute gültigen wissenschaftstheoretischen Auffassung des sog. non-statement-views von Theorien (Nicht-Aussagen-Konzeption von Theorien) bestehen Theorien nicht – wie man früher annahm – einzig aus einem System von Aussagen, die wissenschaftlich überprüfbar sind, sondern immer auch aus einem Theoriekern, in dem sich Grundannahmen über wissenschaftliche Methodologie und Metatheorie sowie Grundannahmen über den Menschen befinden (vgl. Groeben, 1986; Mittelstraß, 2004, S. 283ff.). Diese Grundannahmen haben Auswirkungen auf das Forschungs- bzw. Beratungsgeschehen und beeinflussen dadurch indirekt auch die Forschungsergebnisse (qua Gegenstands-Methodik-Interaktion).
Da Beratung immer an bestimmten Theorien oder Theorierichtungen orientiert ist, existieren auch hier immer Vorannahmen über den Menschen. Diese erhalten in der Beratung jedoch eine ganz besondere Relevanz, da die Vorstellungen über den Menschen im Prozess der Beratung implizit an den Klienten weitergeben werden (Wagner, 1999). Je nach theoretischer Beratungsrichtung werden der Klient und sein Problem unter einem anderen Licht betrachtet und anders modelliert. Grundannahmen über den Menschen haben im Beratungsprozess schon bei der Vorauswahl von diagnostischen Verfahren und der als adäquat eingeschätzten Interventionsverfahren einen Einfluss. Wegen des Machtgefälles in der Beratung werden diese Annahmen oft unreflektiert vom Klienten übernommen und beeinflussen seine Selbst- und Weltsicht und damit auch seine zukünftige Lebensgestaltung. Umso wichtiger ist es daher, sich genauer mit diesen Menschenbildannahmen zu beschäftigen.

6.1 Wissenschaftstheoretische Gegenstandseinheiten

Beratungsansätze bzw. Therapieschulen beziehen sich auf verschiedene psychologische Theorien. Im Rahmen der Psychologie, die die Grundlagenwissenschaft der Beratung bildet, wurde von Groeben (1986) ein Ordnungssystem entwickelt, welches die Vielfalt von Theorien bündelt und unter drei verschiedene wissenschaftstheoretische Einheiten subsumiert. Diese drei Einheiten nennt Groeben *Handeln*, *Tun* und *Verhalten*. Entsprechend lautet auch der Titel seines Buches: „Handeln, Tun, Verhalten als Einheiten einer verstehend-erklärenden Psychologie“. Durch diesen Titel macht der Autor deutlich, worum es ihm geht: Die eingefahrene Dichotomisierung zwischen Verstehen und Erklären, zwischen Hermeneutik und Empirismus soll zugunsten einer ganzheitlichen Betrachtungsweise aufgehoben werden. Im Folgenden werden diese drei Gegenstandseinheiten auf den Bereich der Beratung angewandt. Dabei werden für jede Einheit die zentralen anthropologischen Kernannahmen erläutert und die paradigmatischen Beratungsansätze aufgeführt (vgl. Wagner, 2004).

6.2 Der Mensch als Objekt von Außenreizen

Unter die Einheit des Verhaltens fallen jene Beratungstheorien, die den Menschen als Objekt äußerer Bedingungen konzipieren. Die paradigmatische Forschungsrichtung für diese Einheit ist der Behaviorismus, der dieser Einheit auch den Namen gibt (behavior – Verhalten). Der Behaviorismus, der vor allem in der ersten Hälfte des letzten Jahrhunderts weit verbreitet war, untersuchte äußere Reizbedingungen, die das Verhalten des Menschen steuern. Innere Variablen, wie Gefühle und Gedanken, wurden als wissenschaftlich nicht zugänglich angesehen und daher auch nicht untersucht. Man spricht daher vom *Black-Box-Modell* des Menschen. Klassische und operante Konditionierung sind wissenschaftliche Theorieansätze, die dieser Gegenstandseinheit zuzuordnen sind. Sie bilden die Grundlage für viele Verfahren, die in der frühen (behavioristischen) Verhaltenstherapie entwickelt wurden. Auch heute noch werden in der Verhaltenstherapie (und auch in anderen Verfahren wie z.B. der Hypnosetherapie oder dem Neurolinguistischen Programmieren) Verfahren angewandt, die diesem *Black-Box-Modell* des Menschen entsprechen: Verhaltensänderung durch Belohnungs- und Bestrafungsprozesse, Trainingsprogramme, die die Gabe von Konsequenzen betonen, oder Konfrontationsverfahren (z.B. bei Angst- und Zwangsproblemen) sind effektive Verfahren, die dieser Einheit zuzuordnen sind.

6.3 Der Mensch als Objekt unbewusster Triebe

Unter diese Einheit fallen Theorien, in denen menschliche Aktivitäten als Produkt unbewusster Motive modelliert werden. Die paradigmatische Theorie für diese Einheit stellt die Psychoanalyse dar, deren Begründer Sigmund Freud mit seiner Eisberg-Metapher sein Bild des Menschen beschrieb: Wie beim Eisberg der weitaus größte Teil im Meer verborgen ist und nur ein kleiner Teil – eben die Spitze des Eisbergs – aus dem Wasser ragt, so sei dem Menschen nur ein kleiner Teil seiner Innenwelt bewusst. Der Hauptteil sei dagegen im Meer des Unbewussten verborgen und der bewussten Betrachtung nicht zugänglich. Der Mensch – so Freud – ist der Macht der unbewussten Triebe ausgeliefert. Diese bilden den größten Teil des Menschen und bestimmen sein Tun. Zentral für Beratungstheorien, die dieser Tuns-Einheit zuzuordnen sind, ist ein Auseinanderfallen von subjektiver Intention und objektiver Motivation: Das, was der Betroffene denkt, warum er sich so oder so verhält, stimmt nicht mit den objektiven Gründen überein. Im Rahmen dieser Theorien sind es die unbewussten Gründe, die unser Tun bestimmen. Dieses Menschenbild findet sich außer in der Psychoanalyse auch in allen davon abgeleiteten tiefenpsychologischen Beratungsrichtungen, wie z.B. der Individualpsychologie von Alfred Adler, der Jung'schen Psychoanalyse oder der tiefenpsychologisch-fundierten Beratung. Weiterhin sind jedoch auch viele sozialpsychologische Theorien zu nennen, wie z.B. die Theorie der kognitiven Dissonanz oder die Reaktanz-Theorie, die vor dem Hintergrund dieses Menschenbildes erklären, wie wir in bestimmten Situationen von unbewussten Motiven bestimmt werden. Typische Verfahren in der Beratung, die dieser Einheit zuzuordnen sind, sind (Übertragungs-)Deutungen und projektive Testverfahren.

6.4 Der Mensch als frei handelnde Person

Unter die Einheit des Handelns werden jene Theorien und die von ihnen abgeleiteten Verfahren subsumiert, welche die typisch menschlichen Fähigkeiten von Rationalität, Reflexion, Kommunikation und absichtsvollem Handeln betonen und diese als zentrale Merkmale des Menschen ansehen. Paradigmatische Theorie ist die Handlungstheorie, die sich mit dem (bewusstseinsfähigen) Denken und Fühlen des Menschen beschäftigt. Die Kognitive Therapie, die Rational-Emotive Therapie von Albert Ellis oder die philosophische Beratung (Ruschmann, 1999) stellen typische therapeutische und beraterische Vertreter dieses Menschenbildes dar.

6.5 Integrationsmöglichkeiten

Diese drei Gegenstandseinheiten *Handeln*, *Tun* und *Verhalten* und die ihnen zuzuordnenden Beratungsansätze betonen jeweils unterschiedliche Seiten des Menschen. Sie stellen zunächst ein Ordnungssystem dar, welches die Möglichkeit bietet, die Vielfalt von Verfahren an Hand des zugrunde liegenden Menschenbildes zu sortieren. Darüber hinaus weisen diese drei Einheiten auch auf ethische Aspekte hin (vgl. Wagner, 1999). Denn mit der einseitigen Betonung nur einzelner Seiten des Menschen in den meisten Beratungstheorien, wird der Mensch reduktiv wahrgenommen und modelliert, und zwangsläufig werden andere Seiten (und somit auch andere Fähigkeiten und Möglichkeiten) des Menschen vernachlässigt. Die verschiedenen Menschenbildannahmen implizieren auch eine unterschiedliche Form der Beziehungsgestaltung zwischen Berater und Klient, deren ethische Problematik zu wenig reflektiert wird (vgl. Wagner, 1999). Aufbauend auf diesen Einheiten und den genannten Desiderata wird im Folgenden das Modell einer integrativen Beratung (sensu Wagner, 2004) vorgestellt.

7. Integrative Beratung

Das reine Nebeneinander verschiedener Beratungsrichtungen und die damit verbundene Reduktion des Menschen auf die jeweilige theoretische Modellierung sind sowohl für ratsuchende Menschen in schwierigen Lebenssituationen als auch für die Weiterentwicklung der Beratung unbefriedigend. Im Folgenden werden daher Argumente für eine Integration angeführt. Anschließend wird als Lösung dieser Situation das Modell der Integrativen Beratung von Wagner (2004) dargestellt.

7.1 Argumente für eine integrative Sichtweise

Schon bei einem ersten Blick auf die verschiedenen Beratungsrichtungen wird deutlich, dass diese unterschiedliche Theorien implizieren und sich in der Betrachtung der Probleme des Klienten deutlich unterscheiden. Daraus folgt, dass auch die Analyse und die Intervention bei einer konkreten Problematik sehr unterschiedlich ausfallen kann. Für Klienten, die sich wegen eines Problems in eine Beratung begeben, ist es sehr schwer, aus dieser Vielfalt die für sie richtige Form der Beratung auszuwählen. Wie soll es für jemanden, der sich nicht hauptberuflich mit Beratung auseinandersetzt, möglich sein, die Therapieform herauszufinden, die für ihn, bei seinem speziellen Problem, vor seinem persönlichen Hintergrund, die effektivste Behandlung darstellt? Dabei hat die Wahl einer bestimmten Beratungsrichtung und eines bestimmten Beraters weitreichende Folgen für den Klienten: Abhängig davon, an welchen Berater der Klient gerät, wird ihm ein ganz bestimmtes Bild seiner Problematik (die in einigen Therapieformen gar nicht als Problem, sondern nur noch als Symptom oder gar als Lösung darstellt wird) vermittelt (s.o.). Aus einer übergeordneten Perspektive ergibt sich in dieser Situation eine Reihe von Fragen, die durch die verschiedenen Therapieschulen sehr unterschiedlich beantwortet werden. Schon die Frage nach den Ursachen eines konkreten Problems kann höchst unterschiedlich ausfallen: Ist die Problematik, die eine Klientin zum Berater führt, die Ursache einer problematischen, konfliktbehafteten Beziehung zu ihrer Mutter, die ihre Wurzeln in der frühen Kindheit hat? Oder stecken verdrängte, triebhafte Impulse hinter ihrer Symptomatik? Ist das Symptom nur Zeichen einer familiären Störung und die Klientin der Indexpatient? Muss die Klientin vor allem lernen, ihre Aggressionen im Hier und Jetzt richtig auszuleben, da hinter ihren Beschwerden verdrängte Emotionen stecken? Ist die Problematik ein Ausdruck einer allgemeinen Lebensangst? Steht dahinter ein massiver Partnerkonflikt, der jedoch der Klientin nicht bewusst ist? Oder stabilisiert sie mit ihrer Störung nur das Gefüge ihrer Familie? ... Die Aufzählung ließe sich noch lange fortführen.

Diese kleine Auswahl von Beratungssichtweisen macht deutlich, wie problematisch die Situation dadurch ist, dass keine übergeordnete Metatheorie der Beratung existiert, die in diesem undurchsichtigen Dschungel von Beratungsrichtungen eine Orientierung liefern könnte; denn fast alle Therapierichtungen haben zu ein und

demselben Problem bei ein und demselben Klienten ihre eigene, spezifische Sichtweise, aus der eine (schulen-)spezifische Behandlungsform folgt: Je nachdem, zu welchem Berater der Klient gelangt, wird ihm eine dieser vielen möglichen Sichtweisen als *die* Sichtweise verkauft werden, aus der sich dann die entsprechenden therapeutischen Interventionen ableiten. So hängt es hauptsächlich davon ab, ob eine Klientin mit ihrem Problem zu einem Psychoanalytiker, einer Familientherapeutin, einer Gestalttherapeutin, einem Verhaltenstherapeuten, einem Gesprächspsychotherapeuten etc. kommt, welches Bild der Störung ihr vermittelt und welche Therapiemethode in der Therapie durchgeführt wird! Dieses Problem der unüberblickbaren Vielfalt an Meinungen ergibt sich störungsübergreifend: Unabhängig davon, ob die Patientin beispielsweise an Ängsten, Depressionen, sexuellen Störungen, Persönlichkeitsstörungen, Lernstörungen, Zwangsstörungen oder Kleptomanie leidet: Immer wird ihr Problem unter dem Blickwinkel – man könnte auch sagen unter den Scheuklappen – einer speziellen Schule gesehen und behandelt.
Diese Situation ist aus wissenschaftlicher Sicht als suboptimal anzusehen und sowohl für Berater als auch für Klienten unbefriedigend. Berater sind durch diese Situation in ihrer eigenen Schulrichtung gefangen, sehen den Klienten und sein Problem nur unter dem Blickwinkel ihrer Schule und rezipieren kaum oder gar nicht die wissenschaftlichen Forschungsergebnisse anderer Beratungsrichtungen. Und ein Berater, der nicht mehr über den Tellerrand der eigenen Schulrichtung blickt, wird zwangsläufig immer stärker unter schulenspezifischen Einschränkungen seiner Wahrnehmung leiden. Den Klienten wiederum bleibt oftmals nichts anderes übrig, als sich mehr oder weniger auf ihr Glück oder die Erfahrungen von Freunden und Bekannten zu verlassen, wenn sie für die Behandlung ihrer Probleme eine Beratung aufsuchen. Sie müssen fast blind darauf vertrauen, dass der Berater und die Beratungsform, die er vertritt, tatsächlich zur Linderung ihrer Probleme beitragen. – Fast schon paradox mutet diese Situation deshalb an, weil es inzwischen durchaus das Wissen gibt, welche therapeutischen Vorgehensweisen bei bestimmten Störungen eher indiziert sind und welche weniger. Äußerst notwendig und wünschenswert ist in dieser Situation daher eine Orientierungshilfe, die es Beratern und Klienten ermöglicht, genau jenes Vorgehen auszuwählen, welches bei einem bestimmten Klienten mit einer bestimmten Problemsituation die mit hoher Wahrscheinlichkeit besten Erfolgsaussichten verspricht.

7.2 Der Integrative Beratungsansatz

Im Folgenden wird ein Lösungsvorschlag für die dargestellten Probleme ausgeführt. Dieses Modell wird als Integrativer Beratungsansatz (Wagner, 2004) oder auch als Ethisch-Sequentielle Therapie (Wagner, 1999) bezeichnet.

Orientierung an empirischen Forschungsergebnissen

Ein wichtiges Prinzip ist dabei zunächst die Aufhebung der schulenspezifischen Scheuklappen. Das bedeutet, dass die einzelnen Beratungsansätze ihren Ubiquitätsanspruch aufgeben und somit den Geltungsbereich ihrer Theorien einschränken. Diese Beschränkung sollte anhand empirischer Kriterien, d.h. entsprechend dem Stand der empirischen Psychotherapieforschung erfolgen. Dadurch können Theorien und Methoden aus dem Fundus der gesamten Psychologie-, Psychotherapie- und Beratungsforschung für die Beratung ausgewählt werden, die sich bei einzelnen Problembereichen als effizient und langfristig wirksam erwiesen haben. Grundlage für diese Entscheidung sollten nicht schulenspezifisch anerkannte Autoritäten, sondern aktuelle, wissenschaftliche Publikationen aus der Psychotherapie- und Beratungsforschung bilden. Diese existieren mittlerweile für die meisten Problembereiche, die Gegenstand der Beratungspraxis sind. Selbstverständlich unterliegen die dort vorgestellten Ergebnisse auch weiterhin einer wissenschaftlichen Überprüfung: So kann es vorkommen, dass einzelne Verfahren, die heute aufgrund vorliegender empirischer Studien als Methode der Wahl angesehen werden, zukünftig durch andere, bessere Verfahren ersetzt werden. Aber gerade dies ist einer der zentralen Vorteile des Modells der Integrativen Beratung (vgl. Wagner, 2004), die ganz im Sinne des Klienten schulenspezifische Verkrustungen zugunsten neuerer Entwicklungen in der Forschung aufhebt. Dieser Sachverhalt – dass sich die problemspezifischen Behandlungsverfahren durch aktuelle Forschungsergebnisse verändern können – betont ausdrücklich die Rolle einer fundierten Ausbildung und einer berufsbegleitenden, kontinuierlichen Weiterbildung der Berater. Die Orientierung am Stand der Forschung und die damit verbundene Weiterbildung stellt in der Integrativen Beratung eine Forderung für ein ethisch korrektes Verhalten des Beraters dar.

Orientierung an ethischen Prinzipien

Zu dieser empirischen Entscheidungsdimension wird nun eine zweite Dimension hinzugefügt. Diese steht orthogonal zur Dimension der empirischen Wirksamkeit und ist ethisch begründet (vgl. unten: *Ethische Aspekte*). Unter Bezug auf die oben dargestellten Aspekte der Reduktion des Menschen und der Möglichkeit der Selbstanwendung wird diese Dimension als ethisch-sequentielle Rangreihe (Wagner, 1999) bezeichnet. Unter ethischen Aspekten ist nämlich zu fordern, dass der Mensch möglichst unreduziert wahrgenommen werden soll (Vermeidung unnötigen Leidens; s.u.). Die Gestaltung der Beziehung sollte möglichst symmetrisch erfolgen (Prinzip der Gleichheit; s.u.) und nicht institutionell schon als Ungleichheit zwischen Berater und Klient installiert sein (vgl. Wagner, 2008).
Nun ist es gerade in der Beratung durchaus nicht immer so, dass Klienten mit voller Handlungsfähigkeit, überlegt und reflektiert ihr Leben gestalten. Genau dies ist ja häufig der Grund, weshalb Betroffene eine Beratung bzw. Psychotherapie aufsu-

chen: dass Menschen nicht mehr das Gefühl haben, über ihr Leben entscheiden zu können, ihre eigenen Kräfte und Stärken nicht mehr wahrnehmen etc. Dies bedeutet jedoch umgekehrt nicht, dass wir grundsätzlich von einer solchen eingeschränkten Handlungsfreiheit ausgehen sollten. Im Rahmen der Integrativen Beratung (sensu Wagner, 2004) soll aus ethischen Gründen zunächst von einer strukturellen Parallelität ausgegangen werden, die konsequenterweise auch die Grundlage der Beziehungsgestaltung zwischen Berater und Klient von Beginn an kennzeichnet. Durch eine solche Sichtweise werden auch die Ressourcen des Patienten betont. Im Rahmen dieser gleichberechtigten Beziehung lassen sich dann u.U. im Beratungsprozess einzelne Problembereiche im Leben des Klienten finden, in denen die unterstellte Handlungsfähigkeit nicht (mehr) gegeben ist. Hier besteht nun die Aufgabe der Beratung darin, aus den vorhandenen Verfahren jene auszuwählen, die zum einen die besten empirischen Wirknachweise aufweisen (s.o.) und die zum anderen ein Menschenbild implizieren, welches den Klienten möglichst wenig oder gar nicht reduziert modelliert. Sollte sich bei dieser Abwägung herausstellen, dass die effektivsten Verfahren aus der Tuns- oder Verhaltenseinheit stammen, und somit ein reduktives Menschenbild implizieren, so kann im gleichberechtigten Diskurs mit dem Berater der Klient selbst frei entscheiden (Prinzip der Autonomie; s.u.), ob er bereit ist, zur Behandlung einzelner Problembereiche kurzfristig jene Verfahren und Methoden anzuwenden, deren Effektivität zwar empirisch belegt, deren zugrunde liegendes Menschenbild jedoch als reduktiv kritisiert werden kann. Ein solcher Fall wäre z.B. bei der Planung der Konfrontationstherapie zur Behandlung einer Phobie möglich. Dies alles geschieht im Rahmen einer symmetrischen Beziehung, in der Berater und Klient als handlungsfähige Wesen angesehen werden und hat das Ziel, die volle Handlungsfähigkeit und somit auch volle Liebes- und Genussfähigkeit des Klienten wiederherzustellen.
Beide Dimensionen – die empirische Wirksamkeit und das ethisch-sequentielle Vorgehen als Form der Beziehungsgestaltung – bilden die zentralen Säulen des Integrativen Beratungsansatzes.

Voraussetzungen für eine Integration
Notwendige Voraussetzung für dieses integrative Vorgehen ist zum einen die Aufgabe des Ubiquitätsanspruches einzelner Beratungsschulen und -ansätze. Zum anderen müssen Beraterinnen und Berater Wissen über den Tellerrand ihrer eigenen Schulrichtung hinaus erwerben und Vorurteile gegenüber anderen Verfahren abbauen. Gerade diese letzte Forderung ist nicht leicht zu erfüllen. Führen wir uns jedoch das Ziel des Integrativen Beratungsansatzes vor Augen – eine nicht-reduktive, ganzheitliche Sichtweise des Menschen und eine Behandlung der Probleme des Klienten entsprechend dem Stand der wissenschaftlichen Forschung (Wagner, 2004) –, dann lohnt diese Mühe. Denn erst vor diesem Hintergrund gelingt es, dass die Klienten in der Beratung das Optimum an Selbstbestimmung und persönlicher Freiheit erwerben können.

8. Institutionelle Bedingungen

Beratung geschieht nicht nur unter Bezug auf unterschiedliche Theorien, sondern sie wird auch in sehr unterschiedlichen institutionellen Bedingungen durchgeführt. Die wichtigsten davon werden hier erläutert. Ein zentraler institutioneller Unterschied – besonders in Bezug auf die Finanzierung – ist die Unterscheidung, ob die Gespräche als Psychotherapie gemäß den oben genannten Kriterien in einer selbstständigen Praxis oder an einer Beratungsstelle durchgeführt werden.

8.1 Beratungspraxen

Beratungspraxen werden meist von einem Psychotherapeuten oder einem Berater geführt und bieten Beratung und/oder Psychotherapie zu verschiedenen inhaltlichen Schwerpunkten an. Zu unterscheiden sind hier vor allem psychotherapeutische Praxen und reine Beratungspraxen.
In psychotherapeutischen Praxen werden Beratungen bzw. Psychotherapien bei psychischen Problemen und Störungen angeboten. Praxisinhaber sind Diplom-Psychologen, Ärzte oder – für den Bereich der Kinder- und Jugendlichenpsychotherapie – auch Pädagogen. Sie alle müssen nach Abschluss ihres Studiums eine Psychotherapieausbildung absolviert haben. Handelt es sich um eine Praxis mit Kassenzulassung, so erfolgt die Finanzierung der psychotherapeutischen Behandlung durch die gesetzliche Krankenkasse. Dies ist – wie oben ausgeführt – der Fall, wenn der Therapeut eine staatlich anerkannte Ausbildung in Verhaltenstherapie oder Psychoanalyse, eine Approbation und eine Kassenzulassung hat. Eingeschränkt wird jedoch die Kassenleistung auf den Bereich von Problemen mit Krankheitswert, die im ICD-10 diagnostizierbar sind. Somit fallen bestimmte belastende Situationen, wie z.B. Partnerschaftsprobleme oder Erziehungsprobleme aus der Finanzierung heraus. In diesem Fall kann der Klient bzw. die Familie sich an eine Beratungsstelle wenden (s.u.). Es gäbe aber auch die Möglichkeit, die Beratung in einer privaten Beratungspraxis selbst zu zahlen. In diesem Fall stehen neben den psychotherapeutischen Praxen auch reine Beratungspraxen zur Auswahl. Private Beratungspraxen haben keine Einschränkung auf die beiden o. g. Therapieformen, aber auch keine Vorgaben für die Ausbildung der Praxisinhaber! Bei privaten Beratungspraxen ist es für Ratsuchende daher besonders wichtig, die Qualifikationen des Beraters und die Modalitäten der Finanzierung genau zu klären.

8.2 Beratungsstellen

Beratungsstellen werden in der Regel von einer Institution geführt und finanziert, wie z.B. dem Staat, der Kommune oder einer kirchlichen Organisation. Dadurch ist der Besuch einer Beratungsstelle in der Regel kostenfrei oder nur mit geringen Selbstbeteiligungskosten verbunden. Beratungsstellen haben unterschiedliche Beratungsschwerpunkte, was als Antwort auf die zunehmende Komplexität unserer Gesellschaft gesehen werden kann. Thematische und institutionell verankerte Schwerpunkte von Beratungsstellen sind neben den Erkrankungen, die auch in Therapie- oder Beratungspraxen behandelt werden (s.o.) z.B. die Erziehungs-, Ehe- und Familienberatung, die schulpsychologische Beratung, die Studienberatung, die Lebensberatung, der Krisendienst, die psychologische Beratung für Studierende, die Suchtberatung, die Telefonseelsorge, die Schwangerschaftskonfliktberatung, die Schuldnerberatung, die Beratung bei Trennung, die Straffälligenhilfe oder die Mediation. Ein Überblick über die verschiedenen Beratungsstellen vor Ort befindet sich meist im Regionalteil der Zeitung sowie im Internetauftritt des Ortes. Während sich einige Beratungsstellen als allgemeine Anlaufstellen bei verschiedenen Problemen (z.B. Lebensberatung, psychologische Beratungsstelle, Beratungsstelle für Kinder, Jugendliche und Eltern) verstehen, gibt es auch Beratungsstellen, die schon im Namen eine deutliche Schwerpunktbildung erkennen lassen (z.B. AIDS-Beratung, Schwangerschaftskonfliktberatung, Sexualberatung, Sozialberatung, Suchtberatung etc.). In Beratungsstellen arbeiten häufig multiprofessionelle Teams, die sich meist aus Psychologen und Pädagogen zusammensetzen, die oftmals auch unterschiedliche Therapieausbildungen aufweisen.

8.3 Schulisches Beratungsumfeld

In Deutschland ist, wie in anderen europäischen Staaten auch, der Schulbesuch verpflichtend. Dadurch besteht zumindest theoretisch die besondere Möglichkeit, Probleme von Kindern und Jugendlichen schon frühzeitig zu erkennen und einer geeigneten Problemlösung zuzuführen. Leider wird diese Möglichkeit nur selten genutzt, da die meisten Lehrerinnen und Lehrer einerseits im Rahmen ihrer Ausbildung zu wenig über psychische Probleme und Verhaltensauffälligkeiten lernen und andererseits innerhalb der Schule zu wenig Unterstützungsmöglichkeiten bei psychischen Problemen von Schülern ihrer Klasse in Anspruch nehmen können (s.u.). Aber auch viele Lehrkräfte leiden unter Schwierigkeiten, welche teilweise direkt mit der Arbeit zu tun haben. Die Kenntnis über verschiedene Möglichkeiten der Beratung – generelle und konkret vor Ort – ist somit von hoher Relevanz für Lehrer und Schüler.

Lehrerinnen und Lehrer haben gegenüber Schülern und Eltern eine Beratungsfunktion: Ein wichtiger Ansprechpartner bei schulischen Problemen von Schülern sollte daher zunächst immer die unterrichtende Lehrperson sein, die entweder eine Klärung bzw. Lösung herbeiführen oder eine sinnvolle Empfehlung zur weiteren Beratung an einer anderen Stelle (Beratungslehrer, Schulpsychologe, Beratungsstelle, Kinder- und Jugendlichenpsychotherapeut etc.) geben kann. Leider werden Lehrer für diese Aufgaben immer noch zu wenig ausgebildet. Wichtig wären hierzu profunde Kenntnisse im Bereich der Verhaltensauffälligkeiten und Lernstörungen, eine Ausbildung in Gesprächsführung sowie ein Überblick über regionale Beratungsmöglichkeiten.

Beratungslehrer
Beratungslehrer sind Lehrer, die zusätzlich zu ihren sonstigen Arbeitsschwerpunkten für Beratungsaufgaben im Rahmen der Schule qualifiziert sind. Die Hauptaufgabenfelder sind Schullaufbahnberatung, Systemberatung, Beratung bei Lernschwierigkeiten sowie Beratung bei persönlichen und sozialen Problemen. Die Ausbildung der Beratungslehrer ist länderspezifisch. Da es immer noch Eltern gibt, die große Hemmungen haben, eine psychotherapeutische Praxis oder eine Erziehungsberatungsstelle aufzusuchen, kommt es nicht selten vor, dass Beratungslehrerinnen und -lehrer auch mit relativ schwierigen, therapeutischen „Fällen" umgehen müssen. Neben dem Beratungslehrer können natürlich auch Kollegen oder die Schulleitung in eine Beratung eingebunden werden.

Schulpsychologische Beratung und Erziehungsberatung
Wichtige, institutionell und zumeist auch räumlich von der Schule getrennte Beratungseinrichtungen sind die Erziehungs-, Ehe- und Familienberatungsstellen sowie Schulpsychologische Beratungsstellen. Bei einer Problematik wie Bettnässen, Einkoten oder Verdacht auf Gewalt in der Erziehung sowie bei Problemen, bei denen der Verdacht auf eine psychische Erkrankung besteht (z.B. Magersucht, massive Ängste, Depression), ist eine Empfehlung zum Besuch einer Erziehungsberatungsstelle sinnvoll und notwendig, bei einer Schullaufbahnentscheidung oder beim Problem Dyskalkulie der Besuch einer Schulpsychologischen Beratungsstelle. Da eine genaue Zuordnung vorab schwer möglich ist – oft wird erst im Beratungsverlauf deutlich, ob sich beispielsweise hinter einem schulischen Leistungsproblem noch andere Probleme verbergen –, sind die Berater in diesen Beratungseinrichtungen so ausgebildet, dass sowohl in Erziehungsberatungsstellen schulische Probleme als auch in Schulpsychologischen Beratungsstellen Erziehungsprobleme erörtert werden können. Es ist wichtig zu wissen, dass bei einer Anmeldung an einer Beratungseinrichtung zumeist Wartezeiten in Kauf genommen werden müssen, dass der Besuch dieser Beratungseinrichtungen freiwillig ist und vom Lehrer nur empfohlen werden kann und dass sowohl der Inhalt der dort geführten Beratungsgespräche als auch das Kommen selbst prinzipiell der Schweigepflicht unterliegen. Ratsuchende können allerdings den Berater von seiner Schweigepflicht gegenüber dem Lehrer entbinden, um auch den Lehrer zumindest auf diese Weise in den Beratungsprozess einzubinden. Sinnvoll ist häufig auch ein gemeinsames Gespräch des Beraters mit dem Schüler, den Eltern und dem Lehrer.
Schulpsychologen sind zumeist Diplom-Psychologen, die in Beratungsstellen arbeiten oder direkt an Schulen tätig sind. Bundesweit beträgt das Verhältnis Schulpsychologe zu Schüler ca. 1 zu 12500. Das Zahlenverhältnis macht deutlich, dass eine individuelle Betreuung von problembelasteten Schülern durch Schulpsychologen in größerem Umfang kaum möglich ist. Die Zahlen variieren je nach Bundesland. Oftmals sind es gravierende Einzelereignisse, die Einfluss auf die vom Bundesland

festgelegte Stellenzahl der Schulpsychologen haben. So wurde in Baden-Württemberg nach einem angedrohten Amoklauf eines Schülers die Zahl der Schulpsychologen von 54 auf 104 erhöht. Dies führte im Jahr 2007 zu einem Verhältnis von einem Schulpsychologen zu 16300 Schülern (Landespsychotherapeutenkammer Baden-Württemberg, 2007). Vor allem durch den Amoklauf in Winnenden, am 11.3.2009, wurde die Stellenzahl weiter erhöht; inzwischen gibt es in Baden-Württemberg ca. 250 bis 300 Schulpsychologen (Landespsychotherapeutenkammer Baden-Württemberg, 2014). In Anbetracht der Prävalenzzahlen bezüglich ernstzunehmender Probleme von Kindern, Jugendlichen und Erwachsenen (vgl. Kapitel *Verhaltensauffälligkeiten*) ist die Anzahl der Schulpsychologen noch als sehr gering zu bewerten. Neben der Beratung von Schülern und deren Eltern haben Schulpsychologen auch die Aufgabe, Lehrer zu beraten, die Beratungskompetenz der Lehrkräfte zu erhöhen und sie bei der Bewältigung schwieriger Situationen und lang andauernder Belastungen zu unterstützen.

Sozialpädagogen

Schulpsychologen gibt es unmittelbar an Schulen in Deutschland nur sehr selten. Häufiger findet man an Schulen Sozialpädagogen, die neben der Betreuungsarbeit unmittelbar bei den Schülern und ihren Familien auch Beratungsarbeit leisten.

Jugendamt

Während Eltern zum Besuch einer Beratungsstelle, eines niedergelassenen Psychotherapeuten oder einer Selbsthilfegruppe nicht gezwungen werden können, eröffnet die Einschaltung des Jugendamtes die Möglichkeit einer notfalls auch von den Eltern nicht gewollten Intervention (beispielsweise im Rahmen des Verdachts auf Vernachlässigung oder Missbrauch), wobei allerdings auch das Jugendamt zunächst bemüht sein wird, auf Zwangsmaßnahmen zu verzichten (das Jugendamt kann beispielsweise seinerseits den Besuch einer Erziehungsberatungsstelle fordern, Familienhelfer einschalten etc.).

Andere Institutionen im Umfeld von Schule

Im Umfeld Schule gibt es noch weitere Einrichtungen, welche Beratung und direkte Hilfen bieten. Zu nennen sind hier z.B. der Kinderschutzbund, das diakonische Werk, Caritas, Sozialstationen, Telefonseelsorge und Einrichtungen der sozialpädagogischen Familienhilfe, der Weiße Ring (Unterstützung von Kriminalitätsopfern) sowie Beratungsstellen für Opfer sexuellen Missbrauchs.

Handelt es sich bei den Problemen eines Schülers um ernsthafte psychische Störungen, so ist auch eine Behandlung in einer Praxis für Kinder- und Jugendlichenpsychotherapie zu empfehlen (s. o.). Im Rahmen einer solchen Psychotherapie sollte immer auch der Bereich Schule thematisiert werden, da er für den Schüler einen wichtigen Teil seines Lebens darstellt. Bei schulischen Problemen ist es sinnvoll, dass der Kinder- und Jugendlichenpsychotherapeut – nach einer Entbindung von der Schweigepflicht – auch Kontakt mit dem Klassenlehrer des Schülers aufnimmt, um dessen Erfahrungen mit dem Schüler in der Behandlung zu berücksichtigen und ihm evtl. auch einzelne Behandlungsschritte zu erläutern, die für das Verhalten des Schülers in der Schule von Relevanz sind.

8.4 Selbsthilfegruppen

Beratung kann auch in Form von Selbsthilfegruppen durchgeführt werden. Dabei sind die Leiter einer Selbsthilfegruppe Personen, die durch eigene Betroffenheit eine direkte Erfahrung mit der Problemsituation aufweisen. Sehr weit verbreitet sind Selbsthilfegruppen bei verschiedenen Formen körperlicher Erkrankung (z.B. Migräne-Selbsthilfegruppe, Krebs-Selbsthilfegruppen), bei schweren Leiderfahrungen (z.B. Trauergruppen von Personen, die unter dem Tod eines nahen Angehörigen leiden), aber auch immer häufiger bei psychischen Problemen (z.B. Depressionsgruppe, Angstgruppe, Stotterer-Selbsthilfe, Anonyme Alkoholiker). Weiterhin gibt es Selbsthilfegruppen für bestimmte Lebenssituationen (z.B. Eltern krebskranker Kinder, Personen mit Psychiatrieerfahrung, Arbeitslose). Selbsthilfegruppen haben den Vorteil, dass hier die Realität der Betroffenen unmittelbar bekannt ist. Zudem gibt die Form der Selbsthilfe den Betroffenen von Anfang an eine aktive Rolle, die im Rahmen einer Psychotherapie erst gegen Ende der Behandlung erreicht wird. Wichtig ist jedoch, dass Selbsthilfegruppen den Kontakt zur Wissenschaft halten, da immer wieder neue Erkenntnisse bei der Behandlung einzelner Probleme gefunden werden, die – zur Verhinderung unnötigen Leides – möglichst rasch in der Praxis umgesetzt werden sollten. Hierzu verfügen größere Selbsthilfegruppen über einen wissenschaftlichen Beirat.

8.5 Supervision, Intervision und Coaching

Eine wichtige Form der Beratung – sowohl für Psychotherapeuten und Berater als auch für Sozialpädagogen, Lehrer und Führungskräfte – ist die Supervision. Sie stellt eine besondere Form der Beratung dar. Dabei handelt es sich um eine Form der Einzel- oder Gruppenberatung, bei der die Reflexion des beruflichen Handelns in therapeutischen oder pädagogischen Praxisfeldern im Mittelpunkt steht. So treffen sich beispielsweise ausgebildete Beratungslehrer zur Supervision in einer schulpsychologischen Beratungsstelle und stellen im Kreis der Kolleginnen und Kollegen unter Leitung eines Supervisors einzelne Beratungsfälle vor, bei denen sie Unterstützung benötigen und ihr Verhalten überdenken wollen. Psychotherapeuten müssen während ihrer Ausbildung ihre Arbeit regelmäßig in einer Supervision bei einem Supervisor reflektieren. Dabei werden z.B. Video- oder Tonbandaufnahmen einzelner Therapiesitzungen gemeinsam analysiert. Es geht dabei darum, den Beratungsprozess insgesamt besser zu verstehen oder auch „blinde" Flecken des Therapeuten zu erkennen. Supervision wird von vielen verschiedenen Berufsgruppen in Anspruch genommen, z.B. von Sozialpädagogen, Krankenschwestern, Lehrern, Psychotherapeuten, Führungskräften und Beratern. Neben der Supervision ist auch die Intervision eine wichtige Form der Beratung. Unter Intervision versteht man Supervision im Kollegenkreis ohne Hinzuziehung eines Supervisors, wobei dieses Treffen sowohl dem Austausch als auch der gegenseitigen Beratung dient. Während in der Supervision und Intervision sowohl die aktuellen Probleme im Beruf als auch die Personen selbst im Mittelpunkt stehen, wird beim Coaching der Fokus schwerpunktmäßig auf den beruflichen Bereich gelenkt. Coaching wird daher vermehrt von Menschen in Anspruch genommen, die ihre berufliche Situation optimieren wollen (Rausch, Hinz & Wagner, 2008). Wie bei der Supervision kann man externes Coaching von internem unterscheiden: Will ein Unternehmen die Probleme einer Abteilung lösen und beauftragt es damit einen Coach, der nicht auch selbst im Unternehmen beschäftigt ist, so spricht man von externem Coaching bzw. externer Supervision. Ebenso wird eine individuelle Supervision oder ein individuelles Coaching, wenn es von einer Person zur Klärung und Optimierung der eigenen (beruflichen) Situation aufgesucht wird, als externe Supervision bzw. externes Coaching bezeichnet. Beim internen Coaching ist der Coach selbst Mitglied des Unternehmens (z.B. der Chef der Abteilung oder ein Mitarbeiter aus einer anderen Abteilung). Entsprechend ist bei der internen Supervision der Supervisor innerhalb der Institution tätig. Besonders bei Konflikten innerhalb einer Institution (Schule, Abteilung etc.) ist es aus Gründen der Unabhängigkeit sinnvoll, externe Fachkräfte zu nutzen.

9. Ethische Aspekte

9.1 Die besondere Relevanz ethischer Aspekte in der Beratung

Im menschlichen Leben spielen Fragen der Bewertung, der Ethik und der Moral eine wichtige, wenn nicht sogar zentrale Rolle. Alltäglich fällen wir Entscheidungen, legen Ziele fest, wählen aus verschiedenen Handlungsalternativen und berücksichtigen dabei fast immer auch ethische und moralische Grundprinzipien. Vor diesem Hintergrund ist es als positiv zu werten, dass ethische Aspekte in den letzten Jahren in verschiedenen wissenschaftlichen Bereichen häufiger und intensiver diskutiert werden. Wenn nämlich – wie eine Zeit lang vor dem Hintergrund einer überzogenen Interpretation des Wertfreiheitspostulats üblich – ethische Fragen aus dem wissenschaftlichen Denken eher ausgeklammert werden, besteht die Gefahr, dass die Nichtbeschäftigung mit Wertungsfragen in den Wissenschaften zu einem Vakuum führt, das durch unwissenschaftliche, irrationalistische Strömungen gefüllt wird (sog. Vakuumhypothese, vgl. Groeben, 1986, S. 416ff.; Groeben & Scheele, 1977).

Besonders in Bereichen, die sich mit dem Menschen beschäftigen – wie dies in der Beratung und Psychotherapie der Fall ist – führt die Nichtbeachtung von Werten oder die unwissenschaftliche Auseinandersetzung damit zu erheblichen, negativen Folgen (Reimer, 2005). Die Geschichte der Beratung liefert dazu leider einige Beispiele. Fragen der Ethik, der Moral, der Wertung sollten daher in einem Beitrag zur Beratung nicht fehlen (vgl. Wagner, 2008).

Aber noch ein anderes Argument macht deutlich, warum gerade im Beratungsbereich Fragen der Ethik und der Moral diskutiert werden sollten: In kaum einem anderen beruflichen Bereich spielt die Beziehung zwischen den beteiligten Personen eine so bedeutsame Rolle wie in der Beratung. Die Gefahr einer Abhängigkeit der Person, die um Beratung nachsucht, von der Person des Beraters ist hier schon vom Ansatz her besonders groß. Dies führt leider auch zum Missbrauch dieser speziellen Beziehungskonstellation durch einzelne Berater. In Anbetracht der Grundsituation der Beratung, dass nämlich eine Person aus Angst, Unsicherheit und Hilflosigkeit institutionelle Hilfe in Anspruch nimmt, ist ein Missbrauch dieser Situation als besonders schwerwiegend zu beurteilen. Jede Person, die im Bereich der Beratung tätig ist, sollte sich daher – neben einer Supervision der eigenen Arbeit – grundlegendes Wissen über ethische Aspekte aneignen und über ethisches Handwerkszeug in Form kritisch reflektierter Wertungsdimensionen und ethischer Prinzipien verfügen. Nur so wird es möglich, in der schwierigen Situation als Beraterin und Berater den Aufgaben in der Beratungspraxis gerecht zu werden und die Notsituation des Klienten zu erkennen und nachhaltig zu verbessern.

9.2 Ethische Prinzipien aus den Sozialwissenschaften

In den Sozialwissenschaften beschäftigt man sich relativ ausführlich mit Fragen der Ethik und der Moral. Einige Prinzipien, die für die Beratung von hoher Relevanz sind, werden hier vorgestellt.

Das *Prinzip der Verallgemeinerung* besagt nach Singer (1975, S. 25), „daß, was für eine Person richtig (oder nicht richtig) ist, für jede andere Person mit ähnlichen individuellen Voraussetzungen und unter ähnlichen Umständen richtig (oder nicht richtig) sein muß." Nach dem Prinzip der Verallgemeinerung ist es moralisch nicht zu rechtfertigen, für sich selbst etwas als adäquat oder richtig zu beanspruchen, was man einem (gleichermaßen oder ähnlich gearteten) anderen nicht zugesteht. Vielmehr ist das, was man für sich selbst beansprucht, auf alle (vergleichbaren) anderen zu übertragen.

Das *Prinzip des Leidens* lautet (Singer, 1975, S. 133): „Es ist niemals richtig, unnötiges Leiden zu verursachen."

Beide Prinzipien gemeinsam stellen eine präzisierende Explikation der alltagssprachlich-goldenen Regel dar: „Was du nicht willst, das man dir tu', das füg` auch keinem andern zu."

Das *Prinzip der Rechtfertigung* lautet (Singer, 1975, S. 133): „Jede Verletzung einer moralischen Regel muss gerechtfertigt werden."

Das *Prinzip der Folgen* sagt: „Wenn die Folge davon, dass Person P eine Handlung H ausführt, nicht wünschenswert wäre, so sollte P die Handlung H nicht ausführen."

Das *Prinzip der Selbstanwendung bei der Theoriekonstruktion* ist ein Moralprinzip zur Generierung von Menschenbildannahmen (Groeben, 1985). Es besagt, dass Theorien über den Menschen möglichst so entwickelt werden sollen, dass darin der Mensch als Objekt die gleichen Attribute aufweist, die der Mensch als Subjekt (Theorieentwickler) sich selbst zuschreibt.

9.3 Das Vier-Prinzipien-Modell von Beauchamp und Childress

Eine lange Geschichte hat die Ethikdiskussion in der Medizin. Dies besonders auch deshalb, weil hier – ähnlich wie in der Beratung – dem handelnden Arzt ein Mensch gegenübersteht, zu dem sich der Behandler verhält und für dessen Wohl er sich einsetzen sollte. Innerhalb der Medizin hat das Modell von Beauchamp und Childress (2013) eine breite Anerkennung und Verbreitung gefunden.

Das Modell fußt auf vier Prinzipien, die alle den Umgang des Behandlers mit der Person des Patienten betreffen und daher direkt auf den Bereich der Beratung übertragen werden können.

Das *Prinzip der Nichtschädigung* („primum non nocere") ist das unbestrittenste und schlechthin zentrale Prinzip jeder Beratungsethik. Nach der Behandlung bzw. Beratung sollte es dem Patienten nicht schlechter gehen als ohne Behandlung bzw. Beratung. Zwar kann sich der Zustand des Klienten durch das Ansprechen und Bearbeiten von Konflikten und unangenehmen Situationen kurzfristig verschlechtern, gerechtfertigt ist dies jedoch nur dann, wenn dadurch entsprechend dem Prinzip der Fürsorge (s.u.) langfristig eine Besserung der Problematik erreicht werden kann. Ob das Prinzip der Nichtschädigung verletzt wird, kann zum einen im konkreten Einzelfall, zum anderen auch durch umfassende empirische Studien an größeren Patientengruppen überprüft werden.

Das *Prinzip der Autonomie* fordert, die Wünsche, Ziele und Lebenspläne anderer zu respektieren, und zwar auch und gerade dann, wenn diese dem Akteur wenig nachvollziehbar, abwegig oder moralisch bedenklich erscheinen. Dieses Prinzip bildet die Voraussetzung dafür, dass jeder Herr seines eigenen Lebens bleibt. Es gilt jedoch nicht absolut, sondern wird sowohl durch das Prinzip der Nichtschädigung als auch durch die Prinzipien der Fürsorge und der Gleichheit eingeschränkt. Eine zentrale Frage in der Ethik ist dabei, in welchem Ausmaß paternalistische Eingriffe gerechtfertigt werden können, d.h. Eingriffe gegen den Willen des Patienten zu dessen eigenem langfristigen Besten. Gegenwärtiger Konsens dazu ist der sog. schwache Paternalismus: Das Prinzip der Fürsorge hat nur dann Vorrang vor dem Prinzip der Autonomie, wenn eine Willensentscheidung unfrei erfolgt oder der Patient unzureichend informiert ist. Zum Beispiel sollte die Behandlung einer Patientin mit Pubertätsmagersucht ethisch gerechtfertigt werden, wenn sie gegen den erklärten Willen der Patientin stattfindet. Die Durchführung der Behandlung wäre nämlich unter bestimmten Bedingungen aus ethischen Gründen nicht nur erlaubt, sondern auch geboten, wenn z.B. das Gewicht der Patientin so gering ist, dass sie selbst keine bewusste, reflektierte Entscheidung mehr treffen kann. In diesem Fall gebietet das Prinzip der Fürsorge sogar eine therapeutische Behandlung; und zwar mit dem Ziel, die volle Entscheidungsfähigkeit der Patientin wieder herzustellen.

Das *Prinzip der Fürsorge* geht über das Prinzip der Nichtschädigung hinaus. Es fordert, dass mögliche Schäden verhindert, eingetretene Schäden gelindert und die Situation anderer auch dann, wenn von einem Schaden keine Rede sein kann, verbessert wird. Eine einseitige Auslegung christlicher Werte hat das Prinzip der Fürsorge so eindeutig über andere Prinzipien gestellt, dass vielfach erst eine bewusste Distanzierung notwendig ist, um die Grenzen dieses Prinzips zu erkennen. Diese werden vor allem durch das Prinzip der Autonomie gesetzt. Daher besteht auf dem Gebiet der Patientenselbstbestimmung (und anderer Patientenrechte, etwa dem Recht auf angemessene Schmerzbehandlung) in der Praxis ein großer Nachholbedarf.

Das *Prinzip der Gleichheit* ist inhaltlich am meisten ausfüllungsbedürftig und am stärksten umstritten. Allgemein anerkannt ist zumindest das Prinzip der „formalen“ Gleichheit, nach dem in relevanten Hinsichten ähnliche Fälle ähnlich beurteilt und behandelt werden müssen, also das Verbot von sachfremden Differenzierungen (Bsp.: Berater wählt nur Patienten aus, die attraktiv, gut versichert, angenehm im Umgang, pünktlich und nicht besonders belastend sind).

Zusammenfassend lassen sich diese vier Prinzipien folgendermaßen auf die Beratungspraxis anwenden: Dem Klienten sollte nicht geschadet werden, sein Selbstbestimmungsrecht sollte geachtet werden, er sollte in der für sein Wohlbefinden förderlichsten Weise behandelt werden, und es sollte darauf geachtet werden, unter Bedingungen knapper Ressourcen nicht bestimmte Gruppen von Patienten zum Schaden anderer zu privilegieren.

9.4 Umgangsregeln für die Beratung

Aus den genannten Überlegungen zu Wertungen, Ethik und moralischen Prinzipien können verschiedene Ableitungen für die Praxis der Beratung vorgenommen werden (vgl. Reimer, 2005; Wagner, 2008).

So ist ein wichtiger Aspekt aus den Grundlagen der Ethikdiskussion, dass dem Klienten keine Werte und Ziele übergestülpt werden dürfen (z.B. gerechtfertigt durch das Prinzip der Autonomie). Dieses Überstülpen von Werten kann sowohl auf individueller Ebene durch die Berater als auch auf institutioneller Ebene durch die jeweilige Ausrichtung der Institution (z.B. einer Beratungsstelle) geschehen. Um dies zu vermeiden, ist es zunächst wichtig, dass sich die Berater ihre eigenen, individuellen oder auch die institutionellen Werte bewusst machen. Danach erst ist es möglich, dem Klienten gegenüber diese Werte zu explizieren, wenn diese den Beratungsprozess beeinflussen (z.B. die evtl. einseitige Ausrichtung einer Beratungsstelle in Fragen der Schwangerschaftskonfliktberatung, die nur in eine bestimmte Richtung hin beraten soll). Erst durch diese Explikation ist es den Klienten möglich, sich bewusst für oder gegen diese Zielrichtung zu entscheiden.

Generell sollten Klienten die Auswahl einer bestimmen Beratungsform nicht dem Zufall überlassen, sondern nach einer Aufklärung durch die Berater über das Vorgehen eine bewusste Entscheidung für oder gegen diese Art von Beratung treffen. Dieses Vorgehen wird *informed consent* genannt und bezeichnet eine Entscheidung nach Aufklärung über das geplante Vorgehen. Neben dem Sachverhalt, dass Klienten über mögliche Probleme, notwendige eigene Anstrengungen, Konflikte, Unsicherheiten und Nebenwirkungen etc. informiert werden, zählt hierzu auch die Aufklärung über realistische Behandlungserfolge und Beratungsalternativen. Salomon (2003) schreibt hierzu: „Es ist inhuman, Hoffnungen zu wecken, die nicht erfüllbar sind, und Probleme zu verschweigen, die absehbar sind“ (S. 133).

Wie eingangs erwähnt, besteht eine besondere ethische Verantwortung des Beraters bzw. der Beraterin dem Klienten gegenüber auch deswegen, weil im Beratungsprozess die Beziehung eine zentrale Rolle spielt und der Klient sich oftmals ganz auf sein Gegenüber und dessen Einschätzungen verlässt bzw. verlassen muss. Umso wichtiger ist es hier, dass Berater nicht als Verkäufer eines bestimmten Beratungsansatzes auftreten, sondern die Autonomie des Klienten fördern und achten – und zwar schon bei der Entscheidung für oder gegen diese Art der Beratung.

Therapieziele sollten gegenüber dem Klienten expliziert werden. Es widerspricht mehreren der oben genannten Prinzipien, wenn der Berater ohne Wissen des Klienten verdeckte Ziele verfolgt. Therapieziele sollten vom Berater und Klient in einer Phase der Zielklärung gemeinsam besprochen werden (s.o.: *Das Sieben-Phasen-Modell*). Sie sollten im Verlauf der Beratung auch von beiden verändert werden können. Nehmen wir die Autonomie des Klienten ernst, so sollte ein Ziel der Beratung darin bestehen, den Klienten dabei zu unterstützen, seine eigenen Ziele und Werte zu entwickeln!

Die kritisch-rationalistische Maxime besagt: Explizites ist immer rationaler zu kritisieren als Implizites. Berater sollten daher ihre eigenen ethischen Prinzipien und moralischen Bewertungen explizieren. Dies ist besonders deswegen wichtig, weil ethische Prinzipien im Bereich der Beratung meist implizit vermittelt werden.

Das ethische Selbstanwendungsprinzip (tu quoque) lässt sich auf viele Bereiche beziehen. In der konkreten Beratungspraxis bedeutet es u.a., dass die Aufgaben und Belastungen, die dem Klienten zugemutet werden, auch vom Berater – sofern er in einer ähnlichen Situation wäre – übernommen werden würden. Dies betrifft sowohl die Art und Weise des Beratungsansatzes als auch die konkrete Form der Methode (vgl. auch das Prinzip der Gleichheit).

Kottje-Birnbacher und Birnbacher (1995) haben in einem Artikel, der sich mit ethischen Aspekten in der Psychotherapie beschäftigt, bestimmte Regeln für die Person des Psychotherapeuten erarbeitet. Demnach sollte der Therapeut zu Beginn der Behandlung mit dem Patienten eine klare Arbeitsvereinbarung aushandeln, die eine Einigung über die Zielsetzungen und Regularien der Psychotherapie beinhaltet. Bei der Wahl des Settings (Zeit, Ort und andere organisatorische Bedingungen der Beratung, wie z.B. Einzel- oder Gruppenberatung) sollte er den bestmöglichen Zugang zum Problem des Patienten suchen, wobei die Motivation und die aktuelle Lebenssituation des Patienten berücksichtigt werden müssen. Dem Therapeuten obliegt der Schutz der Außengrenzen des therapeutischen Raums, d.h. er darf sein Wissen über den Patienten nicht außerhalb der therapeutischen Situation gebrauchen und niemandem ohne Erlaubnis des Patienten Auskunft geben (Schweigepflicht). Auch muss er seine eigene Lebenssituation und die damit verknüpften eigenen Loyalitäten reflektieren und gegen die Verpflichtungen gegenüber dem Patienten abwägen. Der Therapeut ist verantwortlich für die Beziehungsgestaltung, für die Arbeitsatmosphäre und die Behandlungstechnik, letztlich für die Angemessenheit des therapeutischen Angebots. Dazu gehört, dass er sich nicht persönlich in die Beziehung zum Patienten involviert und keine eigenen persönlichen Interessen in die Situation einbringt (Abstinenzgebot).

10. Anwendung im Alltag

Die richtige Beratung finden

Das menschliche Leben ist sehr komplex und die Anforderungen, die an den Einzelnen gestellt werden, sind vielfältig. Daher ist es normal, dass hin und wieder Fragen und Unsicherheiten auftauchen. Gerade in Situationen, die mit großen Veränderungen verbunden sind (sog. kritische Lebensereignisse wie z.B. Geburt eines Kindes, Ende einer wichtigen Beziehung, Arbeitslosigkeit, Tod eines nahen Angehörigen) kommt es häufig zu starken Verunsicherungen, die sich ohne adäquate Hilfe zu schwerwiegenden, die Lebensqualität massiv beeinflussenden Krankheiten steigern können. Das bedeutet nicht, dass jeder Mensch in einer schwierigen Lebenssituation eine Psychotherapie oder eine professionelle Beratung benötigt. Zunächst ist es sinnvoll, sich selbst Zeit für die Auseinandersetzung mit der Situation zu nehmen und über eigene Problemlösungen nachzudenken. Hilft das nicht weiter, sollte man sich selbst über Lösungswege informieren (z.B. über Lehrbücher der Psychotherapie und der Beratung oder Selbsthilfebücher). Gleichzeitig sollte man das Gespräch mit guten Freunden suchen. Viele Probleme sind typisch menschlich und daher haben auch viele Menschen Erfahrung in der Bewältigung dieser Probleme. Der Austausch mit Freunden stellt sich bei den meisten Sorgen als sehr wirkungsvolle Problemlösung dar. Wenn jedoch das Gespräch mit Freunden auch nicht zur gewünschten Klärung führt, ist es wichtig, an professionelle Beratung zu denken. Hier kann man sich an einen niedergelassenen Psychotherapeuten wenden, der – wenn er eine Kassenzulassung hat – fünf Probesitzungen anbieten kann, in denen Therapeut und Klient herausfinden können, ob eine Therapie sinnvoll ist. Psychotherapeuten mit Kassenzulassung findet man leicht über die Homepage der Psychotherapeutenkammer. Man kann aber auch eine Beratungsstelle aussuchen, die evtl. schon im Namen eine Spezialisierung für das gesuchte Gebiet anzeigt, wie z.B. Drogenberatung, Sexualberatung, Erziehungsberatungsstelle etc.

Wie führe ich ein helfendes Gespräch?

In der Gesprächspsychotherapie wurden Bedingungen erarbeitet, die für eine gute Gesprächsführung wichtig sind. Die Umsetzung dieser Basisvariablen wird in fast allen Beratungsrichtungen als wichtig erachtet. Eine professionelle Gesprächsführung sollte lange und intensiv geübt und supervidiert werden; selbstverständlich ist es auch ohne Therapieausbildung möglich, gute und hilfreiche Gespräche zu führen. Das Wichtigste dabei ist, dass man dem anderen *aktiv* zuhört, d.h. man sollte versuchen, sich auf sein Gegenüber einzustellen und dessen Gefühle und Bewertungen zu verstehen, ohne gleich mit eigenen Ideen und Lösungsvorschlägen vorzupreschen. Hin und wieder sollte man versuchen, das, was man verstanden hat, dem Gegenüber zurückzumelden. Zum Beispiel: *Wenn ich Dich richtig verstanden habe, dann bist Du so wütend, weil ....* (z.B. *Dein Vorgesetzter diese Ungerechtigkeit einfach akzeptiert hat).* Schon allein die Möglichkeit, einmal *sein Herz ausschütten* zu können, kann eine große Hilfe sein. Danach kann man gemeinsam versuchen, eine Lösung für das Problem zu finden. Wichtig ist es aber auch, die Grenzen des Gesprächs zu erkennen: Falls Sie das Gefühl haben, dass ein normales Gespräch nicht mehr ausreicht oder dass eine ernst zu nehmende Problematik im Sinne einer psychischen Erkrankung vorliegt, dann ist es notwendig und wertvoll, dies ihrem Gegenüber mitzuteilen und evtl. gemeinsam professionelle Hilfsmöglichkeiten zu suchen.

11. Literatur

Empfohlene Literatur

Petermann, F. & Reinecker, H. (Hrsg.). (2005). Handbuch der Klinischen Psychologie und Psychotherapie. Göttingen: Hogrefe.

Rausch, A., Hinz, A. & Wagner, R. F. (2008). Modul Beratungspsychologie. Bad Heilbrunn: Klinkhardt UTB.

Wagner, R. F. (2004). Ein integrativer Beratungsansatz. In F. Nestmann, F. Engel & U. Sickendiek (Hrsg.), Das Handbuch der Beratung, Band 2 (S. 663-674). Tübingen: DGVT.

Verwendete Literatur

American Psychiatric Association (2013). Diagnostical and Statistical Manual of Mental Disorders (Fifth Edition DSM V). Arlington: American Psychiatric Publishing.

Axline, V. M. (1980). Kinder-Spieltherapie im nicht-direktiven Verfahren (Orig. 1947: Play therapy. The inner dynamics of childhood). München: Reinhardt.

Beauchamp, T. L. & Childress, J. F. (2013). Principles of Biomedical Ethics (7. Aufl.). Oxford: University Press.

Beck, A. T. (1974). The development of depression: a cognitive model. In R. J. Friedman & M. M. Katz (eds.), The psychology of depression. New York: Willey.

Beck, A. T. (1979). Cognitive Therapy of Depression. New York: The Guilford Press.

Beck, A. T., Emery, G., Rush, J. A., Shaw, B. F. & Hautzinger, M. (Hrsg.). (2004). Kognitive Therapie der Depression. Weinheim: Beltz. (Original: Beck, A. T. (1979). Cognitive Therapy of Depression. New York: The Guilford Press.)

Berne, E. (1967). Spiele der Erwachsenen. Reinbek: Rowohlt.

Biermann-Ratjen, E., Eckert, J. & Schwartz, H. (1986). Gesprächspsychotherapie – Verändern durch Verstehen. Stuttgart: Kohlhammer.

Bommert, H. (1975). Der therapeutische Prozeß unter dem Gesichtspunkt des Lernens. In Gesellschaft für wissenschaftliche Gesprächspsychotherapie (Hrsg.), Die klientenzentrierte Gesprächspsychotherapie (S. 79 – 85). München: Kindler.

Diagnostisches und Statistisches Manual Psychischer Störungen – Textrevision (DSM-IV-TR) (2003). Deutsche Bearbeitung und Einführung von H. Saß, H.-U. Wittchen, M. Zaudig & I. Houden (Original: American Psychiatric Association (2000). Diagnostic and statistical manual of mental disorders (4th ed., text revision)). Göttingen: Hogrefe.

Dietrich, G. (1991). Allgemeine Beratungspsychologie. – Eine Einführung in die psychologische Theorie und Praxis der Beratung. Göttingen: Hogrefe.

Ellis, A. (1977). Die rational-emotive Therapie. München: Pfeiffer.

Erickson, M. H. (1967). Advanced techniques of hypnosis. New York: Grune & Stratton.

Eschenröder, C. T. (1984). Hier irrte Freud. München: Urban & Schwarzenberg.

Eysenck, H. J. (1959). Learning theory and behaviour therapy. Journal of Mental Science, 195, 61-75.

Fiegenbaum, W. & Tuschen-Caffier, B. (2000). Systemimmanente Gesprächsführung und Reizkonfrontation als Behandlungsmethoden bei sexuellen Funktionsstörungen. Verhaltenstherapie, 10, 32-39.

Fliegel, S., Groeger, W. M., Künzel, R., Schulte, D. & Sorgatz, H. (1998). Verhaltenstherapeutische Standardmethoden. Weinheim: Beltz.

Freud, S. (1973). Bemerkungen über einen Fall von Zwangsneurose (Original 1909). Studienausgabe Bd. VII. Frankfurt am Main: Fischer.
Freud, S. (1975). Ratschläge für den Arzt bei der psychoanalytischen Behandlung (Original 1912a). Studienausgabe Ergänzungsband. Frankfurt am Main: Fischer.
Freud, S. (1975). Zur Dynamik der Übertragung (Original 1912b). Studienausgabe Ergänzungsband. Frankfurt am Main: Fischer.
Freud, S. (1975). Zur Einleitung der Behandlung (Original 1913). Studienausgabe Ergänzungsband. Frankfurt am Main: Fischer.
Freud, S. (1975). Erinnern, Wiederholen und Durcharbeiten (Original 1914). Studienausgabe Ergänzungsband. Frankfurt am Main: Fischer.
Freud, S. (1975). Bemerkungen über die Übertragungsliebe (Original 1915). Studienausgabe Ergänzungsband. Frankfurt am Main: Fischer.
Freud, S. (1975). Abriß der Psychoanalyse (Original 1940). Studienausgabe Ergänzungsband. Frankfurt am Main: Fischer.
Fromm, E. (1981). Psychoanalyse als Wissenschaft (Original „Psychoanalysis" erschienen 1955). Gesamtausgabe Bd. VIII (S. 3 – 20). Stuttgart: Deutsche Verlags-Anstalt.
Gordon, T. (1977). Lehrer-Schüler-Konferenz. Wie man Konflikte in der Schule löst. Hamburg: Hoffmann & Campe.
Grawe, K. (1995). Grundriß einer Allgemeinen Psychotherapie. Psychotherapeut, 40, 130-145.
Grawe, K; Donati, R. & Bernauer, F. (1994). Psychotherapie im Wandel. – Von der Konfession zur Profession. Göttingen: Hogrefe.
Greenson, R. R. (1981). Technik und Praxis der Psychoanalyse. Stuttgart: Klett. (Original „The technique and practice of psychoanalysis" 1967).
Groeben, N. (1985). Reflexivität des Erkenntnis-Objekts und Moralität des Erkenntnis-Subjekts – eine Skizze. In: H. Lenk (Hrsg.), Humane Experimente? Genbiologie und Psychologie. (S. 138-148). München: Fink.
Groeben, N. (1986). Handeln, Tun, Verhalten als Einheiten einer verstehend-erklärenden Psychologie. Tübingen: Francke.
Groeben, N. & Scheele, B. (1977). Argumente für eine Psychologie des reflexiven Subjekts. Darmstadt: Steinkopff.
Hinz, A. & Behr, M. (2002). Biografische Rekonstruktionen und Reflexionen. Zum 100. Geburtstag von Carl Rogers. Gesprächspsychotherapie und Personzentrierte Beratung 3/02 , 197–210.
Horney, K. (1974). Selbstanalyse. München: Kindler. (Originalarbeit erschienen 1942).
Kanfer, F. H., Reinecker, H. & Schmelzer, D. (2000). Selbstmanagement-Therapie. Ein Lehrbuch für die klinische Praxis. (3. Aufl.). Berlin: Springer.
Kiresuk, T.J. & Sherman, R.E. (1968). Goal attainment scaling: A general method for evaluating comprehensive community mental health programs. Community Mental Health Journal, 4, 443-453.
Kossak, H.-C. (2004). Hypnose. Lehrbuch für Psychotherapeuten und Ärzte. Weinheim: Beltz.
Kottje-Birnbacher, L. & Birnbacher, D. (1995). Ethische Aspekte der Psychotherapie und Konsequenzen für die Therapeutenausbildung. Psychotherapeut, 40, 59-68.
Kriz, J. (2001). Rogers' Verhältnis zur Wissenschaft. Person, 2, 23–26.
Kriz, J. (2007). Grundkonzepte der Psychotherapie. Weinheim: Beltz.
Landespsychotherapeutenkammer Baden-Württemberg (2007). Jugendliche Amokläufer – Mehr Schulpsychologen in Baden-Württemberg. Psychotherapeutenjournal, 6, Bd. 1, 52.
Landespsychotherapeutenkammer Baden-Württemberg (2014). Kooperationsmöglichkeiten mit Schulpsychologischen Diensten. Psychotherapeutenjournal, 13, Bd. 1, 67.
Lazarus, A. A. (1973). Multimodal behavior therapy: Treating the BASIC ID. Journal of Nervous and Mental Disease, 156, 404-411.
Margraf, J. (2003a). Lehrbuch der Verhaltenstherapie. Band 1. Berlin: Springer.
Margraf, J. (2003b). Lehrbuch der Verhaltenstherapie. Band 2. Berlin: Springer.
McLeod, J. (2004). Counselling – eine Einführung in Beratung. Tübingen: DGVT.

Minuchin, S. (1979). Familie und Familientherapie. Freiburg: Lambertus.
Mittelstraß, J. (Hrsg.). (2004). Philosophie und Wissenschaftstheorie. Band 4. Stuttgart: Metzler.
Nestmann, F.; Engel, F. & Sickendiek, U. (Hrsg.). (2004a). Das Handbuch der Beratung, Band 1. Tübingen: DGVT.
Nestmann, F.; Engel, F. & Sickendiek, U. (Hrsg.). (2004b). Das Handbuch der Beratung, Band 2. Tübingen: DGVT.
Nestmann, F., Engel, F. & Sickendiek, U. (Hrsg.). (2013). Das Handbuch der Beratung. Band 3. Tübingen: DGVT.
Petermann, F. (Hrsg.). (2008). Lehrbuch der Klinischen Kinderpsychologie und -psychotherapie. Göttingen: Hogrefe.
Petermann, F. & Reinecker, H. (Hrsg.). (2005). Handbuch der Klinischen Psychologie und Psychotherapie.
Perls, F. S. (1974). Gestalt-Therapie in Aktion. Stuttgart: Klett.
Popper, K. R. (1969). Logik der Forschung. Tübingen: Mohr.
Rausch, A. (2006). Problembelastete Schülerinnen und Schüler. Begriffe – Umfeld – Handlungsmöglichkeiten. Bad Heilbrunn: Klinkhardt.
Rausch, A., Hinz, A. & Wagner, R. F. (2008). Modul Beratungspsychologie. Bad Heilbrunn: Klinkhardt UTB.
Reimer, C. (2005). Ethische Aspekte der Psychotherapie. In F. Petermann & H. Reinecker (Hrsg.), Handbuch der Klinischen Psychologie und Psychotherapie. (S. 663.673). Göttingen: Hogrefe.
Reinecker, H. (Hrsg.). (2003). Lehrbuch der Klinischen Psychologie und Psychotherapie. Modelle psychischer Störungen. Göttingen: Hogrefe.
Rogers, C. R. (1972). Die nicht-direktive Beratung (Orig. 1942: Counseling and Psychotherapy). München: Kindler.
Rogers, C. R. (1972). Die klientenzentrierte Gesprächspsychotherapie (Orig. 1951: Client-centered therapy). München: Kindler.
Rogers, C. R. (1977). Therapeut und Klient. Grundlagen der Gesprächspsychotherapie. München: Kindler.
Rogers, C. R. (1983). Therapeut und Klient. Grundlagen der Gesprächspsychotherapie. Frankfurt am Main: Fischer.
Ruschmann, E. (1999). Philosophische Beratung. Stuttgart: Kohlhammer.
Salomon, F. (2003). Ethische Fragen an die Verhaltenstherapie. In: J. Margraf (Hrsg.), Lehrbuch der Verhaltenstherapie, Bd. 1 (S. 129-136). Berlin: Springer.
Schlegel, L. (1995). Die Transaktionale Analyse. Tübingen: Francke.
Schulz von Thun, F. (2003). Miteinander reden. Band 1, Störungen und Klärungen (38. Aufl.). Reinbek: Rowohlt.
Selg, H. (2002). Sigmund Freud. Genie oder Scharlatan? Eine kritische Einführung in Leben und Werk. Stuttgart: Kohlhammer.
Selvini-Palazzoli, M., Boscolo, L., Cecchin, G. & Prata, G. (1975). Paradoxon und Gegenparadoxon. Stuttgart: Klett.
Singer, M. G. (1975). Verallgemeinerung in der Ethik. Zur Logik moralischen Argumentierens. Frankfurt/M.: Suhrkamp.
Stierlin, H. (1975). Von der Psychoanalyse zur Familientherapie. Stuttgart: Klett.
Strittmatter, P. (1993). Schulangstreduktion. Neuwied: Luchterhand.
Stavemann, H. H. (2002). Sokratische Gesprächsführung in Therapie und Beratung. Eine Anleitung für Psychotherapeuten, Berater und Seelsorger. Weinheim: Beltz.
Tausch, R. & Tausch, A.-M. (1981). Gesprächspsychotherapie. Einfühlsame hilfreiche Gruppen- und Einzelgespräche in Psychotherapie und alltäglichem Leben. Göttingen: Hogrefe.
Wagner, R. F. (1999). Ein integratives Menschenbild einer an ethischen Dimensionen orientierten Allgemeinen Psychotherapie. In R. F. Wagner & P. Becker (Hrsg.), Allgemeine Psychotherapie. Neue Ansätze zu einer Integration psychotherapeutischer Schulen (S. 43–74). Göttingen: Hogrefe.

Wagner, R. F. (2004). Ein integrativer Beratungsansatz. In F. Nestmann, F. Engel & U. Sickendiek (Hrsg.), Das Handbuch der Beratung, Band 2 (S. 663-674). Tübingen: DGVT.

Wagner, R. F. (2005). Sinn und Sinnfindung aus einer schulenübergreifenden Sicht. In H. G. Petzold & I. Orth (Hrsg.), Sinn, Sinnerfahrung, Lebenssinn in Psychologie und Psychotherapie. Band II: Sinn, Sinnfindung, Sinnerfahrung – Perspektiven der Psychotherapeutischen Schulen (S. 381–402). Bielefeld: Edition Sirius.

Wagner, R. F. (2008). Ethische Fragen in der Beratung. In A. Rausch, A. Hinz & R. F. Wagner (Hrsg.), Modul Beratungspsychologie. (S. 251-272). Bad Heilbrunn: Klinkhardt UTB.

Wagner, R. F. (2010). Über den richtigen Umgang mit Ängsten. In P. Kirchner & A. Nörthemann (Hrsg.), Bildung aktiv erleben. Transfer, Ludwigsburger Hochschulschriften, Bd. 4. (S. 181-188). Baltmannsweiler: Schneider.

Wagner, R. F. (2011). Kognitive Verhaltenstherapie der Depression. – Menschenbilder – Paradigmen – Interventionsverfahren. In H. Faller & H. Lang (Hrsg.), Depression: Klinik, Ursachen, Therapie. (S. 179-196). Würzburg: Königshausen & Neumann.

Wagner, R. F. (2012). Pädagogische Psychologie. In U. Sandfuchs, W. Melzer, B. Dühlmeier & A. Rausch (Hrsg.): Handbuch Erziehung. (S. 81-85). Bad Heilbrunn, Stuttgart: Julius Klinkhardt, UTB.

Wagner, R. F. & Becker, P. (Hrsg.). (1999). Allgemeine Psychotherapie. Neue Ansätze zu einer Integration psychotherapeutischer Schulen. Göttingen: Hogrefe.

Wagner, R. F. & Reinecker, H. (2003). Problems and Solutions: Two Concepts of Mankind in Cognitive-Behavior Therapy. American Journal of Psychotherapy, 57, 401-413.

Wagner, R. F. & Reinecker, H. (2004). Wirkfaktoren der Kognitiven Verhaltenstherapie. In H. Lang (Hrsg.), Was ist Psychotherapie und wodurch wirkt sie? (S. 189-198). Würzburg: Königshausen & Neumann.

Watzlawick, P., Beavin, J. H. & Jackson, D. D. (1967). Pragmatics of human communication. New York: Norton. (Dt.: (1980). Menschliche Kommunikation. Bern: Huber.)

WHO; Dilling, H., Mombour, W. & Schmidt, M. H. (Hrsg.). (2008). Internationale Klassifikation psychischer Störungen. ICD-10 Kapitel V (F), Klinisch-diagnostische Leitlinien. Göttingen: Huber.

Zimmer, D. E. (1986). Tiefenschwindel. Die endlose und die beendbare Psychoanalyse. Reinbek: Rowohlt.

Kapitel 6: Sozialpsychologie

Brigitte Becker

1. Zusammenfassung

In diesem Kapitel werden ausgewählte Themen der Sozialpsychologie dargestellt. Leitend für die Themenwahl ist die Relevanz für den pädagogischen Alltag. Im ersten Abschnitt wird ein kurzer Überblick über die wissenschaftliche Disziplin Sozialpsychologie, deren Inhalte und deren besondere methodische Vorgehensweisen gegeben. Der zweite Abschnitt stellt grundlegende Erkenntnisse sozialpsychologischer Forschung zur sozialen Wahrnehmung dar. Dabei wird jeweils von Problemen (Beispiel 1 und Beispiel 2) ausgegangen, wie sie sich im pädagogischen Alltag stellen. Es geht hier erstens um Wahrnehmungsurteile über andere Personen und zweitens um die Zuschreibung von Verhaltensursachen bzw. um implizite Persönlichkeitstheorien. Der dritte und letzte Abschnitt dieses Kapitels befasst sich mit der sozialen Beeinflussung; einleitend werden Überlegungen und Erkenntnisse zu Macht und Führung vorgestellt, anschließend werden wichtige determinierende Faktoren für Gruppenprozesse dargestellt und deren Bedeutung für Schulklassen diskutiert. Wie stark die sozialen Beziehungen in einer Schulklasse die Persönlichkeitsentwicklung beeinflussen, ist ein in der pädagogischen wie der sozialpsychologischen Forschung und in der Lehrerausbildung bisher zu wenig berücksichtigtes Thema, mit dem sich der letzte Teil des dritten Abschnittes beschäftigt. Auch hier wurde zur Darstellung ein Beispiel aus dem Schulalltag (Beispiel 3) herangezogen.

2. Einleitung

2.1 Gegenstandsbereiche der Sozialpsychologie

Die Sozialpsychologie befasst sich mit den sozialen Einflussfaktoren auf individuelles und gruppenspezifisches Verhalten und Erleben. In unserem Kontext ergibt sich die Frage: Was heißt das für die pädagogische Tätigkeit? Ist diese nicht immer auf soziale Einflussnahme ausgerichtet – also ein möglichst zielgerichteter sozialer

Einflussfaktor auf das Individuum? Wenn wir z.B. an die Mutter-Kind-Interaktion denken, wenn wir an die Schulklasse oder auch an die Leitung einer Jugendgruppe denken, handelt es sich dabei in der Regel um Versuche gezielter sozialer Einflussnahme.

Pädagogische Psychologie ist also ohne Bezug zur Sozialpsychologie nicht zu denken. Erziehung ist immer ein zwischenmenschliches Geschehen ebenso wie das Lehren oder Unterrichten. Zentrale Fragen der Sozialpsychologie sind nach Thomas (1991): Wie beeinflusst eine real anwesende oder nur vorgestellte Person oder Personengruppe das Wahrnehmen, Denken, Urteilen, Empfinden, Lernen usw. eines Handelnden? – Wie versucht ein Handelnder seine soziale Umwelt zu beeinflussen? – Welchen Einfluss hat eine bestimmte soziale Umwelt auf das individuelle Verhalten?

Wie diese drei Fragen bereits zeigen, betrachtet die Sozialpsychologie nicht nur den Einfluss einer sozialen Umwelt auf eine Person, sondern zwischen Person und sozialer Umwelt finden gegenseitige Beeinflussungsprozesse statt; die einen können nicht erschöpfend beschrieben und erklärt werden, ohne die anderen einzubeziehen. Die soziale Interaktion und deren Wirkungen auf das Wahrnehmen, Denken, Urteilen, Empfinden, Lernen etc. des Einzelnen ist der wichtigste Untersuchungsgegenstand der Sozialpsychologie.

Betrachtet man die Kapitelüberschriften sozialpsychologischer Lehrbücher (ich beziehe mich hier auf: Aronson, 1994; Bierhoff, 1998, Forgas, 1999; Stroebe et al., 1996; Thomas, 1991, 1992;), so findet man folgende Stichworte: Soziale Informationsverarbeitung, soziale Kognition, soziale Wahrnehmung, Personwahrnehmung, sozialer Eindruck, Attribution und implizite Persönlichkeitstheorien; soziale Interaktion und interpersonale Kommunikation; soziale Normen, Rollen, soziale Einstellung und Vorurteile; soziale Beziehungen, prosoziales Verhalten, menschliche Soziabilität, soziale Motivation und Emotion, menschliche Aggression, Konflikt und Kooperation; soziale Gruppen, soziale Beeinflussung, Konformität, Gehorsam und Führung und vieles mehr.

Im Rahmen dieses Beitrags kann nur eine Auswahl dieser mit den o. g. Stichworten angesprochenen Themen behandelt werden. Leitend für die Auswahl soll die Relevanz der Themen für den pädagogischen Alltag in der Schule sein. Wichtig wäre für zukünftige Lehrer auch die Auseinandersetzung mit sozialen Systemen wie Organisationen und Institutionen, denn Schule ist beides, sowohl Organisation als auch Institution; ferner wäre wichtig die Auseinandersetzung mit sozialer Entwicklung, sowohl bezogen auf das Individuum (Sozialisation) als auch auf die Gesellschaft insgesamt, von der Schule ein Teil ist. Wir kommen mit den zuletzt genannten Begriffen in den Gegenstandsbereich einer verwandten Wissenschaft, der Soziologie, und müssen feststellen, dass eine klare Abgrenzung inhaltlich schwer möglich ist, allenfalls pragmatisch begründet werden kann.

Graumann (1996) schreibt hierzu: „Es ist eine Tatsache, dass verschiedene Sozialpsychologien nebeneinander existieren. Zumindest für die beiden Hauptrichtungen, das heißt die soziologische Sozialpsychologie und die psychologische Sozialpsychologie, gilt, dass sie existieren, ohne viel Notiz voneinander zu nehmen.... Die Erklärung für dieses »Schisma« ist genauso einfach wie problematisch" (S. 4). Im Folgenden führt Graumann aus, dass beide Wissenschaftsdisziplinen unterschiedliche Traditionen und Auffassungen von Wissenschaft haben, entsprechend auch unterschiedliche Wegbereiter und Protagonisten. Für die psychologische Sozialpsychologie werden genannt:

- Kurt Lewin: Dieser regte u.a. experimentelle Untersuchungen zur Wirkung von Führungsstilen auf die Gruppenleistung an (White & Lippitt, 1953) und war mit der Entwicklung gruppendynamischer Trainings als Form sozialen Lernens ein Wegbereiter der modernen Sozialpsychologie.
- Leon Festinger hat mit seiner Theorie der kognitiven Dissonanz eine Erklärung dafür gegeben, warum Menschen sich häufig irrational und selbstschädigend verhalten. Mit seinen Untersuchungen zum Zusammenhang von sozialen Einstellungen und Verhalten, konnte er belegen, dass Menschen, die sich für eine geringe Belohnung entgegen ihrer Einstellung verhalten sollen, diese Einstellung ändern, während höher belohnte Personen ihre Einstellung beibehalten. Dies wird damit erklärt, dass höher belohnte Personen eher bereit sind, die Spannung der Dissonanz zwischen Einstellung und Verhalten auszuhalten, die schlechter belohnten reduzieren diese Spannung, indem sie ihre Einstellung dem Verhalten anpassen (Festinger & Carlsmith, 1959).
- Stanley Schachter (1959) untersuchte die soziale Einflussnahme auf das Erleben von Emotionen. Durch die Gabe von chemischen Substanzen induzierte Erregung empfanden Menschen je nach den Einflüssen der sozialen Situation bzw. deren Bewertung als Angst oder eben nicht.
- Salomon Asch (1951) führte ein wichtiges Experiment zum sozialen Einfluss auf die Wahrnehmung durch und untersuchte damit das Phänomen der sozialen Konformität bzw. die Bildung von Gruppennormen empirisch. Dieses Experiment und weitere (z.B. Sherif 1935) belegen die nachhaltige Wirkung des Einflusses von Gruppen auf den einzelnen.
- Gordon Allport, ursprünglich Persönlichkeitspsychologe, erforschte soziale Vorurteile und Stereotypen, die einmal entstanden durch logische Argumente nur schwer abzulegen sind (1954).

Für die soziologische Sozialpsychologie werden genannt:

- George Herbert Mead, der sich mit dem Zusammenhang von Identität und Gesellschaft auseinander setzte (1934) und mit seinem Werk die Theorie des symbolischen Interaktionismus begründete.
- Erving Goffman befruchtete die Forschung mit der Untersuchung von Themen wie Selbstdarstellung (im Original: impression management) (1959) und

menschliches Verhalten unter dem Einfluss sogenannter Totaler Institutionen (1961) wie Heimen und psychiatrischen Kliniken.
- R. F. Bales (1950) entwickelte ein Beobachtungssystem, mit dem er die interpersonale Interaktion in Kleingruppen untersuchte. Damit sollte versucht werden, Gruppenphasen und Rollen in der Gruppe zu differenzieren.

Hinzu kommt noch eine dritte Tradition, die sich unabhängig von den beiden anderen entwickelte, nämlich die Sozialpsychologie im Rahmen psychoanalytischer Theoriebildung. Vertreter sind hier z.B.:
- Alfred Adler (1922) untersuchte Macht- und Geltungsstreben als ein bedeutendes menschliches Motiv mit sozialer Wirkung.
- Erik Erikson (1950) entwarf eine psychosoziale Entwicklungstheorie; dabei untersuchte er die Bedeutung des Sozialen für die individuelle Entwicklung. Er beforschte dazu Biografien und betrieb Kultur vergleichende Analysen, um Kultur übergreifende Entwicklungsdynamiken zu finden.
- Erich Fromm schlug in seinen Schriften eine Brücke zwischen psychoanalytischen und humanistischen Konzepten. Einige seiner Werke z.B. Die Kunst des Liebens (1950), Haben oder Sein (1976) oder Aggression – Warum der Mensch destruktiv ist (1977) haben große Verbreitung auch bei fachfremden Personen gefunden.
- Alexander Mitscherlich untersuchte mit psychoanalytischen Erkenntnismethoden die Nachkriegsgesellschaft der Bundesrepublik Deutschland. Dabei diagnostizierte er diese als: „Auf dem Weg zur vaterlosen Gesellschaft" (1963) und attestierte ihr eine „Unfähigkeit zu trauern" (1967).

Es bleibt festzustellen: Es gibt nicht die Sozialpsychologie, sondern wir haben es mit unterschiedlichen wissenschaftlichen Theorietraditionen und Arbeitsweisen zu tun, die den Gegenstandsbereich der Sozialpsychologie beforschen. In dieser Einführung in die Pädagogische Psychologie werde ich hauptsächlich die Themen und Forschungsgegenstände der psychologischen Sozialpsychologie aufnehmen und deren Relevanz für die Arbeit in der Schule darstellen. Zuvor stelle ich jedoch typische Forschungsmethoden der drei Theorietraditionen vor.

2.2 Forschungsmethoden der Sozialpsychologie

Die sozialpsychologische Forschung hat viele kreative experimentelle Anordnungen entwickelt. Man unterscheidet hier das »Feldexperiment«, das im sozialen Alltag, z.B. in der Schule, auf Spielplätzen, in Vereinen etc. durchgeführt wird, vom »Laborexperiment«, das im psychologischen Labor stattfindet. Das sozialpsychologische Laborexperiment untersucht den Zusammenhang zwischen Ursache und Wirkung im sozialen Geschehen. Man hat z.B. folgende Hypothese: Das Anschauen von Gewaltszenen im Film (Ursache) erhöht das aggressive Verhalten von Kindern (Wirkung). In einem Experiment wäre dann das Anschauen von Gewaltszenen die unabhängige Variable, das aggressive Verhalten eines Kindes, das vorher eine Ge-

waltszene gesehen hat, wäre die abhängige Variable (vgl. die sozial-kognitive Lerntheorie von A. Bandura, 1979). Man müsste also in einem Experiment einer Reihe von Kindern Gewaltszenen vorführen und dann ihr Verhalten bezüglich aggressiver Handlungen in einer standardisierten, für alle Versuchspersonen gleichen Situation beobachten. Einen Beweis für den oben angenommenen Zusammenhang hat man aber erst, wenn man einen Vergleichsmaßstab hat. Man würde deshalb einer anderen gleich großen Gruppe von Kindern einen Film ohne Gewalt vorführen und auch deren anschließendes Verhalten bzgl. aggressiver Handlungen in derselben standardisierten Situation beobachten. Die zweite Kindergruppe dient in dem beschriebenen Experiment als Kontrollgruppe. Die Kontrollgruppe wird nicht dem Einfluss der unabhängigen Variablen (Gewaltszenen) ausgesetzt. Erst wenn das Verhalten beider Kindergruppen sich deutlich unterscheidet (z.B. die Anzahl aggressiver Handlungen in der Experimentalgruppe statistisch signifikant größer ist), könnte man davon ausgehen, dass das Anschauen von Gewaltszenen zu aggressivem Verhalten führt.
Allerdings könnten Kritiker jetzt mit Recht einwenden, dass sich in der Experimentalgruppe zufällig die ohnehin größten Rowdys und in der Kontrollgruppe die braven und friedfertigen Kinder befinden würden. Solche Einwände versucht man im sozialpsychologischen Experiment durch die Zuweisung der Versuchspersonen in Experimental- und Kontrollgruppe nach dem Zufallsprinzip zu kontrollieren (Randomisierung, siehe Forschungsmethoden). Eine andere Möglichkeit ist, bestimmte Merkmale, hier z.B. Geschlecht, Alter und Aggressivität, zu bestimmen und zu parallelisieren. So werden gleich viele Jungen und Mädchen in gleicher Alterszusammensetzung der Experimental- und der Kontrollgruppe zugewiesen. Bezüglich des beispielsweise in einem Fragebogen gemessenen Merkmals ‚Aggressivität' würde man Paare von Kindern mit sehr ähnlichem Messwert bilden und jeweils eines jeder Gruppe zuweisen. Es versteht sich, dass solche Gruppen umso eher in ihrer Zusammensetzung vergleichbar sind, je größer die Anzahl der Versuchspersonen ist.
Nicht alle sozialpsychologischen Laborexperimente sind so alltagsnah wie das hier skizzierte (Bandura et al. 1963). Nach den methodischen Prinzipien der Experimentalpsychologie aufgebaute Laborexperimente, in denen alle Variablen, die – außer der unabhängigen – einen Einfluss auf die abhängige Variable haben könnten, eliminiert oder kontrolliert werden, weisen häufig eine mangelnde Nähe zur Alltagswirklichkeit auf. Aronson (1994) unterscheidet in diesem Zusammenhang zwischen alltagsnah und realitätsnah. Er hält ein Experiment dann für realitätsnah, wenn es sich auf die Versuchspersonen in der Weise auswirkt, dass es sie zwingt, die Angelegenheit ernst zu nehmen und sich intensiv mit ihr auseinanderzusetzen. Ist ein Experiment nach dieser Definition realitätsnah, so muss es nicht alltagsnah sein, um wertvolle Hinweise darauf zu liefern, wie Menschen in vergleichbaren Situationen des wirklichen Lebens reagieren würden.

Als Beispiel für ein realitätsnahes, aber alltagsfernes Experiment führt er das berühmt gewordene Milgram-Experiment (Milgram, 1974) an. In diesem Experiment, das den Versuchspersonen als Experiment zur Auswirkung von Bestrafung auf das Lernen vorgestellt wurde, erhielten diese scheinbar zufällig die Rolle eines Lehrers; eine andere Person, die dem Lehrer gegenüber als weitere Versuchsperson ausgegeben wurde, in Wahrheit aber ein Vertrauter des Versuchsleiters war, erhielt die Rolle des Schülers. Diese Person wurde vermeintlich an eine elektrische Apparatur angeschlossen. Die Aufgabe des „Schülers" im Experiment war das Auswendiglernen von Wortpaaren, die des „Lehrers" das Abfragen des „Schülers", indem das erste Wort des Wortpaares vorgelesen wurde. Zu prüfen war, ob der „Schüler" mit der Nennung des zugehörigen zweiten Wortes des Wortpaares antworten konnte. War dies nicht der Fall, sollte der „Schüler" mit einem Elektroschock bestraft werden. Der „Lehrer" wurde weiter instruiert, bei weiteren Fehlern des „Schülers" Elektroschocks zunehmender Stärke zu verabreichen. Während der gesamten Prozedur saß der Versuchsleiter mit dem „Lehrer" im selben Raum und gab gelegentlich sachlich nüchterne Instruktionen wie: „Bitte fahren Sie fort!" oder: „Das Experiment verlangt, dass Sie weiter machen!"

Eine solche Aufforderung kommt im Alltag kaum vor, dennoch waren die Versuchspersonen („Lehrer") gezwungen, sich im Experiment mit der ihnen vom Versuchsleiter zugewiesenen Aufgabe ernsthaft auseinanderzusetzen.

Damit sozialpsychologische Experimente gelingen, müssen die Versuchspersonen häufig über den wahren Zweck des Experiments im Unklaren gelassen werden, sie werden also vom Experimentator gezielt getäuscht und belogen. Dieses ethische Problem ist ein weiterer wichtiger Kritikpunkt an sozialpsychologischen Experimenten. Im Falle des Milgram-Experiments wurde den Versuchspersonen erklärt, sie nähmen an einem Lernexperiment teil. Das eigentliche Ziel des Experiments war, die Bereitschaft zum Gehorsam gegenüber einer Autorität festzustellen.

Experimentelle Verfahren wie dieses bringen Belastungen für die Versuchsperson mit sich. Sie wird in eine Situation gebracht, die sie im Nachhinein mit beschämenden oder problematischen Seiten der eigenen Person konfrontiert. Das selbst für den Initiator des Milgram-Experiments überraschende Ergebnis zeigte, dass die Mehrheit (62%) der Versuchspersonen zwar während der Prozedur unter erheblichen Stresssymptomen litt, aber den angeblichen Schülern den stärkst möglichen Elektroschock gab (den der „Schüler" nicht wirklich erhielt, aber in seinen Auswirkungen glaubhaft darstellte). Milgram erläuterte nach dem Experiment jeder Versuchsperson den Zweck des Experiments, klärte auf, dass die „Schüler" nicht wirklich Elektroschocks erhalten hatten, gab Gelegenheit zu einer freundschaftlichen „Aussöhnung" mit dem „Opfer" sowie zu einem Gespräch mit dem Versuchsleiter.

Ethische Probleme können letztlich in sozialpsychologischen Experimenten nicht vermieden werden – es sei denn, man verzichtete ganz auf diese Methode der Erkenntnisgewinnung. Insofern befindet sich die experimentelle sozialpsychologische

Forschung in einem Dilemma, das nicht aufgehoben, aber doch abgemildert werden kann. Und zwar durch nachexperimentelle Sitzungen, in denen der Versuchsleiter das experimentelle Verfahren mit den Versuchsteilnehmern bespricht und sie über seine wahren Forschungsabsichten aufklärt. In diesen ausführlichen Gesprächen im Anschluss an ein sozialpsychologisches Experiment sollte den Teilnehmern Achtung entgegengebracht werden und ihnen die Bedeutung des Experiments im Rahmen der Forschung dargelegt werden (vgl. Aronson, 1994).

Im Falle des Milgram-Experiments stellen sich die ethischen Fragen in besonderer Schärfe, weil dessen Ergebnisse sehr Problematisches über die menschliche Natur aussagen. Gerade deshalb hat dieses Experiment viel Beachtung, Kritik und eine ausführliche wissenschaftliche Bearbeitung erfahren. Milgram variierte in weiteren Untersuchungen die Versuchsanordnung systematisch hinsichtlich der räumlichen Nähe zwischen Lehrer und Schüler und hinsichtlich der Wahrnehmbarkeit der Reaktionen des Schülers auf die Stromstöße durch den Lehrer während der Prozedur. Außerdem wurde dieses Experiment zur Untersuchung des Gehorsams gegenüber Autoritäten auch in anderen, eher heruntergekommenen Räumlichkeiten als in denen der anerkannten Yale-Universität durchgeführt; in einer Variante wurde die Autoritätsperson durch einen kurzfristig zugezogenen „Ersatzmann“ vertreten. Das Milgram-Experiment wurde in einer Reihe verschiedener Länder in verschiedenen Erdteilen wiederholt. Die Anzahl derjenigen Versuchspersonen, die absoluten Gehorsam zeigten, schwankte zwar entsprechend der variierten Versuchsbedingungen, in jedem Fall war es aber ein erheblicher Anteil (beim „Ersatzmann“ z.B. 20 %).

Sozialpsychologische Experimente werden durchgeführt, um entweder aus theoretischen Modellen abgeleitete Hypothesen zu überprüfen oder Aufschlüsse über Fragen, die das soziale Verhalten von Menschen im Alltag aufwirft, zu erhalten. So wurden z.B. in einem Feldexperiment auf der Straße Situationen nachgestellt, in denen eine Person scheinbar durch eine andere in eine Notlage gebracht wurde, um herauszufinden, wie Passanten reagieren und wie sie bei anschließender Befragung ihre Reaktion (Hilfeleistung oder Unterlassung) begründen. Solche Untersuchungen können Daten liefern, aus denen Theorien über Altruismus entwickelt werden können (vgl. Bierhoff, 1998).

In der eher soziologisch orientierten Sozialpsychologie werden andere Forschungsmethoden bevorzugt angewendet. Als Beispiel soll hier eine Untersuchung von Erving Goffman über die soziale Situation psychiatrischer Patienten dienen (Goffman, 1973). Zum Zwecke dieser Untersuchung nahm er am Leben in einer psychiatrischen Anstalt teil und begründete sein methodisches Vorgehen wie folgt: „Damals wie heute glaube ich, dass jede Gruppe von Menschen ... ein eigenes Leben entwickelt, welches sinnvoll, vernünftig und normal erscheint, sobald man es aus der Nähe betrachtet, und dass die beste Möglichkeit, eine dieser Welten kennen zu lernen, darin besteht, dass man sich im Zusammenleben mit den Mitgliedern den täglichen Zufällen aussetzt, die ihr Leben bestimmen“ (S. 7). Goffman verbrachte

also den Alltag mit den Patienten und erklärte seine Anwesenheit in der Klinik mit dem Ziel, das Freizeit- und Gemeinschaftsleben der Patienten erforschen zu wollen. Diese Form der Erhebung von Datenmaterial wird als teilnehmende freie Beobachtung bezeichnet. Der Wissenschaftler, der diese Methode wählt, kann weder den Anspruch auf Objektivität aller seiner Beobachtungen erheben, noch kann er sie in der Regel quantitativ auswerten. Auch kann er nicht behaupten, seine Ergebnisse seien repräsentativ, also allgemein gültig. Aber er kann in seinen Beobachtungen auf Daten und Zusammenhänge stoßen, von denen er vorher keine Vorstellung hatte, die er also nicht hätte in theoretischen Modellen oder Hypothesen fassen können.
Eine ähnliche Methode der Datenerhebung finden wir in ethnopsychoanalytischen Arbeiten vor. Hier wird in die Auswertung des in teilnehmender Beobachtung oder auch in Gesprächen (Tiefeninterviews) erhobenen Datenmaterials außerdem noch die Subjektivität des Beobachters in Form psychoanalytischer Selbstreflexion als zusätzliche Datenquelle mit aufgenommen.
Eine weitere verbreitete Methode der sozialpsychologischen Forschung ist die Befragung mit Hilfe eines Fragebogens oder in Form eines Interviews. Wichtig für diese Form der Datenerhebung ist die Repräsentativität der Stichprobe. Bei sozialpsychologischen Befragungen zielt man ab auf Einschätzungen, Motive, subjektive bzw. naive Theorien oder auf Erlebensweisen in bestimmten sozialen Situationen. Gerade in der Schulforschung ist die Befragung von Schülern und Lehrern eine sehr verbreitete Methode der Erkenntnisgewinnung. Methoden der Befragung gehören in unterschiedlichen Formen zum Forschungsinventar aller Wissenschaftler, die sich mit sozialpsychologischen Fragestellungen beschäftigen. Auch im Rahmen eines Experiments sind sie neben der Beobachtung häufig Teil des Verfahrens.
Nach diesem allgemeinen Überblick werde ich zur Behandlung ausgewählter, für die pädagogische Praxis relevanter Themen aus der Sozialpsychologie übergehen. Dabei ist meine Auswahl mit Sicherheit subjektiv; sie ergibt sich daraus, was nach meiner Überzeugung für künftige Lehrer wissenswert und hilfreich ist.

3. Die soziale Wahrnehmung

3.1 Eindrucksbildung

Die interpersonale Wahrnehmung oder einfach kurz die Personenwahrnehmung ist für Pädagogen unter verschiedenen Gesichtspunkten eine wichtige Fähigkeit. Sie haben es mit einer Vielzahl von Menschen zu tun, auf deren Verhalten sie Einfluss nehmen sollen und wollen und die sie einschätzen und beurteilen wollen und müssen.

Eine wichtige Frage, die sich in diesem Zusammenhang stellt, ist die, ob Lehramtsstudierende ausreichende Fähigkeiten der Personwahrnehmung mitbringen oder ob diese Fähigkeit für den Lehrerberuf speziell trainiert werden muss. Wenn überhaupt, so ist ein solches Training im Katalog der Themen für die Lehrerausbildung im Allgemeinen eher implizit, also versteckt, als explizit enthalten.
Auf die Beantwortung der Frage, wie Menschen lernen, andere Personen wahrzunehmen, einzuschätzen und zu beurteilen, ist in der sozialpsychologischen Forschung weit weniger Wert gelegt worden als auf die Erforschung bereits entwickelter Fähigkeiten und Strategien der sozialen Wahrnehmung. Eines kann man eindeutig aus den Forschungsergebnissen ableiten: Wahrnehmungsurteile über andere Personen sind von der Kultur abhängig, in der ein Mensch lebt bzw. sozialisiert wurde (vgl. Forgas, 1999, S. 44).
Für einen Lehrer ist es wichtig, sich die von ihm bisher entwickelten und angewendeten Fähigkeiten und Strategien der Personwahrnehmung und Urteilsbildung bewusst zu machen. Außerdem sollte er sich mit für den Lehrerberuf spezifischen Verzerrungen der Personwahrnehmung und Beurteilung auseinandersetzen. Diesen Standpunkt möchte ich mit Hilfe eines Beispiels aus der Praxis begründen.

Beispiel 1:

Eine Schulpsychologin hatte sich auf Initiative einer Mutter mit den Schulschwierigkeiten Svens auseinanderzusetzen. Sven hatte als Drittklässler in letzter Zeit fortlaufend Misserfolge bei Diktaten, die sich allmählich auch in andere Leistungsbereiche ausbreiteten. Die Mutter sorgte sich. Sie berichtet, Sven wirke bedrückt, über seinen Kummer spreche er zwar nicht, aber in letzter Zeit sei er besonders anhänglich und leide unter Einschlafstörungen. Sie wolle helfen, wisse aber nicht wie. Die Mutter beschrieb ihren Sohn als einen Jungen, dem es sehr viel ausmacht, den gesetzten Leistungsnormen in der Schule nicht zu genügen.
Die Schulpsychologin beabsichtigte nach dem Erstgespräch mit der Mutter, Kontakt zu der Lehrerin Svens aufzunehmen. Um einen persönlichen Eindruck von Sven zu bekommen, hätte sie ihn gern im Unterricht beobachtet, und zwar bevor er sie als eine Person kennenlernt, die sich mit seinen speziellen Problemen befasst. Die Schulpsychologin rief also die Lehrerin an. In dem nun folgenden Telefongespräch lehnte die Klassenlehrerin, Frau Legler, einen Unterrichtsbesuch ab, mit der Begründung, die Kinder verhielten sich in solchen Situationen nicht wie gewöhnlich. Außerdem sehe sie bei Sven keine Schulprobleme, die eine schulpsychologische Intervention rechtfertigten. Stattdessen gab sie folgende Beurteilung von Sven ab: „Sven ist ein braves, gut erzogenes Kind, höflich und zurückhaltend, im Klassenverband anerkannt, ordentlich und fleißig, bemüht, dem Unterricht zu folgen, aber dabei häufig nicht erfolgreich. Das Elternhaus ist einfach, aber gut, seine Intelligenz ist eher schwach, aber insgesamt ist er ein unproblematischer Schüler."

Obgleich Frau Legler sicher war, der Schulpsychologin das Wichtigste über den Schüler Sven gesagt zu haben, war diese mit der Beschreibung keineswegs zufrieden – im Gegenteil, ihr stellten sich neue Fragen: Was meint Frau Legler mit „einfach, aber gut" im Bezug auf Svens Familie? – Sind die Adjektive: brav, höflich, zurückhaltend, ordentlich und fleißig nach Ansicht Frau Leglers das Ergebnis der „guten Erziehung" Svens oder wie sonst kommt sie zu der Einschätzung, Sven sei gut erzogen? – Welche Beobachtungen veranlassen Frau Legler, Sven als schwach intelligent einzustufen? – Wann ist für Frau Legler ein Schüler unproblematisch, wann sieht sie Probleme? Vermutlich meinte Frau Legler mit „einfach, aber gut" im Bezug auf die Herkunftsfamilie, dass Svens Vater Handwerker ist, die Mutter Hausfrau, dass beide Eltern eher ein geringes Bildungsniveau und/oder ein geringes Einkommen haben und einen eher bescheidenen Lebensstandard. Weiter könnte Frau Legler mit gut auch gemeint haben, dass die Mutter nicht berufstätig ist und sich um die Erziehung ihrer beiden Söhne kümmert. In einem späteren Gespräch erzählte sie der Schulpsychologin, dass die Mutter mit ihren Söhnen spiele, bastele, sie bei den Hausaufgaben beaufsichtige und wenn nötig unterstütze, was man heutzutage ja selten genug finde. Und natürlich führe sie Svens Bravheit und Höflichkeit auf den positiven Einfluss der familiären Erziehung zurück.
Die Einschätzung „schwache Intelligenz" hat Frau Legler aufgrund ihrer langjährigen Praxis entwickelt. Ein Schüler, der sich so anstrengt und bemüht wie Sven und trotzdem so viele Fehler in Diktaten und neuerdings auch in Rechenarbeiten macht, der kann nicht wirklich intelligent sein, so meint sie. Außerdem haben beide Eltern auch nur die Hauptschule besucht. Wenn man davon ausgeht, dass Intelligenz eine weitgehend genetisch determinierte Eigenschaft ist, wird man bei Sven auch keine intellektuellen Hochleistungen erwarten.
Da es für Frau Legler keine Diskrepanz zwischen ihren Einschätzungen und den tatsächlichen Leistungsergebnissen Svens gibt, sieht sie bei ihm auch kein Problem. Svens schulische Misserfolge sind nach dem Eindruck Frau Leglers eine Realität, die ihn vielleicht anfangs schmerzt, an die er sich aber im Laufe der Zeit gewöhnen wird. Deshalb hält Frau Legler die Sorge der Mutter für unangemessen und sieht auch keine Notwendigkeit einer schulpsychologischen Intervention.
Wie Sven sich im Unterricht tatsächlich verhält, was er in welchen Situationen tut oder lässt, stellt die Lehrerin nicht dar. Sie gibt ihr Lehrerurteil ab. Und das unterscheidet sich kategorisch von einer Verhaltensbeschreibung. Das Verhalten Svens in der Schule hätte die Schulpsychologin gern durch eine Verhaltensbeobachtung erhoben. Das Lehrerurteil der Klassenlehrerin basiert auf ihren persönlichen Eindrücken. Wie diese zustande gekommen sind, darüber gibt sie sich keine Rechenschaft.
Die von Frau Legler praktizierte Schülerbeurteilung war zumindest in der Zeit ihrer Ausbildung – und das war in den sechziger Jahren des vergangenen Jahrhunderts – gängige Praxis. Schülerbeurteilung war damals vom Auslesegedanken bestimmt.

Ulich und Mertens (1974) haben sich in ihrem Buch mit dem Titel ‚Urteile über Schüler' mit den Anforderungen an die Lehrer bezüglich der Schülerbeurteilung in der damaligen Zeit befasst und geben Beispiele wieder, wie diese Anforderungen formuliert wurden: „Er [der Lehrer] soll nämlich in der Regel nichts weniger als das „Wesen" eines Schülers erkennen, er soll vom Erscheinungsbild auf das Wesen schließen können. Dabei wurden dem Lehrer Merkmals- oder Eigenschaftslisten vorgegeben, die heute etwas skurril anmuten. Ulich und Mertens formulieren: „Der enge Zusammenhang zwischen Erziehungsziel und Urteilsaufgabe (...) wird auch an folgendem Beispiel deutlich (...), das „Gehorsam" differenziert nach „ungestüm, trotzig, widerspenstig, dreist, anhänglich, zudringlich, willig"... Bei einigem Bemühen kann man als die wohl positivste Eigenschaft „willig" herausfinden (...). Besonders fatale Auswirkungen können solche dem Lehrer vorgegebene Merkmalssammlungen haben, wenn sie zwei (...) Eigenarten haben, nämlich erstens das weitgehende Überwiegen von negativen Bezeichnungen und zweitens das gehäufte Vorkommen von populären Stereotypen. Das konkrete Vorgehen scheint häufig darin zu bestehen, die Abweichung von einer nicht explizierten Norm – einer stereotypen Erwartung des Urteilers – zu konstatieren." (Ulich & Mertens, 1974, S. 18).
Gemessen an diesen Vorgaben für den Lehrer als Beurteiler wirkt das Urteil Frau Leglers über Sven ausgesprochen positiv. Allerdings kann man ihre Orientierung an einer stereotypen, also nicht weiter hinterfragten, Normerwartung und an der Selektionsaufgabe der Schule erkennen. Außerdem steht hinter diesem Lehrerurteil ihre subjektive Persönlichkeitstheorie, die sich Frau Legler sicher nicht ohne Einfluss des Zeitgeistes, in dem sie ausgebildet wurde, zu Eigen gemacht hat.

Im Folgenden beschreibe ich die Fragen und Gedanken der Schulpsychologin nach dem oben wiedergegebenen Telefonat: Was wäre, wenn Sven gar nicht so brav und wohlerzogen, sondern nur ängstlich, unsicher und gehemmt wäre? – Was, wenn er intellektuell gar nicht so schwach, sondern nur misserfolgsorientiert wäre? – Was, wenn er nicht eine allgemeine intellektuelle Schwäche, sondern spezifische Fähigkeitsdefizite aufwiese? – Dann würden Svens Schulschwierigkeiten sich ganz anders erklären lassen und vermutlich wäre ein ganz anderes Verhalten seiner Lehrerin für den Umgang damit angemessen.
In den gestellten Fragen werden Hypothesen erkennbar, die die Schulpsychologin im Rahmen ihrer Diagnose im Fall Sven überprüfte. Natürlich waren ihre Hypothesen geleitet von den in ihrer Ausbildung vermittelten Konstrukten und Ansätzen. Diese haben den Vorteil, dass sie nicht populäre, sondern empirisch beforschte Stereotype darstellen. Allerdings muss auch die Schulpsychologin beachten, dass die Vorstellung, Urteilsprozesse ließen sich im sozialen Feld isolieren und der urteilende Diagnostiker könne sich vorübergehend auf den Olymp der „Unparteilichkeit" und „Sachlichkeit" zurückziehen, unrealistisch ist. (vgl. Ulich & Mertens, 1974, S. 24).

Mit dem dargestellten Beispiel soll deutlich werden, wie wichtig, aber auch schwierig und problematisch die soziale Wahrnehmung und Beurteilung von Schülern durch Lehrer ist, denn von dem Bild, das sich ein Lehrer von seinem Schüler macht, hängt es ab, wie er auf ihn ein- bzw. mit ihm umgeht. Das Bild selbst ist wiederum von persönlichen Überzeugungen und Ansichten abhängig, die oft unhinterfragt übernommen wurden.

Wie zutreffend Menschen Personen beurteilen und einschätzen können, ist eine Frage, mit der sich die sozialpsychologische Forschung ausgiebig beschäftigt hat. Zusammenfassend kann man in Anlehnung an Forgas (1999) sagen, dass die Genauigkeit der Personwahrnehmung nicht einfach eine bestimmte Kompetenz ist, sondern ein von komplexen Variablen abhängiger Prozess.

Wahrnehmungsurteile über andere werden von einer Reihe von Komponenten beeinflusst wie z.B. der eigenen Stimmung während der Beurteilung oder eben Stereotypen. Darunter versteht man all das, was wir über eine bestimmte Gruppe von Menschen, z.B. Zehnjährige, berufstätige Mütter oder Kinder aus Unterschichtfamilien wissen oder zu wissen glauben. Stereotypen können – je nachdem, wie verzerrt sie sind – der Genauigkeit unserer Urteile förderlich oder abträglich sein. „Sind wir uns erst einmal bewußt, daß unsere Wahrnehmungen von Menschen häufig fehlerhaft und voreingenommen sind, wird es uns umso leichter fallen, dazu zu lernen. Eine der üblichsten Quellen von Wahrnehmungsverzerrungen sind vorgefaßte Meinungen über bestimmte Menschentypen und die Verbindungen, die wir zwischen einzelnen Persönlichkeitsmerkmalen erwarten“ (Forgas, 1999, S. 35). Beides, vorgefasste Meinungen über bestimmte Menschentypen, z.B. brave, zurückhaltende und höfliche Kinder, und Verbindungen, die wir zwischen einzelnen Persönlichkeitsmerkmalen erwarten, z.B. zwischen Intelligenz und Schulerfolg, sind Teile der impliziten Persönlichkeitstheorie, die jeder Mensch im Laufe seiner Sozialisation entwickelt. „Andere wahrzunehmen ist ein weitgehend aktiver, konstruktiver Prozeß, in dessen Verlauf Wissen und frühere Erfahrung des Wahrnehmenden zuweilen eine größere Rolle spielen als die wirklichen Merkmale der zu beurteilenden Person (der ‚Zielperson')“ (Forgas, 1999, S. 36). Ein Hauptcharakteristikum der Eindrucksbildung ist, dass wir eine Eigenschaft aus einer anderen ableiten. Wir schließen also von einer Information über einen Menschen auf weitere Eigenschaften. Das bedeutet, Menschen orientieren sich in ihrer sozialen Wahrnehmung an naiven Persönlichkeitstheorien, nach denen bestimmte Persönlichkeitsmerkmale zusammengehören.

Neben den naiven Persönlichkeitstheorien untersucht die Sozialpsychologie auch die sozialen Einstellungen einer Person. Als Einstellung bezeichnet man die gespeicherte gute oder schlechte Bewertung eines Objekts. Beispielsweise sind für eine Person Sport, Jeans, Schularbeiten und zurückhaltende Schüler gut, Mathematik, Leggins, Hausarbeiten und lebhafte Schüler dagegen schlecht. Einstellungen ermöglichen es, der sozialen Umwelt Sinn zuzuschreiben, sie führen allerdings auch häufig zu Fehleinschätzungen der Realität. Die Sozialpsychologie hat eine ganze Reihe solcher fehlerhafter sozialer Kognitionen untersucht. Aronson (1994) fasst diese unter dem Oberbegriff »Einstellungsheuristiken« zusammen. Die bedeutendste für den pädagogischen Alltag ist der »Halo-Effekt«. Hierbei handelt es sich um folgende Verzerrungstendenz: Wenn eine Person, z.B. eine Lehrerin, einer anderen Person, z.B. einem Schüler, einmal gute (oder schlechte) Eigenschaften zuerkannt hat, wird sie dem Schüler wahrscheinlich auch andere gute (oder schlechte) Eigenschaften zuschreiben, die mit der bereits zugewiesenen Eigenschaft in keinem logischen Zusammenhang stehen. Eigenschaften, wie z.B. körperliche Attraktivität und Freundlichkeit, führen so dazu, dass diesen Personen eher gute Leistungsbeurteilungen gegeben werden. Eine Studie von Harari und McDavid (1973) soll hier kurz wiedergegeben werden. Lehrern wurden Aufsätze zur Beurteilung vorgelegt, die angeblich von Viert- und Fünftklässlern geschrieben wurden. Von den Kindern erfuhren die Lehrer nicht mehr als deren Vornamen. Obwohl die Aufsätze identisch waren, erhielten die Kinder mit beliebten Vornamen im Durchschnitt eine Note besser als die mit ungewöhnlichen Vornamen.

3.2 Attribution

Zum Thema der interpersonalen Wahrnehmung gehört nicht nur die Frage: „Wer ist der andere?“ – sondern auch die Frage: „Warum handelt der andere so, wie er es gerade tut?“

Das ist die Frage nach der Zuschreibung von Verhaltensursachen, nach der Kausalattribution. Auch hier entwickeln Menschen im Laufe ihres Lebens naive Theorien, nach denen sie sich erklären, wodurch andere zu bestimmten Verhaltensweisen oder Handlungen veranlasst wurden. Ich möchte einige Überlegungen und Ergebnisse der Attributionsforschung darstellen und auf deren Bedeutung für Lehrer und Lehrerinnen eingehen.

Man kann die Handlungsweise eines Menschen in einer bestimmten Situation äußeren Bedingungen oder inneren Dispositionen zuschreiben (Heider, 1958). Äußere Bedingungen, die das Handeln erklären, sind z.B. soziale Normen (die jüngere Person grüßt zuerst, weil die Etikette das verlangt), rollenkonformes Verhalten (der Arzt bittet seinen Patienten, sich „frei zu machen“, eine Bitte, die nur der Arzt sich erlauben kann, da es zu seiner Rolle gehört, den Körper abzutasten), situative Zwänge (der Schüler schwieg, weil seine Kameraden ihm Hiebe angedroht hatten für den Fall, dass er petzen würde). Innere Dispositionen können als intentional und nicht-intentional angenommen werden: Verweigert ein Schüler die Antwort auf eine Frage, weil er die Antwort nicht weiß, ist das nicht-intentional. Will er sich nicht am Unterrichtsgespräch beteiligen, weil er trotzig oder beleidigt ist, ist das intentional. Zu Dispositionen gehören Fähigkeiten, Können, Motive, Anstrengung und Bemühen. Um in alltäglichen Situationen angemessen zu reagieren, führen wir das Handeln der Anderen jeweils auf die eine oder andere Ursache zurück.

Diese von dem Gestaltpsychologen Fritz Heider angestellten Überlegungen, nämlich dass die Ursachen für menschliches Handeln entweder Dispositionen oder äußeren Bedingungen zugeschrieben werden, wurden von Harold Kelley erweitert zu einem multidimensionalen Attributionsmodell (Kelley, 1971). Eine Handlung wird demnach einer der drei folgenden Kategorien zugeschrieben: der Person, die sie ausführt, der Situation bzw. den situativen Umständen oder der Person, auf die sie gerichtet ist, also der Zielperson. Die letzte von Kelley ergänzte Kategorie beinhaltet die Idee, dass soziale Handlungen auf andere Personen gerichtet sind bzw. von deren Aktionen ausgelöst werden. Welcher der drei Kategorien nun eine bestimmte Handlung zugeschrieben wird, erkennt man an folgenden Merkmalen der Handlung: der Konsistenz, der Distinktheit und dem Konsens. Mit Konsistenz ist gemeint, dass die Handlung in vergleichbarem Kontext häufig vorkommt. Wenn z.B. eine bestimmte Schülerin um die Erledigung einer Aufgabe gebeten wird, tut diese das immer. Distinktheit drückt aus, dass eine Handlung nur in einem spezifischen Kontext vorkommt. Eine Schülerin z.B. erledigt die aufgegebenen Aufgaben nur in der Klassenarbeit und sonst nicht. Konsens bedeutet, dass alle anderen Personen in diesem Kontext ebenso handeln, im Beispiel ausgedrückt heißt das, auch die anderen Schüler der Klasse lösen die aufgegebenen Aufgaben regelmäßig. Kelley sagt aufgrund seiner Überlegungen die in Tabelle 1 dargestellten typischen Attributionen voraus. In einer empirischen Überprüfung dieses Modells konnte McArthur (1972) diese Attributionsmuster bestätigen.

Tabelle 1: Multidimensionales Attributionsmodell nach Harold Kelley (1971)

Information für die Beobachter

Konsistenz	Distinktheit	Konsens	typische Attribution
hoch	hoch	hoch	Zielperson, Objekt
hoch	gering	gering	Person
gering	hoch	gering	Situation

Betrachtet man die Komplexität dieses Modells, so ist es auf den ersten Blick schon erstaunlich, dass wir alle im sozialen Alltag in der Lage sein sollen, so viele Informationen zu verarbeiten, um Attributionen zu leisten. Nun ist es aber nicht so, dass Menschen im sozialen Alltag wie ein Automat arbeiten, um das Tun anderer mit Zuschreibungen zu belegen: „Es sind vielmehr nur ganz bestimmte Klassen ungewöhnlicher oder unerwarteter Ereignisse, die nach einer Erklärung durch Attribution verlangen“ (Forgas, 1999, S. 90). Ein solches Ereignis soll im folgenden Beispiel beschrieben werden, auch damit der Inhalt der oben aufgeführten Tabelle exemplarisch erläutert wird.

Beispiel 2:

Nach einem Schulwechsel übernahm eine Lehrerin eine zweite Grundschulklasse. Weder die Kinder noch die Eltern waren glücklich über den frühen Lehrerwechsel, aber nach einer kurzen Zeit der Eingewöhnung schien wieder Zufriedenheit eingekehrt zu sein. Der Lehrerin machte die Arbeit mit der Klasse Freude, die Schüler kamen gern in die Schule und die Eltern schienen beruhigt, jedenfalls verliefen die Elternkontakte der Lehrerin unauffällig und tendenziell freundlich. Einige Wochen nach Beginn des neuen Schuljahres fand der obligatorische Elternabend statt. Die Klassenlehrerin erwartete nichts Böses und war dann völlig überrascht darüber, dass ihr von mehreren Müttern eine feindselige Haltung entgegenschlug. Diese hatten eine lange Reihe von Klagen und Beschwerden zu einer Liste zusammengetragen, die sie der Lehrerin jetzt mit der Bitte um „Änderung dieser Praktiken" vortrugen. Die Klassenlehrerin kam sich vor wie die Angeklagte in einem Prozess. Die ihr zur Last gelegten „Verfehlungen" waren eine Sammlung von Kleinigkeiten, wie z.B. eine etwas missverständliche Formulierung in einem Elternbrief, eine angeblich zu kurzfristige Aufforderung an die Kinder, bestimmte Unterrichtsmaterialien mitzubringen, u. ä.

Die Lehrerin erlebte sich durch das Verhalten der Mütter angegriffen, tief gedemütigt und reagierte verunsichert und sich rechtfertigend. Sie verstand nicht, warum ihr scheinbar aus heiterem Himmel eine solche Feindseligkeit entgegenschlug. Die von den Müttern vorgebrachten Klagen konnten nicht der eigentliche Grund dafür sein, zumal auf die Bemühungen der Lehrerin um ein sachliches Gespräch von den Müttern nicht eingegangen wurde. Der Lehrerin fiel es während dieses Elternabends schwer, die Fassung zu bewahren, sie kämpfte mit Gefühlen ohnmächtiger Wut, kontrollierte ihr Äußeres Verhalten aber so gut sie konnte. Warum sie so angefeindet wurde und wie sie überhaupt in diese Situation geraten war, konnte sie sich nicht erklären.

Diese Beschreibung macht deutlich, dass mich eine Situation, in der ich mir die Ursachen der auf mich gerichteten Handlungsweise einer anderen Person nicht erklären kann, hilflos macht. Fehlt mir eine plausible Attribution, so fehlt mir auch jede Handlungssicherheit. Besonders in Situationen, die von Fremdheit und Unkenntnis sozialer Erwartungen bzw. Normen bestimmt sind, fehlen dem Einzelnen zunächst angemessene Attributionsmöglichkeiten und damit auch Handlungssicherheit.

Hätte die Lehrerin im Vorfeld einen handfesten Konflikt mit den Kindern gehabt, hätte die Klasse sich ihr im Unterricht als schwierig dargestellt, hätte sie das Verhalten der Mütter situativ attribuieren können. Hätte die Lehrerin die Mütter vorab schon als überkritisch und ablehnend erfahren, hätte sie deren Verhalten personal attribuieren können. Auch dann, wenn die Lehrerin im Umgang mit der Klasse irgendetwas nach den Regeln der Lehrkunst „falsch" gemacht hätte, wäre das Verhalten der Mütter gegenüber der Lehrerin (Zielperson) erklärbar gewesen. Aber so? – Die Lehrerin hatte keine Anhaltspunkte, das Verhalten der Eltern so kritisch, wie es war, zu erwarten, und zunächst auch keine Anhaltspunkte, dessen Ursachen für sich zu erklären. Gerade solche Situationen machen uns in sozialen Interaktionsprozessen unsicher und erschweren es, in eine produktive Kommunikation oder Interaktion zu gelangen. Man könnte sogar behaupten, dass eine objektiv falsche Attribution weniger problematisch ist als gar keine. Daher produzieren Menschen auch Attributionen, selbst wenn sie kaum Anhaltspunkte für eine angemessene Attribution besitzen.

Aus der sozialpsychologischen Forschung wissen wir, dass Menschen zu Attributionsverzerrungen neigen, die durch motivationale oder kognitive Faktoren bedingt sind. Diese Verzerrungen haben den Effekt, das eigene Selbstwertgefühl zu stützen bzw. zu erhalten. In der Fachsprache nennt man solche Attributionen selbstwertdienlich. Das bedeutet, wir neigen dazu, den Handlungen anderer die Ursachen zuzuschreiben, die für unsere eigene Selbsteinschätzung nützlich sind. Wir tendieren z.B. dazu, unsere Erfolge unserem eigenen Können und unserem Fleiß zuzuschreiben, während wir eigene Misserfolge eher situativen Umständen oder Pech zuschreiben. Bei anderen Personen, besonders solchen, die uns fremd (anders) oder unsympathisch sind, werden wir wahrscheinlich genau entgegengesetzt attribuieren. Eine häufige Folge dieser selbstwertdienlichen Verzerrung ist die, dass Lehrer gute Leistungen ihrer Schüler ihrem guten Unterricht, schlechte den Schülern bzw. deren Eigenschaften oder situativen Umständen zuschreiben.

Wir neigen im Allgemeinen eher dazu, innere Dispositionen als äußere Umstände für das Verhalten anderer verantwortlich zu machen (die Schüler sind „schwach"), für uns selbst ist die Tendenz eher umgekehrt (nicht: „ich bin eine schlechte Lehrerin" – sondern: „ich hatte einen schlechten Tag").

Wir bewerten in der Regel die Einflüsse auf die Handlungen eines Menschen stärker, die im Zentrum unserer Aufmerksamkeit stehen. Aufmerksamkeit kann sowohl motivational gesteuert sein als auch schlicht durch das in meinem Blickfeld Beobachtbare (Beispiel: Schon die ganze Zeit beobachte ich, wie Hans ganz unruhig auf seinem Stuhl sitzt. Ich schreibe das seiner allgemeinen Hyperaktivität zu. Erst als ich einmal durch die Klasse gehe, bemerke ich, dass sein Nachbar ihn unter dem Tisch kitzelt.).

Um in sozialen Beziehungen handlungsfähig und entscheidungsfähig zu sein, brauchen wir Attributionen, müssen also das Verhalten der anderen irgendwelchen Ursachen zuschreiben. Das Wissen darum, dass unsere Attributionen nicht immer richtig sind, sollte ein Anreiz sein, mit anderen ins Gespräch zu kommen über unsere eigenen Zuschreibungen und die der anderen. Hier besteht die Chance, dazuzulernen und gemeinsam ein differenzierteres Bild darüber zu gewinnen, warum wer in einer bestimmten Situation so oder so gehandelt hat.

Wie hat also unsere Lehrerin im obigen Beispiel ihre Handlungsfähigkeit wieder hergestellt?

1. Sie hat sich den Elternabend nochmals genau vergegenwärtigt und differenziert zwischen den Eltern, die eine Vorwurfshaltung eingenommen haben, und solchen, die es nicht getan haben. Ergo: Es gab vier Wortführerinnen (geringer Konsens).
2. Sie hat Gelegenheit gesucht, mit einigen von denen, die dem Ganzen schweigend beigewohnt hatten, unter vier Augen zu sprechen, um herauszufinden, wie diese Eltern den Elternabend erlebt hatten. Diese distanzierten sich deutlich vom Verhalten der anderen Mütter, zeigten sich teilweise sogar peinlich berührt oder schämten sich (weiterer Hinweis auf geringen Konsens). Damit konnte die Lehrerin weitgehend ausschließen, dass sie bzw. ihr Handeln als Ursache für das Verhalten der Mütter angesehen werden muss.
3. Sie hat Gemeinsamkeiten bei den vier Kindern der Wortführerinnen gesucht. Bei allen hatte sie den Eindruck, dass die Bildungsaspiration der Mütter nicht mit den Leistungen der Kinder im Einklang stand. Sie hat sich mit den Lernschwierigkeiten der betreffenden Kinder auseinandergesetzt und sich für diese Kinder Fördermaßnahmen überlegt. Drei von vier Müttern reagierten positiv auf diese Vorschläge (geringe Konsistenz, hohe Distinktheit). Die vierte Mutter konnte diese nicht annehmen; allein die Tatsache, dass die Lehrerin hier gewisse Leistungsprobleme diagnostiziert hatte, wertete diese Mutter als grobe Fehleinschätzung und als Angriff auf den sozialen Rang der Familie in der Gemeinde (hohe Konsistenz, geringe Distinktheit).

Wenn wir nach diesen Überlegungen und Initiativen der Lehrerin nochmals das Modell von Harold Kelley betrachten, dann kann die Lehrerin das Verhalten von dreien der vier Mütter eher situativen Aspekten zuschreiben und das der vierten eher auf Dispositionen dieser Person zurückführen.

4. Die soziale Beeinflussung

4.1 Macht und Führung

Die soziale Rolle des Lehrers ist ohne Zweifel eine mit Machtressourcen ausgestattete Rolle. Neben der schon diskutierten Beurteilungsmacht kann sich die Lehrperson auf weitere Machtressourcen stützen. Nach einer bekannten Klassifikation von French und Raven (1959) unterscheidet man Zwang, Belohnung, Legitimation, Identifikation, Sachkenntnis und Information als Quellen von Macht. König (2002) fügt noch die situative Kontrolle als weiteren Aspekt der Macht hinzu. Die genannten Aspekte sollen im Folgenden im Hinblick auf die Einflussmöglichkeiten des Lehrers auf seine Schüler diskutiert werden.

Zentrales Zwangsmittel der Schule ist die Strafe. Neben der Strafarbeit können im Schulalltag auch die Leistungsbewertung in Form der Notengebung und die Nichtversetzung als Bestrafungen für Fehlverhalten verstanden werden. Die extremste Bestrafung für Fehlverhalten ist der Schulausschluss. Die Vermischung von Leistungsrückmeldung und Bestrafung ist deshalb ein ernstes Problem, weil Schüler mit geringerem Leistungsvermögen ihre Benotung oder auch ihre Nichtversetzung leicht als Strafe und Ablehnung durch den Lehrer missverstehen können. Die Strafe als Mittel zur sozialen Beeinflussung wird in der Schule häufig eingesetzt. Sie wirkt, wie wir durch experimentelle Arbeiten zum operanten Konditionieren wissen, so, dass zuvor gezeigtes Verhalten unterdrückt wird, alternatives Verhalten ist dadurch noch nicht gelernt (vgl. operantes Konditionieren). Belohnung kann man als Zuwendung begehrter materieller oder immaterieller Güter definieren. Diese reichen in der Schule von Zustimmung und Anerkennung für eine Leistung oder ein Verhalten über das Aussetzen einer Bestrafung, gemeinsamen Unternehmungen bis hin zu Belobigungen und Auszeichnungen. Der Umgang mit diesen beiden Machtressourcen muss so gestaltet werden, dass Schüler einschätzen können, auf welches Verhalten welche Form der Belohnung oder Bestrafung erfolgen wird.

Legitimation als Machtquelle kann man aufteilen in eher formale und eher moralische Aspekte. Im oben dargestellten Milgram-Experiment wurde das erschreckende Maß an Gehorsam der Versuchspersonen zumindest teilweise auf die formale Legitimationsmacht des Versuchsleiters als Wissenschaftler an einem angesehenen Institut zurückgeführt. Die formale Legitimation für die Ausübung seines Amtes erhält ein Lehrer durch seine Qualifikation und seinen Lehrauftrag, die moralische Legitimation für sein Handeln wird bestimmt durch gesetzliche Vorgaben, von den in seiner Schulgemeinde geltenden Normen und Werten und von der Anerkennung, die er sich im Laufe seiner Tätigkeit erworben hat. Im Schulalltag wird der einzelne Lehrer immer wieder mit Schülern, Eltern, Kollegen und Vorgesetzten aushandeln müssen, was ihm zusteht und was er sich anmaßen darf. In den letzten Jahren ist verstärkt zu beobachten, dass einzelne Eltern mit Lehrern genau hierüber diskutieren und Teile ihrer formalen und moralischen Legitimation abhandeln möchten.

Einen Teil seiner Möglichkeiten der Beeinflussung bezieht der Lehrer aus seiner Identifikation mit bestimmten Werten oder Leitideen der Schule, in der er arbeitet, oder auch des Fachs, das er vertritt. Dabei ist es von großer Bedeutung, ob er diese Werte und Leitideen in seine Persönlichkeit integriert hat oder ob er sie sich nur identifikatorisch im Sinne einer Unterwerfung angeeignet hat. Ein Lehrer, der nicht im Kern seiner Person von der Bedeutung dessen überzeugt ist, was er seine Schüler lehrt, sondern nur seinen Auftrag abarbeitet, wird auch Schüler nicht begeistern können. Ein Lehrer jedoch, der von seiner Sache überzeugt ist und das auch ausstrahlt, ist seinerseits für seine Schüler eine Identifikationsfigur, an der sie sich modellhaft orientieren werden.

Dass Lehrer Sachkenntnis besitzen – und zwar nicht nur fachliche und fachdidaktische, sondern auch pädagogische – ist durch ihre Aus- und Fortbildung abgesichert. Die Nutznießer dieser Sachkenntnis, die Schüler, sind aufgrund ihres Entwicklungsstands und ihrer geringeren Lebenserfahrung in besonderem Maße von der Sachkenntnis ihres Lehrers abhängig. Das Ziel der Schule ist allerdings, genau diese Abhängigkeit durch Bildungsprozesse aufzulösen.

Die Information als Machtgrundlage erklärt sich aus der Teilhabe an den Informationsflüssen innerhalb eines sozialen Systems. Die Machtfrage ist hier, wer an welchen Formen der Information teilhat und wer nicht, wie aufwändig es ist, Informationen zu erhalten, und was wer überhaupt wissen muss, um seine soziale Rolle angemessen auszufüllen. Man kann sicher lange darüber reflektieren, was ein Lehrer über seine Schüler, die sozialen Beziehungen in seiner Klasse, die Pläne seiner Schulleitung usw. an Informationen bekommen bzw. sammeln sollte. Sicher sind hier nicht die Menge, sondern die Qualität und die Vertrauenswürdigkeit der Informationen von entscheidender Bedeutung.

Unter situativer Kontrolle versteht König (2002) drei Aspekte: die Strukturierung der Gesamtsituation und die Kontrolle der räumlichen sowie der zeitlichen Umstände. Im Rahmen der Unterrichtsgestaltung scheint dem Lehrer hier eine große Machtfülle zuzufallen, denn er bestimmt z.B. die Sitzordnung, die Sozialform, die konkreten Inhalte und Übungen des Unterrichts. Begrenzt wird diese Macht jedoch auf zwei Seiten: Einerseits sind ihm Inhalte, Ort und Zeit seines Unterrichts durch die Stundenplangestaltung, den 45-Minuten-Takt, die Bildungspläne, Kollegiumsbeschlüsse usw. vorgegeben, andererseits ist es immer eine Frage, inwieweit die Schüler dem Lehrer die situative Kontrolle im Unterricht überlassen oder durch Störungen, Ablenkungen und Provokationen versuchen, ihrerseits situative Kontrolle auszuüben.

Angesichts der dargestellten Überlegungen zur Macht des Lehrers wird deutlich, dass die Macht und damit auch die Möglichkeit sozialer Beeinflussung im Umgang mit Schülern, Eltern, Kollegen und Vorgesetzten immer wieder neu erworben und ausgehandelt werden muss. Effektive Führung, dies besagt das Kontingenzmodell von Fiedler (1967), ist das Ergebnis eines bestimmten Führungsstils und bestimmter Merkmale einer Situation. Führer unterscheiden sich entlang einer Dimension mit den Polen Aufgabenorientiertheit auf der einen und Personorientiertheit auf der anderen Seite. Empirisch wurde nachgewiesen, dass die aufgabenorientierten Führer in besonders günstigen und besonders schwierigen Situationen hohe Gruppenleistungen bewirken, die personorientierten sind bei mittleren Schwierigkeitsgraden effektiver (vgl. Forgas, 1999). Allerdings ist die Messung eines Führungsstils durch Befragung wegen geringer Reliabilität problematisch. Dies trifft auch auf die von Tausch und Tausch (1981) erforschten Dimensionen Wertschätzung versus Geringschätzung einerseits und hohes bzw. geringes Maß an Lenkung und Kontrolle andererseits zu. Beide Dimensionen können nach diesem Modell von demselben

Erzieher in unterschiedlicher Ausprägung gezeigt werden. Als effektiv gilt hier ein mittleres Maß an beidem, sowohl Wertschätzung als auch Lenkung.
Ein weiterer Einfluss des Führers auf die Gruppenleistung ist unter dem Begriff „Pygmalion-Effekt" in die Literatur eingegangen (Rosenthal & Jacobsen, 1971). Erwartungen von Lehrern in Bezug auf die Leistungsfähigkeit ihrer Schüler kann man gezielt durch Informationen über die Schüler beeinflussen. In einem berühmt gewordenen Experiment (Rosenthal & Jacobson, 1971) wurde Lehrern erklärt, sie hätten es mit einer bezüglich ihrer Leistungsprognose positiv getesteten Schülergruppe zu tun, bei der im kommenden Jahr mit einem außergewöhnlichen intellektuellen Wachstum zu rechnen sei. In Wahrheit handelte es sich jedoch um eine Zufallsauswahl. In einer Nachtestung ein Jahr später wurden bei der Schülergruppe mit den angeblich außergewöhnlichen Entwicklungspotentialen tatsächlich größere Zuwächse in der Intelligenz festgestellt als bei einer Vergleichsgruppe. Dieser Effekt hat sich in Folgestudien bestätigt und ist umso deutlicher, je weniger die Lehrer die Schüler vorher kennen. Eine für den »Pygmalion-Effekt« gefundene Erklärung ist, dass Lehrer ihre Erwartungen an die vermeintlich guten Schüler auf subtile Weise kommunizieren, nämlich durch freundliches, anerkennendes und geduldiges Verhalten, durch höhere Anforderungen und klarere Rückmeldungen sowie dem Einräumen umfangreicher Lerngelegenheiten.

4.2 Gruppenprozesse in der Schulklasse

Die sozialpsychologische Forschung hat sich mit Prozessen in Gruppen ausführlich beschäftigt. Im Folgenden sollen einige dieser Forschungen dargestellt werden, und es soll untersucht werden, welche Bedeutung die hier gewonnenen Erkenntnisse für Gruppenprozesse in Schulklassen haben.
Eine Gruppe, wie sie vielfach in der Sozialpsychologie beforscht wurde, ist durch folgende Merkmale definiert: Sie besteht aus mindestens 3 Mitgliedern und bietet die Möglichkeit, Untergruppen zu bilden und Face-to-face-Kontakt zu halten. Durch diese Bedingung ist die Zahl der Gruppenmitglieder auf etwa 25 bis 30 Personen begrenzt. Die Gruppe hat ein gemeinsames Ziel und besteht für eine längere Zeit. In der Literatur wird zwischen Primärgruppen und Sekundärgruppen unterschieden. Erstere sind gekennzeichnet durch Konformität, Zusammenhalt, herzliche Beziehungen und persönliches Engagement, letztere durch formelle und weniger persönliche Kontakte (vgl. Forgas, 1999). Ein typisches Beispiel für die Primärgruppe ist die Familie, eines für die Sekundärgruppe die Arbeitsgruppe. Die Schulklasse ist in mehrfacher Hinsicht ein Grenzfall. Die Anzahl der Schüler in einer Schulklasse liegt häufig an der oberen Grenze einer Gruppe, in der jedes Mitglied mit jedem anderen in direkter Beziehung stehen kann. Ob es sich bei einer konkreten Schulklasse um eine Primär- oder Sekundärgruppe handelt, hängt davon ab, wie die persönlichen Kontakte sich gestalten und wie zugehörig sich die einzelnen Mitglieder der Gruppe gegenüber fühlen. Den Zusammenhalt einer

Gruppe bezeichnet man als Gruppenkohäsion und diese lässt sich definieren als das Ausmaß, in dem sich die Mitglieder gemeinsamen Normen und Zielen verpflichtet fühlen und einander positive Gefühle entgegenbringen. Die Gruppenkohäsion hat einen starken Einfluss auf die Gruppenleistung und sollte daher in jeder Schulklasse gefördert werden. Bedingungen, die die Gruppenkohäsion fördern, sind z.B. schwierige Hürden, die für die Aufnahme in eine Gruppe zu nehmen sind, oder gemeinsam überstandene Herausforderungen. Beides findet man in elitären Gruppierungen recht häufig. Für die Förderung des Gruppenzusammenhalts in Schulklassen können gemeinsam bewältigte Herausforderungen und gemeinsame angenehme Erlebnisse dienen. Der in unseren Schulen institutionell verankerte Selektions- und Konkurrenzdruck erschwert die Entwicklung des Gruppenzusammenhalts und begünstigt die Aufteilung der Klasse in Untergruppierungen und Ausgegrenzte mit meistens negativen Folgen für die Gruppenleistung insgesamt.

Ein weiteres wichtiges und sozialpsychologisch untersuchtes Gruppenphänomen ist die Konformität. Wie in einer Reihe verschiedener Experimente (Asch, 1951; Schachter, 1951, Sherif, 1935) gezeigt werden konnte, neigen Einzelne dazu, sich der Einschätzung oder der Meinung der anderen Gruppenmitglieder anzuschließen, selbst wenn diese objektiv falsch ist. Es handelt sich bei Konformität nicht um ein Produkt eines gezielt ausgeübten Gruppendrucks, sondern vielmehr um eine grundlegende menschliche Tendenz, so zu handeln wie die anderen, vielleicht auch um ein grundlegendes Bedürfnis nach Anerkennung, das bei Übereinstimmung eher befriedigt wird als bei Differenzen. Für die Arbeit mit Schulklassen bedeutet dies, dass auch hier Meinungen oder Einschätzungen unabhängig von ihrem Realitätsbezug oder Wahrheitsgehalt vertreten werden; dies kann zu Mythenbildungen, Produktion von Sündenböcken und allerlei anderen Hemmnissen bei Lernprozessen führen. Allerdings erleichtert ein gewisses Maß an Konformität die Leitung wie auch den Zusammenhalt einer Gruppe (siehe hierzu Beispiel 3).

Viele Autoren sehen die Schulklasse nicht als Gruppe im sozialpsychologischen Sinne an (Graumann, 1974; Ulich, 2001). Sie sehen in Schulklassen während des Unterrichts eher ein Neben- und Gegeneinander als ein Miteinander, eher ein Koagieren unter Konkurrenzverhältnissen als ein Kooperieren, ein Auseinanderfallen in Akteure und Publikum. Diese Vorstellungen orientieren sich am Frontalunterricht als einer noch immer sehr verbreiteten Unterrichtsform. Jedoch haben sich die Zeiten kooperativen Arbeitens im Unterricht in den letzten Jahren ausgedehnt. Die Mitglieder von Schulklassen sind über weite Strecken ihrer Lebenszeit zusammen und gestalten ihre Beziehungen weitgehend informell in Pausen, auf Ausflügen und sonstigen gemeinsamen Unternehmungen auch außerhalb der Schule.

Ein Modell, das neben dem Thema Kohäsion und Konformität zur Beschreibung des Gruppengeschehens dienen kann, ist die Entwicklung von Integration und Differenzierung in einer Gruppe. In Anlehnung an die Feldtheorie Kurt Lewins (1982) sehen König und Schattenhofer (2007) Integration und Differenzierung als Gegen-

pole, zwischen denen eine Gruppe pendelt. Die zentripetalen Kräfte der Integration sorgen für Zusammenhalt, denen zentrifugale Kräfte der Differenzierung entgegen wirken. „Die grundlegende Annahme dieses Modells ist es, dass Gruppen aller Art sich dann weiter entwickeln, wenn größere Ausschläge in beide Richtungen, also mehr Integration *und* mehr Differenzierung gleichermaßen, möglich werden." (König & Schattenhofer, 2007 S. 58).
Eine Frage, mit der sich Lehrer immer neu befassen müssen, ist folgende: Wie wird aus einem Haufen einzelner Kinder eine funktionierende Schulklasse, also eine strukturierte Gruppe?
Hierzu hat die sozialpsychologische Forschungsarbeit mit Gruppen Phasenmodelle für die Entwicklung von Gruppen entworfen. Zwei Phasenmodelle sollen hier vorgestellt und in ihrer Bedeutung für die Schulklasse diskutiert werden. Tuckman (1965) geht von vier Phasen aus: Formierung (forming), Sturm und Drang (storming), Normierung (norming) und Funktionieren (performing). Vier Phasen beschreibt auch das Modell, das Langmaack und Braune-Krickau (2000) vorstellen: Ankommen, sich orientieren, Kontakt aufnehmen (1); Gärung und Klärung (2); Arbeitslust und Produktivität (3); Transfer und Abschied (4). In beiden Modellen finden sich unterschiedliche Begrifflichkeiten, aber doch inhaltliche Parallelen. Während das erste Phasenmodell mit der funktionierenden Gruppenarbeit endet, wird beim zweiten Modell noch eine Phase angehängt, die die Beendigung des Gruppenprozesses beschreibt. Dafür sehen Langmaack und Braune-Krickau Gärung und Klärung in einer Phase, während Tuckman hierfür zwei Phasen ansetzt, nämlich „storming" und „norming".
Die genannten Phasenmodelle sind in der Arbeit mit Trainingsgruppen entstanden. Diese Arbeitsform wurde nach Ende des Zweiten Weltkriegs mit dem Ziel entwickelt, die „social skills", also die sozialen Fähigkeiten ihrer Mitglieder, zu verbessern, wie z.B. Kommunikation, Akzeptanz gemeinsamer Verantwortung, Nutzung von Ressourcen zur Lösung von Problemen, konstruktive Konfliktlösung, Erkennen von Phasen unterschiedlicher Leistungsfähigkeit und Wahrnehmen der unterschiedlichen Beziehungsqualitäten (vgl. Rechtien, 1995). Die Trainingsgruppen trafen sich ausschließlich zu diesem Zweck über einen Zeitraum von etwa einer Woche ganztägig. Daher sind diese Phasenmodelle nur unter Vorbehalten auf Schulklassen anzuwenden, denn diese bestehen über einen viel längeren Zeitraum, so dass man annehmen kann, dass die Phasen des storming, norming und performing immer wieder im Wechsel vorkommen werden. Festhalten kann man, dass es in nahezu jeder Gruppenentwicklung Phasen gibt, die spannungsreich und von Auseinandersetzungen geprägt sind, aber auch Phasen, die produktiv und befriedigend sind.
Von hoher Bedeutung für die Führungskompetenz von Lehrern sind deren Diagnosefähigkeit für den Zustand einer Gruppe und ein Inventar an Interventionen, um Klärungsprozesse voranzutreiben, die Produktivität zu fördern oder Einzelne vor

Übergriffen anderer Gruppenmitglieder zu schützen. Dabei können die diskutierten Phasenmodelle eine grobe Orientierung bieten. Eine alternative Möglichkeit, den Zustand einer Gruppe zu diagnostizieren bietet das Modell des gruppendynamischen Raums nach König und Schattenhofer (2007). Dieses dreidimensionale Raummodell enthält die Dimensionen Zugehörigkeit, Macht und Intimität.

Das Thema Zugehörigkeit ist nicht allein mit dem formalen Mitgliedsstatus geklärt, sondern die Zugehörigkeit muss auch im informellen Gefüge einer Gruppe eingelöst werden. Das Bedürfnis nach Zugehörigkeit und die Angst vor Ausschluss sind gerade bei Gruppen in der Anfangsphase von großer Bedeutung und erklären die hohe Emotionalität, von der Gruppenanfänge begleitet werden. Nicht zuletzt ist derzeit das Thema Mobbing gerade in Schulklassen so allgegenwärtig, denn hierüber wird Zugehörigkeit und die Frage, wer darüber bestimmen darf, verhandelt.

Nach König & Schattenhofer (2007) ist Macht in Gruppen ein Merkmal jeder sozialen Beziehung und daher immer relativ. Die Komplexität möglicher Beziehung in Gruppen erfordert die Bildung von Machtstrukturen zur Reduktion dieser Komplexität. Es gibt zwei Wege, zu angemessenen Machtbalancen in Gruppen zu gelangen: Hierarchie und die Herausbildung von Normen und Regeln (siehe hierzu auch den vorigen Abschnitt). In Schulklassen ist der formale Status der Schüler gleich, dennoch entwickeln sich informelle Machtstrukturen, in die immer auch die Herausbildung und der Umgang mit Regeln hinein spielt.

In der dritten Dimension des gruppendynamischen Raums, Intimität, geht es um die Frage, wie nah oder distanziert sind die Gruppenmitglieder im Umgang miteinander. Als wie attraktiv wird die einzelne Person in der Gruppe wahrgenommen? – Wie groß sind die Wünsche nach Nähe oder Autonomie? – Welche Bedeutung haben besonders enge, also exklusive Freundschaftsbeziehungen für das Gruppengefüge?

Die drei genannten Dimensionen können dem Pädagogen, der den Zustand einer Gruppe diagnostizieren möchte, eine wichtige Orientierung bieten. Dabei ist zu beachten, dass die drei Dimensionen nicht unabhängig voneinander sind, sondern am dynamischen Geschehen der Gruppe immer alle drei beteiligt sind und aufeinander verweisen.

In der Literatur sind nur relativ wenige Studien zu finden, die die soziale Entwicklung von Schulklassen untersuchen. Das verwundert nicht, da die beobachtende Begleitung von Schulklassen ein zeitintensives und methodisch schwieriges Unterfangen darstellt. Beck und Scholz (1995) beobachteten eine Grundschulklasse regelmäßig. Ihre Beobachtungen bestätigen die hohe Bedeutung, die der soziale Umgang der Schüler untereinander für diese vor allem in den ersten Schuljahren hat. Da diese Autoren nur exemplarisch einzelne Episoden bzw. Beziehungen konkret beschreiben, können die o. g. Phasen an den dargestellten Beobachtungen der beiden Autoren nicht nachvollzogen werden, sehr wohl kann man allerdings solche Episoden mit Hilfe des gruppendynamischen Raummodells analysieren.

Auch die Beobachtungsstudie in einer vierten Grundschulklasse von Krappmann und Oswald (1995) belegt, dass der Umgang der Kinder untereinander das Lernen maßgeblich beeinflusst. In der untersuchten Klasse gaben sich die Kinder gegenseitig nur relativ selten Hilfen, durchschnittlich zwei bis drei pro Unterrichtsstunde, die aufgabenorientierte Zusammenarbeit verlief in der Mehrheit der beobachteten Fälle spannungsreich, besonders dann, wenn die Arbeitsgruppe größer war und der Lehrer sie zusammengesetzt hatte. Anerkennung für ihre guten Einzelleistungen erhielten von der Gruppe nur solche Kinder, die es verstanden, ihre guten Leistungen auf eher unaufdringliche Weise herauszustreichen; solche, die die Mitteilung ihres Erfolges nicht dosieren konnten, galten als Angeber und ernteten eher Ablehnung. Das Gruppengeschehen weist eindeutig in Richtung des Pols Differenzierung. Möglicherweise steht der Befund in dieser vierten Klasse mit der bevorstehenden Aufteilung der Klasse in die drei Schularten der Sekundarstufe in Zusammenhang. Das kann als Hinweis darauf gesehen werden, dass in Gruppen nicht nur interne Kräfte das Geschehen beeinflussen, sondern eben auch äußere Faktoren.

Eine weitere Studie, die die Entwicklung einer Schulklasse beschreibt, wurde aus der Sicht des Klassenlehrers einer achten Gymnasialklasse verfasst (Hirblinger, 1992). Ziel des Autors war in diesem Fall, den Gruppenprozess der als schwierig geltenden Klasse so zu beeinflussen, dass eine produktive Zusammenarbeit möglich würde. Der vom Lehrer gewählte Weg, die Klasse unter weitgehendem Verzicht auf Zwangsmittel zu führen und stattdessen den Jugendlichen ein reflektiertes Beziehungsangebot auf der Basis der Deutung von Gruppenszenen bzw. von Aspekten des Gruppenprozesses zu machen, ermöglichte tatsächlich ein produktives Arbeiten im Fach Deutsch und eine allmähliche Gruppenkohäsion, die mit einer deutlichen Wandlung der Rollen einzelner Schüler in der Gruppe einherging. In dieser Studie, die sich auf tägliche Beobachtungen über ein Schuljahr hinweg stützt, sind am ehesten die o. g. Phasen eines Gruppenprozesses zu erkennen.

4.3 Die Schulklasse als Einflussfaktor für die Persönlichkeitsentwicklung

Kaum einer Gruppe sind Menschen in unserer Gesellschaft so regelmäßig und so andauernd ausgesetzt wie der Schulklasse – und das in einer Lebensphase, in der soziale Erfahrungen in besonderer Weise prägend für die zukünftige Persönlichkeitsentwicklung sind. Einzig die sozialen Erfahrungen in der Familie sind als prägender einzuschätzen und deswegen auch vielfältig Gegenstand der Forschung. Neben der Tatsache, dass der familiäre Einfluss früher wirksam wird als der schulische, spielt bei der Erforschung der sozialen Einflüsse auch die Komplexität beider Systeme eine wichtige Rolle. Die Familie ist in der Regel kleiner, ihren Mitgliedern sind eindeutigere und differenziertere Rollenfunktionen zuzuschreiben als das bei den Schülern einer Klasse möglich ist. Angesichts der Altershomogenität der Schulklassen ist hier zunächst nur das Geschlecht ein klares Differenzierungsmerkmal. Weitere Differenzierungen bilden sich erst im Laufe des Gruppenprozesses heraus.

Die leichtere Erforschbarkeit und Nachvollziehbarkeit der familiären Einflüsse auf das Verhalten des Einzelnen führen häufig bei der Erklärung von Verhaltensproblemen von Schülern dazu, die Gruppeneinflüsse der Schulklasse nicht oder nicht ausreichend zu untersuchen (Finger-Trescher, 1993). Hierzu ein Beispiel aus der Grundschule.

Beispiel 3:

Alex fällt seit seiner Einschulung dadurch auf, dass er die Mädchen seiner Klasse kneift, stupst und beißt. Die Mädchen beklagen sich darüber immer wieder bei der Lehrerin. Diese versucht, mit Appellen an Alex und seine Eltern, mit diversen Bestrafungen wie Strafarbeiten, Ausschluss von gemeinsamen Unternehmungen, ja sogar mit Ignorieren des Jungen und seines Fehlverhaltens einzuwirken, alles ohne erkennbare Veränderungen des Problemverhaltens. Im Laufe der ersten beiden Schuljahre gestaltet sich das Verhältnis zwischen der Lehrerin und Alex zusehends gespannter, Alex verweigert immer häufiger die Mitarbeit, in der Klasse wird er von den meisten Mitschülern ausgegrenzt, nur einige Jungen erkennen ihn noch als Spiel- und Übungspartner an. Die Lehrerin sieht außerschulischen Handlungsbedarf. Die Eltern sehen ihren Sohn nicht als „gestört" an, da das Problem nur in der Schule auftrete, sie weigern sich, ihren Sohn in einer Erziehungsberatungsstelle vorzustellen. Nach einigen Monaten tun die Eltern dies dann doch – und zwar weil Alex damit droht, nicht mehr in die Schule zu gehen. Folgende Erkenntnisse über die Familien- und die Schulsituation werden dort erhoben:
Im Gespräch mit der Familie fällt eine belastete Beziehung zwischen der Mutter und der älteren Schwester von Alex, Elke, auf. Elke fühlt sich von der Mutter gegenüber Alex benachteiligt. Die Mutter erklärt ihre besondere Beziehung zu Alex mit seiner schweren Herzerkrankung in der frühen Kindheit, die mittlerweile operativ behoben sei. In den ersten Lebensjahren habe Alex ihres Schutzes und ihrer besonderen Aufmerksamkeit bedurft. Wenn die Geschwister zusammen gespielt hätten und es zu Rangeleien gekommen sei, dann sei sie immer sofort zur Stelle gewesen und habe die Tochter zur Vorsicht gemahnt, manchmal auch geschimpft. Elke versichert, sie habe ihren kleinen Bruder eigentlich gern und habe sich immer viel von ihm gefallen lassen, ohne sich zu wehren; manchmal sei es ihr halt doch zu bunt geworden. Dann sei prompt Ärger mit der Mutter gefolgt, an dem Alex, wie dieser eingesteht, nicht nur seine Schadenfreude hatte, sondern er konnte sich auf diese Weise auch der Aufmerksamkeit und der Liebe der Mutter versichern.
Auf dem Hintergrund dieser frühkindlichen Lernerfahrungen sind Alex' Verhaltensweisen gegenüber den Mädchen der Klasse als Kontaktversuche zu deuten – und zwar nicht nur gegenüber den Mädchen, sondern auch gegenüber der Lehrerin. Diese reagierte allerdings von Beginn an ganz anders als die Mutter, was Alex als Ablehnung seiner Person und nicht nur seines Verhaltens erlebte. Ferner machte Alex die Erfahrung, dass die Reaktionen der Mädchen auf seine Form der Annähe-

rung anfangs recht ambivalent waren, d.h. sie gingen zunächst auf das „Spielangebot“ des Jungen ein und reagierten erst später abweisend wie die Schwester vorher. Und die Schwester mag ihn ja trotz seines Verhaltensproblems noch immer.
Was die Dynamik der Beziehungsentwicklung in der Schulklasse angeht, führt die einseitige Deutung durch die Lehrerin, Alex' Verhalten sei „böse“ und abzulehnen, nicht nur dazu, dass Alex immer weiter in seine Rolle als provozierender und störender Außenseiter gedrängt wird, sondern auch dazu, dass die anderen Schüler, vor allem die Mädchen, ihre Art mit dem Konflikt umzugehen, nämlich sich durchzusetzen, zu provozieren oder sonst aggressiv zu handeln, als gerechtfertigt ansehen und ihren Teil der Mitverantwortung am Konfliktgeschehen nicht erkennen können. Die Lehrerin selbst hat in ihrem bisherigen Berufsleben immer wieder die Erfahrung gemacht, dass einzelne Schüler mit ihrem unangepassten Verhalten die Harmonie in der Klasse nachhaltig stören. Sie hat sich selbst wie ihre Schüler und Schülerinnen als Opfer dieser Störenfriede erlebt. Ihr ist es nie gelungen, einen Verstehenszugang zu diesen Störenfrieden zu entwickeln, weil sie sich selbst nicht aus der Opferperspektive lösen konnte und eine gruppenorientierte Perspektive ihr fremd geblieben ist.
Alex' Verhalten kann sowohl als Wiederholung früher familiärer Beziehungsmuster als auch als Ausdruck eines Gruppenprozesses verstanden werden, an dem alle Mitglieder der Klasse beteiligt sind. Lehrer sollten eine gruppenorientierte Perspektive einnehmen und die familiären Beziehungsmuster, soweit sie ihnen zugänglich und nachvollziehbar sind, als Hilfe für einen Verstehenszugang zur Gruppenszene nutzen und darauf geeignete Leiterinterventionen aufbauen.
Wie schwierig dies im Schulalltag ist, stellt Wellendorf (1992) eindrucksvoll dar. Er nimmt Bezug auf Siegfried Bernfelds 1925 erschienene Schrift „Sisyphos oder die Grenzen der Erziehung“ und prüft, ob die drei 1925 dargestellten Grenzen der Erziehung noch in gleichem Maße gelten, und fügt noch eine vierte Grenze hinzu, nämlich die Dynamik der großen Gruppe (Schulklasse). Die drei Bernfeldschen Grenzen sind die „sozialen Grenze“, die bedeutet, dass die Funktion von Erziehung die Erhaltung der Kultur und insoweit immer konservativ ist, „die Grenze durch die Psyche des Erziehers“, die bedeutet, dass der Erzieher im Umgang mit dem zu erziehenden Kind immer auch an eigene unbewältigte Kindheitserlebnisse gebunden bleibt, und die Grenze, die „in der Erziehbarkeit des Kindes“ liegt, was bedeutet, dass die Konstitution bzw. die dispositionell bedingten Anteile der Persönlichkeit des Kindes dem Erzieher Grenzen der Beeinflussung setzen.
Neben diesen drei Grenzen sieht Wellendorf noch die der großen Gruppe. Mit dem allmorgendlichen Betreten der Schule wechseln alle Gruppenmitglieder die Form ihrer psychosozialen Identität. Sie sind jetzt der Schulöffentlichkeit ausgesetzt und werden von einem Privatmenschen der Familie zum Schüler oder Lehrer. Es werden bevorzugt bestimmte Teile des Verhaltens und des körperlichen Ausdrucks beurteilt. Für den Einzelnen ist es unmöglich, alle Reaktionen auf die eigene Person

wahrzunehmen. Die Chancen der Realitätsprüfung sind durch die soziale Komplexität herabgesetzt. Jeder Einzelne steht in einer Spannung zwischen dem Aufgehen in der Gruppe oder der Isolation. Halt bieten institutionell vorgegebene Strukturen, jenseits dieser Strukturen scheinen der Einzelne und seine Handlungen in der Zusammenhanglosigkeit des Geschehens unterzugehen.

Die Komplexität der Situation führt zu für die Schulklasse typischen Merkmalen: Der Einzelne braucht mehr Zeit, um das Gehörte und Geschehene zu verarbeiten sowie zu prüfen, ob es ihn betrifft, Reaktionen erscheinen verzögert. Hemmungen, das Wort zu ergreifen und sich in vollständigen Sätzen auszudrücken, werden erkennbar. Es besteht eine latente Angst. Wellendorf beschreibt verschiedene Versuche, mit der Angst fertig zu werden, die die große Gruppe in ihren Mitgliedern auslöst: Der eine Schüler verleugne die Angst, indem er nicht zuhöre und unüberlegt daherrede. Seine Angstabwehr unterscheide sich im Grunde nicht von der des anderen, der ständig schweige, in der Hoffnung, sich auf diesem Wege der bedrohlichen Situation entziehen zu können. Dann gebe es die Einzelgänger, die mit ihrem Rückzug in narzisstische und lustbetonte Tagträume etwas zu retten trachteten, was ihnen nicht genommen werden kann. Sie alle versuchten auf ihre Weise, die Grenzen ihrer Identität zu wahren.

Für den Lehrer ist es prinzipiell unmöglich, die Komplexität dieser Prozesse zu überschauen und die Wirkung seiner Interventionen vorauszusehen. Dennoch hat er den Anspruch, gezielt zu handeln und eine sinnvolle Interaktion, die möglichst alle Mitglieder der Gruppe erreicht, zu gestalten. Während die Lehrkräfte in Grundschulen durch hohe Stundendeputate in derselben Klasse einen relativ großen Anteil des Gruppengeschehens miterleben, ist die Situation in den Sekundarstufenschulen noch dadurch erschwert, dass der Lehrer für ein paar Stunden quasi als „Gast" in der Klasse auftritt, um nach 45 Minuten das nächste „Gastspiel" in einer anderen Klasse zu geben. Der andauernde Umgang mit großen Gruppen macht den Arbeitstag der Lehrer sehr anstrengend. Und dennoch: Durch seine Rolle erhält der Lehrer eine institutionelle Macht, die ihn, wie Wellendorf es ausdrückt, zu einem Fixpunkt in der Bewegung der großen Gruppe werden lässt. Schüler testen seine Überlebensfähigkeit durch Disziplin- und Lernschwierigkeiten, sie fordern ihn als Instanz heraus, die Orientierung bieten soll.

Die Bedeutung der Gruppenerfahrungen in der Schule für die weitere Sozialisation betont Pühl (1994). Als Fortbildner für Gruppenleiter beobachtet er, dass bei der Reflexion der eigenen verinnerlichten Gruppenerfahrungen diejenigen, die in der eigenen Schulzeit gemacht wurden, einen herausragenden Stellenwert haben. Hier wiederum werden vor allem Erfahrungen des Ausgeliefertseins beschrieben. Ein Problem ist sicher, dass die Lehrerausbildung bis heute kaum systematisch dazu anhält, die eigenen verinnerlichten Gruppenerfahrungen zu reflektieren (vgl. Becker, 2004).

5. Anwendung im Alltag

Auch wenn in den vorausgehenden Abschnitten anhand der eingearbeiteten Beispiele immer wieder auf die möglichen Bedeutungen der dargestellten wissenschaftlichen Erkenntnisse in der pädagogischen Praxis hingewiesen wurde, ist die Frage der Anwendung der referierten sozialpsychologischen Erkenntnisse für den Alltag damit noch nicht umfassend beantwortet worden. Es handelt sich bei den in diesem Kapitel ausgewählten Themen, wie eingangs betont, ohnehin nur um einen ausgewählten Ausschnitt dessen, was die Sozialpsychologie an relevanten Erkenntnissen erforscht hat. Das Bemühen der Verfasserin zielt darauf ab, den Lesern und Leserinnen während des Textstudiums Anregungen zu geben, die dargestellten sozialpsychologischen Zusammenhänge in ihren pädagogischen Alltag hineinzuprojizieren und damit eine Vorstellung von der Komplexität der Handlungskompetenzen zu entwickeln, die im pädagogischen Alltag erforderlich bzw. wünschenswert sind. Die Umsetzung der in dem vorliegenden Text angestrebten sozialen Kompetenzen ist ohnehin nur durch Einübung in die Rolle des Pädagogen bzw. der Lehrerin und durch die reflektierende Auswertung des komplexen sozialen Geschehens zu erreichen. In dieser Auswertung sollen besonders die Wirkungen und Rückwirkungen des eigenen Handelns betrachtet werden. Einfache Übersetzungsregeln vom Wissen zum anwendenden Handeln verbieten sich angesichts der Komplexität des sozialen Geschehens im pädagogischen Alltag.

6. Literatur

Empfohlene Literatur

Forgas, J. P. (1999). Soziale Interaktion und Kommunikation. Weinheim: PVU.

Perrez, M., Huber, G. L. & Geißler, K. A. (2006). Psychologie der Pädagogischen Interaktion. In A. Krapp & B. Weidenmann (Hrsg.), Pädagogische Psychologie (357-421). Weinheim: PVU.

Steins, G. (2005). Sozialpsychologie des Schulalltags. Stuttgart: Kohlhammer.

Verwendete Literatur

Allport, G. W. (1954): The Nature of Prejudice. Cambridge, MA: Addison-Wesley.

Aronson E. (1994). Sozialpsychologie. Heidelberg: Spektrum.

Asch, S. E. (1951). The effect of group pressure upon modification and distortion of judgements. In H. Guetzkow (Hrsg.), Groups, leadership and men (S. 177-190). Pittsburgh: Carnegie Press.

Bales, R. F., Parsons, T. & Shils, E (1950). *Interaction Process Analysis. A Model for the Study of Small Groups*. The University of Chicago Press.

Bandura, A., Ross, D., & Ross, S. A. (1963): Imitation of film-mediated aggressive models. Journal of Abnormal and Social Psychology, 66, 3-11.
Bandura, A. (1979). Sozial-kognitive Lerntheorie. Stuttgart: Klett-Cotta.
Beck, G. & Scholz G. (1995). Soziales Lernen – Kinder in der Grundschule. Reinbek: Rowohlt.
Becker, B. (2004). Supervision in der Lehrerausbildung. Forum Supervision, 23, 85-102.
Bierhoff, H. W. (1998). Sozialpsychologie (5. Auflage). Stuttgart: Kohlhammer.
Erikson, E. H. (1950): Childhood and Society. New York 1950.
Festinger, L. & Carlnsmith, J. M. (1959): Cognitive Consequences of Forced Compliance. In: Journal of Abnormal and Social Psychology,.58, 203 – 210.
Finger-Trescher, U. (1993). Grundlagen der Arbeit mit Gruppen – Methodisches Arbeiten im Netzwerk der Gruppe. In M. Muck & H. G. Trescher, Grundlagen der Psychoanalytischen Pädagogik (S. 205-235). Mainz: Grünewald.
Fiedler, F. E. (1967). A Theory of Leadership Effectiveness. New York: McGraw-Hill.
Forgas, J. P. (1999). Soziale Interaktion und Kommunikation. Weinheim: PVU.
French, J. R. P., Jr. & Raven, B. (1959). The Basis of Social Power. In D. Cartwright (Hrsg.), Studies in Social Power (S. 150-167). Ann Arbor, Mi., Institute of Social Research.
Fromm, E. (1950). Die Kunst des Liebens. Ullstein.
Fromm, E. (1976): Haben oder Sein. Dtv.
Fromm, E. (1977). Aggression. Warum ist der Mensch destruktiv? Centaurus.
Goffman, E. (1959). The presentation of self in everyday life. Doubleday & Company, New York. (Deutsche Übersetzung: Wir alle spielen Theater. Die Selbstdarstellung im Alltag. Piper: München 1983)
Goffman, E. (1973). Asyle. Frankfurt a. M.: Suhrkamp.
Graumann, C. F. (1974). Die Klasse als Gruppe. In F. E. Weinert, C. F. Graumann, H. Heckhausen, M. Hofer et al. (Hrsg.). Funk-Kolleg Pädagogische Psychologie Bd. 1 (S. 473-494). Frankfurt a. M.: Fischer.
Graumann, C. F. (1996). Einführung in eine Geschichte der Sozialpsychologie. In W. Stroebe, M. Hewstone & G. M. Stephenson (Hrsg.), Sozialpsychologie (S. 3-23). Berlin: Springer.
Harari, H. & McDavid, J. W. (1973). Name stereotypes and teachers' expectations. Journal of Educational Psychology, 65, 222-225.
Heider, F. (1958). The Psychology of Interpersonal Relations. New York: Wiley.
Hirblinger, H. (1992). Pubertät und Schülerrevolte. Mainz: Grünewald.
Kelley, H. H. (1971). Attribution in Social Interaction. Morristown: General Learning Press.
König, O. (2002). Macht in Gruppen. Gruppendynamische Prozesse und Interventionen. Stuttgart: Pfeiffer.
König, O. & Schattenhofer, K. (2007). Einführung in die Gruppendynamik.Heidelberg: Carl Auer.
Krappmann, L. & Oswald, H. (1995). Alltag der Schulkinder. Weinheim: Juventa.
Langmaack, B. & Braune-Krickau, M. (2000). Wie die Gruppe laufen lernt. Weinheim: PVU.
Lewin, K. (1982). Feldtheorie in den Sozialwissenschaften. In: Kurt-Lewin-Werkausgabe, Bd 4. Bern: Huber.
Manstead, A. S. R. & Semin, G. R. (1996). Methoden der Sozialpsychologie: Ideen auf dem Prüfstand. In W. Stroebe, M. Hewstone & G. M. Stephenson (Hrsg.), Sozialpsychologie (S. 79-111). Berlin: Springer.
McArthur, L. (1972). The how and the what of why: some determinants and consequences of causal attribution. Journal of Personality and Social Psychology, 22, 171 -193.
Mead, G. H. (1934): Mind, Self, and Society. Edited by Charles W. Morris. Chicago. (Deutsche Übersetzung: Geist, Identität und Gesellschaft. Frankfurt am Main: . Suhrkamp 1968).
Milgram, S. (1974). Obedience to Authority. New York: Harper & Row.
Mitscherlich, A. (1963). Auf dem Weg zur vaterlosen Gesellschaft. Ideen zur Sozialpsychologie.Weinheim: Beltz.

Mitscherlich A. & Mitscherlich M. (1967). Die Unfähigkeit zu trauern. Grundlagen kollektiven Verhaltens. Piper.
Pühl, H. (1994). Supervision für Lehrer und Schule. In H. Pühl, Handbuch der Supervision 2 (S. 272-280). Berlin: Edition Mahrhold.
Rechtien, W. (1995). Angewandte Gruppendynamik. München: Quintessenz.
Rosenthal, R. & Jacobson, L. (1971). Pygmalion im Unterricht. Weinheim: Beltz.
Schachter, S. (1951). Deviation, rejection and communication. Journal of Abnormal and Social Psychology, 46, 190-207.
Sherif, M. A. (1935). A study of some social factors in perception. Archives of Psychology, no. 187.
Stroebe, W., Hewstone, M. & G. M. Stephenson (Hrsg.) (1996). Sozialpsychologie. Berlin: Springer.
Tausch, R. & A. Tausch (1981). Erziehungspsychologie (8. Auflage). Göttingen: Hogrefe.
Thomas, A. (1991). Grundriß der Sozialpsychologie. Band 1: Grundlegende Begriffe und Prozesse. Göttingen: Hogrefe.
Thomas, A. (1992). Grundriß der Sozialpsychologie. Band 2: Individuum – Gruppe – Gesellschaft. Göttingen: Hogrefe.
Tuckman, B. (1965). Developmental sequence in small groups. Psychological Bulletin, 63, 384-399.
Ulich, D. & Mertens, W. (1974). Urteile über Schüler. Zur Sozialpsychologie pädagogischer Diagnostik (2. Auflage). Weinheim: Beltz.
Ulich, K. (2001). Sozialpsychologie der Schule. Weinheim: Beltz.
Wellendorf, F. (1992). Eine Expedition an die Grenzen der Erziehung – 66 Jahre nach Siegfried Bernfelds ‚Sisyphos'. In R. Hörster & B. Müller (Hrsg.), Jugend, Erziehung und Psychoanalyse. Zur Sozialpädagogik Siegfried Bernfelds (S. 181-195). Neuwied: Luchterhand.
White, R. & Lippitt, R. (1953): Leader Behavior und Social Reaction in Three Ssocial Climates. In Cartwhrght, D. & Zander, A.: (eds.) Group Dynamics. Row, Peterson & Company.

Kapitel 7: Forschungsmethoden

Arnold Hinz

1. Zusammenfassung

Wie kommt die Pädagogische Psychologie zu Ihren Erkenntnissen? Was sind die Standards guter Forschung? Was ist schlechte Forschung? Gerade im Bereich des Unterrichts und der Bildung werden häufig neue Methoden und Konzepte »empirisch untermauert« als Allheilmittel gepriesen. Dieses Kapitel soll Studierende und Praktiker der Pädagogischen Psychologie, also Lehrerinnen und Lehrer, Pädagogen, Sozialpädagogen, Eltern, Erzieher, Trainer, Betreuer, Schulleiter, Schulräte etc. dafür sensibilisieren, die Güte von Forschungen und die Interpretation von Forschungsergebnissen zu hinterfragen. Sowohl der typische Ablauf der Forschung als auch die bedeutsamen Forschungsstrategien werden an Beispielen erläutert. Gegenübergestellt werden quantitative und qualitative Forschung, Querschnitt- und Längsschnittuntersuchungen, Labor- und Felduntersuchungen sowie experimentelle und nichtexperimentelle Forschung. Durch die Darstellung der häufigsten Fehler in der empirischen Forschung sollen Studierende und Praktiker ein Instrument erhalten, mit dem sie selbstständig Schwächen, Fehler oder bewusste Täuschungen in Forschungsarbeiten erkennen können. Zuletzt werden die ethischen Standards der pädagogisch-psychologischen Forschung erörtert.

2. Einleitung

Die Pädagogische Psychologie ist nicht einfach nur die Anwendung des vorhandenen psychologischen Wissens in der Pädagogik, sondern sie ist selbst eine empirisch forschende Wissenschaft. Empirisch heißt, dass sie sich in ihren Aussagen auf Erfahrungen (εμπειρία = Erfahrung, Kenntnis) beruft. Gemeint ist nicht die Lebenserfahrung eines Forschers, es geht vielmehr um ein systematisches Untersuchen des Verhaltens von Personen im pädagogischen Kontext. Ziel ist es, das Verhalten von Personen in pädagogischen Situationen zu *beschreiben*, zu *erklären*, *vorherzusagen*

und zu *beeinflussen.* Letztlich sollen auf empirischer Basis Empfehlungen für das pädagogische Handeln entwickelt werden. Empirische Forschung kann so dazu beitragen, dass pädagogisches Handeln unabhängiger von Moden und Glaubensbekenntnissen wird.
Die Beschäftigung mit Forschungsmethoden gilt bei Studierenden oft als anstrengend. Wenn die pädagogische Ausbildung mehr sein soll als das Erlernen eines Handwerks, wozu man kein Studium benötigen würde, dann gehört zu ihr ein Verständnis für die Qualitätsmerkmale guter pädagogisch-psychologischer Forschung. Dieses Kapitel soll helfen, neue pädagogische Sichtweisen, Methoden oder Interventionen nicht gleich als empirisch gesichert anzusehen, nur weil wenige schlechte Studien als Beleg angeführt werden. Es soll zudem helfen, das Gespür für die Qualität von Forschungsarbeiten zu verbessern und ein gesundes Misstrauen gegenüber angeblich wissenschaftlich belegten Behauptungen zu wecken. Ein mündiger Rezipient der Forschung sucht nach Alternativerklärungen und hinterfragt Belege, insbesondere dann, wenn die Profiteure dieselben sind wie diejenige, die Belege vorlegen. An dieser Stelle ein aktuelles Beispiel: Deutschlandweit werden derzeit Forschungsgelder und Stellen für die Inklusionsforschung vergeben. Da klar ist, was bei dieser Forschung aus ministerieller Sicht herauskommen soll und Wissenschaftler sich nicht den Ast absägen, auf dem sie sitzen, ist der wissenschaftliche Wert dieser Forschung fragwürdig, da Unabhängigkeit und Vorurteilslosigkeit der Forschenden hier nicht gegeben sind. Die Parteilichkeit eines Forschenden kann sich in vielen Details der Forschung verstecken: in der Wahl des Untersuchungsinstruments, in der Wahl der Stichprobe, in der fehlenden Erfassung von Teilnahmeverweigerern und Abbrechern („Dropouts"), in der verfälschten Darstellung des Forschungsdesigns, in der fehlenden Berücksichtigung von Alternativerklärungen und in der Darstellung von Schlussfolgerungen als endgültige Erkenntnisse.

3. Gütekriterien der Forschung

Sowohl empirische Untersuchungen als auch psychologische Tests müssen drei wichtigen Gütekriterien genügen: Sie müssen *objektiv* sein, sie müssen *reliabel* (zuverlässig) sein und sie müssen *valide* (gültig) sein. Am Beispiel eines psychologischen Tests sollen diese Gütekriterien erläutert werden. Nehmen Sie bitte ein Blatt Papier zur Hand und führen Sie den GSTT durch:

GSTT Graphical Symbol Translation Test

Form A

Name:

Testanweisung:

Durch alleinige Verwendung der drei Symbole

Kreis:  Rechteck:  Dreieck: 

soll aus der freien Hand ein Mensch schematisch skizziert werden.

Sie müssen **genau 10** dieser Symbole verwenden! Weitere Ausschmückungen (Schraffuren, Schattierungen, andere Linien oder Punkte usw.) sind nicht gestattet. Allerdings dürfen Sie die Kreise zu Ellipsen „lang ziehen", ebenso die Rechtecke lang und schmal sowie die Dreiecke flach und stumpf oder spitz und lang zeichnen. Die geometrische Grundfigur soll aber in jedem Fall erhalten bleiben. Arbeiten Sie möglichst zügig; entscheiden Sie spontan, ohne nachzudenken.

Ihre Skizze:

Bei einem psychologischen Test gibt es drei Aspekte, die zum Gütekriterium „Objektivität" gehören: die *Durchführungsobjektivität*, die *Auswertungsobjektivität* und die *Interpretationsobjektivität*. Die Durchführungsobjektivität hängt in diesem Beispiel davon ab, dass alle Testteilnehmer dieselbe Testaufforderung erhalten, dass sie den Test ohne Beeinflussung durch andere durchführen und dass auch die sonstigen Durchführungsbedingungen für alle gleich sind. *Auswertungsobjektivität* bedeutet in diesem Fall, dass Sie richtig zählen und Ihr Ergebnis nicht verfälschen. Bei einem Test sichert man die Auswertungsobjektivität, indem man in einer schriftlichen Anweisung genau festlegt, welche Antworten des Testteilnehmers (Probanden) als richtig gelten und welche nicht. Zur *Interpretation* eines Testergebnisses gehört der Vergleich mit einer *Normstichprobe*. Anhand der Normstichprobe lässt sich erkennen, wie jemand im Vergleich zu anderen steht (der Prozentrang wird abgelesen und in den Profilbogen unter PR eingetragen).

Zählen Sie jetzt bitte aus, wie häufig Sie einen Kreis, ein Rechteck oder ein Dreieck bei Ihrer Skizze verwendet haben und tragen Sie Ihr Ergebnis unter RW (= Rohwert) in den GSTT-Profilbogen ein:

GSTT			Profilbogen		

Name/Teilnehmer-Nr.: ______________

Testform: A ☐

Kreis = Emotionen		Rechteck = Kognitionen		Dreieck = Sexualität	
RW	PR	RW	PR	RW	PR

Sowohl empirische Untersuchungen als auch psychologische Tests sollten neben der *Objektivität* auch das Gütekriterium der Reliabilität aufweisen. Mit *Reliabilität* ist die *Zuverlässigkeit* beziehungsweise *Genauigkeit* einer Messung gemeint. Wer beispielsweise die Breite eines Fußballfeldes mit seinem Schrittmaß auszählt, führt eine Messung mit geringerer Reliabilität durch als bei Verwendung eines Infrarotmessgerätes. So darf man erwarten, dass sich bei wiederholten Messungen mit dem Infrarotmessgerät nahezu dieselben Ergebnisse zeigen, während wiederholte Schrittmaßmessungen nur zu ähnlichen Ergebnissen führen. Eine empirische Untersuchung ist wertlos, wenn man sich auf die Zuverlässigkeit der Messung nicht verlassen kann. Messungen in der Psychologie haben eher die Reliabilität des Schrittmaßes als die des Infrarotmessgerätes, da die „Psyche" nicht so genau gemessen werden kann. Zur Überprüfung der Reliabilität gibt es vier Möglichkeiten:

– Retest-Reliabilität
– Paralleltest-Reliabilität
– Split-half-Reliabilität (Testhalbierungs-Reliabilität)
– Interne Konsistenz (z.B. Cronbachs α).

Die Retest-Reliabilität kann man berechnen, wenn man die Messung noch einmal wiederholt. Ein Nachteil bei dieser Prüfungsmethode ist, dass die erste Durchführung häufig die zweite beeinflusst (beispielsweise durch den Lerneffekt). Eine andere Prüfungsmethode ist die Paralleltest-Reliabilität. Beim GSTT existiert zur hier abgedruckten Form A eine parallele Form B. Nehmen Sie jetzt bitte wieder ein Blatt Papier zur Hand und führen Sie Form B durch, indem Sie die Testanweisung zu Form A übernehmen, aber das Wort „Mensch" durch das Wort „Tier" ersetzen! Vergleichen Sie jetzt bitte Ihre Ergebnisse bei Form A und Form B! Wenn bei vielen Probanden die Ergebnisse ähnlich sind, spricht dies für eine hohe Reliabilität des GSTT. Wenn die Ergebnisse hingegen völlig unterschiedlich sind, spricht dies für eine geringe Reliabilität des GSTT. Ein Nachteil der Prüfungsmethode „Parallel-Testreliabilität" ist, dass es zumeist schwer ist, wirklich parallele Testverfahren zu entwickeln. Dies gilt auch für die zwei Versionen des GSTT. Zur Überprüfung der Reliabilität des GSTT könnte man auch einfach die Form A noch einmal wiederholen (Retestreliabilität), was vermutlich in diesem Fall die bessere Form der Reliabilitätsüberprüfung ist. Eine Berechnung der Split-half-Reliabilität (Testhalbierungs-Reliabilität) bietet sich an, wenn ein Test aus sehr vielen Einzelaufgaben besteht. Die Zuverlässigkeit der Messung wird dabei in der Form geprüft, dass das Testergebnis der einen Hälfte des Tests mit dem Testergebnis der anderen Hälfte des Tests (erste und zweite Hälfte oder ungerade und gerade Testaufgaben) verglichen wird. Eine Weiterentwicklung dieser Rechenmethode ist die Bestimmung der *internen Konsistenz*. Hier wird für jede einzelne Aufgabe beziehungsweise jedes einzelne Item (= Frage bei einer Fragebogenskala) die Beziehung zu den anderen Items berechnet. Am gebräuchlichsten ist die Überprüfung der internen Konsistenz einer Fragebogenskala durch Berechnung des Alpha-Koeffizienten von Cronbach. Wenn beispielsweise die Unterrichtszufriedenheit im Fach Mathematik durch zehn Items (Aussagen/Fragen) mit Ratingskala (Ankreuzskala) gemessen wird, gibt Cronbachs α darüber Auskunft, wie eng die zehn Items zusammenhängen und ob sie eine Messskala mit ausreichender Reliabilität (Zuverlässigkeit) bilden. In der weit verbreiteten Forschung anhand von Fragebogenerhebungen ist die Berechnung von Cronbachs α die am häufigsten angewendete Methode zur Überprüfung der Reliabilität einer Fragebogenskala (bestehend beispielsweise aus zehn Items) zur Messung einer Variablen (z.B. Unterrichtszufriedenheit).

Falls Sie den GSTT durchgeführt haben, schätzen Sie jetzt bitte ein, wie treffend Sie Ihre Persönlichkeit beschrieben finden! Die Interpretation steht im Profilbogen: Die Anzahl der Kreise steht für den Stellenwert von Emotionen für Ihre Persönlichkeit, die Anzahl der Rechtecke für den Stellenwert von Kognitionen für Ihre Persönlichkeit und die Anzahl der Dreiecke für den Stellenwert von Sexualität für Ihre Persönlichkeit (auf den Vergleich mit der Normstichprobe und der Eintragung des Prozentrangs wird hier aus Platzgründen verzichtet).

Vergleichen Sie bitte Ihr Testergebnis mit Ihrer Selbstwahrnehmung. Sie können auch Ihre Freunde oder Ihren Lebenspartner bitten zu beurteilen, welchen Stellenwert Emotionen, Kognitionen und Sexualität für Ihre Persönlichkeit haben. Wenn Sie Ihr Testergebnis mit Ihrer Selbstbeobachtung oder mit den Fremdbeobachtungen Ihrer Freunde oder Ihres Lebenspartners vergleichen, dann prüfen sie die *Validität* (Gültigkeit) des GSTT. Die Validität eines Tests gibt an, wie gut der Test in der Lage ist, das zu messen, was er zu messen vorgibt. Möglichkeiten zur Prüfung der Validität sind unter anderem die Erhebung der *Kriteriumsvalidität* (Übereinstimmung des Testergebnisses mit einem oder mehreren Außenkriterien), die Erhebung der *Inhaltsvalidität* (logische Validität = wenn sich die Gültigkeit logisch ableiten lässt, weil die Messinstrumente genau mit dem übereinstimmen, was gemessen werden soll) und die Erhebung der *Konstruktvalidität* (wie gut das Messinstrument in ein theoretisches Konzept eingebettet ist). Die Kriteriumsvalidität lässt sich noch einmal hinsichtlich des Zeitpunkts des Kriteriums unterscheiden: Bei Heranziehung eines gleichzeitigen Kriteriums spricht man von *Übereinstimmungsvalidität* (beispielsweise Übereinstimmung eines diagnostischen Interviews mit einem Persönlichkeitstest), bei Vergleich mit einem späteren Kriterium spricht man von *prognostischer Validität* (Vorhersagevalidität = wenn im nachhinein festgestellt werden kann, dass die aufgrund der Testergebnisse gehegten Erwartungen eingetroffen sind) (Bortz & Döring, 2006; Wild & Krapp, 2006). Als wichtiger Aspekt der Validität wird auch angesehen, ob die Ergebnisse einer Untersuchung überhaupt verallgemeinert werden können (Generalisierbarkeit) oder ob sie nur für eine bestimmte Stichprobe oder nur für eine bestimmte Untersuchungssituation gelten. Man redet in diesem Zusammenhang von der *externen Validität*, die sich aufteilen lässt in die Populationsvalidität (Repräsentativität der Stichprobe) und in die Situationsvalidität (= *ökologische Validität*, οικος = Haus, Wohnort). Vor allem bei Laborexperimenten ist die ökologische Validität häufig eingeschränkt, wenn die Forschungsergebnisse nur in der Künstlichkeit des Labors gewonnen werden können, nicht aber im realen Leben replizierbar sind. Die häufigste Gefährdung der Generalisierbarkeit ist mit der Rekrutierung von Stichproben verbunden. Obwohl die Psychologie mit dem Anspruch auftritt, dass ihre Erkenntnisse für alle Menschen gelten, ist die Generalisierbarkeit vieler Untersuchungen eingeschränkt, weil die gewählte Stichprobe nicht repräsentativ ist für die nationale Bevölkerung und erst recht nicht für die Menschheit insgesamt. Die meisten psychologischen Untersuchungen werden aufgrund der leichten Erreichbarkeit mit Psychologiestudierenden durchgeführt. Für die USA wurde erhoben, dass 80 % aller empirischen Untersuchungen mit Studierenden und nur 1 % repräsentativ mit allen Schichten der Bevölkerung durchgeführt wurden (Bortz & Döring, 2006, S. 74/5). Die Repräsentativität einer Stichprobe ist eine bedeutende Voraussetzung der externen Validität einer Studie.

Wie ist nun die Validität des GSTT? Die Antwort ist einfach: Der GSTT ist ein Pseudotest, der zwar über eine hohe Objektivität und eine gewisse Reliabilität verfügt, dem aber jede Validität fehlt. Falls Sie bei sich für den GSTT eine hohe Übereinstimmungsvalidität festgestellt haben, so hängt dies mit den Unschärfen der Auswertungskategorien „Stellenwert von Emotionen/Kognitionen/Sexualität für Ihre Persönlichkeit“ oder mit statistisch zu erwartenden zufälligen Übereinstimmungen zusammen. Da die Häufigkeit der Verwendung von Dreiecken nichts über die Bedeutung von Sexualität in Ihrem Leben aussagt und die Häufigkeit der Verwendung von Kreisen und Rechtecken Sie nicht als Gefühls- oder Verstandesmensch »entlarvt«, fehlt dem GSTT die Inhaltsvalidität und wegen einer fehlenden theoretischen Einbettung fehlt auch die Konstruktvalidität. Der GSTT ist ein frei erfundener Test, der exemplarisch zeigen soll (nach einer Idee von Günter Sämmer, siehe www.saemmer.de), dass ein Test trotz hoher Objektivität und einer ausreichenden Reliabilität völlig wertlos ist, wenn ihm die Validität fehlt. Objektivität ist eine notwendige Voraussetzung für Reliabilität und Validität; Reliabilität ist eine notwendige Voraussetzung für Validität. Aber: Objektivität und Reliabilität sind zwar Voraussetzungen der Validität, aber ohne Validität haben sowohl Testverfahren als auch empirische Untersuchungen keinen Wert.

Objektivität, Reliabilität (Zuverlässigkeit) und Validität (Gültigkeit) sind bei allen empirischen Untersuchungen Gütekriterien guter Forschung. Bei einer empirischen Untersuchung bedeutet die Forderung nach Objektivität, dass die subjektiven Wünsche des Forschers nicht die Ergebnisse beeinflussen, dass die erhobenen Daten (auch die nicht wunschgemäßen) dokumentiert werden und dass das Vorgehen so mitgeteilt wird, dass andere Forscher in der Lage sind, die Untersuchung zu wiederholen. Für die Reliabilität (Zuverlässigkeit) einer empirischen Untersuchung ist wichtig, dass die Messinstrumente erprobt werden und dass diese eine zumindest ausreichende Messgenauigkeit aufweisen. Bei einer Fragebogenerhebung lässt sich die Reliabilität am einfachsten prüfen, indem man für die einzelnen Skalen jeweils den Wert für Cronbachs α berechnet (dies sollte man auch dann machen, wenn man bereits erprobte Skalen verwendet). Die Validität (Gültigkeit) ist auch bei empirischen Untersuchungen das wichtigste Gütekriterium: So kann eine Laboruntersuchung eine hohe Objektivität und Reliabilität aufweisen, aber für die Praxis irrelevant sein, wenn sich ihre Validität auf die Laborsituation beschränkt und eine Übertragung auf das Leben außerhalb des Labors nicht möglich ist. Behauptet wurde beispielsweise auch, dass die PISA-Erhebungen nicht valide waren, weil nicht „literacy" (= die Fähigkeit, in einer Vielzahl von Situationen Kenntnisse anzuwenden und so an einer Kultur teilzuhaben), sondern Testfähigkeit (schnell zwischen unwichtig und wichtig entscheiden, gekonnt raten, das Multiple-Choice-Format verstehen) und Intelligenz (Knobelaufgaben) gemessen wurden (Bender, 2007; Hopmann, Brinek & Retzl, 2007; Meyerhöfer, 2005; Rindermann, 2006).

Neben Objektivität, Reliabilität und Validität sind weitere Gütekriterien der Forschung unter anderem die *Nützlichkeit*, die *Ökonomie*, die *Zugänglichkeit*, die *Vergleichbarkeit* und die *ethische Vertretbarkeit*. Forschung sollte nicht nur Grundlagenforschung sein, sondern auch für die Gesellschaft und das Wohlbefinden von Individuen *nützlich* sein. Zudem sollte der Forschungsaufwand in einem angemessenen Verhältnis zum Nutzen der Forschung stehen und nur so groß sein, wie dies für die Beantwortung oder Generierung von Hypothesen notwendig ist (= *Ökonomie*). Zur *Zugänglichkeit* der Forschung gehört nicht nur die Mitteilung der Forschungsergebnisse, sondern auch die Darstellung der Stichprobengewinnung, die Angabe der Rücklauf- bzw. der Verweigerungsquote, der Dropoutquote (= der Anteil der Probanden, die im Laufe der Untersuchung absprangen), die Darstellung des Forschungsdesigns, der Erhebungsinstrumente (beispielsweise sollten verwendete Fragebogen eingesehen werden können) und der angewandten statistischen Verfahren. Zur Zugänglichkeit der Forschung würde auch gehören, dass die Forschungsdaten selbst erhältlich sind, was Voraussetzung für eine Re-Analyse ist (bislang ist dies eher eine Utopie). Die *Vergleichbarkeit* der Forschung wird durch die Verwendung gleicher Messinstrumente erleichtert. Bei internationalen Vergleichsstudien ergibt sich das Problem, dass Items selten gleichbedeutend übersetzt werden können. Zuletzt muss Forschung *ethisch vertretbar* sein, das heißt, die durch die Forschung für alle zu erwartenden Vorteile müssen größer sein als die durch die Forschung bei den Erforschten zu erwartenden Nachteile.

4. Forschungsphasen

Sowohl das empirische Forschen als auch die Darstellung empirischer Forschungsbefunde orientieren sich an einer festen Reihenfolge: Am Anfang stehen die *Fragestellung*, die *Erörterung des Forschungsstandes* sowie des *theoretischen Hintergrundes* und zumeist die Bildung einer Hypothese oder von mehreren *Hypothesen*. Eine Hypothese ist eine vorläufige Vermutung über den Zusammenhang zwischen zwei Variablen. Eine Variable ist ein psychologisches Konstrukt (z.B. Selbstbewusstsein) oder ein sonstiger messbarer Faktor (z.B. Lebensalter, Anzahl der je Monat gerauchten Zigaretten). Sodann folgen die Wahl der *Forschungsstrategie* und der *Methoden der Datengewinnung*. Hierzu gehören das *Design* oder *Setting* einer Untersuchung, bei experimentellen oder quasi-experimentellen Untersuchungen (siehe 6.4) die *Intervention*, zudem die *Stichprobe* sowie die zu ihr gehörenden *Ein- und Ausschlusskriterien* (Methoden der Stichprobengewinnung, beispielsweise Bezahlung von Probanden, Orte der Stichprobengewinnung, Kriterien der Stichprobenwahl und -zuordnung) und die *Messinstrumente* (z.B. verwendete Fragebogenskalen, Interviewinstrumente). Auf die *Durchführung der Untersuchung* folgt die *Datenauswertung*, zumeist mit Hilfe statistischer Methoden (dabei ist anzugeben, wie viele Probanden nicht erreicht werden konnten oder die Fragebogen unzureichend ausfüllten). In einer anschließenden *Diskussion* müssen die Ergebnisse interpretiert werden, und zwar mit Bezug auf die Fragestellung, die Hypothesen und den Forschungsstand. Die Fachliteratur, die zu Beginn einer Forschungsarbeit zitiert wurde, sollte hier wieder herangezogen und in Beziehung zu den nun gewonnenen Erkenntnissen gesetzt werden. Zur Diskussion der Ergebnisse gehört weiter, dass alternative Erklärungen in Betracht gezogen werden, dass die Frage der Generalisierbarkeit der Befunde erörtert wird und dass Schwächen und Stärken des eigenen Forschungsbeitrags genannt werden. In einem abschließenden Abschnitt „Schlussfolgerungen" können schließlich Konsequenzen für die Theoriebildung und für das pädagogische oder politische Handeln, noch offenen Fragen sowie die Richtung für die zukünftige Forschung benannt werden (Des Jarlais, Lyles & Crepaz, 2004; Gerrik & Zimbardo, 2008; Selg, Klapprott & Kamenz, 1992).

5. Entwicklung einer Fragestellung

Wie kommt man zu einer *Fragestellung*? Beweggründe für die Forschung können „Neugier, Betroffenheit oder beides sein" (Atteslander, 1995, S. 32). Viele berühmte Forscher gingen von überraschenden Alltagsbeobachtungen aus, denen sie dann in empirischen Untersuchungen nachgingen. Auch Selbstbeobachtungen waren manchmal Ausgangspunkt für die wissenschaftliche Forschung (beispielsweise bei Freud im Kontext der Entwicklung der Traumdeutung). Forscher sollten sich mit dem Stand der Forschung vertraut machen. Einen Überblick über den Stand der Forschung in einem Forschungsgebiet geben sogenannte *„Review-Artikel"*. Hilfreich ist es zudem, die *Abstracts* (Zusammenfassungen von Forschungsarbeiten) zu lesen, beispielsweise in der Literaturdatenbank *Psycinfo*. Dies hat den Vorteil, dass man keine Fragestellungen verfolgt, die in der Forschung längst beantwortet wurden. Möglicherweise misstraut aber auch ein Forscher den bisher veröffentlichten Forschungsergebnissen und strebt eine eigene Untersuchung an, vielleicht mit kleinen, aber entscheidenden Variationen. Oder aber es gibt keine Zweifel, man möchte aber prüfen, ob man für eine andere Untersuchungsgruppe zu denselben Ergebnissen kommt (= *Replikation*). So gibt es zu dem berühmten Milgram-Experiment (siehe Kapitel Sozialpsychologie) mindestens 19 Replikationsstudien in verschiedenen Ländern mit unterschiedlichsten Versuchspersonen, übrigens durchweg mit ähnlichem Ergebnis (Meeus & Raaijmakers, 1989). Replikationsstudien gelten als der Königsweg der empirischen Forschung, weil nur durch sie empirische Befunde gegen den Zufall sowie handwerkliche Mängel verlässlich abgesichert werden können (Rost, 2013). Leider werden Replikationsstudien relativ selten durchgeführt, weil sie nicht so viel Prestige versprechen wie neue originelle Forschungsdesigns.

Zur Explikation der Fragestellung gehört neben der Beschäftigung mit dem aktuellen Forschungsstand auch die Beschäftigung mit den *Theorien*, die zum Forschungsgegenstand bestehen. Eng mit dem theoretischen Hintergrund verbunden ist die Hypothesenbildung. Eine *Hypothese* ist eine Vermutung, nämlich die vermutete Antwort auf die gestellte Forschungsfrage. Die Aufgabe, eine Forschungsfrage zu beantworten, wandelt sich nun zur Aufgabe, eine oder mehrere Hypothese(n) zu verifizieren oder zu falsifizieren. Hypothesen werden aus Theorien, Voruntersuchungen oder dem Forschungsstand abgeleitet. Man spricht hier auch von einer *deduktiven* Vorgehensweise der Forschung (vom Allgemeinen auf das Einzelne schließen). Bei dieser werden Hypothesen vorab abgeleitet und bilden den Ausgangspunkt der empirischen Forschung. Es gibt aber auch Forschungsgegenstände, zu denen es noch gar keine Theorie oder Forschungsbefunde gibt. Es hat in der Psychologiegeschichte sehr erfolgreiche Forschungen ohne Theoriehintergrund gegeben (Selg, Klapprott & Kamenz, 1992). Es geht dann zunächst um die Beobachtung und Beschreibung von Verhalten. Die Hypothese ist hier nicht der Ausgangspunkt, sondern das Resultat der Forschung. Man spricht in diesem Fall von einer *explorativen Untersuchung* beziehungsweise von einer *hypothesenerkundenden* oder *induktiven* (vom Einzelnen auf das Allgemeine schließen) Vorgehensweise der Forschung (Bortz & Döring, 2006).

6. Wahl der Forschungsstrategie

Die Wahl der Forschungsstrategie stellt eine Art Grundsatzentscheidung über das Forschungsvorgehen dar. Zunächst ist zu entscheiden, ob überhaupt eine neue Untersuchung durchgeführt oder ob nicht bereits vorhandene Daten neu ausgewertet werden sollten (= *Reanalyse*, Sekundäranalyse). Im Unterschied zur Reanalyse wird bei einer *Replikationsstudie* eine neue Untersuchung durchgeführt, wobei diese Untersuchung dann mit einem gleichen oder ähnlichen Forschungsdesign mit einer anderen Stichprobe realisiert wird. Replikationsstudien sind in der Wissenschaft sehr wichtig, weil Forschungsbefunde erst dann als gesichert gelten können, wenn in Replikationsstudien durch voneinander unabhängige Forscher dieselben Ergebnisse gefunden werden konnten. Leider gibt es im Bereich der pädagogisch-psychologischen Forschung zwar viele Befunde, aber nur die wenigsten dieser Befunde wurden in wirklich unabhängigen Studien von verschiedenen Forschern bestätigt. Für den wissenschaftlichen Fortschritt kann es auch sehr verdienstvoll sein, mehrere bereits vorhandene Studien in einer Analyse mit statistischen Methoden zusammenzurechnen. Man nennt dies eine *Metaanalyse*. Vorab gibt man bei einer Metaanalyse die Bedingungen an, die erfüllt sein müssen, wenn eine Studie berücksichtigt werden soll. So könnte man bei einer Metaanalyse zu Studien zur schulischen Prävention von Essstörungen festlegen, dass nur Studien aufgenommen werden, die bestimmten Gütekriterien genügen (z.B. Kontrollgruppendesign) und bei denen die Präventionsmaßnahme im normalen Unterricht durch den Lehrer erfolgt. Nach dieser Auswahl geht es dann in der Metaanalyse darum, die Zielvariablen (z.B. „Körperzufriedenheit", „Essverhalten") der einzelnen Studien zu erfassen und zuzuordnen und dann für jede Zielvariable eine Durchschnittseffektstärke zu berechnen. Durch eine Metaanalyse lässt sich erkennen, bei welchen Zielvariablen Interventionseffekte erzielt werden konnten und bei welchen nicht. Dies ist nicht nur eine wichtige Information für die weitere Forschung, sondern auch für die schulische Praxis. Um bei dem Beispiel zu bleiben: Nur dann, wenn in einer Metaanalyse ein signifikanter positiver Effekt belegt werden kann, lässt sich eine dauerhafte Integration schulischer Programme zur Prävention von Essstörungen in das Schulcurriculum rechtfertigen.

Falls eine eigenständige neue Studie durchgeführt werden soll, stellen sich einige Grundsatzfragen: Passt zur Fragestellung beziehungsweise zum Forschungsgegenstand eher eine *quantitative* oder eine *qualitative* Forschungsstrategie, sollte eher eine *Querschnitt-* oder *Längsschnittuntersuchung* durchgeführt werden, eher eine

Labor- oder eine *Felduntersuchung*, eher eine *experimentelle* oder eine *nichtexperimentelle* Untersuchung? Das heißt, jede Forschung kann danach eingeteilt werden, ob sie eher quantitativ oder qualitativ, eine Querschnitt- oder Längsschnittuntersuchung, eine Labor- oder Felduntersuchung und experimentell oder nichtexperimentell ist.
Zudem ist zu entscheiden, ob man in der empirischen Forschung direkt das menschliche Verhalten untersucht oder ob man die Produkte menschlicher Tätigkeit als Forschungsgegenstand berücksichtigt. Wenn man die Produkte menschlicher Tätigkeit untersucht, muss man nicht eigens für die Forschung in das menschliche Verhalten eingreifen. Im Kontext der Pädagogischen Psychologie wären Beispiele hierfür eine *Inhaltsanalyse* von Witzen über Schüler und Lehrer, von Sprichwörtern über das Lernen oder von schulischen Dienstbeurteilungen. Eine Inhaltsanalyse kann sowohl quantitativ als auch qualitativ erfolgen (Atteslander, 1995). So könnten schulische Dienstbeurteilungen bei einer *quantitativen Inhaltsanalyse* in der Form ausgewertet werden, dass die Anzahl bestimmter Wörter (z.B. „ausgezeichnet“) ausgezählt wird. Eine Analyse von Witzen über Schüler und Lehrer oder von Sprichwörtern über das Lernen macht hingegen nur Sinn, wenn die Witze oder Sprichwörter nicht vom Wortmaterial her ausgewertet werden, sondern wenn die Witze oder Sprichwörter verstanden, das heißt interpretiert werden, was in der *qualitativen Inhaltsanalyse* erfolgen würde (Mayring, 1988).

6.1 Quantitative und qualitative Forschung

An dieser Stelle ist zu klären, was *quantitative* und was *qualitative* Forschung ist. Quantitative Forschung orientiert sich eher an der *Messbarkeit* und *Zählbarkeit* des Forschungsgegenstands. In der Unterrichtsforschung könnte beispielsweise eine Studie zur Unterrichtszufriedenheit im Fach Mathematik als quantitative Forschung so erfolgen, dass 5000 Schüler (von mehreren regional unterschiedlichen Schulen) zu diesem Thema einen standardisierten Fragebogen im Ankreuzverfahren ausfüllen. Mit dem Ankreuzen auf einer so genannten *Rating-Skala* beispielsweise von „außerordentlich zufrieden (1)“ über „ziemlich zufrieden (2)“, „mittelmäßig zufrieden (3)“, „kaum zufrieden (4)“ bis „gar nicht zufrieden (5)“ würde die Unterrichtszufriedenheit im Fach Mathematik einem Zahlenwert zugeordnet. Die Auswertung einer solchen Befragung erfolgt dann am Computer durch Eingabe aller Fragebogen sowie durch eine anschließende Berechnung mit einem Statistikprogramm. Man würde den Mittelwert berechnen, die Standardabweichung und vermutlich zusätzlich berechnen, ob es Unterschiede zwischen Mädchen und Jungen gibt, zwischen verschiedenen Regionen und zwischen verschiedenen Altersstufen. Quantitative Forschung folgt eher einer *deduktiven Forschungsstrategie* mit wenigen *Hypothesen*, die dann überprüft werden. Quantitative Forschung interessiert sich für den *Mittelwert* einer Gruppe, nicht für den Einzelfall. Der Forscher hat bei quantitativer Forschung eher den Status eines unabhängigen Wissenschaftlers, der von außen möglichst objektiv messen will (Atteslander, 1995). Bei der Messung der Unterrichtszufriedenheit mit der dargestellten Rating-Skala wird das Gütekriterium „Objektivität" dadurch sichergestellt, dass alle Probanden genau denselben Fragebogen erhalten, dass alle Probanden dieselben mündlichen Anweisungen und Erläuterungen bei möglichst ähnlichen räumlichen und zeitlichen Bedingungen bei hoher Anonymität erhalten und dass alle Fragebogen eingesammelt und nach einer identischen Anleitung (in der beispielsweise der Umgang mit Doppelankreuzungen festgelegt wird) eingegeben werden.

Aus Sicht der *qualitativen Forschung* wird die quantitative Forschung dem zu untersuchenden Subjekt nicht gerecht, da die Probanden nicht zu Wort kommen, sondern reduziert werden auf „Kreuzchen" zu vorgegebenen Antwortkategorien. Während quantitative Forschung die Messbarkeit des Gegenstands voraussetzt oder anstrebt, ist qualitative Forschung stärker an *Sinn- und Bedeutungszusammenhängen* interessiert (Mayring, 2002; Selg, Klapprott & Kamenz, 1992). Häufig hat der Forscher bei qualitativer Forschung vorab noch gar keine festen Vorstellungen hinsichtlich der zu erwartenden Ergebnisse. Eine Studie zur Unterrichtszufriedenheit im Fach Mathematik könnte als qualitative Forschung beispielsweise durch eine Einzelfallstudie erfolgen. Für eine solche Einzelfallstudie könnte man offene Interviews mit einem einzelnen Schüler, seinen Lehrern, Eltern und Geschwistern durchführen, man könnte die Tagebuchaufzeichnungen dieses Schülers heranziehen etc. Eine qualitative Fragebogenerhebung würde so aussehen, dass man beispielsweise nur ein oder zwei offene Fragen stellt und die Probanden bittet, längere Antworten zu formulieren.

Formen *qualitativer Interviews* sind beispielsweise das narrative und das problemzentrierte Interview. Beim *narrativen Interview* wird der Interviewpartner aufgefordert, zu dem im Gespräch genannten Gegenstand frei zu erzählen, wobei der Forscher ohne vorgefertigtes wissenschaftliches Konzept zuhört und zu verstehen versucht. Grundidee des narrativen Interviews ist, dass sich im freien Erzählen subjektive Bedeutungsstrukturen herausschälen, die bei einem systematischen Abfragen verborgen bleiben würden. Das *problemzentrierte Interview* lässt den Interviewten zwar ebenfalls frei zu Wort kommen, ist aber zentriert auf eine Problemstellung, zu der der Interviewer immer wieder hinführt. Häufig benutzt der Interviewer hierbei eine Themenliste (Friebertshäuser, 2003; Mayring, 2002). Das *standardisierte Interview* mit einer festen Abfolge von Fragen hat bei der Durchführung von Interviewerhebungen mit vielen Probanden den Vorteil, dass die Interviews besser verglichen und leichter ausgewertet werden können. Da alle Fragen in gleicher Reihenfolge und mit gleichem Wortlaut gestellt werden, kann eher angenommen werden, dass unterschiedliche Antworten mit Unterschieden der Interviewten und nicht mit Unterschieden der Fragestellung oder der Interviewer zu tun haben. Die Interviewer haben beim standardisierten Interview allerdings auch kaum die Möglichkeit, sich adaptiv auf den Interviewpartner einzustellen. Ein vollständig geschlossenes standardisiertes Interview mit festen Antwortvorgaben wäre schließlich eine Form der quantitativen Forschung. Gegenüber einem Fragebogen mit Antwortvorgaben hat das Interview dann nur noch den Vorteil, dass die Befragten Rückfragen stellen können und dass der Interviewer prüfen kann, ob die Fragen richtig verstanden wurden.

Während quantitative Daten relativ leicht ausgewertet werden können, ist dies bei qualitativen Daten schwerer. Zur Auswertung qualitativer Daten gehört, dass diese Daten (beispielsweise Interviewäußerungen) Kategorien zugeordnet werden, die entweder deduktiv aus Theorien oder induktiv aus dem Material gewonnen werden. Wenn die Kategorien induktiv aus dem Material gewonnen werden, sollten dies mehrere Auswerter unabhängig voneinander tun und sich dann auf Kategorien sowie auf Zuordnungsregeln einigen. In einem letzten Schritt werden dann alle qualitativen Daten von mehreren Auswertern unabhängig voneinander gelesen und zugeordnet. Erst danach können die qualitativen Daten statistisch ausgewertet werden.

Quantitative und qualitative Forschungsstrategien werden oft als gegensätzlich wahrgenommen. Vor dem Hintergrund eines naturwissenschaftlichen Verständnisses der Psychologie und der Vormachtstellung des Behaviorismus in der universitären Psychologie dominierten in der Psychologie die quantitativen Forschungsstrategien. Qualitative Forschungsstrategien fanden eher in der Soziologie unter dem Stichwort *„Qualitative Sozialforschung"* und in der Pädagogik in Fortführung der Tradition der *Hermeneutik* Verbreitung. Die qualitative Forschung teilt mit der traditionellen Hermeneutik die Auffassung, dass Texte (Interviewtexte, Sprichwörter, Aufsätze etc.) nicht anhand äußerlicher Charakteristika erfasst werden können, sondern dass eine Analyse ihren *subjektiven Sinn* durch *Interpretation* herausstellen muss. Generell könnte man sagen, dass qualitative Forschung eher *explorativ, theorieentwickelnd, induktiv, intensiv* (= wenige Probanden werden intensiv untersucht), *ganzheitlich* und *subjektiv* ist; quantitative Forschung hingegen ist eher *hypothesengeleitet, theorieprüfend, deduktiv, extensiv* (viele Probanden werden nur geringfügig untersucht), *elementaristisch* und *objektiv*. Mit Bezug auf die Gütekriterien könnte man sagen, dass für die qualitative Forschung die Gültigkeit der Forschungsergebnisse im natürlichen Lebensraum der Untersuchten wichtiger ist (Lamnek, 1995) (= ökologische Validität), während die quantitative Forschung größeren Wert auf Objektivität und Reliabilität legt und zumeist aufgrund größerer Stichproben über eine bessere Populationsvalidität verfügt.

Heute setzt sich zunehmend die Auffassung durch, dass quantitative und qualitative Forschungsstrategien keine Gegensätze sind, sondern sich ergänzen. So kann beispielsweise eine erste Annäherung an ein neues Forschungsgebiet qualitativ beginnen (wenige offene Interviews), dann folgt eine quantitative Erfassung (Fragebogenerhebung mit vielen Probanden) und schließlich folgt vor dem Hintergrund der gewonnenen quantitativen Ergebnisse eine qualitative Betrachtung der genaueren Zusammenhänge oder von Details (beispielsweise durch fokussierte Interviews). Gefordert wurde aber auch, dass gute Forschung sich ihrem Gegenstand sowohl qualitativ als auch quantitativ nähern sollte, und zwar nicht im Sinne einer Abfolge, sondern bewusst getrennt und mehr oder weniger gleichzeitig. Für die Auffassung, dass man einen Forschungsgegenstand von mindestens zwei Punkten aus betrachten sollte, wurde der Begriff *Triangulation* verwendet (Flick, 2004). Zuletzt hat sich für die Mischung qualitativer und quantitativer Forschungsstrategien der Begriff *Mixed Methods Design* durchgesetzt (Teddlie & Tashakkori, 2006).

6.2 Querschnitt- und Längsschnittuntersuchungen

Eine wichtige Grundsatzentscheidung bei der Wahl der Forschungsstrategie betrifft die Frage, ob man eine einmalige Erhebung (Querschnittuntersuchung) oder eine langfristige Untersuchung mit mehreren Erhebungswiederholungen (Längsschnittuntersuchung) durchführen will. Diese Unterscheidung ist vor allem in der Entwicklungspsychologie gebräuchlich. Bei einer *Längsschnittuntersuchung* verfolgt man eine Stichprobe über einen längeren Zeitraum. So kann man beispielsweise die Entwicklung narrativer Fähigkeiten in der Kindheit so erforschen, dass eine Stichprobe (100 Fünfjährige) in ihrem fünften Lebensjahr untersucht wird, dass dieselbe Stichprobe zwei Jahre später noch einmal untersucht wird und dass dann vielleicht wieder zwei Jahre später mit derselben Stichprobe noch einmal eine Untersuchung durchgeführt wird. Auf diese Weise könnte man die Entwicklung der Erzählfähigkeit vom fünften bis zum neunten Lebensjahr untersuchen. Nachteilig an einer Längsschnittuntersuchung ist, dass der Forscher hierfür viel Zeit braucht (im Beispiel würde die Datenerhebung vier Jahre dauern) und dass über diesen langen Zeitraum viele Probanden durch Umzug, Motivationsverlust etc. (Dropout) verloren gehen. Der Vorteil der Längsschnittuntersuchung ist, dass man mit ihr auch die individuelle Entwicklung verfolgen kann und dass es keine Gruppenunterschiede zwischen den Altersstufen gibt, da man immer mit derselben Gruppe arbeitet (Daten von Probanden, die die Untersuchung abbrechen, müssen natürlich ganz gestrichen werden). Parallel zur hier beschriebenen Längsschnittuntersuchung sähe eine Querschnittuntersuchung so aus, dass man zu einem Zeitpunkt 100 Fünfjährige, 100 Siebenjährige und 100 Neunjährige hinsichtlich ihrer narrativen Fähigkeit untersuchen würde. Unterschiede zwischen den Fünf-, Sieben- und Neunjährigen würde man dann auf den Altersunterschied zurückführen, das heißt als Ergebnis von Entwicklung interpretieren. Der Vorteil der Querschnittuntersuchung ist, dass sie rasch Daten liefert und dass sie leicht zu organisieren ist. Der Nachteil der Querschnittuntersuchung ist, dass man keine individuellen Entwicklungsverläufe erfassen kann und dass es nicht sicher ist, dass die Stichprobe der Fünfjährigen äquivalent zur Stichprobe der Siebenjährigen und Neunjährigen ist. Bei Querschnittuntersuchungen gibt es auch das Problem, dass sich die Generationen (Kohorten) unterscheiden können. Würde man derzeit in einer Querschnittuntersuchung die

Intelligenzleistungen im 40., 60. und 80. Lebensjahr erfassen, so könnte man geringere Leistungen der 80-Jährigen nicht als Ergebnis von Entwicklung interpretieren, da die heute 80-Jährigen kriegs- und teilweise vertreibungsbedingt kaum schulischen Unterricht hatten und sich die fehlende Schulausbildung auch heute noch auf das Leistungsvermögen in einem Test auswirkt. Man nennt dies einen *Kohorteneffekt*. Dieser beeinträchtigt die Interpretation der Daten einer Querschnittuntersuchung als Ergebnis von Entwicklung. Insgesamt kann man sagen, dass Längsschnittuntersuchungen eigentlich das bessere Forschungsinstrument sind, dass sie aber viel Zeit und einen erheblichen Forschungsaufwand benötigen und dass die oft erhebliche Dropoutquote die Populationsvalidität einschränkt. Eine Verbindung von Querschnitt- und Längsschnittuntersuchung ist die *Kohorten-Sequenz-Analyse*. Man würde in ihr beispielsweise die narrative Fähigkeit von 100 Fünfjährigen und 100 Siebenjährigen jeweils zwei Jahre lang verfolgen, so dass nach zwei Jahren Daten für Fünfjährige, Siebenjährige und Neunjährige vorliegen, wobei die Daten für die Siebenjährigen dann von zwei verschiedenen Kohorten vorliegen würden. Die Kohorten-Sequenz-Analyse benötigt also weniger Zeit als die Längsschnittuntersuchung und ermöglicht die Erfassung des Kohorteneffektes.

6.3 Labor- und Felduntersuchungen

Laboruntersuchungen finden in nach außen isolierten Laborräumen statt, Felduntersuchungen finden hingegen „im Felde“ statt, das heißt in einer vom Untersucher möglichst wenig beeinflussten Umgebung wie Klassenraum, Lehrerzimmer oder Schulhof. Laboruntersuchungen legen großen Wert auf die Kontrolle von Störvariablen; Felduntersuchungen legen stärker Wert darauf, dass die Untersuchung in der natürlichen Lebensumwelt stattfindet. Die Unterscheidung zwischen Labor- und Felduntersuchungen ist oft eng mit experimentellen Untersuchungen verbunden (Laborexperiment versus Feldexperiment), es gibt aber auch die Laborbeobachtung und die Feldbeobachtung. Man kann beispielsweise zur Untersuchung geschlechtstypischer Spielpräferenzen in einem Labor verschiedene Spielzeuge anbieten und dann das Verhalten der Kinder durch eine Einwegscheibe beobachten (Laborbeobachtung), man kann das Verhalten der Kinder aber auch durch teilnehmende Beobachtung in der natürlichen Umgebung (Kindergarten, Spielplatz) erfassen (Feldbeobachtung). Die Laborbeobachtung hat den Vorteil, dass das angebotene Spielzeug genau bestimmt und dass Störvariablen ausgeschaltet werden können, die Feldbeobachtung hat den Vorteil, dass die Forschungsergebnisse eine höhere *ökologische Validität* haben.

6.4 Experimentelle und nicht-experimentelle Forschung

Der wesentliche Unterschied zwischen experimenteller und nicht-experimenteller Forschung ist, dass bei der experimentellen Forschung der Untersucher (= Experimentator) aktiv in ein Geschehen eingreift, bei nicht-experimenteller Forschung hingegen nicht. Unter einem *Experiment* versteht man einen planmäßig ausgelösten und wiederholbaren Eingriff, bei dem beobachtet wird, in welcher Weise sich unter Konstanthaltung anderer Bedingungen mindestens eine abhängige Variable verändert, nachdem mindestens eine unabhängige Variable (= der Eingriff) geändert worden ist. Die Variable, die der Experimentator aktiv verändert, nennt man »unabhängige Variable« (abgekürzt: UV). Die Variable, bei der der Effekt der UV beobachtet werden soll, heißt »abhängige Variable« (abgekürzt: AV). Die Variable, die möglicherweise auch die AV beeinflusst, die man aber im Experiment konstant halten oder wenigstens kontrollieren will, nennt man »*Störvariable*« oder »*konfundierende Variable*«. Wenn die wahre Ursache der Veränderung bei einer abhängigen Variablen die Störvariable ist, dann ist der Effekt konfundiert, kann also nicht durch die unabhängige Variable erklärt werden. Die Personen, die an einem Experiment teilnehmen, bezeichnet man als »*Versuchspersonen*« (abgekürzt: Vpn). Das Experiment ist die effektivste Forschungsstrategie, um *Kausalität* (Ursache-Wirkungszusammenhänge) zu erkennen.

Experimente führen wir auch im Alltag häufig durch, wenn wir beispielsweise aufgrund von Nackenschmerzen das Kopfkissen wechseln oder aufgrund von Sodbrennen abends weniger essen. Da wir dabei keine wissenschaftlichen Absichten haben, verändern wir häufig gleich mehrere unabhängige Variablen, zum Beispiel reagieren wir auf Nackenschmerzen mit dem Tausch des Kopfkissens, mit der Veränderung der Schlafposition, mit der Änderung der Schreibtischhöhe etc. Dies hat den Nachteil, dass wir bei einer positiven Veränderung nicht sagen können, was ausschlaggebend war, wobei es auch noch sein kann, dass die Nackenschmerzen auch ohne jede Intervention verschwunden wären. Auch im schulischen Alltag kommen Experimente häufig vor, beispielsweise bei Maßnahmen wie Änderung der Sitzordnung oder bei Einführung von Aufgaben zum selbstgesteuerten Lernen. Betrachten wir den letztgenannten Fall: Nehmen wir an, der Lehrer verfolge das Ziel, durch die Einführung von Aufgaben zum selbstgesteuerten Lernen (z.B. Freiarbeitsaufgaben) den Lernerfolg und die Unterrichtszufriedenheit zu erhöhen, so wäre die Einführung von Aufgaben zum selbstgesteuerten Lernen die unabhängige Variable (UV) und der Lernerfolg und die Unterrichtszufriedenheit wären die beiden abhängigen Variablen (AV). Nach Einführung der Aufgaben zum selbstgesteuerten Lernen führt der Lehrer eine Messung des Lernerfolgs und der Unterrichtszufriedenheit durch. Dabei *operationalisiert* er den Lernerfolg durch die Anzahl der gelösten Aufgaben in einem Test und die Unterrichtszufriedenheit durch zehn Items (Fragen) zur Unterrichtszufriedenheit, wobei durch Ankreuzen auf einer Ratingskala geantwortet werden soll. Unter *Operationalisierung* versteht man die genaue Zuordnung von konkreten messbaren Verhaltensweisen (= Operationen) zu Variablen wie „Zufriedenheit", „Lernerfolg", „Selbstsicherheit" etc. Falls der Lehrer nach Einführung der Aufgaben zum selbstgesteuerten Lernen einen hohen Lernerfolg und eine hohe Unterrichtszufriedenheit messen kann, so ist keineswegs klar, dass dies mit dem Treatment (= experimenteller Eingriff) zu tun haben muss: Vielleicht gab es schon vor Einführung der Aufgaben zum selbstgesteuerten Lernen einen hohen Lernerfolg und eine hohe Unterrichtszufriedenheit. Bei einer Messung sowohl vor als auch nach dem Treatment spricht man von einem *„Ein-Gruppen-Pretest-Posttest-Design"*. Falls Lernerfolg und Unterrichtszufriedenheit beim Pretest (= Messzeitpunkt vor dem Treatment) gering waren, beim Posttest (Messzeitpunkt nach dem Treatment) aber hoch, könnte man vermuten, dass dies mit der Einführung der Aufgaben zum selbstgesteuerten Lernen zu tun hat. Die Behauptung eines Ursache-Wirkungszusammenhangs kann bei diesem Design aber auch angezweifelt werden: Erstens können die Versuchspersonen sich im Rahmen ihrer Entwicklung im Lebenslauf von selbst verändert haben, zweitens kann die Pretest-Messung das Verhalten der Schüler verändert haben (die Schüler und der Lehrer werden durch die Messung auf die Wichtigkeit von Lernerfolg und Unterrichtszufriedenheit hingewiesen), drittens kann ein anderes Ereignis (z.B. sportliches Erfolgserlebnis) positiv gewirkt haben, viertens kann das Messinstrument ungenau sein und fünftens können Lernerfolg und Unterrichtszufriedenheit auch zufälligen Schwankungen unterliegen. Um solche Veränderungen kontrollieren zu können, benötigt man eine Kontrollgruppe. Eine *Kontrollgruppe* sind Personen, die entweder überhaupt kein Treatment bekommen oder die ein vermutlich unwirksames Treatment (*Placebo*) erhalten.

Bevor nun das klassische Design des Experiments betrachtet wird, soll eine wichtige Variante betrachtet werden. Oft wird gar nicht bewusst von einem Experimentator eingegriffen, sondern die Natur selbst macht ein Experiment und erst im Rückblick wird das „Experiment" der Natur betrachtet. Man nennt dies eine *Ex-post-facto-Untersuchung*. Ein Beispiel hierfür wäre eine Untersuchung des Zusammenhangs zwischen dem Erfahren körperlicher Züchtigung in der Kindheit als unabhängige Variable und der Häufigkeit von Depressionen im Erwachsenenalter als abhängige Variable. Man kann dann im Nachhinein (ex-post-facto) eine Experimentalgruppe (Personen, die körperliche Züchtigung in der Kindheit erlitten) und eine Kontrollgruppe (Personen, die keine körperliche Züchtigung in der Kindheit erlitten) definieren und die Depressivität im Erwachsenenalter messen. Wenn die „Experimentalgruppe" höhere Depressionswerte als die „Kontrollgruppe" aufweist, könnte man annehmen, dass dies eine Folge der körperlichen Züchtigung in der Kindheit ist. Eine solche kausale Interpretation ist bei einer Ex-post-facto-Untersuchung aber trotz Vorhandenseins der Kontrollgruppe nicht möglich, da erstens keine Pretestdaten vorliegen (vielleicht gab es in der „Experimentalgruppe" schon vor dem „Treatment" höhere Depressionswerte) und da zweitens kein Experimentator die Probanden willkürlich in die Experimentalgruppe und in die Kontrollgruppe eingeteilt hat. Die Durchführung eines Experiments durch willkürliche Zuweisung zur Experimental- und Kontrollbedingung wäre sowohl praktisch (die Eltern würden

der Aufforderung des Experimentators nicht folgen) als auch aus ethischen Gründen unmöglich.
Warum ist die willkürliche Zuweisung zur Experimental- und Kontrollbedingung bei einem Experiment so wichtig? Durch die zufällige Aufteilung der Probanden zur Experimental- und Kontrollbedingung (= *Randomisierung*) wird vermieden, dass sich Experimental- und Kontrollgruppe bereits vor dem Experiment unterscheiden, denn es ist eher unwahrscheinlich, dass eine Zufallsaufteilung zu statistisch bedeutsamen Unterschieden führt. Bei der Untersuchung des Effekts von Aufgaben zum selbstgesteuerten Lernen würde Randomisierung bedeuten, dass jeder einzelne Schüler nach Zufall der Experimentalbedingung oder der Kontrollbedingung zugeordnet wird. Die Randomisierung auf der Ebene einzelner Schüler ist im schulischen Kontext aber kaum möglich. Praktikabler ist im schulischen Kontext folgendes Design: Einige Schulklassen (= Kontrollklassen) arbeiten wie bisher, in anderen Schulklassen werden Aufgaben zum selbstgesteuerten Lernen eingeführt (= Experimentalklassen). Sowohl in den Kontrollklassen als auch in den Experimentalklassen werden eine Pretest- und Posttestmessung durchgeführt. Man spricht in diesem Fall von einer *quasi-experimentellen* Untersuchung, da Experimental- und Kontrollgruppen natürliche Gruppen sind. In quasi-experimentellen Untersuchungen wird zwar die UV durch einen Experimentator variiert, aber die Kontrolle der relevanten Störvariablen kann wegen fehlender Randomisierung nicht gesichert werden. In der Pädagogischen Psychologie werden quasi-experimentelle Untersuchungen häufig durchgeführt, da die natürlichen Gruppen (Schulklassen) zum Zweck der Forschung nicht einfach umgestellt werden können. Eine Kontrolle der Störvariablen wird in quasi-experimentellen Untersuchungen zumeist durch eine *Parallelisierung* von Experimental- und Kontrollgruppe (im Durchschnitt sollen beide Gruppen hinsichtlich der Störvariablen gleich sein) angestrebt.
Für Untersuchungen im schulischen Kontext wurde die Forderung erhoben, dass eine Randomisierung zumindest auf der Ebene von Schulklassen oder von Schulen erfolgen sollte (Flay & Collins, 2005). Dies heißt für unser Beispiel: Bei der Untersuchung zum Einfluss von Aufgaben zum selbstgesteuerten Lernen auf Lernerfolg und Unterrichtszufriedenheit müssten mehrere Klassen und Schulen zur Verfügung stehen, die dann vom Experimentator per Zufall der Experimental- oder Kontrollbedingung zugeordnet werden. Dies wäre dann auf Klassen- oder Schulebene ein Experiment, das kausale Deutungen ermöglicht. Leider sind Lehrer und Schulen bislang wenig bereit, dem Bedürfnis nach Randomisierung gerecht zu werden und in gleicher Weise für eine Zuweisung zur Kontroll- oder Experimentalbedingung zur Verfügung zu stehen. Dies ist bedauerlich, denn Lehrer und Schulen sollten ein großes Interesse daran haben, wissenschaftlich fundiert zu wissen, welche Unterrichtsmethoden, Unterrichtsprogramme, Präventionsmaßnahmen etc. effektiv sind und welche nicht.

An dieser Stelle sind drei störende Effekte zu betrachten, die sowohl bei experimentellen als auch bei nicht-experimentellen Untersuchungen als Störvariablen auftreten: der *Rosenthal-Effekt*, der *Hawthorne-Effekt* und der *Placebo-Effekt*.
Unter dem *Rosenthal-Effekt* (auch Versuchsleiter-Erwartungs-Effekt oder Pygmalion-Effekt) versteht man, dass der Versuchsleiter ein bestimmtes Untersuchungsergebnis erwartet und deshalb die Probanden durch Gestik, Mimik, Körperhaltung, Suggestivfragen etc. ohne bewusste Absicht so beeinflusst, dass sie seinen Erwartungen entsprechen. Rosenthal demonstrierte den Versuchsleitereffekt in einem seiner Experimente, indem er Lehrern mitteilte, dass bestimmte Schüler in einem Test besonders gut abgeschnitten hätten und zukünftige „Aufblüher" seien. In Wirklichkeit wurden diese Schüler nicht nach dem Testergebnis, sondern per Zufall ausgewählt. In einer etwa acht Monate später stattfindenden erneuten Test-Untersuchung waren die „Aufblüher" im Vergleich zu ihren Klassenkameraden dann tatsächlich signifikant besser. Die Ursachen hierfür waren, dass die Lehrer erstens freundlicher zu den vermeintlichen „Aufblühern" waren, zweitens ihnen interessantere und anspruchsvollere Aufgaben stellten, drittens sie länger ausreden ließen und sie bei ihren Antworten besser unterstützten und viertens dass sie ihnen unmittelbarere und klarere Rückmeldungen gaben (Rosenthal & Jacobsen, 1971).
Unter dem *Hawthorne-Effekt* versteht man, dass die Versuchspersonen ihr Verhalten ändern, weil sie wissen, dass sie an einem Versuch teilnehmen. Der Begriff geht auf Experimente in den 1920er Jahren in der Hawthorne-Fabrik (eine große Fabrik, in der Telefonapparate, Kühlschränke, Ventilatoren und andere elektrische Geräte produziert wurden) in der Nähe von Chicago zurück. Forscher experimentierten hier mit einer Erhöhung und einer Reduzierung der Lichtstärke bei der Arbeit und stellten eine Erhöhung der Produktivität sowohl bei einer Erhöhung der Lichtstärke, bei einer Senkung der Lichtstärke als auch in der Kontrollbedingung (gleichbleibende Beleuchtungsstärke) fest. Sie erklärten dies damit, dass alleine das Interesse der Wissenschaftler und das Wissen über die Teilnahme an einem wissenschaftlichen Experiment die Arbeitsmotivation erhöhten. Der Erfolg einer neuen Schulorganisation, einer neuen Unterrichtsmethode oder eines neuen Präventionsprogramms hat oft gar nichts mit der Organisation, der Methode oder dem Programm zu tun, sondern einfach mit dem Wissen der Schüler und Lehrer, an einem besonderen Versuch teilzunehmen, was dazu führen kann, dass sie sich stärker engagieren.
Auch der *Placebo-Effekt* führt zu einer Überschätzung von Interventionseffekten. Unter dem Placebo-Effekt versteht man, dass allein der Glaube an die Wirksamkeit einer Intervention einen Effekt hat. So kann beispielsweise der Glaube eines Patienten an die Wirksamkeit der Psychoanalyse dazu führen, dass er sich nach der Behandlung besser fühlt. Wenn Schüler fest daran glauben, dass Aufgaben zum selbstgesteuerten Lernen den Lernerfolg und die Unterrichtszufriedenheit steigern, so könnte allein dieser Glaube einen solchen Effekt bewirken.

Eine Möglichkeit zur Kontrolle des Rosenthal-, Hawthorne- und des Placebo-Effekts ist der *Doppelblindversuch* (Huber, 2000). Beim Doppelblindversuch wissen sowohl der Versuchsleiter als auch die Versuchspersonen nicht, wer zur Experimental- oder zur Kontrollbedingung gehört. Dies geht natürlich nur, wenn die Kontrollgruppe eine vom Aufwand her ähnliche, aber wirkungslose Intervention (= Placebo) erhält. Bei einer Untersuchung zum Effekt von Aufgaben zum selbstgesteuerten Lernen wäre neben der randomisierten Zuweisung zur Experimental- und Kontrollbedingung zur Ausschaltung des Rosenthal-, Hawthorne- und Placebo-Effekts Folgendes zu berücksichtigen: Die Kontrollbedingung müsste so gestaltet werden, dass sie für Schüler und Lehrer ähnlich wie die Experimentalbedingung den Reiz des Neuen hat, aber unwirksam (Placebo) ist, und Schüler und Lehrer müssten sowohl über die Ziele der Untersuchung als auch über die Zuweisung zur Experimental- oder Kontrollbedingung im Unklaren gelassen werden. Dies ist in der Praxis schwer, sollte aber von Flay und Collins (2005) auch in der Schulforschung angestrebt werden (Doppelblindversuche werden vor allem in der Medizin bei Untersuchungen zur Wirksamkeit von Medikamenten durchgeführt).

Experimentelle und nicht-experimentelle Forschung sind keine Rivalen, sondern Partner, die für unterschiedliche Fragestellungen geeignet sind (Huber, 2000). Es gibt Fragestellungen, bei denen die Forscher gar keine experimentellen Untersuchungen durchführen können. Selg, Klapprott und Kamenz (1992) sprechen im Unterschied zum Experiment von *Erhebungen* (Interviews, Fragebogenerhebung, Beobachtung). In Erhebungen will man oft nicht nur deskriptiv wissen, wie viele Schüler beispielsweise wie häufig die Schule schwänzen („Schulabsentismus“), sondern man möchte auch Zusammenhänge zu einzelnen Variablen erkennen, wie etwa den Zusammenhang zwischen Schulabsentismus und anderen Variablen wie Lehrerverhalten, Bildungshintergrund, Geschlecht, Delinquenz, Tabakkonsum. Der Ursache-Wirkungs-Zusammenhang zwischen einzelnen Aspekten des Lehrerverhaltens und Schulabsentismus könnte experimentell untersucht werden; der Aufwand wäre aber erheblich. Eine experimentelle Untersuchung zum Kausalzusammenhang zwischen den beiden unabhängigen Variablen Delinquenz und Tabakkonsum und der abhängigen Variablen Schulabsentismus ist ethisch nicht zu vertreten, weil man randomisiert jeweils die Hälfte der Schüler zur Delinquenz und zum Tabakkonsum auffordern müsste. Eine Alternative zu experimentellen Untersuchungen ist die *Korrelationsstudie*. Die Korrelationsstudie bietet sich an, wenn die Anzahl der Zusammenhangsvermutungen erheblich ist oder wenn experimentelle Untersuchungen ethisch problematisch oder unmöglich sind.
Was ist eine Korrelation? Eine Korrelation ist der Zusammenhang zwischen zwei Variablen; gemessen wird dieser Zusammenhang durch den Korrelationskoeffizienten. Der *Korrelationskoeffizient* ist ein standardisiertes Maß für den Zusammenhang zwischen zwei Variablen. Der Korrelationskoeffizient nimmt stets Werte zwischen

-1 und +1 an. Besteht ein positiver Zusammenhang, so liegt der Korrelationskoeffizient zwischen 0 und 1, besteht ein negativer Zusammenhang, so liegt der Korrelationskoeffizient zwischen -1 und 0, besteht kein Zusammenhang, liegt der Korrelationskoeffizient um 0. Ein positives Vorzeichen bedeutet: Wenn der Wert der einen Variablen wächst, wächst auch der Wert der anderen Variablen. Ein negatives Vorzeichen bedeutet: Wenn der Wert der einen Variablen wächst, vermindert sich der Wert der anderen Variablen. Das Vorzeichen zeigt nicht die Stärke, sondern nur die Richtung des Zusammenhangs an. So zeigt ein Korrelationskoeffizient von $r = -.41$ einen stärkeren Zusammenhang zwischen zwei Variablen an als ein Korrelationskoeffizient von $r = .26$. Je näher der Korrelationskoeffizient bei -1 oder +1 liegt, desto enger ist der Zusammenhang zwischen den Variablen. Eine Korrelation von $r = .10$ (egal, ob +.10 oder –.10) gilt als schwacher Zusammenhang, von $r = .30$ als mittlerer und von $r = .50$ als starker Zusammenhang (Sedlmeier & Renkewitz, 2008). Voraussetzung für eine solche Interpretation ist (wie auch bei allen anderen statistischen Daten), dass das Ergebnis auch signifikant (= nicht zufällig) ist. Hierfür werden Signifikanztests mit der Prüfgröße p durchgeführt. Im Allgemeinen verlangt man, dass mindestens $p < .05$ sein sollte, was bedeutet, dass die Wahrscheinlichkeit, dass ein Befund zufällig zustande kam, kleiner als 5 Prozent ist. Bei $p < .01$ ist die Irrtumswahrscheinlichkeit geringer als 1 %, und bei $p < .001$ ist die Irrtumswahrscheinlichkeit kleiner als 0.1 %. Neben der Signifikanz eines Ergebnisses ist immer auch zu betrachten, ob der Zusammenhang oder der Unterschied auch bedeutsam ist. Wenn man sehr viele Probanden untersucht, werden Zusammenhänge oder Unterschiede schnell signifikant, sind deswegen aber noch nicht bedeutsam.

Korrelationen werden oft in einseitiger Weise kausal interpretiert, und zwar sowohl in Presse, Rundfunk und Fernsehen als auch – leider immer wieder – in der Fachliteratur. Eine Korrelation zwischen zwei Variablen ist eine notwendige, aber keine hinreichende Bedingung für Kausalität. Korrelationen können nur als *Koinzidenzen* (= gleichzeitiges Auftreten) interpretiert werden. Sie liefern allenfalls Hinweise, zwischen welchen Variablen kausale Beziehungen bestehen könnten. Anders als bei experimentellen Untersuchungen gibt es bei Korrelationsstudien mindestens vier Möglichkeiten der Kausalinterpretation, wobei keine dieser Möglichkeiten durch eine Korrelationsstudie beweisbar ist. Man kann allenfalls überlegen, welche Kausalinterpretation wahrscheinlich ist. Welche Möglichkeiten der Kausalinterpretation gibt es? Bei einem signifikanten Korrelationskoeffizienten zwischen den Variablen A und B gibt es mindestens vier Möglichkeiten der Kausalerklärung:

1. Variable A bewirkt Variable B.
2. Variable B bewirkt Variable A.
3. Variable A und B beeinflussen sich gegenseitig kausal.
4. Variable A und B werden von einer dritten Variable C beeinflusst.

Oft wird das folgende Beispiel zur Veranschaulichung des Verbots einer einseitigen Kausalerklärung verwendet: Es lässt sich nachweisen, dass es in manchen Gegenden Deutschlands eine enge positive Korrelation zwischen dem natürlichen Storchenvorkommen (Variable A) und der menschlichen Geburtenrate (Variable B) gibt. Daraus kann nicht der Schluss gezogen werden, dass der Storch die Kinder bringt (Kausalerklärung 1). Nicht anzunehmen ist auch, dass eine hohe menschliche Geburtenrate den Storch anzieht (Kausalerklärung 2). Wenn Kausalerklärung 1 und 2 nicht zutreffen, fällt auch Kausalerklärung 3 weg. Es muss also eine dritte Variable C angenommen werden, die sowohl die Ursache für Variable A als auch für Variable B ist. Variable C dürfte in diesem Beispiel eine intakte ländliche Umgebung sein, die sowohl Störche als auch kinderreiche Familien anzieht.

Bei der Korrelation zwischen dem Storchenvorkommen und der Geburtenrate hat vermutlich niemand angenommen, dass die Störche die Kinder bringen. Anders sah dies bei folgendem Fall aus: Es konnte belegt werden, dass bei Männern im mittleren bis höheren Lebensalter die Langlebigkeit der verheirateten größer ist als die der ledigen, geschiedenen oder verwitweten Männer (Tucker, Schwartz, Clark & Friedman, 1999). Daraus wurde der Schluss gezogen, dass die Heirat eine längere Lebensdauer bewirkt, was auf den ersten Blick als vernünftige Kausalerklärung erscheint, da die Heirat ja zeitlich vor der beobachteten Langlebigkeit stattfand. Plausibel wurde die Kausalannahme auch durch die empirisch zu belegende Beobachtung, dass Ehefrauen sich um die emotionale, soziale und körperliche Gesundheit (gesünderes Essen anstelle von Fastfood) ihrer Männer kümmern. So hieß es in den Medien plakativ: Eingefleischte Junggesellen sollten den Sprung ins Abenteuer Ehe wagen! Übersehen wurde, dass der umgekehrte Kausalzusammenhang vermutlich bedeutsamer ist: Die verheirateten Männer lebten nicht länger wegen der Pflege ihrer Ehefrauen, sondern die Frauen heirateten nur Männer, die von vornherein bessere Voraussetzungen für Langlebigkeit mitbrachten. Obdachlose, alkoholabhängige, kranke oder verarmte Männer im mittleren bis höheren Lebensalter werden relativ selten als Heiratspartner ausgesucht und haben eine geringe Lebenserwartung. Dieses Beispiel zeigt plakativ, dass sich auch plausibel erscheinende Kausalerklärungen als haltlos erweisen können (Krämer, 2011; Leonhart, 2004).

Manchmal sind auch alle vier Möglichkeiten der Kausalerklärung wahrscheinlich. So gibt es bei Frauen eine positive Korrelation zwischen frühen sexuellen Erfahrungen (Variable A) und Tabakkonsum (Variable B) (Olesen et al., 2011). Es kann nun erstens sein, dass frühe sexuelle Erfahrungen zum Tabakkonsum führen, etwa weil man vom älteren Sexualpartner zum Tabakkonsum verleitet wird (Variable A → Variable B). Zweitens kann es sein, dass Tabakkonsum zu früheren sexuellen Erfahrungen führt, beispielsweise weil man durch den Tabakkonsum eher als erwachsen angesehen wird oder weil das Anbieten von Zigaretten und das gemeinsame Rauchen Kontaktmöglichkeiten schaffen (B → A). Drittens könnten sich beide Prozesse gegenseitig verstärken (A ↔ B). Viertens könnten sowohl die frühen sexuellen

Erfahrungen als auch der Tabakkonsum mit einer dritten Variable zu tun haben (C → A und C → B), beispielsweise mit der sozialen Herkunft (in bildungsfernen Schichten sind frühe sexuelle Erfahrungen als auch Tabakkonsum häufiger) oder mit dem Zeitpunkt der sexuellen Reife (bei frühem Menarchezeitpunkt sind frühe sexuelle Erfahrungen als auch der Tabakkonsum häufiger; Currie & Németh, 2004; Silbereisen & Schmitt-Rodermund, 1998).
Falsche Behauptungen eines Ursache-Wirkungszusammenhangs vor dem Hintergrund einer Korrelationsstudie findet man leider auch in wissenschaftlichen Publikationen. Als ein Beispiel von vielen folgt hier ein Zitat aus einer Publikation von Hurrelmann und Nordlohne (1992): „Unsere Studie zeigt, daß in der Jugendphase mit verstärktem Alkohol- und Tabakkonsum als Reaktion auf jugendspezifische Belastungsmomente zu rechnen ist. Tabak- und Alkoholkonsum unter Jugendlichen ist z.B. eine häufige Begleiterscheinung schulischer Versetzungsprobleme" (S. 23). Anschließend demonstrieren die Autoren den Zusammenhang anhand einer Tabelle zur Häufigkeit schulischer Versetzungsprobleme in Kombination mit der Häufigkeit des Tabak- und Alkoholkonsums. Irreführend ist hier die Verwendung der Wörter „Reaktion" und „Begleiterscheinung", wodurch ein Kausalzusammenhang als belegt behauptet wird. Schließlich können auch umgekehrt die schulischen Versetzungsprobleme eine „Begleiterscheinung" bzw. Folge verstärkten Tabak- und Alkoholkonsums sein, wahrscheinlicher ist aber die Annahme, dass andere Variablen wie soziale Schicht, sozial-emotionale Problembelastung etc. sowohl den erhöhten Tabak- und Alkoholkonsum als auch die häufigeren schulischen Versetzungsprobleme erklären.

7. Häufige Forschungsfehler

Es gibt eine Reihe typischer Fehlerquellen, die die Güte pädagogisch-psychologischer Forschung beeinträchtigen. Dies beginnt mit der Stichprobengewinnung. Nach der Entscheidung für eine bestimmte Untersuchungsgruppe sollte eine repräsentative Stichprobe gezogen werden. Sehr häufig werden jedoch *Gelegenheitsstichproben* gewählt, das heißt, bereits bestehende Kontakte werden für die Forschung genutzt und erst danach wird geprüft, ob die Gelegenheitsstichprobe repräsentativ ist. Der Vorteil von Gelegenheitsstichproben ist, dass die Verweigerungsquote geringer und dass die Stichprobengewinnung bequemer ist. Der Nachteil ist aber, dass sich Gelegenheitsstichproben durch den Kontakt zum Forscher von vornherein von der zu untersuchenden Population unterscheiden.
Zu den ethischen Prinzipien der Forschung gehört, dass die Teilnahme an ihr freiwillig ist (siehe 8.). Diese Freiwilligkeit ist jedoch Ursache einer bedeutsamen *Stichprobenverzerrung* („volunteer bias"), wenn relativ viele Schulen, Lehrer, Eltern etc. die Teilnahme an einer Untersuchung verweigern. Man weiß bei vielen Fragestel-

lungen nicht genau, wie sich die „Untersuchungsverweigerer“ von den „Untersuchungsteilnehmern“ unterscheiden. Vermutlich sind Schulen, Lehrer oder Eltern, die an Erhebungen teilnehmen, nicht nur forschungsfreundlicher, sondern auch engagierter als die „Verweigerer“. In der Sexualforschung weiß man, dass Studienteilnehmer im Vergleich zu Verweigerern eher männlich, jung, sexuell erfahrener sind und eher liberalere Einstellungen zur Sexualität haben (Wiederman, 2001). In erstaunlich vielen wissenschaftlichen Publikationen wird die Verweigerungsquote nicht angegeben, in manchen Studien vermutlich nicht einmal erhoben. Je größer die Verweigerungsquote, desto geringer ist die Chance, dass die Stichprobe repräsentativ ist. Nahezu keine externe Validität besitzen Erhebungen, die auf einer *Selbstselektion der Stichprobe* beruhen, beispielsweise bei Interneterhebungen oder bei Leserbefragungen in Zeitschriften.

Eine weitere Fehlerquelle sowohl bei Fragebogen- als auch bei Interviewerhebungen sind *sozial erwünschte Antworten* (social desirability response bias). Viele Probanden antworten nicht so, wie sie wirklich fühlen und denken. Sie bemühen sich vielmehr, sich bewusst oder unbewusst in einem guten Licht darzustellen. So werden beispielsweise Fragebogen, die die Aggressivität von Jugendlichen messen sollen, von diesen häufig durchschaut, so dass dann Jugendliche, die durch Gewalttaten aufgefallen sind, im Fragebogen friedfertig erscheinen. Man misst dann das Ausmaß sozialer Erwünschtheit, nicht aber Aggressivität. Den Erfolg einer sozial-präventiven Maßnahme bei gewaltauffälligen Jugendlichen kann man mit einem solchen Fragebogen nicht messen. Alexander und Fisher (2003) untersuchten in einem interessanten Experiment den Einfluss sozialer Erwünschtheit auf die Angaben in einem Fragebogen zur Häufigkeit autonomen sexuellen Verhaltens (Selbstbefriedigung und Pornokonsum) sowie auf die Angaben zur Anzahl der bisherigen Sexualpartner. Die US-amerikanischen Studierenden (Probanden) wurden randomisiert auf drei Bedingungen aufgeteilt: erstens in eine Bedrohungsbedingung, in der die Probanden den Fragebogen angeblich einem studentischen Forschungsmitarbeiter übergeben sollten, zu dem während des Ausfüllens Sichtkontakt bestand (dies sollte sozial erwünschte Antworten provozieren), zweitens in ein streng anonymes Setting beim Ausfüllen (mittleres Ausmaß sozialer Erwünschtheit) und drittens in die Bedingung, dass der Fragebogen bei gleichzeitigem Anschluss an einen Lügendetektor ausgefüllt werden musste (dabei sind kaum sozial erwünschte Antworten zu erwarten). Bei den weiblichen Studierenden zeigte sich ein deutlicher Einfluss sozialer Erwünschtheit auf das Antwortverhalten im Fragebogen. Bei der Bedrohungsbedingung (hoher „social desirability resonse bias“) gaben die Studentinnen nur halb so viel autonomes sexuelles Verhalten (Selbstbefriedigung und Pornokonsum) und deutlich weniger Sexualpartner (41 % weniger) an als bei Anschluss an den Lügendetektor. Vermutlich führt soziale Erwünschtheit bei amerikanischen Studentinnen dazu, dass sie in einem Fragebogen die Häufigkeit autonomen Sexualverhaltens und die Anzahl der Sexualpartner reduzieren. Auch bei der streng anonymen Fragebogendurchführung gaben die Studentinnen seltener autonomes Sexualverhalten (-25 %) und weniger Sexualpartner (-23 %) an als bei Anschluss an den Lügendetektor. Dieses Experiment zeigt, dass die Antworten auch in einem anonymen Fragebogen durch soziale Erwünschtheit verzerrt sein können.

Mit der sozialen Erwünschtheit hängt auch der *Interviewereffekt* zusammen. Die Erwartungen des Interviewers können einerseits dazu führen, dass die Interviewten diese erkennen und entsprechend antworten, andererseits beeinflussen die Erwartungen des Interviewers auch dessen Wahrnehmung und Gesprächsverhalten. Auch Äußerlichkeiten des Interviewers wie Kleidung, Haarmode, physische Attraktivität, Geschlecht, Alter etc. haben einen starken Einfluss auf die Antworten der Befragten (Bortz & Döring, 2006).

Weitere Fehlerquellen der Forschung sind *Erinnerungsfehler*, eine *geringe Motivation* zur Forschungsteilnahme (wenn sich beispielsweise Schüler bei einer Fragebogenerhebung nicht die Mühe machen, die Items zu lesen, sondern einfach nur etwas ankreuzen) sowie *terminologische Missverständnisse und Verzerrungen* (wenn Fragen falsch verstanden werden).

In Fragebogenerhebungen (aber auch in Interviews) kann die Reihenfolge der Fragen eine Verzerrung der Antworten bewirken. Strack, Martin und Schwarz (1988) baten amerikanische Studierende um eine Selbsteinschätzung ihres Lebensglücks und fragten anschließend nach der Anzahl ihrer Dates im letzten Monat. Zwischen diesen beiden Messungen ergab sich keine signifikante Korrelation. Von daher ist anzunehmen, dass die Anzahl der Dates nichts mit dem Lebensglück zu tun hat. Wenn man die Reihenfolge dieser Fragen jedoch tauschte, ergab sich eine signifikante Korrelation von $r = .66$, woraus man schließen würde, dass die Anzahl der Dates durchaus etwas mit dem Lebensglück zu tun hat. Dieser *Reihenfolgeeffekt* hat in diesem Fall damit zu tun, dass man durch die Fokussierung der Aufmerksamkeit auf viele (wenige) Verabredungen bei der folgenden Frage nach dem Lebensglück annimmt, dass man eher glücklich (weniger glücklich) sein muss. Die Verzerrung der Selbstwahrnehmung entsteht dadurch, dass die Aufmerksamkeit auf einen bestimmten Aspekt fokussiert wird (focusing illusion) (Kahneman, Krueger, Schkade, Schwarz & Stone, 2006).

Neben diesen Verzerrungen, die durch die Wahrnehmung und das Verhalten der Probanden entstehen, gibt es auch Verzerrungen, die bewusst oder unbeabsichtigt direkt durch die Fragestellung der Forschenden verursacht werden. So findet man auch in wissenschaftlichen Fragebogenerhebungen *Suggestivfragen*, bei denen ein bestimmtes Antwortverhalten durch Behauptungen im Einleitungstext und durch die Wortwahl bei der Fragestellung nahegelegt wird. Wie sehr die Wortwahl das Antwortverhalten beeinflusst, zeigt ein Experiment von Loftus und Palmer (1974). Nachdem alle Probanden einen Film mit einem Autounfall gesehen hatten, sollten sie einschätzen, wie schnell die Fahrzeuge fuhren. Obwohl alle denselben Film gesehen hatten, hing die eingeschätzte Geschwindigkeit von der jeweiligen Wortwahl im Fragebogen ab. Wenn im Fragebogen gefragt wurde, wie schnell die Fahrzeuge fuhren, als sie zerschmetterten (smashed into each other), wurde eine deutlich höhere Geschwindigkeit angegeben als wenn gefragt wurde, wie schnell die Fahrzeuge fuhren, als sie sich berührten (contacted each other).

Typische Forschungsfehler entstehen nicht nur bei der Stichprobengewinnung und der Entwicklung der Forschungsinstrumente, sondern auch bei der Wahrnehmung und Interpretation der gewonnen Daten. Auch Forscher unterliegen bei der Beobachtung manchmal der Voreingenommenheit und den daraus resultierenden *Urteilsverzerrungen* (observer bias). In vielen sozialpsychologischen Experimenten wurde gut belegt, dass Beobachter eher das sehen, was sie erwarten und sehen wollen.

Zu den Urteilsverzerrungen durch Forscher gehört auch der *Ethnozentrismus*. Die Werte, Normen und Praktiken der eigenen Kultur werden zumeist als normal, natürlich und überlegen angesehen, die einer anderen Kultur hingegen als abnormal. Bei den Etoro in Papua-Neuguinea werden alle Jungen im Alter von etwa neun Jahren entführt und aufgefordert, die jungen Männer des Stammes zu fellationieren. Dahinter steht der Glaube, dass bei Jungen Sperma nur entstehen könne, wenn es oral eingepflanzt werde. Beim benachbarten Stamm der Kaluli hingegen herrscht die Überzeugung, Jungen könnten nur durch Analverkehr Sperma aufnehmen und erwachsen werden. Die Etoro schmähen diese Praxis der Kaluli als ekelhaft. In der westlichen Kultur würden die Männer beider Stämme wegen Entführung und schweren Kindesmissbrauchs vor Gericht gestellt und verurteilt und in der öffentlichen Meinung als Kinderschänder an den Pranger gestellt werden. Der überwiegende Teil der psychologischen Forschung begründet seine Befunde mit Bezug auf einen kleinen Ausschnitt der menschlichen Population, nämlich den westlichen, gut ausgebildeten, industrialisierten, reichen und demokratischen Gesellschaften (WEIRD = western, educated, industrialized, rich, and democratic). US-amerikanische Studierende sind 4000mal wahrscheinlicher Forschungsteilnehmer als die übrigen Teile der Weltbevölkerung. Viele Befunde werden von Forschern als universal gültig angesehen, obwohl sie nur für westliche Gesellschaften oder sogar nur für US-amerikanische Studierende gelten (Henrich, Heine & Norenzayan, 2010; Herdt, 1999).

Bei der Interpretation der gewonnenen Daten sind *Fehldeutungen* nicht selten. So fallen beispielsweise bei männlichen Jugendlichen und Männern im Vergleich zu weiblichen Jugendlichen und Frauen weniger körperliche und psychische Beschwerden, Erkrankungen, Arzt-, Beratungs- und Therapiegespräche auf. Es wäre aber eine Fehldeutung, wenn man aus diesen Daten folgert, dass männliche Jugendliche und Männer gesünder sind, denn Männer sterben in jedem Lebensalter häufiger als Frauen. Es gibt gute Belege für die Annahme, dass Männer ihren eigenen Körper weniger beobachten und dass sie weniger Beschwerden und Erkrankungen angeben, weil Beschwerden und Erkrankungen als »unmännlich« gelten. Die geringere Anzahl an Arzt-, Beratungs- und Therapiegesprächen ist demnach kein Indikator für männliche Gesundheit, sondern für ein schlechteres Gesundheitsverhalten (Sieverding, 1998).

Eine besondere Form der Fehldeutung ist die Nichtbeachtung der *Regression zur Mitte*. Nach einem extrem ausgefallenen Messwert liegt die nachfolgende Messung meistens näher am Durchschnitt, wenn die beiden Messungen mit einem geringeren Wert als r = 1 miteinander korrelieren. Oft wird fälschlich ein Kausalzusammenhang angenommen, obwohl nur die Regression zur Mitte eine Rolle spielt. So wird in den USA über den Fluch der amerikanischen Zeitschrift „Sports Illustrated" diskutiert: Sportler, die auf dem Titelblatt dieser Zeitschrift abgebildet werden, fallen danach durch schlechtere Leistungen auf. Dies hat nichts mit der Last des Ruhms zu tun, sondern einfach damit, dass man nur bei überragenden Leistungen auf das Titelblatt kommt. Wegen der Regression zur Mitte sind anschließend schlechtere Leistungen zu erwarten. Die Regression zur Mitte spielt auch bei schulischen Leistungen eine wichtige Rolle. Aufgrund der Regression zur Mitte ist zu erwarten, dass Schüler, die eine sehr gute Arbeit geschrieben haben, danach eine schlechtere Arbeit schreiben, und dass Schüler, die eine ungenügende Arbeit geschrieben haben, danach eine bessere Arbeit schreiben. Lehrkräfte hingegen glauben häufig, dass die gute Note zum „Ausruhen auf den eigenen Lorbeeren" verführte und dass die ungenügende Note ein heilsamer „Tritt vors Schienbein" war. Daraus leiten sie dann weiter ab, dass sie mit Lob vorsichtig und mit Tadel großzügig sein sollten. Auch in der Forschung ist die Regression zur Mitte (Regressionseffekt) zu beachten. Wenn man eine Extremgruppe untersucht (beispielsweise Schüler mit extrem niedrigen Leistungen in einem Rechtschreibtest), so ist wegen der Regression zur Mitte ohne jede Intervention zu erwarten, dass die nächste Messung eine bessere Rechtschreibleistung zeigt. In der Forschung kann man sich gegen den Regressionseffekt sehr gut durch eine vergleichbare Kontrollgruppe absichern.

Zuletzt soll an dieser Stelle ein häufiger Fehler im Kontext der Auswertung und Diskussion der Daten betrachtet werden, die *Alphafehler-Kumulierung*. Der Alphafehler (auch „Fehler 1. Art") ist ein statistischer Begriff und bedeutet, dass ein signifikanter Zusammenhang behauptet wird, obwohl es diesen in Wirklichkeit gar nicht gibt und die Nullhypothese (= es gibt keinen Zusammenhang) richtig wäre. Wenn Forschende zu dem Schluss kommen, dass beobachtete Zusammenhänge oder Unterschiede nur mit einer geringen Wahrscheinlichkeit zufällig sind, weisen sie die Nullhypothese zurück. Zumeist wird die Irrtumswahrscheinlichkeit auf weniger als fünf Prozent festgelegt. Leider wird in der Forschung oft übersehen, dass der Alphafehler mit der Anzahl der Berechnungen ansteigt. Wer beispielsweise mit insgesamt 18 Skalen (acht Skalen für die Schulkinder, sieben für die Eltern und drei für die Lehrkräfte) den Effekt einer schulischen Intervention getrennt für zwei verschiedene Messzeitpunkte (direkt nach der Intervention und einige Monate später) für die Gesamtgruppe und dann noch einmal getrennt für Mädchen und Jungen berechnet, führt insgesamt (18 x 2 x 3 =) 108 Tests durch. Wenn diese 108 Tests jeweils mit der üblichen Irrtumswahrscheinlichkeit von fünf Prozent berechnet werden, so ist statistisch zu erwarten, dass sich bei etwa fünf Berechnungen irrtümlich ein signifikanter Befund ergibt, dass also die Nullhypothese verworfen wird, obwohl sie richtig wäre. Ähnlich problematisch ist die Berechnung von Effekten für willkürlich bestimmte Untergruppen. Die heutigen Statistikprogramme ermöglichen es, ohne großen Aufwand Berechnungen mit unterschiedlichen Grenzsetzungen für eine Untergruppe auszuprobieren. Damit erhöht sich aber auch die Wahrscheinlichkeit, dass beobachtete Zusammenhänge oder Unterschiede nur zufällig zustande gekommen sind. Die Alphafehler-Kumulierung kann man durch eine Alphafehler-Korrektur, durch den gleichzeitigen Vergleich aller Gruppen (im obigen Beispiel durch eine „multivariate Varianzanalyse mit Messwiederholung") oder durch eine Replikationsstudie vermeiden (Rost, 2013). Forschungsarbeiten, die die Alphafehler-Kumulierung nicht beachten, haben einen geringen Wert.

8. Ethik der Forschung

Zur Forschung gehören ethische Standards, die zu beachten sind. So sollten Probanden *nicht physisch oder psychisch verletzt werden.* Wenn die Schädigung eines Probanden nicht völlig ausgeschlossen werden kann (beispielsweise durch die Teilnahme von Schülern an einer neuen Unterrichtsmethode), dann sollte der zu erwartende Nutzen der Forschung für die Gesellschaft deutlich größer sein als das Risiko für den einzelnen Schüler. Diese Formulierung mag »weich« klingen, aber jede Intervention (und sogar jede Messung) ist immer mit dem Risiko verbunden, dass sie bei einem Einzelnen zu einer Beeinträchtigung führt. So könnte beispielsweise die Messung des Körperselbstbildes bei einem einzelnen pubertierenden Mädchen einen negativen Effekt haben. Vor dem Hintergrund von Studien, die insgesamt positive Effekte von Programmen zur Erhöhung der Körperzufriedenheit zeigen, ist dieses Risiko jedoch ethisch vertretbar.

Zu den ethischen Standards der Forschung gehört auch, dass die Teilnehmer an einer Untersuchung sich auf die *Anonymität* ihrer Angaben verlassen können, was bedeutet, dass sich ihre Identität nicht rekonstruieren lassen darf. Zudem muss die Teilnahme an einer Untersuchung *freiwillig* sein, das heißt, niemand darf zur Teilnahme gedrängt oder gepresst werden. Untersuchungsteilnehmer sollten immer vorab über Zweck und Ziel einer Untersuchung sowie über mögliche Risiken der Teilnahme informiert werden. Auf dieser Basis können sie dann selbst entscheiden, ob sie teilnehmen wollen oder nicht („informed consent"). Bei experimentellen Untersuchungen ist es häufig nicht möglich, die Versuchsteilnehmer über den wahren Zweck der Untersuchung zu informieren. Die Teilnehmer müssen aber nach dem Experiment aufgeklärt werden, dass sie und warum sie getäuscht wurden, und danach können die Versuchsteilnehmer entscheiden, ob ihre Daten verwendet werden dürfen oder nicht.

9. Anwendung im Alltag

Kenntnisse über Forschungsmethoden sind nicht nur für eigene Forschungsvorhaben (Abschlussarbeit) wichtig, sondern auch zum kritischen Lesen von Forschungsbefunden. Dass Forschungsergebnisse und -interpretationen gedruckt wurden, heißt noch längst nicht, dass sie auch einer kritischen Überprüfung standhalten.
Die nächstliegende Möglichkeit der Überprüfung ist die Betrachtung der Stichprobe. Wenn bei einer Stichprobe behauptet wird, dass sie repräsentativ ist, so kann dies falsch sein. Handelt es sich um eine Gelegenheitsstichprobe? Wurde die Verweigererquote erfasst und wie groß war sie? Die Größe einer Stichprobe ist kein Beleg für Repräsentativität. So wurden beispielsweise für die quantitative Erhebung der 1. World Vision Kinderstudie 1592 Kinder im Alter von 8 bis 11 Jahren befragt, eine zweifellos beeindruckende Stichprobengröße. Gewonnen wurde die Stichprobe dadurch, dass 345 Interviewer sich selbst aus ihrem persönlichen Bekanntenkreis oder aus Schulen und Vereinen Interviewpartner suchten, wobei sie Kriterien wie Alter, Geschlecht, Staatsangehörigkeit beachten sollten (Schneekloth & Leven, 2007). Problematisch an einer solchen Stichprobe ist bereits, dass nicht davon auszugehen ist, dass 345 bezahlte Interviewer und deren Bekanntenkreis repräsentativ für ganz Deutschland sind. Zudem wurde keine Verweigererquote erhoben, so dass die Güte der Stichprobe nur schwer einzuschätzen ist. Selbstverständlich kann man im Rahmen von Abschlussarbeiten oder kleineren Forschungsarbeiten keine großen repräsentativen Stichproben gewinnen, man sollte aber immer angeben, wie groß die Verweigererquote war.
Das Lesen statistischer Auswertungen ist sowohl für Laien als auch für Forscher angesichts der Vielzahl statistischer Verfahren nicht immer einfach. In jedem Fall können aber die angegebenen Signifikanzen betrachtet werden. Wenn beispielsweise $p = .04$ ist, gilt ein Befund zwar als signifikant, dies heißt aber, dass mit vierprozentiger Wahrscheinlichkeit der Befund auch nur zufällig zustande gekommen sein könnte. Bei sehr vielen Berechnungen ist die Alphafehler-Kumulierung zu beachten. Ein weiterer häufiger Fehler ist, dass die Stärke der jeweiligen Zusammenhänge oder Unterschiede überbewertet wird. Auch wenn gefundene Zusammenhänge oder Unterschiede signifikant sind, heißt dies noch längst nicht, dass sie auch bedeutend sind. Und selbst dann sollte nicht vergessen werden, dass der Einzelfall davon ganz erheblich abweichen kann.
Gute Forschungsarbeiten trennen zwischen der Mitteilung und der Interpretation der Befunde. Dies gibt dem Leser die Möglichkeit, die Bewertungen des Autors zu hinterfragen und eigene Schlussfolgerungen zu ziehen. Auch in Abschlussarbeiten sollte zwischen Ergebnismitteilung und -interpretation getrennt werden.
Ein häufiger Fehler sind falsche Kausalableitungen aus Korrelationsstudien. Insbesondere in Pressemitteilungen findet man immer wieder einen deutlichen Widerspruch zwischen der Kausalbehauptung im Titel eines Artikels (z.B. „Strenge

Erziehung macht Kinder dick") und den dann präsentierten Daten. Häufig können Korrelationen durch eine dritte Variable erklärt werden, oft ist die einzige Hintergrundvariable die „Zeit", manchmal auch nur der Zufall. Bei der Mitteilung von Korrelationsbefunden ist darauf zu achten, dass sprachlich hieraus nicht – gewollt oder ungewollt – Kausalerklärungen werden.

10. Literatur

Empfohlene Literatur

Bortz, J. & Döring, N. (2006). Forschungsmethoden und Evaluation für Human- und Sozialwissenschaftler (4. Auflage). Berlin: Springer.
Krämer, W. (2011). So lügt man mit Statistik (überarbeitete Neuausgabe). München: Piper.
Rost, D. H. (2013). Interpretation und Bewertung pädagogisch-psychologischer Studien (3. Auflage). Bad Heilbrunn: Klinkhardt.

Verwendete Literatur

Alexander, M.G. & Fisher, T.D. (2003). Truth and consequences: using the bogus pipeline to examine sex differences in self-reported sexuality. The Journal of Sex Research, 40, 27-35.
Atteslander, P. (1995). Methoden der empirischen Sozialforschung. Berlin: Walter de Gruyter.
Bender, P. (2007). Was sagen uns PISA und Co, wenn wir uns auf sie einlassen? In T. Jahnke & W. Meyerhöfer (Hrsg.), Pisa & Co. Kritik eines Programms (2. Auflage). Hildesheim: Franzbecker.
Bortz, J. & Döring, N. (2006). Forschungsmethoden und Evaluation für Human- und Sozialwissenschaftler (4. Auflage). Berlin: Springer.
Currie, C. & Németh, A. (2004). Puberty and health. In C. Currie, C. Roberts, A. Morgan, R. Smith, W. Settertobulte, O. Samdal & V. B. Rasmussen (Eds.), Young people's health in context. Health behaviour in school-aged children (HBSC) study: international report from the 2001/2002 survey (pp. 196-204). Copenhagen: WHO.
Des Jarlais, D. C., Lyles, C. & Crepaz, N. (2004). Improving the reporting quality of nonrandomized evaluations of behavioural and public health interventions: the TREND statement. American Journal of Public Health, 94, 361-366.
Flay, B. R. & Collins, L. M. (2005). Historical review of school-based randomized trials for evaluating problem behavior prevention programs. Annals of the American Academy of Political and Social Science, 599, 115-146.
Flick, U. (2004). Triangulation. Eine Einführung. Wiesbaden: Verlag für Sozialwissenschaften.
Friebertshäuser, B. (2003). Interviewtechniken – ein Überblick. In B. Friebertshäuser & A. Prengel (Hrsg.), Handbuch Qualitative Forschungsmethoden in der Erziehungswissenschaft. Weinheim: Juventa.
Gerrik, R. J. & Zimbardo, P.G. (2008). Psychologie (18. Auflage). München: Pearson.
Henrich, J., Heine, S.J. & Norenzayan, A. (2010). The weirdest people in the world? Behavioral and Brain Sciences, 33 (2/3), 61-83.
Herdt, G. (1999). Sambia Sexual Culture: Essays From the Field. Chicago: University of Chicago Press.

Hopmann, S. T., Brinek, G. & Retzl, M. (Hrsg.) (2007). PISA zufolge PISA – PISA According to PISA. Hält PISA, was es verspricht? – Does PISA keep what it promises? Wien: Lit.
Huber, O. (2000). Das psychologische Experiment: Eine Einführung (3. Auflage). Bern: Huber.
Hurrelmann, K. & Nordlohne, E. (1992). Drogen im Jugendalter. Ergebnisse einer Jugendstudie. In J. Bastian (Hrsg.), Drogenprävention und Schule: Grundlagen, Erfahrungsberichte, Unterrichtsbeispiele (S. 19-26). Hamburg: Bergmann & Helbig.
Kahneman, D., Krueger, A.B., Schkade, D., Schwarz, N. & Stone, A.A. (2006). Would you be happier if you were richer? A focusing illusion. Science, 312, 1908-1910.
Krämer, W. (2011). So lügt man mit Statistik (überarbeitete Neuausgabe). München: Piper.
Lamnek, S. (1995). Qualitative Sozialforschung. Band 1. Methodologie (3. Auflage). Weinheim: Psychologie Verlags Union.
Leonhart, R. (2004). Lehrbuch Statistik. Einstieg und Vertiefung. Bern: Huber.
Loftus, E.F. & Palmer, J.C. (1974). Reconstruction of automobile destruction: an example of the interaction between language and memory. Journal of Verbal Learning and Verbal Behavior, 13, 585-589.
Mayring, P. (1988). Qualitative Inhaltsanalyse. Grundlagen und Techniken. Weinheim: Deutscher Studien Verlag.
Mayring, P. (2002). Einführung in die qualitative Sozialforschung (5. Auflage). Weinheim: Beltz.
Meeus, W. & Raaijmakers, Q. (1989). Autoritätsgehorsam in Experimenten des Milgram-Typs: Eine Forschungsübersicht. Zeitschrift für Sozialpsychologie, 20, 70-85.
Meyerhöfer, W. (2005). Tests im Test: Das Beispiel PISA. Opladen: Budrich.
Olesen, T.B., Jensen, K.E., Nygard, M., Tryggvadottir, L., Sparen, P., Hansen, B.T., Liaw, K.-L. & Kjaer, S.K. (2011). Young age at first intercourse and risk-taking behaviours – a study of nearly 65000 women in four Nordic countries. European Journal of Public Health, 22, 220-224.
Rindermann, H. (2006). Was messen internationale Schulleistungsstudien? Schulleistungen, Schülerfähigkeiten, kognitive Fähigkeiten, Wissen oder allgemeine Intelligenz? Psychologische Rundschau, 57, 69-86.
Rosenthal, R. & Jacobsen, L. (1971). Pygmalion im Unterricht. Lehrererwartungen und Intelligenzentwicklung der Schüler. Weinheim: Beltz.
Rost, D. H. (2013). Interpretation und Bewertung pädagogisch-psychologischer Studien (3. Auflage). Bad Heilbrunn: Klinkhardt.
Schneekloth, U. & Leven, I. (2007). Die Methodik der 1. World Vision Kinderstudie. In K. Hurrelmann, S. Andresen & TNS Infratest Sozialforschung (Hrsg.), Kinder in Deutschland 2007. 1. World Vision Kinderstudie (S. 391-396). Frankfurt am Main: Fischer.
Sedlmeier, P. & Renkewitz, F. (2008). Forschungsmethoden und Statistik in der Psychologie. München: Pearson.
Selg, H., Klapprott, J. & Kamenz, R. (1992). Forschungsmethoden der Psychologie. Stuttgart: Kohlhammer.
Sieverding, M. (1998). Sind Frauen weniger gesund als Männer? Überprüfung einer verbreiteten Annahme anhand neuerer Befunde. Kölner Zeitschrift für Soziologie und Sozialpsychologie, 50, 471-489.
Silbereisen, R. K. & Schmitt-Rodermund, E. (1998). Entwicklung im Jugendalter: Prozesse, Kontexte und Ergebnisse. In H. Keller (Hrsg.), Lehrbuch Entwicklungspsychologie (S. 377-397). Bern: Huber.
Strack, F., Martin, L.L. & Schwarz, N. (1988). Priming and communication: social determinants of information use in judgments of life satisfaction. European Journal of Social Psychology, 18, 429-442.
Teddlie, C. & Tashakkori, A. (2006). A general typology of research designs featuring mixed methods. Research In The Schools, 13, 12-28.
Tucker, J. S., Schwartz, J. E., Clark, K. M. & Friedman, H. S. (1999). Age-related changes in the associations of social network ties with mortality risk. Psychology and Aging, 14, 564-571.
Wiederman, M. W. (2001). Understanding sexuality research. Belmont: Wadsworth.
Wild, K.-P. & Krapp, A. (2006). Pädagogisch-psychologische Diagnostik. In A. Krapp & B. Weidenmann (Hrsg.), Pädagogische Psychologie. Ein Lehrbuch (5. Auflage) (S. 525-574). Weinheim: Beltz.

www.utb.de
Fit fürs Studium
Vom Basiswissen bis zum Prüfungstraining:
UTB bietet kompakte, aktuelle Lehrbücher und ein vielseitiges Programm.
Seit 40 Jahren.
UTB